CONTENTS

[表紙デザイン] 鳴田小夜子（KOGUMA OFFICE）　[表紙イラスト] 森優

合格体験記から学ぼう

5年度の公務員試験に見事合格し，この春から公務員として働き始めている先輩たちから，
合格体験記が届いています。巻頭企画では，その中から厳選したものをお届け。
教養・専門試験対策，人物試験対策に加え，1日のタイムスケジュールや年間の学習スケジュールなど，
リアルな体験談を紹介します。ぜひ参考にしてください。

① 国家総合職大卒程度法律合格
会計検査院に採用

キーワード
現役合格　学内講座

■ 得意科目／判断推理，憲法
■ 不得意科目／時事，経済事情

丹下 隆大
（たんげ　りゅうた）
岡山大学法学部法学科
令和6年卒

■ 採用時の年齢 ……………… **22**歳
■ 学習期間［延べ］ …………… **12**か月
■ 平均学習時間［1週間］…… **30**時間

■ 併願状況
☐ 国家一般職大卒程度行政四国：二次辞退
☐ 国家専門職財務専門官：二次辞退
☐ 裁判所一般職
　（裁判所事務官，大卒程度区分）：最終合格
☐ 香川県一般行政事務A：二次辞退

「スケジュールを習慣化し直前期まで継続した！」

　私は，会計検査院の説明会に参加した際に，多種多様な行政分野の検査を行うことができるという業務内容を知り，好奇心旺盛な自分の性格との相性が最も合っていると感じたため，会計検査院を志望しました。

筆記試験対策

　筆記試験対策は学内講座のテキスト・問題集を主に使用しました。最も早い科目は大学3年の5月から学習を始め，自主学習の時間として平日は3時間，休日は6時間というスケジュールを習慣化し，直前期まで継続しました。記憶の定着を図るため，一気に詰め込みすぎず，頭を適度に休めることを意識し，十分な睡眠をとり，リラックスタイム・デーを設けるなど，生活習慣にも同様に気を遣いました。

教養試験

　教養科目の学習は，判断推理と数的推理に時間をかけました。計算問題は朝起きてすぐの状態が最も集中できたので，毎朝5〜10問程度解きました。問題を解く際は，素早く解けたものに〇，解けたが時間がかかったものに△，解けなかったものに×を記して，苦手を意識して解けなかった問題を重点的に対策することで，効率化を図りました。①

専門試験

　専門科目の学習は，憲法，行政法，民法，経済原論を満遍なく学習しました。それぞれの問題集を3周程度解くと，記憶がしっかりと定着し，

1日のタイムスケジュール

7:30	朝食
8:00	判断推理や数的推理の演習 憲法，行政法，民法の問題集
11:00	読書や散歩をして気分転換
12:00	昼食
13:00	経済原論の問題集 政治学，行政学，経営学（ランダム）
16:00	外出するなどして息抜き，趣味
18:00	夕食
19:00	経済事情，財政学の問題集 憲法記述の教科書を読む
21:00	1日の疲れを癒してリラックス 読書などをして眠りのための準備
23:00	睡眠

Check Point !
1

記録をつけて
自分の苦手分野を知る

　解けなかった問題を把握して，苦手分野の克服に時間を割こう。確実に解ける問題を増やしていくことが大切だ。

使用してよかった参考書類

教養対策	Ⓐ『上・中級公務員試験　一問一答 スピード攻略　社会科学』	実務教育出版
	Ⓑ『上・中級公務員試験　一問一答 スピード攻略　人文科学』	実務教育出版
論文・面接	Ⓒ『現職人事が書いた「面接試験・官庁訪問」の本』大賀英徳	実務教育出版
	Ⓓ『寺本康之の面接回答大全』寺本康之	実務教育出版

試験問題も自信を持って解くことができるようになりました。問題の数をこなしていくと、正誤判断の際に、間違った選択肢の特徴（「必ず」「断定口調」「〜にもかかわらず」など）を捉えることができるようになるので、そのような、正誤判断スキルも大切にしていました。

専門記述式試験

専門記述式試験については、国家総合職のために憲法と行政法を3月頃から対策しました。具体的には、専門記述式試験対策のテキストにある問題例と解答例を熟読して、記述の書き方と記述特有の問題形式の特徴を学びました。時間配分や集中力の持続時間を知るうえでは、国家総合職の模擬試験が役に立ちました。

本試験での時間配分

本試験では、専門科目はすべての問題に均等に時間配分をしましたが、教養科目は判断推理や文章理解などの知能分野を得点源とすることを狙って、試験時間のうち、2分の1を判断・数的推理、3分の1を資料解釈、文章理解、残りの時間をほかの知識分野に当てました。試験種にかかわらず、確実に得点できる問題を見極める判断力が必要になるので、**自分なりに最も効率良く問題を解くことができる時間配分・順番を考えておくとよいです。**
②

人物試験対策

人物試験に向けて、説明会に参加した際はその都度、印象に残った言葉や興味を持った業務内容などをメモしていました。このメモは、面接カードを書く際に役立ちました。

面接対策では、頭で考えること、文章に表すこと、声に出すことの3つはまったく異なるということを意識していました。頭で考えていることを論理的に口頭で説明できるようにするために、まず、**想定される質問に対する回答を Word などで文章化し、その文章を口頭で言語化するという作業を行いました。**思考を言語化する作業は慣れていないうち
③
は難しく感じますが、継続すると、自分が考えていることを即座に論理的に説明することができるようになります。形式的な質問だけでなく、想定外の難しい質問にも対応することができるようになるため、あらゆる形式の面接に活用できました。

また、官庁訪問の際には、思考を言語化する能力に加えて、省庁が自分に求めている素質や能力を汲み取り、その素質を明確にアピールする力が必要だと感じました。官庁訪問の最中であっても、「こういう人を採用したい」といった省庁の求める人物像が、面接中のやり取りを通し

オススメの1冊

『霞が関の人になってみた　知られざる　国家公務員の世界』
霞いちか／カンゼン

直前期に読んだ本ですが、霞が関で働く人のリアルがわかりやすく書かれており、中央省庁への興味が高まるきっかけとなりました。著者自身の経験が克明に描かれており、霞が関の豆知識も知ることができるので、書籍としてもおもしろいです。

Check Point !
2

本番では時間配分がカギ

難易度を見極め、確実に正答できる問題を取りこぼさないことが重要だ。模擬試験を繰り返し受けて、時間配分の練習を積んでおこう。

Check Point !
3

面接の回答を実際に声に出す

面接対策では、実際に声に出して練習することが効果的だ。模擬面接の機会を活用したり、友人と質問を出し合って練習するとよいだろう。

学生時代に頑張ったことは…

て，直接でなくともおぼろげに伝わってきます。その人物像に合わせて自分の持っている素質をピンポイントでアピールすることができれば，面接を有利に進めることができます。そのため，面接の際は，自分の考えを伝え，芯を通す能力だけではなく，**相手が求めているものを感じ取り，そこに自分を合わせに歩み寄る能力も大切**だと思います。
④

官庁訪問

　官庁訪問で東京に出向いたのは第3クールからでしたが，地方から参加した私にとっては，慣れない土地による心労が大きかったです。そのため，万全の状態で自分の能力を発揮できるように，移動手段と宿泊に関しては，なるべく体力を無駄に消耗することのない快適な環境を確保するようにしました。また，官庁訪問は長時間に及ぶため，体力も必要です。私の場合は，訪問後は大浴場で疲れを癒して体力を回復させていました。ほかにも好きな音楽を聴くなどリラックスできるように工夫したことで，慣れない土地ながらも自分の本来の力を発揮できたと感じています。**①長距離移動に慣れておくこと，②長期の面接に耐えるための基礎体力をつけること，③自分がリラックスできる環境・条件を用意しておくこと**で，安心して官庁訪問に臨めると思います。私は10日前にホテルと移動手段を予約しましたが，十分余裕を持って準備ができました。
⑤

　また，地方出身であることで不利になったとは一切感じませんでした。むしろ，**地方出身者ならではのアピールポイントや視点を持っているため，ほかの素質と掛け合わせることで強力な武器になる**と思います。
⑥

最後に

　公務員試験で最も大切なことは，コツコツと地道な努力を重ねることだと感じています。「焦らず，腐らず，おごらず」強い信念を持って打ち込んでください。応援しています。

Check Point !
4
求める人物像を把握する

　受験先がどんな人物を求めているのか把握することが合格のカギとなる。業務説明会やインターンシップに積極的に参加し，情報収集をしよう。

Check Point !
5
事前準備をしっかりしよう

　試験会場の場所や移動にかかる所要時間，宿泊が必要な場合はホテルの手配など，試験直前になって慌てることがないよう，事前にしっかり準備をしておこう。

Check Point !
6
自分の個性をアピール

　自分ならではの特徴こそ，伝えるべきポイントです。経験や個性を活かして自分らしさを存分にアピールしましょう。

学習スケジュール

科目	5月	6月	7月	8月	9月	10月	11月	12月	1月	2月	3月	4月	5月
教養試験			判断推理						過去問		直前問題集		
					数的推理								
							図形						
					文章理解								
							社会科学						
							人文科学						
									時事			面接対策
専門試験						政治学				模擬試験	直前問題集		
					行政学							
		憲法					憲法					
			行政法				行政法					
			民法				民法					
		経済原論						経済事情	模擬試験	直前問題集		
					財政学							
					経営学							
論文試験										模擬試験	憲法・行政法記述式対策		
面接試験						面接練習（入退室等）		面接練習（ESの書き方）	面接練習（実戦練習）				面接練習・面接カード作成

②

国家専門職国税専門Ａ合格
東京国税局に採用

伊藤 あずさ
（いとう）
明治大学法学部法律学科
令和６年卒

キーワード
現役合格 / 通信講座

- 得意科目／憲法, 民法
- 不得意科目／人文科学, 財政学

- 採用時の年齢 …………… **22**歳
- 学習期間［延べ］………… **14**か月
- 平均学習時間［１週間］…… **56**時間

- **併願状況**
- □ 国家一般職大卒程度行政関東甲信越：最終合格
- □ 裁判所一般職（裁判所事務官、大卒程度区分）：最終合格
- □ 東京都Ｉ類Ｂ行政（一般方式）：最終合格

「月単位の目標を定め学習記録をつけた！」

「正直者には尊敬の的，悪徳者には畏怖の的」。初めて説明会に参加したときに最も印象に残った言葉です。税のスペシャリストとして専門性の高い仕事ができる点に魅力を感じ，誇りと使命感を持って働くことへの憧れから国税専門官をめざすようになりました。

　私は通信講座をベースに適宜市販の問題集を買い足しながら対策をすることにしました。通学制の場合，外出の支度や移動に時間を要するだけでなく，授業に出席することで時間が拘束されてしまうからです。

　また，**併願先の試験日程を早い段階から把握し，逆算して学習計画を立てました**。科目ごとに月単位の目標を定め，日々学習記録をつけていくことはモチベーションの維持に効果的です。さらに，起床・就寝時刻を固定し，必ず１日30分程度運動をすることで健康な体で過ごすことを心掛けていました。

筆記試験対策

　年内は主要科目（判断推理，数的推理，憲法，行政法，民法，ミクロ経済学，マクロ経済学）を固めることに専念しました。判断推理と数的推理は毎日必ず解くことで感覚が鈍らないようにし，法律科目は大学で学んでいたため早くから過去問に取り組みました。

　主要科目の中でもマクロ経済学の理解に最も時間を要しました。1, 2回説明を読んだだけでは理解できないと開き直り，わからない問題はすぐに解説を読むことで時間を無駄にしないようにしていました。繰り返していくうちに何がわからないのかが明確になっていき，それをノートにまとめることで頭の中が整理され，最終的には解法パターンをつかむことができました。

　年明けから教養試験の知識分野やほかの専門科目の学習を始めました。出題内訳を把握することで各科目の学習量の偏りを防ぎ，学習に遅れが出たときは月内で調整しながら取り組んでいました。人文科学は出題範囲が膨大であり，かつ当初から苦手意識があったため，そのぶん，社会

Check Point！
1

長期・短期の
学習計画を立てよう

　公務員試験は長期戦だ。受験先での各科目の出題数などを考慮して，優先順位をつけながら計画的に学習しよう。

１日のタイムスケジュール

6:30	起床, 朝食
8:30	教養科目
12:00	昼食
13:00	専門科目
15:30	休憩
16:30	専門科目, 論文
18:30	夕食
20:00	専門科目
21:00	入浴
22:00	時事, 専門記述
23:00	睡眠

使用してよかった参考書類

教養対策	Ⓐ『国家一般職[大卒]教養試験 過去問500』	実務教育出版
	Ⓑ「新スーパー過去問ゼミ」シリーズ（文章理解・資料解釈）	実務教育出版
専門対策	Ⓒ『国家一般職[大卒]専門試験 過去問500』	実務教育出版
論文・面接	Ⓓ『寺本康之の小論文バイブル』寺本康之	エクシア出版
	Ⓔ『寺本康之の面接回答大全』寺本康之	実務教育出版
情報収集	Ⓕ「受験ジャーナル」	実務教育出版

科学や自然科学に時間を使い，繰り返し問題を解きました。また，専門科目では捨て分野を作らないよう念入りに対策をしました。

　2月から専門記述式の対策を開始しました。必要とされる知識の基礎は択一試験と同じですが，論じるとなれば曖昧な知識では太刀打ちできず，最低限の定義やフレーズの暗記は必要になります。私は「どの分野が出ても書けるように対策するなんて無謀だ」と心が折れそうになりました。解答例を音読することから始めましたが，なかなか頭に入らないため，書いて覚える方法にシフトしました。しかし，効率が悪く，この方法も自分に合っていないと気づきました。最終的には何度もテキストに目を通す方法が最も効果的であるという考えに行き着き，暗唱できると思えるまで繰り返し解答例を黙読することで，憲法，行政法，民法それぞれ30テーマ分の解答を暗記しました。

 ## 模擬試験の活用

　模擬試験は会場受験と自宅受験を合わせて計4回受けました。基礎能力試験は時間との勝負のため，模擬試験は時間配分や解く順番を決める判断材料になります。私は**模擬試験の結果を踏まえ，国家一般職の選択科目を財政学から英語（基礎）に変更**しました。それまで財政学の対策をしていた一方で，英語は決して得意科目とはいえず，問題との相性に左右される可能性もあったため苦渋の選択でした。しかし，その決断が功を奏し，本番では5問中4問正答することができました。苦手科目の把握ができることも模擬試験を受けるメリットであると考えます。

 ## 問題集の使用方法

　4月に入ってからは受験先別の過去問集を購入し，出題傾向を意識しながら学習を進めました。また，過去問や模擬試験の復習をし，不安が残る分野は問題集に戻って類似問題を解くことで苦手をつぶしていました。解いたことのない内容が出題されることへの不安から新しい問題集の購入を考えたこともありましたが，勉強したのに思い出せない悔しさのほうが大きいと思い直し，**今まで取り組んできた問題を完璧にすることに集中**しました。また，試験当日に復習できるよう，苦手意識がある公式や用語などをノートにまとめていました。

Check Point !
2

どの科目を選択する？

　選択解答制や科目選択制を導入している試験も多い。自分の得意科目や併願状況に合わせてベストな選択ができるよう，受験案内をしっかり読み込んでおこう。

Check Point !
3

1冊の問題集を何度も繰り返し解く

　問題集はあまたあるが，次々と手を伸ばさず，これと決めたものを何回も解くことが公務員試験対策の鉄則だ。

面接対策

　5月半ばから大学の就職キャリアセンターに通い，面接対策を始めました。自己分析に思いのほか苦戦し，筆記試験対策の時間が削られてしまうことへの不安と焦りから，この時期が精神的に最もつらかったです。自己分析を進めれば進めるほど，自分をアピールするうえでより説得力のあるエピソードを思い出すことができました。**自己分析は早い段階から取り組んで損はありません**ので，今すぐ始めてみることをおすすめします。
④
また，同じ面接カードでも担当者によって質問する内容が異なり，うまく回答できず面接カードの内容を練り直すこともありました。繰り返し模擬面接を受けることで，納得のいく形で面接に臨むことができると思います。

最後に

　公務員試験合格のカギは，自信を持ち，かつ健康な心で取り組み続けることです。自分はもっとできるはずと思えたことで，現状に満足せず努力し続けることができました。そして，これだけ頑張ってきたから大丈夫と思えたことで緊張感がある中でも努力の成果を発揮することができました。周りと比べて一喜一憂することなく，物事を前向きに捉えることが大切であると思います。また，**ストレスがたまったときは発散し，不安が募ったときは周りに相談する**ことで長い道のりを乗り越えることができました。最後まであきらめず自分を信じて頑張ってください。応援しています。
⑤

Check Point！ 4
早めの面接対策がカギ

　近年，公務員試験では面接重視の傾向が加速しています。筆記試験対策と並行して，自己分析をしたり，面接カードの書き方を学ぶなど，面接対策にも取り組みましょう。

Check Point！ 5
リフレッシュすることも大切

　休憩や息抜きをすることで，学習の効率もアップします。うまくリフレッシュしながら，長い試験勉強を乗り切りましょう。

［イラスト］小林孝文

学習スケジュール

科目	5月	6月	7月	8月	9月	10月	11月	12月	1月	2月	3月	4月	5月	6月
教養試験									判断推理，数的推理					
										文章理解，社会科学，自然科学				
											時事			
専門試験					憲法，行政法，民法，ミクロ経済学，マクロ経済学									
										財政学				
										経営学				
											専門記述式の対策			
論文試験											論文対策			
面接試験														面接対策

受験ジャーナル

年間発行予定

令和7年度試験に向けた『受験ジャーナル』は，定期号6冊，特別企画5冊，別冊1冊を発行します。
年間の発行予定は下表をご覧ください（6年5月時点での予定です。記事の内容は変更することもあります）。

定期号	発売予定	特集等
7年度試験対応 Vol. 1	6年 10月1日	特集1：若手職員座談会 特集2：判断推理・数的推理を得意にする方法 特集3：合格への必勝レシピ 徹底分析：国家総合職，東京都，特別区
7年度試験対応 Vol. 2	6年 11月1日	特集1：SPI＆SCOA攻略法 特集2：論文・面接にも役立つ　行政課題の最前線 地方上級データバンク①：東日本 徹底分析：国家一般職
7年度試験対応 Vol. 3	7年 1月1日	特集1：残り半年からの合格メソッド 特集2：面接必勝キーワード10 地方上級データバンク②：西日本 徹底分析：国家専門職，裁判所
7年度試験対応 Vol. 4	7年 2月1日	特集：地方上級 暗記カード：教養
7年度試験対応 Vol. 5	7年 3月1日	特集1：時事予想問題 特集2：論文対策 特集3：合格体験記に学ぶ 暗記カード：専門
7年度試験対応 Vol. 6	7年 4月1日	巻頭企画：直前期にやること・やめること 特集：市役所

特別企画	発売予定	内容
特別企画1 学習スタートブック 7年度試験対応	既刊	●合格体験記から学ぼう ●公務員試験 Q＆A ●学習プラン＆体験記 ●教養・専門 合格勉強法＆オススメ本 ●論文＆面接試験の基礎知識 ●国家公務員試験ガイダンス ●地方公務員試験ガイダンス
特別企画2 公務員の仕事入門ブック 7年度試験対応	6年 7月中旬	●見たい！　知りたい！　公務員の仕事場訪問 ●国家公務員の仕事ガイド ●地方公務員の仕事ガイド ●スペシャリストの仕事ガイド
特別企画3 7年度 直前対策ブック	7年 2月中旬	●直前期の攻略ポイント ●丸ごと覚える最重要定番データ ●最新白書 早わかり解説＆要点チェック ●新法・改正法 法律時事ニュース ●教養試験の「出る文」チェック ●専門試験の「出る文」チェック　等
特別企画4 7年度 面接完全攻略ブック	7年 3月中旬	●個別面接シミュレーション ●面接対策直前講義 ●面接カードのまとめ方 ●合格者の面接再現＆体験記 ●個別面接データバンク ●集団討論・グループワーク ●官庁訪問 ●[書き込み式]定番質問回答シート
特別企画5 7年度 直前予想問題	7年 3月下旬	●地方上級 教養試験 予想問題 ●市役所 教養試験 予想問題 ●地方上級 専門試験 予想問題 ●市役所 専門試験 予想問題

別冊	発売予定	内容
7年度 国立大学法人等職員 採用試験攻略ブック	6年 12月上旬	●「これが私の仕事です」 ●こんな試験が行われる！ ●過去問を解いてみよう！ ●7年度予想問題

PART

1

なるほど！
公務員試験Q&A

公務員に興味を持って本誌を手にしたあなた。
実は，試験のことはよく知らないし，
何から手を着けたらいいのかもわからない…
でも，そろそろ「スタート」は切らないとまずいんだろうな…
こんな自分でも公務員になれるのかなあ…
疑問と不安でいっぱい？　いいえ，心配する必要はありません！

この『学習スタートブック』には，
公務員試験を受けるために必要な情報が
コンパクトにまとまっています。
PART 1では，多くの受験者が抱く疑問に答えつつ，
合格への羅針盤として本誌が使いこなせるように指南します。
「採用内定」のゴールをめざし，頑張りましょう！

STEP 1

公務員について理解しよう！

「安定している」「社会的貢献度が高い」というイメージで，根強い人気がある公務員。この本を手にした皆さんも魅力を感じているでしょう。しかし，一口に公務員といっても多様な職種があります。ここではまず，公務員についての理解を深め，自分が働きたい職場について考えてみましょう。

Q1 公務員にはどんな種類があるの？

「公務員」とは，国や地方自治体で「公務」に携わる職員をさす言葉で，国家公務員と地方公務員に分けられます。国家公務員は国に雇用され，国の機関（行政機関である1府12省庁，立法機関である国会，司法機関である裁判所）で働く公務員，地方公務員は地方公共団体（都道府県や市区町村など）に雇用され，そこで働く公務員です。日本の公務員の総数は約339.3万人。国家公務員が約59.0万人（17.4％），地方公務員が約280.3万人（82.6％）という割合になります。

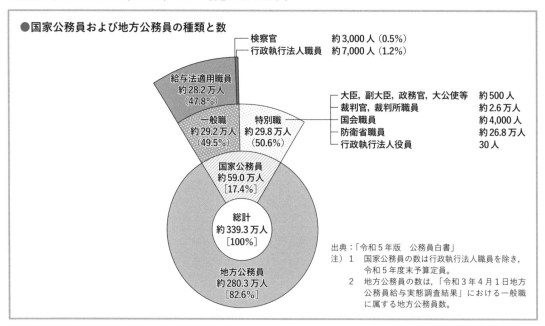

●国家公務員および地方公務員の種類と数

- 検察官　　　　　　約3,000人（0.5％）
- 行政執行法人職員　約7,000人（1.2％）

給与法適用職員
約28.2万人
（47.8％）

一般職
約29.2万人
（49.5％）

特別職
約29.8万人
（50.6％）

- 大臣，副大臣，政務官，大公使等　約500人
- 裁判官，裁判所職員　　　　　　　約2.6万人
- 国会職員　　　　　　　　　　　　約4,000人
- 防衛省職員　　　　　　　　　　　約26.8万人
- 行政執行法人役員　　　　　　　　30人

国家公務員
約59.0万人
［17.4％］

総計
約339.3万人
［100％］

地方公務員
約280.3万人
［82.6％］

出典：「令和5年版　公務員白書」
注）1　国家公務員の数は行政執行法人職員を除き，令和5年度末予算定員。
　　2　地方公務員の数は，「令和3年4月1日地方公務員給与実態調査結果」における一般職に属する地方公務員数。

さらに，別の分類についても紹介しましょう。公務員は一般職と特別職に分けられます。特別職は，
①内閣総理大臣，国会議員，地方公共団体の長，議会の議員，副知事，副市長村長，教育委員会委員など，国民，住民の支持に基づいて就任する職
②裁判官および裁判所職員，国会職員，防衛省職員
などが該当します。大学等を卒業して公務員をめざす場合，国家では一般職公務員および特別職公務員の一部（裁判所職員，国会職員，防衛省職員など），地方では一般職公務員の採用試験を受験します。

Q2 国家公務員にはどんな種類があるの？

国の行政機関で働く国家公務員の採用試験の問題作成と実施は人事院が行っており，大きく分けて次のような種類があります。

総合職試験	政策の企画および立案または調査および研究に関する事務をその職務とする係員の採用試験	院卒者試験
		院卒者試験（法務区分）
		大卒程度試験
		大卒程度試験（教養区分）
一般職試験	政策の実行やフィードバックなどに関する事務をその職務とする係員の採用試験	大卒程度試験
		高卒者試験
		社会人試験（係員級）
専門職試験	特定の行政分野に係る専門的な知識を必要とする事務をその職務とする職員を採用する試験	大卒程度試験
		高卒程度試験
経験者採用試験	民間企業等経験を有する者を採用する試験	

\ 試験にはさまざまな区分がある！ /

【国家総合職（大卒程度試験）】
法文系：「政治・国際・人文」
　　　　「法律」「経済」「人間科学」
理工系：「デジタル」「工学」
　　　　「数理科学・物理・地球科学」
　　　　「化学・生物・薬学」
農学系：「農業科学・水産」
　　　　「農業農村工学」
　　　　「森林・自然環境」

【国家一般職（大卒程度試験）】
事務系：「行政」
技術系：「デジタル・電気・電子」
　　　　「機械」「土木」「建築」
　　　　「物理」「化学」「農学」
　　　　「農業農村工学」「林学」

下の図を見てください。国家公務員試験は人事院が実施している試験と各機関（省庁等）が実施している試験に大別できます。このうち国家総合職と国家一般職の場合，受験の時点では採用先は未定で，最終合格者は「官庁訪問」というプロセスを経て，各省庁に採用されます。一方，国家専門職試験は，財務専門官＝財務省，国税専門官＝国税庁というように，特定の省庁で専門的な業務に就く職員を採用するものです。

実は，公務員試験では最終合格＝採用でありません。最終合格者は成績順に「採用候補者名簿」に記載され，省庁等はこの名簿の中から面接等を経て内定を出すという仕組みになっているのです。名簿には有効期限があり，1年間という試験もありますが，国家総合職（教養区分を除く），国家一般職，財務専門官，国税専門官，労働基準監督官は5年間となっています。その期限内は公務員として任用される資格が保持されるというわけです。

●本誌で扱う主な公務員試験（大卒程度試験）の種類

国家公務員

人事院が試験を実施
- 国家総合職試験，国家一般職試験
- 国家専門職試験（皇宮護衛官，法務省専門職員〈人間科学〉，財務専門官，国税専門官，食品衛生監視員，労働基準監督官，航空管制官，海上保安官）

→ あらかじめ採用先が決まっています

各機関が試験・採用を実施
- 外務省専門職員，防衛省専門職員，裁判所総合職（裁判所事務官，家庭裁判所調査官補）・一般職（裁判所事務官），衆議院事務局総合職・一般職，衆議院法制局総合職，参議院事務局総合職，参議院法制局総合職，国会図書館総合職・一般職

地方公務員

都道府県職員
- 事務系職種，技術系職種，資格免許職種
- 警察官，消防官（東京消防庁）

政令指定都市・市役所職員
- 事務系職種，技術系職種，資格免許職種
- 消防職

※防衛省，裁判所，国会の職員は，「特別職の国家公務員」という位置づけになります。

地方公務員にはどんな種類があるの？

　地方公務員の勤務先は地方公共団体です。地方公共団体は以下のような構成になっています。普通地方公共団体の都道府県，市町村と特別地方公共団体の特別区（東京23区）で働く職員を採用するのが「地方公務員試験」になります。

　さらに地方公共団体は，その役割によって，基礎自治体と広域自治体に分類できます。基礎自治体は国の行政区画の中の最小の単位で，地域における行政に携わります。広域自治体は国と市町村の中間に位置する自治体で，市町村の区域を越える事務を所管しています。同じ事務（行政）区分の職員であっても携わる業務は異なるのです。自分がどのようなフィールドで仕事をしたいのかを考えたうえで，志望先を選ぶ必要があることを理解しておきましょう。

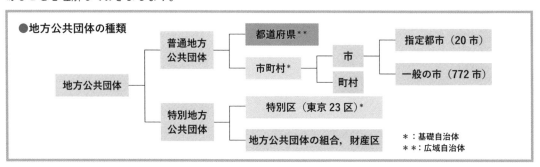

●地方公共団体の種類

　さて，ここからは少し視点を変えて，地方公務員（一般職）の職種と試験区分について見ていきます。おおまかに分類すると，事務系職種，技術系職種，資格免許職種，公安系職種の4つに分けられます。

事務系職種………「行政」「行政事務」という区分で採用する自治体が多く，都道府県庁や市役所をはじめ，その出先機関に勤務し，さまざまな業務に従事します。勤務先と仕事内容を限定し，公立学校に勤務する「学校事務（教育事務）」，警察本部や警察署等に勤務する「警察事務」といった区分を設けている自治体もあります。

技術系職種………「土木」「建築」「電気」「機械」「化学」「農業・農学」などの区分があり，それぞれの専門分野に関係する部署に配属されます。

資格免許職種……「保健師」「看護師」「臨床検査技師」「診療放射線技師」「管理栄養士」「栄養士」「幼稚園教諭」「保育士」など，資格や免許が必要な職種です。

公安系職種………警察官，消防官が該当します。警察官は都道府県職員，消防官（消防職）は市役所職員です（ただし，東京都の場合，警察官は警視庁職員となり，消防官は一部の市を除き，東京消防庁の職員として採用されます）。

　国家公務員と同様，採用試験の難易度によって，上級（大卒程度試験）・中級（短大卒程度試験）・初級（高卒程度試験）に分類できます。近年は民間企業での勤務経験者を採用する試験も増えています。詳しくはPART 7を参照してください。

Q4 公務員をめざす理由は？ 職種を選ぶ基準はなんですか？

　下のグラフは例年，人事院が実施している「初任行政研修」の受講者を対象にしたアンケート結果の一部です。この研修には，国家総合職試験に合格して新規採用された全府省の職員が参加します。

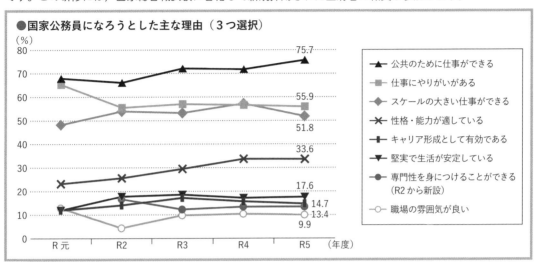

●国家公務員になろうとした主な理由（3つ選択）

凡例：
- 公共のために仕事ができる
- 仕事にやりがいがある
- スケールの大きい仕事ができる
- 性格・能力が適している
- キャリア形成として有効である
- 堅実で生活が安定している
- 専門性を身につけることができる（R2から新設）
- 職場の雰囲気が良い

（数値）75.7／55.9／51.8／33.6／17.6／14.7／13.4／9.9

　「公共のために仕事ができる」というのは公務員の志望理由として当然ですが，「仕事にやりがいがある」「スケールの大きい仕事ができる」の割合が高いことが，アンケート対象が国家総合職であることを裏づけていますね。なお，地方公務員の場合は，「地域に貢献できること」などが志望理由の上位になるようです。

国家公務員 or 地方公務員　選ぶ基準は？

❶仕事の内容で選ぶ

　国家総合職は国の政策の立案に携わります。ゼネラリストとしてさまざまな業務を経験することが求められていますので，異動のスパンが短いのが特徴です。一方，国家一般職は政策の運用や事務処理などの業務に従事します。比較的時間をかけて経験を積むことが求められるため，異動のスパンは長めになっています。国家専門職は特定の業務のスペシャリストです。

　地方公務員は地域住民の生活をより良いものにする仕事に従事します。幅広い業務に携わり，成果が実感しやすい仕事です。

❷勤務地で選ぶ

　国家総合職で採用された職員の多くは霞が関の本庁に勤務しますが，留学や在外勤務，地方自治体への出向などもあります。国家一般職の場合，各省庁の出先機関に採用されるのが基本で，エリア内での異動がメインになります。ただし，行政区分の場合，霞が関の本庁については，全地域からの採用が可能となっています。

　地方公務員については，都道府県レベルでは遠方の出先機関に異動になる可能性もあります。長距離通勤や転勤は避けたいので，市役所職員を選ぶという人もいるでしょう。

❸待遇で選ぶ

　ワークライフバランスの充実を求める人にとっては，公務員は魅力的な職業です。給与や福利厚生，休暇などの待遇を比較して志望先を決めるという選択肢もあると思います。

　ただし，給与については，国家も地方も「職種別民間給与実態調査」をもとに調整されていますので，極端な違いはありません。

STEP 2

公務員試験を受けるには？

公務員試験は受験資格の要件を満たしていれば，誰でも受けられます。一部の地方自治体を除き，受験料は無料ですから，併願しやすい試験といえるでしょう。受験資格で一番厳しいのは年齢要件ですが，近年はその上限が引き上げられる傾向にあり，門戸が広がっています。

Q5 受験資格はどうなっていますか？

公務員は「公権力の行使」や国家意思の形成への参画に携わる業務に当たるため，「日本の国籍を有しない者」には国家公務員試験の受験資格がないと規定されています。さらに，「日本国籍を有する者であっても外国の国籍を有する者は外務公務員（外務省で働く人のこと）になることができない」という規定が設けられています。

地方公務員の場合は，国籍条項の運用は自治体の裁量に委ねられており，近年は撤廃するところが増えています。とはいえ，日本国籍を有しない職員は市民税の賦課・滞納処分，生活保護の決定などの「公権力の行使」を伴う仕事には就くことができないなどの制約があります。

> ＼「公権力の行使」とは？／
> - 市民の権利または自由を一方的に制限することとなる行為
> - 市民に義務または負担を一方的に課すこととなる行為
> - 市民に対して強制力をもって執行する行為

そのほかの主な受験要件について，見ていきましょう。

▶年齢要件

ほとんどすべての試験において，年齢の上限が定められています。7ページの一覧は大卒程度の主な公務員試験の年齢上限をまとめたものです。国家公務員の場合，受験翌年の4月1日での年齢上限はおおむね30歳という試験が多いです。地方公務員の場合は自治体によって幅があり，30歳以上でも受験できるところが増えています。59歳（実質的に上限なし）という自治体もあります。

一方，下限年齢については22歳とするところが大半ですが，「飛び入学・飛び級」に対応して，大学卒業（見込）であれば受験が認められる場合があります。

こんな人は受験できない！　公務員の欠格条項

欠格とは要求されている資格を欠くという意味で，以下のような人は公務員試験を受験できません。

❶ 禁錮以上の刑に処せられ，その執行を終わるまでの者またはその刑の執行猶予の期間中の者その他その執行を受けることがなくなるまでの者。

❷ （公務員として）懲戒免職の処分を受け，その処分の日から2年を経過しない者。

❸ 日本国憲法またはその下に成立した政府を暴力で破壊することを主張する政党その他の団体を結成し，またはこれに加入した者。

▶学歴要件

公務員試験の多くは，上級（大卒程度試験），中級（短大卒程度試験），初級（高卒程度試験）等に区分されていますが，ほとんどの場合，「その学歴相当の学力を必要とする試験」を課す，ということを意味しています。ただし，札幌市，浜松市，神戸市，市役所の一部など，大学卒業（見込み）を要件としているところもあります。

▶専攻要件

主に技術系職種や専門職で，業務内容に関連する科目の専攻を要件とする試験があります。

《例》国家専門職（食品衛生監視員）：大学において薬学，畜産学，水産学または農芸化学の課程を修めて卒業した者または卒業見込みの者

▶資格免許要件

薬剤師，保健師，栄養士などは，その資格・免許の取得が必要とされます（採用までの期間に当該資格・免許を取得見込みの者を含む）。

▶住所要件

市役所の一部では，「市内に居住または一定時間内に通勤が可能なこと」を要件としています。

▶身体要件

職務遂行上の必要性から，視力，色覚，聴力，四肢の運動機能に一定の基準を設けている職種があります。皇宮護衛官，海上保安官や消防職では，身長，体重の要件もあります（警察官は身長，体重の基準なし）。

▶職務経験年数

民間企業等経験者（社会人経験者）を対象とする試験では，5年以上，7年以上など，一定以上の勤務経験が求められます。

●大卒程度の主な公務員試験の年齢上限

※地方公務員は，5年度の一般行政系区分の年齢上限。

年齢	国家公務員	地方公務員（都道府県，政令指定都市）
39		山形県
38		
37		
36		徳島県
35		岩手県，宮城県，福島県，山梨県，富山県，鳥取県，熊本県，沖縄県，仙台市，相模原市
34	国会図書館職員	秋田県，福井県，滋賀県，愛媛県
33		
32		青森県，熊本市
31		特別区
30	国家総合職，国家一般職，国家専門職，外務省専門職員，防衛省専門職員，衆議院事務局職員，裁判所職員	北海道，埼玉県，千葉県，神奈川県，新潟県，静岡県，京都府，岡山県，さいたま市，横浜市，静岡市，名古屋市，京都市，岡山市，北九州市
29	*6年度の年齢上限	茨城県，栃木県，群馬県，東京都Ⅰ類B，長野県*，岐阜県，愛知県，三重県，石川県，奈良県，和歌山県*，島根県，広島県，山口県，香川県，高知県，福岡県，佐賀県，長崎県，大分県，宮崎県，鹿児島県，札幌市，川崎市，広島市，福岡市
28		千葉市，新潟市，浜松市
27	参議院事務局職員	兵庫県
26		
25		大阪府，大阪市，堺市
24		神戸市

（注）自治体によってはより上限年齢が高い特別枠などの区分を設けていることもあります。年齢要件を変更する場合があるので，6年度については本誌PART 7の「地方上級 行政系区分 令和6年度試験概要＆5年度実施結果」（152〜167ページ）を参照してください。

Q6 公務員試験はいつ行われるの？

　公務員試験は，右に示したように，一次試験，二次試験，場合によっては三次試験，四次試験というプロセスで選考が進みます。最終合格者は「採用候補者名簿」に得点順に記載され，任命権者はこの名簿に基づいて採用面接や意向調査を行い，内定を出すという仕組みです。また，3ページで述べたように，国家総合職と国家一般職は受験の時点では採用先は未定で，採用されるためには「官庁訪問」を行わなくてはなりません。

　下の表は一般行政（事務）系試験について，6年度試験の日程をまとめたものです。4〜6月は一次試験のピークで，国家専門職，国家一般職，地方上級（府県・政令指定都市）など，多くの試験が実施されます。

　市役所試験は，6月，7月，9月の統一実施日に一次試験が行われることが多いです。ただし，追加募集を含め，10月以降〜翌年初め頃に実施する市もあるので，一次試験だけを見ても公務員試験の実施は長期間にわたることがわかります。

●採用までのプロセス

施行計画の発表・受験案内の配布
⇩
受験申込み
⇩
一次試験

主として，五肢択一式の教養試験と専門試験が行われます。
⇩
一次合格発表
⇩
二次試験

主として，論文試験や人物試験（面接や集団討論）などが行われます。三次試験，四次試験が課される場合もあります。
⇩
最終合格発表
⇩
採用面接・意向調査
⇩
採用内定

	4月	5月	6月	7月	8月
国家一般職			2(日)一次試験　26(水)一次合格発表	10(水)←二次試験→26(金)	13(火)最終合格発表
国家専門職（国税専門官）		26(日)一次試験	18(火)一次合格発表　24(月)←	二次試験→5(金)	13(火)最終合格発表
東京都I類B（一般方式）	21(日)一次試験	31(金)一次合格発表	14(金)←二次試験→27(木)	10(水)最終合格発表	
府県・政令指定都市			16(日)一次試験　下旬 一次合格発表	上旬 中旬 二次試験	上旬 下旬 最終合格発表

公務員試験のトレンド❶

　公務員試験は社会状況に応じて，年齢要件の見直し，試験種目（科目）の変更等の改革が随時行われています。志望先の最新の情報をこまめにチェックしましょう。

　以下に近年の主な変更点（トレンド）をまとめました。志望先の試験内容を知ることから対策は始まります。

トレンド❶ ▶ 試験の早期化（試験日や最終合格発表日の前倒し）

▶国家総合職（春試験）：6年度（2024年度）は一次試験日が3月17日（日），最終合格発表は5月28日（火），官庁訪問の開始日は6月12日（水）です。大学3年生のうちに受験がスタートするわけです。

▶国家一般職，国家専門職：6年度（2024年度）は日程が1週間前倒しされ，一次試験日は国家一般職が6月2日（日），国家専門職が5月26日（日）となり，一次合格発表も1週間早まりました。国家一般職の官庁訪問の開始日は7月2日（火）です。

▶地方公務員：従来から4〜5月に独自試験を行う自治体はありましたが，近年は6月の統一実施日とは別に，「早期枠」「特別枠」といった名称の試験を実施するところが増えています（詳しくは152〜167ページを参照）。民間志望者でも受験しやすい内容の試験になっていることが特徴です。

ここがポイント
　近年，民間企業の就職活動はますます早まる傾向にあり，公務員試験のスケジュールとのギャップが大きくなっています。人事院は公務員志望者を増やし，より良い人材を確保するため，大学関係者や各府省の人事担当者への聞き取りを踏まえ，国家総合職試験の実施時期の前倒しを決めました。地方でもこれに準じる動きが起きています。

　国家総合職試験（大卒程度試験）には秋に実施される「教養区分」があり，大学2年次に受験可能となっています。最終合格者は採用候補名簿に記載され，官庁訪問は大学4年次以降に行います。

　早期に公務員試験の合格を確保していることで，学生は勉学や研究に集中することができ，海外留学や大学院への進学にもつながると期待されています。

トレンド❷ 合格有効期間や採用候補者名簿の有効期間の延長

▶国家総合職（教養区分を除く），国家一般職，財務専門官，国税専門官，労働基準監督官：5年間。
▶国家総合職（教養区分）：6年6か月間。
▶東京都Ⅰ類B，特別区Ⅰ類，熊本県大学卒業程度行政など：3年間。

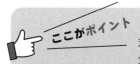

ここがポイント
　大半の地方公務員試験では採用候補者名簿の有効期間が1年間なのに対して，もともと国家公務員の場合は3年間と長かったのですが，上記の区分ではさらに延長されました。一旦地方自治体や民間企業等には就職した場合も，採用候補者名簿の有効期間内であれば，国家公務員に転職する選択肢を維持できます。

STEP 3

試験内容を理解しよう！

公務員試験＝筆記試験が難しい，というイメージがありますが，近年は民間企業志望者を含む多くの人が受験しやすいように筆記試験の内容を見直したり，人物試験（面接等）の比重を大きくするなどの改革が進んでいます。志望先の試験種目に応じた対策を進めましょう。

 どんな試験が行われるの？

平均的な公務員試験は右のような構成になっており，一次試験の合格者が二次試験に進みます。人物試験（面接等）は多くの場合，二次試験以降で実施されますが，「人物重視の採用」を掲げている自治体では，複数回行われることも珍しくありません。

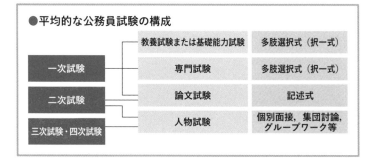

●平均的な公務員試験の構成

一次試験	教養試験または基礎能力試験	多肢選択式（択一式）
	専門試験	多肢選択式（択一式）
二次試験	論文試験	記述式
三次試験・四次試験	人物試験	個別面接，集団討論，グループワーク等

●試験種目の比重はさまざま！

近年は筆記試験よりも面接の配点を大きくしたり，二次試験の成績に基づいて最終合格者を決定する自治体も増えています。とはいえ，面接に至るまでには筆記試験の壁を超えなければならないことを覚えておきましょう。

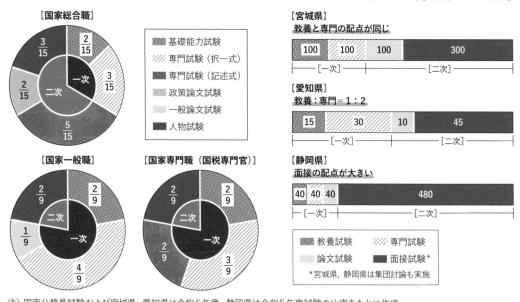

注）国家公務員試験および宮城県，愛知県は令和6年度，静岡県は令和5年度試験の比率をもとに作成。

Q8 教養試験・基礎能力試験の内容は？

　地方公務員試験の教養試験は五肢択一式（マークシート）で，試験区分に関係なく共通の問題が出題されます（主な出題科目は以下のとおり）。

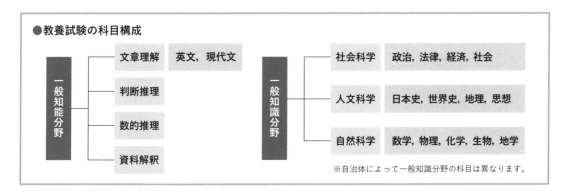

●教養試験の科目構成

一般知能分野	文章理解	英文，現代文
	判断推理	
	数的推理	
	資料解釈	

一般知識分野	社会科学	政治，法律，経済，社会
	人文科学	日本史，世界史，地理，思想
	自然科学	数学，物理，化学，生物，地学

※自治体によって一般知識分野の科目は異なります。

　一般知能分野は公務員試験に特有の科目群で，一般知識分野は高校までに学んだ科目群です。近年は一般知能分野の比率が大きくなる傾向にあり，国家公務員試験では「基礎能力試験」という名称の，一般知能分野に重きを置いた試験が課されます。

　なお，国家総合職・一般職・専門職の場合，6年度試験より，出題数が30問（一般知能分野：24問，一般知識分野：6問）に削減され，一般知識分野は「自然・人文・社会に関する時事」および「情報」になっています。また，裁判所総合職・一般職についても，一般知能分野：24問，一般知識分野：6問という構成で，一般知識分野は時事問題が中心です。

試験情報はこまめにチェックすべし！

　9ページで述べたように，近年，民間の就職状況は堅調に推移しており，早い時期に企業から内々定が出たことで公務員受験を取りやめる人も少なくないのが現状です。そのため，採用側はスケジュールの前倒しや早期実施枠の新設をはじめ，筆記試験の内容を見直したり，民間志望者でも受験しやすい試験区分を設けるなどの改革を進めています。受験者側としては，最新情報を確実に入手することが大切なのです。

　国家公務員試験については，人事院の「国家公務員試験採用情報NAVI」の閲覧が必須です。メールマガジン「国家公務員試験採用情報NEWS」に登録しておくと，見落としを防止できます。各府省の説明会やセミナーなどの情報も発信されているので，要チェックです。

　地方上級試験については各自治体の人事委員会，市役所試験については人事課・職員課などのホームページで情報が公表されます。採用関係の情報を発信するX（旧Twitter）やFacebookなどがあればフォローしておきましょう。実務教育出版のホームページの「公務員試験ニュース」もオススメです。

Q9 専門試験の内容は？

専門試験は各試験の区分に応じて必要な専門的知識，技術などの能力を測るために課されるものです。たとえば，一般行政（事務）系区分の場合は，次のような科目が出題されます。

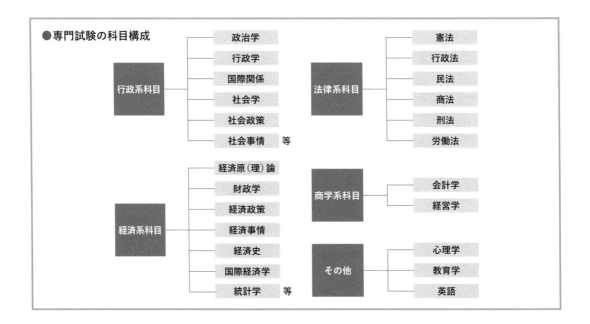

●専門試験の科目構成

行政系科目
- 政治学
- 行政学
- 国際関係
- 社会学
- 社会政策
- 社会事情 等

法律系科目
- 憲法
- 行政法
- 民法
- 商法
- 刑法
- 労働法

経済系科目
- 経済原（理）論
- 財政学
- 経済政策
- 経済事情
- 経済史
- 国際経済学
- 統計学 等

商学系科目
- 会計学
- 経営学

その他
- 心理学
- 教育学
- 英語

どの科目が何問出題されるかは，試験によって異なります。PART 4 を参照して，志望先の出題科目や出題数を早めに確認しておきましょう。なお，専門試験については択一式のほかに，与えられた課題について論述する「記述式」の試験が課される場合がありますが，出題範囲は択一式とほぼ同じです。

Q10 そのほかの試験は？

主に二次試験において，専門記述式試験，論文試験，人物試験（面接等），適性検査（性格検査）などが課されます。人物試験の中心は個別面接ですが，地方公務員試験では，個別面接（1～2回）に加え，集団討論，グループワーク，プレゼンテーション試験などを課す自治体もあります。最終合格者の決定の際に一次試験の結果を反映しない「リセット方式」を採用するところもあるので，志望先がどのような試験を行っていて，種目別の配点比率がどうなっているのか確認しておきましょう。論文・面接試験の概要と対策のポイントは PART 5 で解説します。

このほか，試験によっては，外国語（英語，中国語など）のスコアや情報処理技術者試験の資格に対する加点があります。

公務員試験のトレンド❷

トレンド❸ 筆記試験の負担減がさらに進む

　近年，教養試験・専門試験の問題数・科目数を減らしたり，教養試験に代えて民間就活で実施されている「SPI3（基礎能力検査）」や「SCOA-A（基礎能力検査）」といった能力検査を導入する自治体が増加しています。民間志望者にも気軽に公務員試験にチャレンジしてもらい，受験者の増加につなげようという狙いが反映されているようです。

　従来型の教養試験とSPI3（基礎能力検査），SCOA-A（基礎能力検査）との違いは以下を参照してください。

	試験時間・問題数	試験内容	実施方法
従来型の教養試験	120分・40問	一般知識分野，一般知能分野	マークシート（会場）
SPI3 （基礎能力検査）	70分・70問	言語能力検査（30分・40問） 非言語能力検査（40分・30問）	マークシート（会場）
	35分・60問	言語能力検査（15分・40問） 非言語能力検査（20分・20問）	テストセンター，Web
SCOA-A（基礎能力検査）	60分・120問	言語，数理，論理，常識，英語	マークシート（会場）， テストセンター

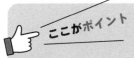

ここがポイント　SPI3やSCOA-Aを導入している自治体では，「特別な公務員試験対策は必要ありません」とうたってはいますが，一定の成績を修め，面接に臨むためには，事前の準備が欠かせません。詳しい対策については，PART 3（63〜64ページ）をご覧ください。

　SPI3やSCOA-Aについては，各地のテストセンターやWebでの受検を導入する自治体が増えています。従来型の試験においても受験者数を増やすために複数の受験地を設ける場合がありますが，全国どこでも，自分の都合に合わせて受けられるテストセンター方式やWeb方式の活用は，究極の試験地拡大策かもしれませんね。

＼こんな変化にも注目！／

❶ Web面接の導入

　個別面接を複数回実施する自治体の場合，一次面接をZoomなどのWeb会議サービスを利用したリモート形式で行うところが増えています。とはいえ，最終面接は対面で行われます。

❷ 通年採用

　神戸市では新卒採用と経験者採用の比率を5：5にすることとして，民間企業からの転職者を通年で募集する「大学卒通年枠」を設けています。

STEP 4

合格のための対策は？

公務員人気が揺らぐことはありませんが，近年の試験データを見ると，競争率はやや下がり気味で推移しており，本気で公務員をめざしている人にとってはチャンスといえます。合格ラインを把握し，やるべきことを着実に進めていきましょう。

Q11 競争率はどのくらいですか？

　国家総合職試験は大卒程度公務員試験の中で最難関とされています。下のグラフは法文系３区分（政治・国際，法律，経済）の過去10年間の競争率（一次受験者数／最終合格者数）を示しています。

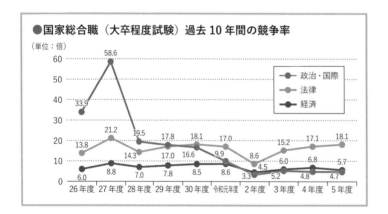

●国家総合職（大卒程度試験）過去10年間の競争率
（単位：倍）

政治・国際：33.9（26年度）、58.6（27年度）、19.5（28年度）、17.8（29年度）、18.1（30年度）、17.0（令和元年度）、8.6（2年度）、15.2（3年度）、17.1（4年度）、18.1（5年度）

法律：13.8（26年度）、21.2（27年度）、14.3（28年度）、17.0（29年度）、16.6（30年度）、9.9（令和元年度）、4.5（2年度）、6.0（3年度）、6.8（4年度）、5.7（5年度）

経済：6.0（26年度）、8.8（27年度）、7.0（28年度）、7.8（29年度）、8.5（30年度）、8.6（令和元年度）、3.3（2年度）、5.2（3年度）、4.8（4年度）、4.7（5年度）

　平成27年度の「政治・国際」の58.6倍という数字が目立ちますが，これは最終合格者数が非常に少なかったためです。３区分のうち最も受験者が多いのは「法律」で，コロナ禍の影響が大きかった令和２年度を除き，近年の競争率は15〜20倍で推移しています。一方，下のグラフは国家一般職・行政区分の試験状況を示しています。全国合計で見ると，ここ数年の競争率は３倍程度です。

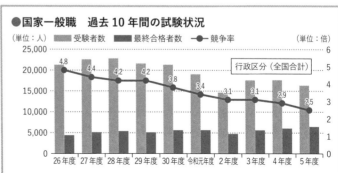

●国家一般職　過去10年間の試験状況
（単位：人）受験者数　最終合格者数　競争率（単位：倍）

行政区分（全国合計）

競争率：4.8（26年度）、4.4（27年度）、4.2（28年度）、4.2（29年度）、3.8（30年度）、3.4（令和元年度）、3.1（2年度）、3.1（3年度）、2.9（4年度）、2.5（5年度）

地方公務員試験については，下のグラフを見てください。すべての都道府県，市区町村の全区分の合計ですが，近年は受験者数が減少傾向にあり，競争率が低下していることがわかります。採用数が少ない一部の市役所を除き，競争率が10倍を超すケースは少ないでしょう。

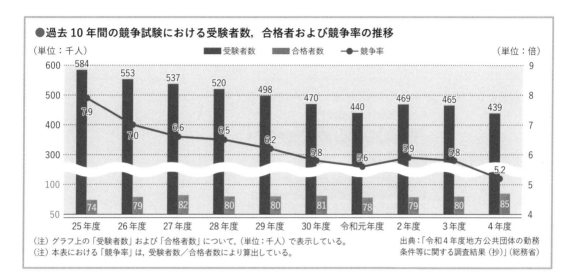

●過去10年間の競争試験における受験者数，合格者および競争率の推移

(単位：千人)　　■受験者数　□合格者数　●競争率　　(単位：倍)

年度	受験者数	競争率	合格者数
25年度	584	7.9	74
26年度	553	7.0	79
27年度	537	6.6	82
28年度	520	6.5	80
29年度	498	6.2	80
30年度	470	5.8	81
令和元年度	440	5.6	78
2年度	469	5.9	79
3年度	465	5.8	80
4年度	439	5.2	85

(注) グラフ上の「受験者数」および「合格者数」について，(単位：千人) で表示している。
(注) 本表における「競争率」は，受験者数／合格者数により算出している。

出典：「令和4年度地方公共団体の勤務条件等に関する調査結果（抄）」（総務省）

競争率の高さが試験の難しさと必ずしもリンクしているわけではありませんが，国家，地方ともに，人物試験の比重が大きくなっているぶん，筆記試験のハードルは低くなる傾向にあります。バランスよく準備を進め，確実に採用されるよう，上位での合格をめざしましょう！

筆記試験においてSPI 3やSCOA-Aを実施する「特別枠」を設けている自治体の場合，通常の区分と比べて申込者数が多く，競争率が高くなることが珍しくありません。しっかり対策をして臨みましょう。

Q12　どのくらい得点すればいいですか？

人事院が実施している国家公務員試験は，各試験，区分ごとに平均点，標準偏差，最終合格点などが公表されています。受験者の筆記試験の得点は「素点」（多肢選択式試験の場合は正解数）ではなく，各試験種目ごとの平均点，標準偏差を用いて算出した「標準点」が使われます。PART 6ではこれらの数字をもとに受験ジャーナル編集部が推計した国家総合職・一般職・専門職の「一次合格ライン推計」を掲載しています*。

一般行政（事務）系の場合，「教養（基礎能力）試験で6割，専門試験で7割取れれば確実に一次合格できる」とされていますが，前述の「一次合格ライン推計」を見れば，区分によってはそれより低くても合格

できることがわかります。ただし，試験ごとに最低限必要な素点＝基準点が設けられているので，それをクリアするためにバランスよく対策しなければなりません。教養試験の場合，出題ウエートが大きい一般知能分野に力を入れるのが基本です。専門試験については，出題数の多い憲法，行政法，民法，経済原論（ミクロ・マクロ経済学）を得点源にしましょう。具体的なプランの立て方は，PART 2を参照してください。

＊6年度より基礎能力試験の出題数が減り，30点満点になるため，一次合格ラインも変わる見込みです。

Q13 試験対策には どのくらい時間がかかりますか？

▶公務員試験対策はいつから始める？

下のグラフは人事院が行った「総合職試験等からの新規採用職員に対するアンケート」結果の一部です。

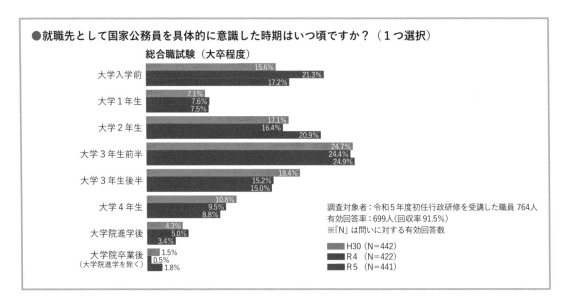

●就職先として国家公務員を具体的に意識した時期はいつ頃ですか？（1つ選択）

総合職試験（大卒程度）

	H30 (N=442)	R4 (N=422)	R5 (N=441)
大学入学前	15.6%	21.3%	17.2%
大学1年生	7.1%	7.6%	7.5%
大学2年生	17.1%	16.4%	20.9%
大学3年生前半	24.7%	24.4%	24.9%
大学3年生後半	18.4%	15.2%	15.0%
大学4年生	10.8%	9.5%	8.8%
大学院進学後	4.3%	5.0%	3.4%
大学院卒業後（大学院進学を除く）	1.5%	0.5%	1.8%

調査対象者：令和5年度初任行政研修を受講した職員764人
有効回答率：699人（回収率91.5%）
※「N」は問いに対する有効回答数

全体としては半数近くが大学2年生までに就職先として国家公務員を意識し，3年時には試験準備を進めているようです。本誌32ページに掲載した「先輩合格者の学習期間と学習時間は？（受験ジャーナル調べ）」の回答結果とも重なります。着手が遅くなってしまった人は，1日の学習時間を多く取って追いつくようにしましょう。論文や面接の対策についても，あらかじめスケジュールに組み込んでおくことが大切です。

▶対策のプロセスは？

対策を立てるために必要なプロセスは以下のとおりです。

❶受験先を決める

まずPART6・7で試験内容をチェックしましょう。省庁や自治体のホームページには業務内容や職員インタビューなどが掲載されていますので，それらも参考にして第一志望を決定します。続いて日程や試験種目などを考慮し，併願先を考えていきますが，受験先の最終決定は申込時期でかまいません。

❷学習プランを立てる

標準的な学習プランはPART2で紹介します。詳しい学習方法や面接対策などは先輩たちの「合格体験記」が参考になります。しっかり読み込んで役立てましょう。

❸学習ツール・教材を選ぶ

予備校や大学の学内講座を利用する人が増えていますが，受け身にならないよう要注意。与えられた教材が自分にとって最適とは限りません。合格者はこれと決めた1冊の問題集（過去問集）に繰り返し取り組んでいます。PART3・4を参考に教材を選び，頻出テーマを確実に押さえていきましょう！

イラスト・坂木浩子

PART

2

合格者に聞け！
学習プラン＆体験記

試験までの限られた時間をどう使うかは，
合否を左右するとても重要な問題です。
受験する試験に合わせた効率の良い学習プランを立て，
合格に向かって突き進みましょう！
PART 2 では，学習プランづくりのための留意点と
先輩たちの合格体験記を大公開。
スタート期から直前期までのチェックポイントを頭に入れ，
あなたにとってベストな方法を選択してください。

成功の秘訣を合格した先輩たちに聞いてみたい！
でも，合格体験記をお寄せいただいた方々は，ある意味「模範的な受験者」であるのも事実。「こんなに長時間勉強できない！」「今からじゃ間に合わない…」と焦る必要はありません。「公務員になりたい！」と思い定めたときがあなたのスタートライン。合格に向けて進むための学習プランづくりをお手伝いしましょう。いつ，何を，どのように選択すべきかをお教えします！

早期スタート組のよくある悩み

大学2年になったときから，学内講座で勉強を始めました。でも，国家か地方か，県庁か市役所か，まだ具体的な仕事のイメージもなく，第一志望が決まりません。最近はモチベーションが低下して勉強のペースも失速気味…。

合格する人は

▶ **第一志望先**と**併願先**を正しく選択しています。
▶ **時間配分**と**目標設定の方法**を正しく選択しています。

受験する試験を決めるためのポイント

　公務員試験の出題科目数は多く，出題範囲は大変広いものです。試験の種類により異なりますが，一次試験を突破するために必要な得点は，教養（基礎能力）・専門ともに満点の**6〜7割程度が目安**となります（→ 15ページ）。効率よく学習するためには，それぞれの科目の性格を理解したうえで，対策を立てなければいけません。さらに同じ科目であっても，試験によって出題傾向が異なるので，**できるだけ早い時期に志望先を決定**し，それに対応した学習プランを立てることが必要です。

第一志望先を決める

　第一志望先選定のポイントとしては，**仕事の内容，働きたい場所，転勤の範囲，待遇，職場の雰囲気**などが挙げられます。
　公務員試験には多くの職種・試験がありますが，一般行政系か公安系か，さまざまなジャンルの仕事に携わるゼネラリストをめざすのか，専門分野を極めるスペシャリストがいいのか，技術系なら研究職に就きたいのかなど，基本的な方向性が決まっていれば，スムーズに選択できます。
　本誌のPART6・7を参照し興味を持った職種・試験については，各省庁や立法・司法機関，地方自治体が発行しているパンフレットやホームページ，SNSなどをチェックして，詳しく調べてみましょう。仕事内容や組織の紹介，若手職員インタビュー，求める人材像なども掲載されているので，具体的なイメージがわくはずです。そのほか次ページに挙げる書籍も参考になります。
　さらに，近年は中央省庁，地方自治体ともに，「**インターンシップ**」という形で公務員の仕事を体験する場を設けるところが増えています。年間を通していろいろな時期に実施されていますが，大学の夏休み期間が最も多いようです。参加の有無が採用にかかわることはありませんが，職場体験を通じて現場の雰囲気や仕事内容がわかり，志望先選びに役立つとともに，志望動機を深めることにもつながります。募集情報は省庁・自治体のホームページで確認してください。

受験ジャーナル特別企画2
公務員の仕事入門ブック

7月刊行

公務員試験　現職人事が書いた
「公務員になりたい人へ」の本

6月刊行

受験ジャーナル特別企画1
学習スタートブック

併願先を決める

　合格の可能性を高めるために，複数の試験を併願するのは常識です。学習プラン作成にも影響するので，併願先は以下の3つのポイントを押さえて早めに決めましょう。多ければよいというものではありませんが，**少なくとも3試験，できれば5～6試験程度**は考えておきたいところです。

❶第一志望の仕事との共通項が多いこと

　併願先選定の第一のポイントは，**第一志望の仕事との共通項が多いもの**を選ぶことです。たとえば地方公務員になりたい人の場合は，広域自治体（都道府県）と基礎自治体（市町村，特別区など）を併願するのが一般的（広域自治体と基礎自治体の違いについては4ページを参照してください）。広域自治体と基礎自治体とでは，取り組む仕事の幅に違いはありますが，地域住民のためにサービスを提供するという共通の目的があります。

❷受験資格を満たしており，一次試験日が重ならないこと

　併願先を絞り込むのに必要な次のステップは，**受験要件と試験日程の確認**です。

　国家公務員の場合，30歳までならほとんどの試験の年齢要件を満たしていますし，地方公務員では30歳を超えても受験可能な試験が増えています（➡7ページ）。

　学歴は基本的に問われませんが，一部の自治体や多くの大卒程度警察官区分では，「大卒（見込）」であることを要件としています。また大卒者の受験を認めない短大卒程度試験もあります。そのほか，「住所要件」を定めている自治体もあります。

　一次試験日は，国家公務員試験と地方上級試験が集中する4～6月が一つのピークで，4月下旬から6月下旬にかけて相次いで実施されます（➡8ページ）。一方，市役所試験は7～10月に実施されるところが多くなっています。近年は，国家総合職の一次試験日が3月に前倒しされるなど，全般的に早期化の傾向が見られます。北海道，東京都，愛知県，大阪府，名古屋市，特別区は4～5月に一次試験を実施していますし，通常枠とは別に4～5月に先行実施枠，特別枠の試験を設けている自治体も増えています。第一志望の試験をめざして適切なペース配分をすることが大切です。

　一次試験は試験日が違えばいくつでも併願可能ですが，二次試験以降に試験日程が重なる場合もあるので，要注意。

　受験資格や試験制度，試験日程に関する情報は，志望先のホームページやSNSなどでこまめにチェックしましょう。**最新の試験情報は，実務教育出版のホームページや受験ジャーナル編集部のX（@jitsumu_jj）でもお知らせしています。**

❸出題科目に着目し，第一志望の試験と似通った科目構成の試験を探すこと

　効率のよい学習のためには，特定の試験の対策だけに割く時間は最小限に抑えたいところです。「教養試験・基礎能力試験（択一式）の科目別出題数」「事務系区分専門試験（択一式）の科目別出題数」（➡35，67ページ）で各試験の出題科目と出題数をチェックし，**第一志望の試験対策がなるべく適用できる併願先**を探しましょう。**選択解答制や科目選択制**（➡35ページ）を導入する試験も多くなっているので，学習の早い段階のうちに力を入れる科目を絞り込むことで，学習効率がアップします。

時間配分を決めるためのポイント

いつ頃から始めるのか

「合格するためにはいつ頃から勉強を始めればよいか」は，多くの人が気になることですね。「大学入学時から公務員をめざしていて，1〜2年生から少しずつ準備を進めた」という人，「民間企業への就職も考えていたので，本格的な対策は3年生の秋からになった」という人など，さまざまです。32ページに「受験ジャーナル」定期号・特別企画に掲載した合格体験記から，先輩たちの学習期間と学習時間を集計した結果を紹介しているので参照してください。6か月程度という短期間の人もいますが，全体としては「**試験前年の春頃から本格的に始めた**」という人が多いことがわかります。

いずれにしても，まずは適切な教材を選び，「**どのくらいの期間，どのくらいのペースで学習するのか**」という戦略を考えることが大切です。ここでは，試験前年の春頃までにスタートした人を「早期スタート組」，3年生の夏休み明けくらいから本格的に準備を始めた人を「秋からスタート組」として，学習プランの立て方をアドバイスします。

長期の学習プランを立てる

学習プランは**長期（月単位）**と**短期（週単位や1日単位）**に分けて作成するのが基本です。

次の表は6月に一次試験を行う国家一般職や地方上級を受験する人を想定し，学習期間月単位で①基礎力養成期，②実力養成期，③直前完成期の3期に振り分けたものです。

6月に一次試験を受ける場合の各学習期のめやす

	早期スタート組	秋からスタート組
❶基礎力養成期	〜9月	9〜11月
❷実力養成期	10〜2月	12〜2月
❸直前完成期	3月〜	3月〜

スタート時期によって学習可能な期間（月数）が異なりますので，「秋からスタート組」は1日当たりの学習時間を多く取るか，学習内容を絞ることで「早期スタート組」に追いつかなければなりません。それぞれの時期別に，やるべきことを見ていきましょう。

❶基礎力養成期

出題ウエートが大きい科目，マスターするのに時間がかかる科目を中心に学習します。具体的には教養（基礎能力）試験の**判断推理と数的推理**，専門試験の**民法，行政法と経済学（経済原論）**が最優先です。

さらに解法のコツをつかめば確実な得点源となる**文章理解と資料解釈**，法律系科目の基礎であり教養試験の社会科学でも頻出の**憲法**にも，早めに着手しましょう。

❷実力養成期

基礎力養成期から着手している主要科目については，「**公務員試験　新スーパー過去問ゼミ**」シリーズ（実務教育出版）などを使って**過去問演習**を集中的に進めていきます。

教養試験の**一般知識分野**は，出題数は少ないのですが，地方上級を受験する場合はある程度の準備が必要です。この時期までに自分がやるべき科目を決め，過去問演習を中心に進めましょう。専門試験の行政系科目は教養試験の対策も兼ねて学習するのが効率的です。

この時期の終盤には，**時事対策**にも取りかかる必要があります。

❸直前完成期

本試験の2〜3か月前からは，**過去問を繰り返して解く**とともに，**暗記科目の対策**に力を注ぐ時期になります。問題を解く勘が鈍らないよう，複数の科目をバランスよく学習するようにしましょう。模擬試験を受験して，問題を解く順番や時間配分を確かめたり，対策が不十分な箇所を知ることも大切です。

なお，合格者の多くは，一次試験前から計画的に**論文・面接対策**を進めています。論文・面接の配点が筆記試験並みに高い試験もありますし，地方公務員試験においては，最終合格者の決定に際しては二次試験以降の成績のみで決定する（一次試験の成績は反映されない）という「**リセット方式**」をとる自治体も見られます。志望先の行政課題を調べたり，面接カードやエントリーシート作成の準備をする時間も確保しておきましょう。

短期の学習プランを立てる

　月単位の長期プランが定まったら，「1週間当たり何時間ぐらいを学習に充てられるか」を「見える化」しましょう。週単位の短期プランを立てるのです。

　大学の授業や生活に必要な時間を除けば，学習にかけられる時間がざっくりと把握できます。「直前期には週に60時間以上学習した」という人もいますが，最初のうちは**週に30〜40時間**というのが目安になります。週に1日，休息日を設けるとしたら，**1日当たり5〜6時間**くらいでしょう。

　次にやることは，教材選びです。必要な教材は，**①基礎力養成期，②実力養成期，③直前完成期**の

　各時期によって異なりますが，たとえば「この問題集を1か月で1周回す」などという目安を決めれば，「全部で20テーマあるので，1週間で4〜5テーマ進める」といった週単位のノルマが定まります。さらに，「午前中に1テーマ当たり2時間でこなす」などと決め，いくつかの科目を組み合わせると，1日の学習プランの出来上がり。午前中は一般知能，午後は法律，夜は経済などというようにメリハリをつけるのがおすすめです。

　ノルマが決まったら，それを実行できたかどうかを記録することが大切です。「小さな達成感」を日々積み重ねることが，中だるみや挫折を防ぐポイント。長期プランの進行に合わせて，徐々に目標を上げていきましょう。

秋からスタート組のよくある悩み

「『スー過去』が最強」ってセンパイに聞いたんですけど，「予備校で別の本を薦められたよ」って言う友達もいて，目移りして困っています。
ネットの情報や「受かる勉強法」の本とか見てから，また考えようかな…。

合格する人は

▶ **学習ツール**と**メイン教材**を正しく選択しています。
▶ **学習の優先順位**を正しく選択しています。

学習ツールとメイン教材を決めるためのポイント

学習ツールを決める

　公務員試験の「学習ツール（教材の種類・方法）」は，大きく分けて以下の3つがあります。

❶問題集・テキストで独学
「スー過去」の愛称で知られる「新スーパー過去問ゼミ」シリーズなどを使った**過去問演習を中心とする学習方法**です。公務員試験では頻出テーマの類似問題が繰り返し出題される科目が大半なので，法律や経済の初学者でも対応可能です。最初のうちは少してこずるでしょうが，問題演習を重なる

うちに力がついてきます。

　長所は都合のよい時間に自分のペースで進められること。もちろん，きちんと学習計画を立てて実行することと，定評のある教材を選ぶことが必要です。**PART3とPART4の「合格者が選んだイチオシ問題集&テキスト」**でオススメ本を紹介しているので，それらを使った勉強法とともに参考にしてみましょう。

❷学内講座や予備校などの通学制セミナー
　大学のキャリアセンターや生協などが主催する**学内講座**や，**公務員受験予備校**で開講されている通学制セミナーを利用する方法です。講師との距離が近く，質問や受験相談にも答えてもらえるのが最大のメリット。また，周囲に同じ目標を持つ

公務員試験　新スーパー過去問ゼミ
シリーズ

みんなの定番！

公務員試験
独学で合格する人の勉強法

6月刊行

公務員試験
集中講義　シリーズ

ライトな過去問集

て頑張る仲間がいることも大きな励みになります。学内講座の受講料は比較的リーズナブルなことが多いですが，予備校の難点は費用の高さ。実績や評判をよく調べたうえで受講を決めましょう。当然ですが，通っているだけで安心してはいけません。予習・復習が大切です。

❸通信講座

試験対策に必要な教材がパッケージされているので，何から手を着けてよいかわからない人や，近くに予備校や信頼できる情報源がない人に適しています。実務教育出版の「公務員合格講座」をはじめ，公務員予備校でも開講しています。最近ではパソコンやタブレット・スマホを使って学習する**デジタル教材**や，インターネット配信やDVDなどによる**映像講義**を受けられるタイプのものが増えています。さまざまなコースがあるので，自分に合ったものを選びましょう。

メイン教材は過去問＝「スー過去」

どの方法を選ぶにしても，重要な教材は過去問集です。学内講座や予備校でも過去問をベースにした教材が使われています。過去問を素材にした教材は数多くありますが，合格者が勧めるベストの過去問集は，『**新スーパー過去問ゼミ（スー過去）**』（実務教育出版）です。

あれこれ手を出しすぎるのは失敗の元。自分の専攻や得意・苦手科目，学習の進度や志望する試験の難易度などを勘案して，「スー過去」にプラスして入門テキストや要点整理集，最新年度の過去問集などをうまく活用していきましょう。

「スー過去」の活用法については，PART3と

PART4のレビュー記事（➡ 55，101 ページ）を参考にしてください。さらに，「スー過去」の著者自らが正しい使い方を解説してくれる『**公務員試験　独学で合格する人の勉強法**』（鶴田秀樹編著◎実務教育出版）も役立つでしょう。

学習の優先順位を決めるためのポイント

20 ページの「時間配分を決めるためのポイント」で，優先して学習すべき科目について説明しましたが，再度整理すると，**出題ウエートが大きい科目，マスターするのに時間がかかる科目から始める**のが鉄則です。

一般的に**教養試験の配点を「1」とすると専門試験（択一式）の配点は「1～2」程度**なので，学習の優先順位および時間配分も，専門試験に重点を置くほうがよいでしょう。専門試験が課されない試験や区分を受験する場合は，出題数の多い一般知能分野を中心に学習しましょう。

よく陥りがちな失敗として，1科目当たりの出題数がそれほど多くない教養試験の一般知識分野，**特に人文科学や自然科学の学習に時間を取られすぎてしまう**ことがあります。特に国家公務員試験においては「自然・人文・社会に関する時事」という形での出題になっているので，一般知識分野については学習の合間に過去の頻出テーマに目を通す程度でかまいません。地方公務員試験の受験者は出題数に応じたペース配分を考えましょう。

なお，時事分野については，近年ますます出題ウエートが大きくなっているので，実力養成期の終盤から『**公務員試験　速攻の時事**』（実務教育出版）（➡57ページ参照）などを読み込む必要があります。

直前期のよくある悩み

自信がないまま3月になり、焦りまくっています。公務員試験のスタートは遅いし、試験に落ちたときのことを考えると、民間の内定をもらっておいたほうがいいのかなぁ…。

合格する人は

▶ **官民併願の方法**と**適切な受験先**を正しく選択しています。
▶ **試験直前までベストを尽くす**ための対策を正しく選択しています。

民間企業と併願できる？

官民併願のメリット・デメリット

官民併願には「会社説明会などを通じて視野が広がる」「面接や官庁訪問の練習になる」といったメリットもありますが、公務員試験の準備時間が削られてしまうというデメリットも生じます。余裕を持ってスケジュールを組むことが大切です。

学科対策が不要な試験にシフトする

ここ数年、教養試験の代わりにSPI3・SCOAなどの能力検査（➡ 63・64ページ）を課したり、人物試験を重視するなど、**「特別な公務員試験対策を必要としない試験区分」**を設ける自治体が増えています。従来型の試験の準備が間に合わない人は、そちらに目を向けてみるのもよいでしょう。ただし、競争率は高くなる傾向があります。

直前期に行うべき対策

過去問演習の総仕上げ

直前完成期となっても、過去問演習は学習の基本です。「スー過去」を中心としてこれまで使ってきた教材を何度も繰り返して、知識の定着に努めましょう。時間がまったくない人や、7月以降の市役所試験が第一志望でようやく本腰を入れ始めた人には、**「公務員試験　集中講義」**シリーズ（実務教育出版）（➡ 56, 102ページ）もおすすめです。

時事対策には十分な時間をかける

近年、時事の絡む問題の出題が増えており、合否を左右する重要科目といえます。毎年2月上旬に刊行される『**公務員試験　速攻の時事**』および『**（同）　実戦トレーニング編**』は、教養試験・専門試験対策とも試験直前まで頼りになる学習アイテムです。しっかり時間をかけて学習しましょう。

論文・面接対策の準備も忘れずに

一次の筆記試験に向けた勉強に注力する直前完成期においても、論文・面接試験に向けた対策は視野に入れておく必要があります（➡ PART5）。面接試験については、受験ジャーナル特別企画『**面接完全攻略ブック**』を活用しましょう。

あなたに合った学習方法は思い描けましたか？ 24・25ページに標準的な学習スケジュールの例を紹介するので、参考にしてください。先輩たちの「合格体験記」も役立ちます。できるだけ多くの体験記を読み、さまざまな方法を学びましょう。スランプに陥ったときは、先輩たちのアドバイスが役立つはずです。

next page
標準的な
学習スケジュールの
例はコチラ！

イラスト・小松聖二

標準的な学習スケジュールの例

❶……応用が利き得点源になる最優先の科目
❷……出題ウエートが大きくじっくり力をつける科目
❸……効率のよい学習でポイントをつかむ科目

基礎力養成期 → **実力養成期**

事前準備（受験予定の試験について、出題科目をチェックする）

❶ 判断推理 数的推理

出題ウエートが大きい科目，マスターするのに時間がかかる科目を中心に学習。基礎能力試験・教養試験の一般知能系科目がその代表。

最優先で取りかかるべきなのは判断推理と数的推理！判断推理と数的推理は問題演習がすべて。まずは典型問題に多く当たり，解法パターンを習得しよう！

❷ 文章理解 資料解釈

人文科学，自然科学は，受験先での出題ウエートによって取捨選択。専門試験の対策を進めている人の場合，社会科学は過去問演習のみでOK。

文章理解や資料解釈も確実に得点できるよう早めにスタート。特に近年は文章理解の英文の比重が非常に大きいので，苦手な人は早めに着手。資料解釈は得点源にもできる！

❸ 人文科学（日本史，世界史，地理，思想，文学・芸術等） 自然科学（物理，化学，生物，地学，数学）

❶ 経済学（教養経済分野，経済原論）

専門試験の経済学，憲法も早い時期から着手！

経済学の応用分野である財政学や経済政策もスタート。

❸ 財政学 経済政策 経済史　等

経済学は理解に時間がかかるので，入門書や基本書で基本理論を学んでおくとよい。問題演習にも早めに着手。

❷ 憲法（教養法律分野も） 行政法 民法

憲法と並行して，民法，行政法を進める。過去問演習の前に入門書を読んでおくと理解が進む。判例や条文にも親しんでおこう。

法律系科目は暗記＋思考型。憲法は条文数も少なく，初学者でも独学でマスターできる！　民法，行政法のベースにもなるので，早期に攻略しておくこと。

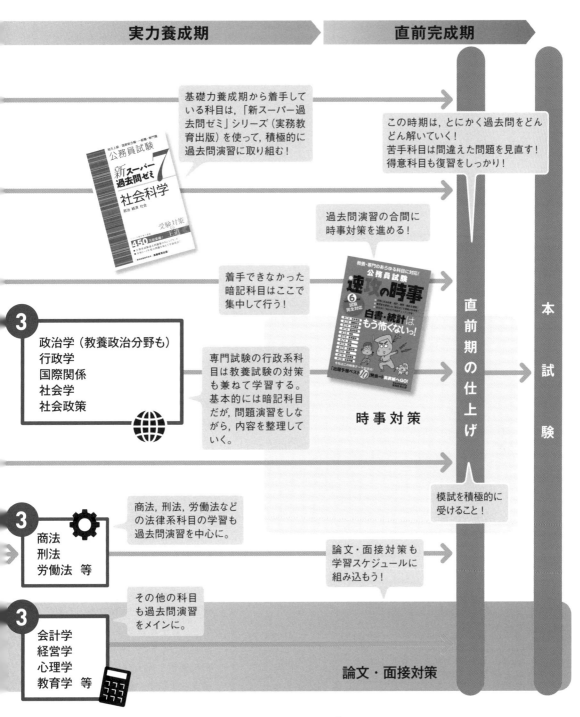

実力養成期 ／ 直前完成期

基礎力養成期から着手している科目は、「新スーパー過去問ゼミ」シリーズ（実務教育出版）を使って、積極的に過去問演習に取り組む！

この時期は、とにかく過去問をどんどん解いていく！
苦手科目は間違えた問題を見直す！
得意科目も復習をしっかり！

過去問演習の合間に時事対策を進める！

着手できなかった暗記科目はここで集中して行う！

3 政治学（教養政治分野も）
行政学
国際関係
社会学
社会政策

専門試験の行政系科目は教養試験の対策も兼ねて学習する。基本的には暗記科目だが、問題演習をしながら、内容を整理していく。

時 事 対 策

直前期の仕上げ

本 試 験

模試を積極的に受けること！

3 商法
刑法
労働法　等

商法、刑法、労働法などの法律系科目の学習も過去問演習を中心に。

論文・面接対策も学習スケジュールに組み込もう！

3 会計学
経営学
心理学
教育学　等

その他の科目も過去問演習をメインに。

論文・面接対策

next page
先輩たちの学習スケジュールを見てみよう

兵庫県
一般事務職（大卒）合格

キーワード　現役合格　学内講座　法経以外　官民併願

採用時の年齢　**22**　歳
学習期間[延べ]　**13**　か月
平均学習時間[1週間]　**35**　時間

併願状況
国家総合職大卒程度法律：一次不合格
国家専門職国税専門A：最終合格
国家一般職大卒程度行政近畿：最終合格
裁判所一般職（裁判所事務官，大卒程度）：
最終合格

続木　千春
（つづき　ちはる）

兵庫県立大学社会情報科学部社会情報科学科（令和6年卒）

得意科目／憲法，経済原論
不得意科目／政治学，行政法

「問題を繰り返し解くことで出題パターンがわかる」

私は，最初は漠然と公務員になりたいという思いでした。公務員にもさまざまな種類があることを知り，大学進学をきっかけに兵庫県に住み，生活のしやすさや，各地域の多様性を実感して，兵庫県の魅力を伝えたいという思いや，まだ知らない地方にも足を運んでみたいという思いが強かったことから，県職員をめざしました。また，私は情報系の学部に通っており，行政のデジタル化やデータの利活用の面で，学んだことを活かせたらいいなと考えました。

筆記試験対策

大学で開講されていた学内講座を受講しました。講座の受講スケジュールをもとに自宅でも学習を進めました。3回生のうちは，アルバイトやサークル活動も継続していた

ので，授業に遅れをとらないよう，できるだけ対面授業に参加し，やむをえず参加できなかったときは，次の日に配信授業を見てすぐに追いつくようにしました。

学習時間は，12月までは1日平均4時間，1月から3月にかけては1日平均6〜7時間，4月以降の直前期はアルバイトを休み，1日平均10時間ほどでした。

✔教養科目

知能分野の学習は，4月の直前期以降，解く感覚を忘れないために3日に2時間ほど時間をとって，文章理解や資料解釈の問題に触れていました。判断推理の空間図形が非常に苦手だったので，空間図形は勉強せず，ほかの問題で確実に点を取ろうと考え，間違えた問題は数日以内に解き直しました。数的推理は，問題のパターンがあると思

うので，多くの問題に触れ，解き方を覚えるようにしました。判断推理や数的推理は，苦手なテーマの克服よりも，解ける問題を時間をかけずに確実に解くほうが，得点源になると感じました。

知識分野は，理系出身だったことから，なじみのある自然科学をよく出るテーマを中心にノートにまとめて覚えました。

時事問題は，Ⓐを2月以降の移動時間に繰り返し読みました。

✔専門科目

私は，教養科目よりも専門科目のほうが得意でした。特にミクロ経済学，マクロ経済学は繰り返し問題を解いて実力をつけ，得点源にしました。4月以降は難易度の高い問題にも取り組みました。行政法，民法はなかなか頭に入らず苦労しましたが，1月以降問題集や過去問を繰り返し解いていると，よく出る用語や出題パターンがわかってきたので，苦手意識があってもひととおり勉強して基礎力を身につけることの重要性を感じました。繰り返し間違える問題や，重要そうなポイントは，科目ごとに自分のノートにまとめ，空き時間に見直し，定着を図り

使用してよかった参考書類

教養対策	Ⓐ『公務員試験　速攻の時事』	実務教育出版
専門対策	Ⓑ「新スーパー過去問ゼミ」シリーズ（財政学）	実務教育出版
	Ⓒ『公務員試験　論文答案集　専門記述　憲法』	TAC出版
情報収集・施策研究	Ⓓ『あるある兵庫五国』もぐら	ぴあ

ました。

また，4月頃から併願先の憲法の専門記述式対策を独学で始めました。1日1テーマ朝と夜に解答を読んだり，書き写したりして覚えることを徹底していました。専門記述式対策に力を入れるか迷いましたが，勉強したおかげで択一問題の正答率も上がり，重要な得点源になりました。

論文に関しては，基本的な文章構成のみ押さえ，内容は国や県が取り組んでいる中心事業に目を通す程度しか学習していません。

人物試験対策

私は最初，面接に対する苦手意識が大きく，不安しかありませんでした。思いが伝わっているかは自分ではあまりわからないため，学内講座のアドバイザーの方に何度も練習していただき，評価を受け改善点を見つけました。筆記試験後からは週に1回必ず面接対策をしていただき，回数を重ねるうちにほめてもらえることが増え，自信につながりました。

面接は印象も非常に大切なので，動画を撮影し，声のトーンや大きさ，姿勢や表情に気をつけ，改善することは，高評価につながると思います。

また，各受験先の説明会や職場訪問には積極的に参加しました。取り組んでいることや求めている人材を把握することで，自分の強みや経験を各受験先のどの部分でどのように活かせるのかをエピソードを踏まえて話せるように，何度も考え添削していただきました。強みや学生時代に力を入れたことなどは，複数エピソードを準備しておくことで，予想していない質問等にも冷静に対応できるようになると思います。

そのほかのアドバイス

3月以降，時事対策のためにNHKの「時論公論」を見ていました。択一試験対策や論文対策にもなるので非常に有効だと思います。また，県外出身のため，兵庫県のことをより知るために，兵庫県に関する本を読んだり，NHKの兵庫ニュースを見

▼1日のタイムスケジュール

7:00〜8:00	起床・朝食・準備
9:00〜12:00	大学の図書館で勉強（専門科目，専門記述式）
13:00	昼食
14:00〜18:00	大学の図書館で勉強（専門科目，判断推理，数的推理，面接対策）
19:00〜20:00	帰宅・夕食・風呂
21:00	勉強（復習中心）
22:00〜23:00	自由時間
0:00	就寝

たりして，兵庫県に関しての知識も深めました。面接の話題作りやモチベーションにもつながりました。

最後に

公務員試験は長期戦でしんどい場面もありますが，趣味や友人と遊ぶことで息抜きをしつつメリハリをつけて学習することで乗り越えられると思います。第一志望合格に向けて，自信を持って頑張ってください！

▼学習スケジュール（令和4年5月〜5年6月）

	科目	5月	6月	7月	8月	9月	10月	11月	12月	1月	2月	3月	4月	5月	6月
教養試験	一般知能分野	判断推理・数的推理											文章理解		
	一般知識分野									自然科学					
	時事									時事					
専門試験	行政系							政治学							
									行政学						
	法律系	憲法													
					行政法										
				民法											
										労働法					
	経済系	ミクロ経済学，マクロ経済学									財政学				
	そのほか										会計学				
											専門記述式（憲法）				
論文試験												論文対策			
面接試験								面接対策							

国家一般職大卒程度 行政中国 合格

中国経済産業局 に採用

金光　眞央
（かねみつ　まお）

岡山大学法学部法学科（令和6年卒）

得意科目／文章理解，憲法
不得意科目／判断推理，数的推理，経済原論

キーワード　

採用時の年齢	**22** 歳
学習期間［延べ］	**13** か月
平均学習時間［1週間］	**50** 時間

併願状況
国家総合職大卒程度法律：一次不合格
国家専門職国税専門A：最終合格
裁判所一般職（裁判所事務官、大卒程度）：
最終合格
岡山県職員A：最終合格

「ポモドーロタイマーを使って勉強した」

私が国家公務員をめざしたのは，地域産業活性化の土台作りに携わりたいと考えたからです。民間企業のインターンシップに参加した経験から，一つの企業では成しえないことを行政側からサポートするという業務に興味を持ちました。

筆記試験対策

私は，大学の学内公務員講座を利用して勉強していました。11月頃までは学部の講義やゼミナール，サークル活動が忙しく試験勉強の時間を取ることに苦労しました。学内講座自体は5月頃から始まりましたが，本格的に問題の演習に集中し始めたのは12月頃です。

✔教養科目

文章理解は，読むペースが大切だと思います。時間をかけすぎないようにしつつ，文章を読み飛ばさない訓練を模試で行いました。

私は，判断推理や数的推理に苦手意識がありました。そのぶん，自分に合った易しい問題集を使おうと思いました。Bは数学から長く離れていた人向けの教材なので，数的推理を勉強する初めの一歩として解き，数学の感覚を取り戻すことが理想だと思います。Cは判断推理ができないことに焦りを感じて試験直前の5月に始めた問題集ですが，短期間でも効果があったと感じています。問題のハードルが低く設定されているので，難しく考えすぎずに頭の整理に使えると思います。

時事対策では，Aをスキマ時間で読み込んでいました。ほかにもVoicy（ニュースを音声で読んでくれるラジオアプリ）を利用しました。洗い物をしているとき，ごはんを作っているときなど，ずっと「ながら聞き」をしていました。よく聞いていたラジオは，「ながら日経」や「きのうの経済を毎朝5分で!」などです。意外にも，このラジオで聞いていた時事が選択肢の一つになることがありました。

✔専門科目

国家一般職の専門試験では，行政学，憲法，行政法，民法（総則および物権），民法（債権，親族および相続），ミクロ経済学，財政学，英語（基礎）を選択しました。

憲法は比較的わかりやすいといわれる法律科目ですが，最後の模試まで足を引っ張るのは覚え間違いをしている内容や判例なので，ややこしい部分を整理していくことが重要だと思います。

民法は非常に量が多く，大きな壁となる科目の一つでした。秋・冬の段階では1問1問にしっかりと向き合うことで実力を伸ばせると思いますが，直前期は1つの問題で苦しむよりもできる問題を増やすことに重点を置くべきです。

行政法は，自分が行政法のどの部分を勉強しているのかということを常に明確にしながら勉強することが求められる科目です。全体像が明らかになれば理解度が格段に上がるので，「よくわからない時期」を乗り越えることが大切です。私は，どの分野のどのような問題が理解できていないのかを分析して，効率

使用してよかった参考書類

教養対策		
A	『公務員試験　速攻の時事』	実務教育出版
B	『数的推理がわかる!　新・解法の玉手箱』	実務教育出版
C	『畑中敦子×津田秀樹の「判断推理」勝者の解き方 敗者の落とし穴　NEXT』	
	畑中敦子，津田秀樹	エクシア出版

的に勉強を進めていくことを心掛けました。

経済原論は問題演習が非常に大切な科目なので、夏・秋頃にあまり問題を解かなかったことを後悔しました。過去問は難しくて挫折することも多かったので、学内講座で配布された基本の問題集を繰り返し解いて問題の形式に慣れることを意識しました。特に「慣れ」が大切な科目だと思います。初めはよくわからなくても、だんだんわかるようになると信じ続けて問題集に向き合ってみてください。

また、4月の時点で行政学や財政学などの演習が進んでいなかったので、あまり時間をかけずに解いていくことに重点を置きました。正解した問題も、間違えた問題も、次見たときに正解できるよう覚えておく工夫が必要だと思います。私は、問題集の解説の欄に、「○○に似ているから○○とつなげて考える！」など頭を整理するためのメモを書き残しておくことで、できるだけ自分の記憶の中に色濃く残るように努力しました。

学習全般について

大学の近くに住んでいる友人は、よく大学の図書館などで勉強していました。しかし私は大学から家が遠かったことから、家でどれだけ効率よく勉強できるかを考えました。家で勉強するためにはいかに集中を続けることができるかが大事だと思い、「ポモドーロタイマー」という仕組みを使って勉強していました。ポモドーロタイマーとは、25分勉強したら5分休憩、を繰り返す時間管理法のことです。私は長時間の集中力が続かないので、25分という短い時間で集中して、それが終われば5分のご褒美が待っている、という方法で勉強を続けていました。このように自分独自の方法で試験対策に取り組んでみてください。

人物試験対策

民間企業のインターンシップに参加したことなど、一見公務員にはつながりそうにないような経験も、面接の中で自分のアピールポイントにすることができました。自己分析をする中で自身の経験に不安があっても、自分なりに頑張ってきたことを整理して共通点を探していけば、良いアピールをすることができると思います。

▼１日のタイムスケジュール

8:00	起床・朝食・ストレッチ（5分）
9:00	判断推理，数的推理
10:00	
11:00	憲法，民法
12:00	昼食・Voicyを聞く・YouTubeを見る
13:00	
14:00	経済原論
15:00	
16:00	休憩
17:00	行政法など
18:00	
19:00	夕食・家族団らん・お風呂
20:00	
21:00	
22:00	過去問
23:00	
0:00	睡眠

最後に

公務員試験は、範囲が広すぎてどこまで勉強すればいいのかわからずに悩んだり、周りの人と比べて落ち込んだりすることがよくあります。しかし、試験が終わった今振り返ると、自分自身で納得のいく方法を模索しながら勉強していくことが一番の近道なのではないかと感じました。受験生の皆様も自分なりの勉強法を探してみてください。応援しています。

▼学習スケジュール（令和4年10月～5年8月）

	科目	10月	11月	12月	1月	2月	3月	4月	5月	6月	7月	8月
教養試験	一般知能分野	学内講座のテキスト						**B**を解く	**BC**で理解を深める			
	一般知識分野	学内講座のテキスト										
	時事					Voicyを聞き始める	**A**の読み込みを始める					
専門試験	行政系	学内講座の講義		学内講座の問題集			2年分の過去問（1周目）	2年分の過去問（2周目）	2年分の過去問（3周目）	学内講座の問題集		
	法律系											
	経済系											
論文試験							模試					
面接試験		学内講座での練習（1回目）		学内講座での練習（2回目）	学内講座での練習（3回目）		説明会多数参加	学内講座での練習（4回目）		説明会多数参加	学内講座での練習（5・6回目）官庁訪問	学内講座での練習（7回目）

国家総合職大卒程度
教養 合格

総務省 に採用

長野　幸樹
なが の　こう き

京都大学教育学部教育科学科（令和6年卒）

得意科目／数的推理，一般知識分野
不得意科目／判断推理

キーワード

| 現役合格 | 通信講座 | 法経以外 | 官民併願 |

採用時の年齢	**22** 歳
学習期間［延べ］	**18** か月
平均学習時間［1週間］	**20** 時間

「めざしたい社会像をしっかり考えよう」

　私は過疎地で生まれ育った経験をきっかけに，日本全国の地域の将来に貢献し，住む地域を誇りに思える社会をつくりたいという思いから国家公務員をめざしました。

　その中で，地方に実際に身を置いて視野を広げるキャリアパス，職員の方々が共通して大切にしている思い，設置法の任務などが自分のやりたいことにぴったりと合致していると考えて総務省を志望し，内定をいただくことができました。一方で，地域の将来を支える人を育てる視点から，教育や文化にかかわりたい気持ちがあり，文部科学省を官庁訪問で2日目に訪問しました。

　なお，併願先はほかの公務員の職種ではなく，先述と同じ理由から民間企業の選考を教育業界を中心に4社ほど受けました。

筆記試験対策

　私は，国家総合職試験の中で，秋にある教養区分を受験して合格しました。法学部や経済学部に所属していない私にとっては，教養区分で問われる試験が合っていると考えたためです（万が一の場合は，春の経済区分を受験予定でした）。

　試験対策には大学2年生の年明け頃から入り，まずは知識のない経済学から学習を始めました。大学2年生の3月末までは経済区分対策としてミクロ経済学・マクロ経済学のみ，大学3年生に入ると経済学の復習に加えて教養試験の重要科目である判断推理・数的推理の学習を本格的に始めました。そして，5月以降は社会科学，人文科学，自然科学など教養区分の基礎能力試験の学習を始め，8月から本格的な学習に取り組みました。

　しかし，大学の講義や掛け持ちのアルバイトなどで忙しく，当時は学習との両立にかなり苦心しました。電車やバスに乗っている時間，アルバイトから帰ってきた後の時間，大学の空きコマなどで学習を積み重ねましたが，それでも授業期間は1日3時間，夏休みは1日8時間程度が限度でした。

　このため，学習開始時期などの遅れを「計画」で挽回しようと意識しました。各科目でひととおり内容をさらった後は，理解しきれていないところ・間違えたところに絞って学習に取り組み，こまめに解法チェックの演習や解説教材の確認を行いました。

　また，学習する科目の中でも時間がかかる社会科学，人文科学，自然科学のうち，大学受験時の記憶が残っている日本史の全体や物理，生物，化学の一部はカットし，高校生のときに習っていない科目の

使用してよかった参考書類

教養対策	Ⓐ 『公務員試験「判断推理」が面白いほどわかる本』柴﨑直孝　KADOKAWA
	Ⓑ 「新スーパー過去問ゼミ」シリーズ（数的推理）　実務教育出版
論文・面接対策	Ⓒ 『論文・面接で問われる行政課題・政策論のポイント』高瀬淳一　実務教育出版
	Ⓓ 『現職人事が書いた「面接試験・官庁訪問」の本』大賀英徳　実務教育出版
情報収集・施策研究	Ⓔ 『地方消滅　東京一極集中が招く人口急減』増田寛也　中央公論新社

★オススメの1冊
『霞が関の人になってみた　知られざる国家公務員の世界』霞いちか　カンゼン

み学習を行う形で学習の効率化を図りました。

教材は，予備校のTAC・Wセミナーの通信講座の教材を主に用いました。理由は，先輩から国家公務員就活は情報戦だと聞いていたため，予備校に入って情報を得たかったこと，大学の先輩がTAC・Wセミナーの講座を取っていたことの2つです。社会科学，人文科学，自然科学や政策論文などの対策はこの教材を主に用い，判断推理，数的推理や政策論文は市販の教材も用いて基本的な考え方を身につけました。

二次試験対策

10月頭の教養区分の一次試験を終えた後は，合格発表を待たずに二次試験の面接対策を始めました。大学3年生の初めから民間企業のインターン選考等で面接練習を重ねていたことから，面接で話すいわゆる「ガクチカ」の内容はある程度決まっており，これをもとに面接カードに書くことを決めました。面接カードを書き終えた後は大学の先輩や通信講座の先生方に添削をお願いし，文章の構成や盛り込む内容を

ブラッシュアップしました。面接カードでは，「内容が端的にわかるが，質問する余地を残す」ことを意識しました。また，通信講座や内定者の方々が行っている模擬面接，そして想定問答集の作成を重ねることで準備を行いました。

10月中旬に一次試験の合格が確認できたため，同時に公表される白書の内容をもとにして企画提案試験の対策も始めました。公表された白書から大まかなテーマなどを考えながら，大学の図書館の書籍を読み，気になった政策をさらに深掘りすることで，現状では十分でない部分を補う方向で政策を考えました。そして，予算や自治体との役割分担，その政策の必要性や留意点などを詰め，想定問答集としてまとめていきました。

政策課題討議も同様で，通信講座や自主ゼミ，民間企業の秋インターン選考等で練習を積み，どの役割でもそれなりの立ち回りができるように仕上げました。

官庁訪問対策

官庁訪問対策では，事前の説明会等を通じて各省の政策やこれから

▼1日のタイムスケジュール

8:00	起床・朝の準備
9:00	
10:00	勉強（判断推理，人文科学）
11:00	
12:00	ランニング・昼食
13:00	
14:00	勉強（数的推理，資料解釈，社会科学）
15:00	
16:00	散歩
17:00	アルバイト（オンラインのもの）
18:00	
19:00	夕食
20:00	勉強（文章理解，政策論文）
21:00	お風呂など
22:00	勉強（人文科学，自然科学）
23:00	
0:00	就寝

の課題を把握すること，そして自分のやりたいことと省庁の業務との整合性を確認し本番で伝えることを意識しました。

各省の説明会では，志望省庁の説明会には大学3年生から何度も参加するようにし，そのほかの省庁も，気になる可能性がある場合は，人事院主催の説明会で回るようにしていました。また，1人の職員の方だけで判断するのではなく，複数人の職員の方の話を聞いてから判断するほうが，より正確な判断ができる

▼学習スケジュール（令和4年1月〜5年6月）

科目	1〜7月	8月	9月	10月	11月	12〜4月	5月	6月
一般知能分野	判断推理，数的推理の通し学習	1〜7月のおさらい演習	過去門を解きつつ，弱点のみ演習	10/2試験				
一般知識分野	社会，人文，自然の通し学習	1〜7月のおさらい演習	過去問等をとおしたアウトプット・覚え直し	10/2試験				
時事		時事全体のインプット	おさらいと問題演習を並行	10/2試験				
（専門）経済系	ミクロ経済学，マクロ経済学の通しのインプット							
論文試験	予備校での添削（2回）	参考書を読みつつ添削（1回）	参考書の復習・自主ゼミの添削（1回）	10/2政策論文試験	二次企画提案のための文献乱読			
面接試験		民間のインターン選考での面接練習		10/19〜二次に向けた面接カード書込み・練習	自主ゼミメインで面接練習11/26試験	OB訪問等での各省でのブラッシュアップ	自主ゼミでの官庁訪問対策	

と思います。

官庁訪問の事前の準備は，各省の説明会を通して出た疑問点を明確にして話のタネにすること，自分のやりたいことを先に考えてから，それが省庁の業務とどう合っているのかを言語化する練習の2つを行いました。前者では，関連する書籍を読むこともありましたが，基本は過去に参加した説明会の資料を振り返ることで洗い出していました。後者では，国家公務員を志望する理由と併せてやりたいこと，そのきっかけを考えつつ，各省の設置法にある任務や政策の今後の展望，職員の方々が大切にしている価値観などと合っているのか，どのように合っているのかを考えました。そして，

志望省庁の職員の方や通信講座の先生方，自主ゼミの友人等に言葉にして話す練習を冬頃からしていました。

実際の官庁訪問では，もちろん精神的にも肉体的にもタフさが求められると思いましたが，待合室で友人を作って情報交換をしたり，雑談したりして待ち時間を過ごしました。

なお，面接の順番や回数・面接官の年次と評価との関連は省庁によって変わるようですが，職員の方から関係はないと言われた場合はそのとおりだと思います。

最後に

あくまで合格者・内定者の一人ですが，合格へのゴールと現状を見据

えて計画を立てたこと，官庁訪問では「自分が」やりたいことを考えるようにした点が，良い結果を得られたカギだと思いました。とある省庁に職員訪問をした際，「国家公務員総合職は政策を通して社会をつくる仕事だから，めざしたい社会像をしっかり考えなさい」というアドバイスをいただいたことがあります。どんな社会をめざしたいのか，そのために何がしたいのかを明確にすることで，職員の方もアドバイスや志望者と省庁の相性を検討することができると思います。精神的にも体力的にも大変だからこそ，自分がやりたいことを大切に臨んでください。

DATA 先輩合格者の学習期間と学習時間は？

「受験ジャーナル」定期号・特別企画に，ここ3年間に掲載した合格体験記は全部で66人分。この「先輩合格者」たちの「学習期間」と「1週間当たりの学習時間」を集計してみました。ただし，合格体験記を書いてくれたのは「模範的」といえる先輩たちですので，あくまで参考としてご覧ください。

▶学習期間

10〜12か月が最も多く，次いで13〜15か月という結果でした。大学4年の5〜6月に一次試験を受ける人の場合，大学3年の春頃から学習を始めるということになります。

ただし，大学2年生のうちから学習を始め，16か月以上という人や，6か月以下の学習で合格している人もおり，必要な学習期間は人によって異なることがわかります。

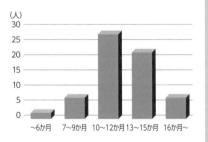

▶1週間当たりの学習時間

41〜50時間が最も多く，次いで31〜40時間，〜30時間という結果でした。

ただし，学習時間は，試験が近づくにつれて長くなる傾向にあります。合格体験記には，「直前完成期」の学習時間を記載してくれた人が多かったので，基礎力養成期や実力養成期における学習時間は，もっと短かったと推測されます。

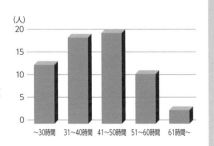

PART

教養試験
合格勉強法 &
オススメ本

教養試験は，
主に高校ぐらいまでの間に学んできた知識や，
思考力を試す科目が目白押し。
いざ取りかかってみたら案外奥が深く，
時間を取られてしまいがちです。
ここでは，各科目の頻出テーマと攻略法を整理しましょう。
さらに，合格者に定評のある
問題集＆テキストを一気レビュー！

※各科目の頻出テーマは，近年の主な公務員試験での出題に基づくもので，△→○→◎の順に出題頻度が高くなります。

※掲載している本の価格は，令和6年5月現在のもので，すべて税込価格です。

※年度版の本の画像は，原則として前年度版のものです。令和7年度試験を受験する方は，「2026年度版」をお買い求めください。

教養試験のアウトライン

教養試験は試験区分に関係なく共通に課される
もので，公務員試験に特有の一般知能分野の科目
と高校までに履修したことのある一般知識分野の
科目から構成されている。ただし，国家総合職・
一般職・専門職，裁判所などの試験では一般知能
分野のウエートが大きい「基礎能力試験」が課され
ている。

まずは分野ごとの特徴を紹介しておこう。

一般知能分野

【判断推理・数的推理】

与えられた条件から状況を分析する「論理的思考
能力」や「情報処理能力」が問われる。数学的な要
素がより強い問題が数的推理だが，判断推理と数
的推理を融合したような問題も見られる。国家総
合職では「判断・数的推理（資料解釈を含む）」とし
てひとくくりの科目になっている。また，一部の
自治体では，判断推理の図形問題を「空間概念」「空
間把握」などの名称で区別している。

判断推理と数的推理は，主な国家公務員の基礎
能力試験において全解答数の3割以上，地方上級
などの教養試験では全解答数の2～3割を占める。
合否を左右する最重要科目といえるだろう。

【資料解釈】

資料の読取りと処理能力が問われる。用いられる
資料は数表または図表（グラフ）であり，それらが
ほぼ同程度の割合で出題されている。ただし，最
近は1問の中で複数の数表，図表が与えられ，そ
れらの関連性を問うような出題も見られる。

【文章理解】

現代文・英文の長文読解力が問われる。近年は
英文の出題数が増える傾向にある。出題形式には
与えられた文章全体の要旨を問う「要旨（主旨）把
握」，文章中に書かれている内容に合っているかを
問う「内容把握」，文章中の空欄に入る文や語句を
選ぶ「空欄補充」，バラバラになった文を並べ替え
て文章を再構築する「文章整序」の4つがある。

一般知識分野

【社会科学】

（政治，法律，経済，社会・時事）

専門試験の出題と重なるテーマが多いため，一
般知識分野の中では学習効率が高いといえる。専
門試験を受験する人は，専門の学習を先行し，教
養対策は問題演習を中心にするというのがよいだ
ろう。教養（基礎能力）試験のみの対策でよい人は，
過去問攻略と時事問題の対策が基本になる。

【人文科学】

（日本史，世界史，地理，思想，文学・芸術など）

1科目当たりの出題数は少ないが，出題範囲が
広いため，学習効率はあまりよくない。試験別の
出題傾向を研究して，頻出事項を中心に学習する
ことを勧める。典型的な暗記科目だが，範囲が広
いので，理解しながら暗記するようにしよう。また，
地理のデータは新しいものが出されることが多い
ので，過去問演習で得た知識を最新のデータにアッ
プデートしておく必要がある。思想と文学・芸術は，
出題されない試験が多いが，出題がパターン化し
ているので，対策は立てやすい。

【自然科学】

（数学，物理，化学，生物，地学）

この分野も1科目当たりの出題数は少なく，苦
手意識を持っている人も多いが，分野全体の出題
数を考えると，すべて手つかずのままにするのは
得策ではない。頻出分野はある程度絞り込めるの
で，過去問演習を通じて攻略しよう。数学，物理，
化学については，基本公式をマスターしつつ，問
題に当たって慣れていくこと。生物，地学は暗記
で対応できる問題も多いので，頻出かつ学習しや
すいテーマから取りかかればよいだろう。

＊　　　　＊　　　　＊

35ページの「教養試験・基礎能力試験（択一式）
の科目別出題数」で，試験ごとの出題科目と出題数
をチェックしてみよう。36ページからは科目別の
対策をお届けする。

教養試験・基礎能力試験（択一式）の科目別出題数（大卒程度）

科目		国家総合職（春）*1	国家総合職（教養）*2	国家一般職*2	国家専門職*2	裁判所一般職・総合職*2	地方上級（全国型）	地方上級（関東型）	地方上級（中部・北陸型）	東京都I類B［一般方式］	特別区I類	市役所A日程	市役所B日程	市役所C日程	警察官（5月型）*3	警視庁警察官I類	東京消防庁消防官I類
一般知能分野	判断推理	7	14	7	7	24	10	7	10	5	10	8	8	8	9	11	8
	数的推理	4		4	4		6	4	6	7	5	4	4	4	4	4	5
	資料解釈	3		3	3		1	1	1	4	4	2	2	2	2	2	5
	文章理解	10	10	10	10		8	8	8	8	9	6	6	6	9	8	9
	（英文の内数）	6	10	10	10		5	5	5	4	3	3	3	5	2		4*4
社会科学	政治・経済 政治	5（自然・人文・社会に関する時事）	30（自然・人文・社会《時事を含む》、情報）	6（自然・人文・社会に関する時事、情報）	6（自然・人文・社会に関する時事、情報）	6	1	1			2	1		2		2	1
	政治・経済 法律						3	3	2	2	1	2	2	2	2	3	2
	政治・経済 経済						2	3	2	1	1	1	2	1	2	1	1
	社会						6	7	5			5	5	5	2	4	
	時事・社会事情									5	4						3
人文科学	日本史						2	3	2		1	2	2	2	2	2	
	世界史						2	3	3		1	2	2	2	2	1	
	地理						2	3	3		1	2	2	2	3	2	
	思想										1					1	1
	文学・芸術									1						1	1
	国語															2	3
	英語															2	
自然科学	数学						1	1	1			1	1	1	1		2
	物理						1	1		1	2	1	1	1	1		
	化学						2	2	2	1	2	1	1	1	2	1	1
	生物						2	2	2	2	2	2	2	2	2	1	1
	地学						1	1	1	2	1	1	1	1	1	1	
	情報	1															
計		30	54	30	30	30	50	40/50	50	40	40/48	40	40	40	50	50	45

※科目別出題数は基本的に5年度のものを記載しているが，年度により変動する場合がある。
※科目の分類は編集部による（受験案内に記載された科目名とは必ずしも一致しない）。40/50は50問中40問選択の意。■ は必須問題，□ は選択問題。
※地方上級，市役所は自治体によって異なる場合がある。また，地方上級（関東型）の必須問題・選択問題の区分は，自治体によって異なる場合がある。
※市役所は，Standard-I の出題内容。
＊1…6年度。 ＊2…6年度（予想）＊3…警察官（5月型）は平成30年度のもの。 ＊4…東京消防庁消防官I類は「会話文，文法・語法」の問題を含む。

選択解答制と科目選択制

選択解答制
　出題された問題の中から指定された題数を自分で選んで解答する制度。教養試験については，地方上級試験の一部で導入されており，一般知能分野は必須解答，一般知識分野は選択解答というのが一般的。専門試験については，出題された全問題の中から任意に選んで解答する。

科目選択制
　出題科目のうち決められた科目数を選んで解答するもので，選んだ科目は全問解答しなければならない。国家一般職の行政区分，国家専門職の財務専門官，国税専門官の専門試験などで導入されている。
　選択解答制では解けそうな問題を選ぶことができ，科目選択制では得意な科目（得点をより見込める科目）を選択できるので，受験者の負担は軽減される。一方で，得意科目で勝負することになるため，選択した問題（科目）については，より確実に得点できなければならない。

➡36ページからは科目別の出題テーマと対策について解説する。各分野ごとに，それぞれ以下のような特徴を明記した。
　思 考 力…論理的思考力の必要度（●●●●●：大きい〈暗記が通用しない〉～●：小さい）
　出題範囲…本試験で出題される範囲の広さ（広い～狭い）
　学習効率…学習にかけた労力と時間が得点にどれだけ結びつくか（◆◆◆◆◆：良い～◆：悪い）

判断推理

与えられた条件を論理的に把握できるかが問われる
解法をマスターし，必ず得点源にしよう！

判断推理は，大きく文章問題（次項の**1**〜**3**）と図形問題（**4**〜**5**）に分けられる。文章問題は与えられた条件を整理して，表や図も使いながらまとめていくものである。図形問題では図形の特徴をしっかりとらえて解くことが重要である。

1 形式論理
「PならばQである」というような命題を論理的につなげていく分野であり，論理式やベン図（集合）を使ってまとめる。論理式では対偶，ド・モルガンの法則，命題の分解などを使って，三段論法で結論を導き出して求めるのが基本。最近は，真偽分類表で一覧にして検討する問題も出題されている。しっかり学習して基礎知識を身につけることができれば，得点源になる分野である。

2 文章条件からの推理
対応関係，順序関係，位置関係，試合の勝敗，虚偽の内容を含む発言を前提とした推理等，論理的で正確な推論が要求される。与えられた条件を整理して，表や図も使ってまとめていこう。最初のうちは，行き詰まったらその段階で解説を参照し，推論の流れを理解するという方法でもよい。

3 数量条件からの推理
カードの数字や人数，時間といった数量を推理する問題である。操作の手順なども含まれ，出題が増加している。与えられた条件を組み合わせて推論していくという点では文章条件からの推理と同様である。文章条件，数量条件を融合した出題もあるので，一体として学習を進めていきたい。

4 平面図形
平面図形の構成や分割，平面図形を移動・回転させる軌跡，折り紙，一筆書きに代表される位相といった内容が中心。出題パターンはある程度決まっており，解法を押さえれば対処できる。

5 空間図形
立体図形の構成や分割，個数や図形の組合せ，回転や切断，展開図や投影図に関する出題がある。立体図形は立体を頭の中でイメージして解くのではなく，平面に置き直して平面上で解くのがコツ。そのためには，立体をスライスする方法や，位相図の使い方などのノウハウを身につける必要がある。

オススメ攻略法
判断推理は，いずれの分野も定型的な問題が多いので，演習を繰り返して定番の解法を身につけていくのが基本的な攻略法である。考え方のコツをつかめば，新傾向の問題や難問が出たときでも対応が可能になる。

判断推理の頻出テーマ

	出題箇所	頻出度
形式論理	集合	○
	命題	◎
文章条件からの推理	対応関係	◎
	順序関係	◎
	位置関係	◎
	試合の勝敗	○
	発言推理	△
数量条件からの推理	数量相互の関係	◎
	操作の手順	○
暗号と規則性	暗号	△
	規則性	△
平面図形	平面構成	◎
	平面分割	△
	移動・回転・軌跡	◎
	折り紙と重ね合わせ	○
	位相と経路	○
	方位と位置	△
空間図形	立体構成	○
	正多面体	△
	展開図	○
	投影図	○
	立体の切断・回転・結合	○

あるクラスの生徒たちが長距離走を行った。長距離走のコースは，学校の校門とB地点を往復するもので，具体的には，出発地点の学校の校門を生徒たちが同時に出て，A地点を経由してB地点で折り返し，再びA地点を通り，ゴール地点である学校の校門まで走る。この長距離走において，生徒Xの状況は以下のとおりであった。このとき，ゴール地点における，生徒Xの順位として最も妥当なのはどれか。ただし，A地点，B地点及びゴール地点において，2人以上が同時に通過又は到着することはなかったものとする。（国家専門職）

○　出発地点の校門から往路のA地点までの間に，誰ともすれ違わなかった。

○　往路のA地点から折り返し地点のB地点までの間に，すれ違ったのは9人で，追い抜かれたのは3人であったが，誰も追い抜かなかった。

○　折り返し地点のB地点から復路のA地点までの間に，すれ違ったのは5人で，追い抜かれたのは4人であったが，誰も追い抜かなかった。

○　復路のA地点からゴール地点の校門までの間に，すれ違ったのは1人で，追い抜いたのは2人であったが，誰にも追い抜かれなかった。

1　12位　　**2**　13位　　**3**　14位　　**4**　15位　　**5**　16位

解説 -

4つの○の条件を上から順に①②③④とする。

①②：校門からB地点までに，すれ違ったのが9人なので，生徒XはB地点で10位であった。また，A地点からB地点までの間に，3人に追い抜かれたのだから，この間に7位から10位になったことがわかる。

③④：B地点からゴールの校門までに，4人に追い抜かれ，2人を追い抜いたのだから，順位はこの間に2つ下がり，

10位から12位になったことがわかる。よって，正答は**1**である。

ちなみに，B地点からゴールの校門までに，すれ違ったのが5＋1＝6〔人〕なので，生徒XがB地点を通過したときに，Xより後ろに6人いたことがわかる。つまり，生徒は全員で10＋6＝16〔人〕いた。

正答　**1**

下の図のように，縦方向と横方向に平行な道路が，土地を直角に区画しているとき，最短ルートで，地点Aから地点Xを通って地点Bまで行く経路は何通りあるか。（東京都Ⅰ類B）

1　48通り

2　49通り

3　50通り

4　51通り

5　52通り

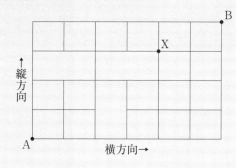

解説 -

地点Aから地点Xを通って地点Bまで行く最短経路なので，必要な部分だけを取り出すと，次の図のようになる。

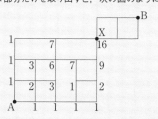

地点Aから地点Xまでの最短経路は，地点Aから各交点までの経路数を，順次，加算していけばよい。そうすると，図に示すように16通りとなる。

地点Xから地点Bまでの最短経路は，3本ある縦方向のどれを利用するかで3通りある。したがって，地点Aから地点Xを通って地点Bまで行く最短経路は，16×3＝48〔通り〕である。

よって，正答は**1**である。

正答　**1**

数的推理

与えられた条件や図が把握できていることを「数」で証明 解答を導き出すアプローチが問われる

　数的推理は，数学的要素が強い文章問題（次項の **1 4**），方程式等を使って解く文章問題（**2**），図形問題（**3**）に分けることができる。いずれも，ある程度の数学の知識は必要だが，知識そのものが問われるわけではない。むしろ，問題文を正確に把握できるかどうかのほうが重要である。

1 数に関する問題（数と式の計算）

　整数を中心とした問題で，素数と素因数分解，約数と倍数，剰余（割り算における余り），記数法，覆面算・虫食い算，魔方陣などがある。知識的要素が強いため，内容を理解していれば，かなりの範囲まで確実に解ける。

2 数量に関する問題（方程式と不等式）

　数そのものではなく数量を考えるもので，一般に文章題と呼ばれる問題が中心である。速さ，濃度，仕事算など，バリエーションも多い。

　まず，連立方程式・不等式，二次方程式は確実に使いこなせるようにしておこう。そのうえで，速さ，濃度等のテーマごとにそこでの本質的部分を理解していく。何が問題なのかを見極め，そこから数量の関係を詰めていくというのが手順だ。方程式そのものが数量の関係を数式化したものであるから，問題の分析力が何より大切である。

3 図形

　中学校くらいまでに学習した三角形の相似や三平方の定理といった図形の基本性質を利用して解くタイプの問題が中心だ。演習を繰り返しながら，自分のものにしていこう。

4 場合の数と確率

　場合の数は，表や樹形図を活用して数え上げていくタイプの問題が圧倒的に多い。さらに，必要に応じて順列，組合せという考え方を利用し，合理的な数え方を工夫するというのが一般的なパターンである。

　確率は，数え上げ型の問題も見られるが，定型的な出題のほうが多いので，順列，組合せの利用，余事象の確率，確率の和と積といった基本事項を確実にマスターしておこう。

オススメ攻略法

　学習の初期は典型問題をマスターすることを心掛けよう。ある程度の数学の知識は必要なので，復習しながら基礎固めしていこう。本番の試験では，問題文の内容を素早く把握して，計算もスピーディー，かつ正確に行うことが要求される。ある程度学習の段階が進んできたら，スピードも意識して取り組みたい。

数的推理の頻出テーマ

	出題箇所	頻出度
数と式の計算	数の計算	○
	素因数分解	△
	約数・倍数	◎
	商と余り	○
	記数法	△
	数量問題	○
	覆面算，魔方陣	◎
	数列	△
方程式と不等式	方程式，方程式の整数解	○
	不等式	△
	時計算，年齢算，平均	○
	速さ・距離・時間	◎
	旅人算，流水算	○
	比，割合	◎
	濃度	○
	仕事算	○
	ニュートン算	△
図形	平面図形，平面図形の面積	◎
	円，円の面積	○
	立体図形	◎
場合の数と確率	場合の数	○
	順列	△
	組合せ	△
	確率	◎

正の整数A，B，Cがある。AとBの最小公倍数が27，BとCの最小公倍数が36であり，Bは2番目に大きい数である。このとき，A，B，Cの和はいくつか。(市役所)

1 20　　**2** 24　　**3** 36　　**4** 40　　**5** 48

27と36を素因数分解すると，
$$27 = 3^3$$
$$36 = 2^2 \times 3^2$$
となる。AとBの最小公倍数が27（＝3^3）であるので，AとBは，いずれも素因数分解をすると3のみを使用した数となる。一方，BとCの最小公倍数には3は2乗までしか含まれていないので，Bは3^3を含むことはなく，3^3はAに含まれていることになる。よって，BはAより小さい数字となり，これより3つの数はA＞B＞Cの順に大きいことになる。

BとCの最小公倍数である36の中にある2^2は，3のみで構成されているBには含まれていないので，Cに含まれていることがわかる。Cはこれに加え，3の倍数が含まれているとすると，B＞Cにならないので，Cは4（＝2^2）で確定する。これよりBは9（＝3^2）となる。

以上より，3つの数字は
$$A = 3^3 = 27$$
$$B = 3^2 = 9$$
$$C = 2^2 = 4$$
と決まる。これより和は，
$$27 + 9 + 4 = 40$$
となる。

よって，正答は**4**である。　　正答　**4**

長さ90mの2つの列車A，Bがある。AとBが一定の速さで反対方向に走ってすれ違うとき，2つの列車の先頭がすれ違い始めてから列車の最後尾がすれ違い終わるまで6秒かかった。Bの速さはAの速さの1.5倍であったとすると，Aの速さは秒速何メートルか。(地方上級)

1 秒速8m　　**2** 秒速10m　　**3** 秒速12m　　**4** 秒速14m　　**5** 秒速16m

2つの列車が反対方向に走ってすれ違うとき，2つの列車が移動する距離の和は列車の車体の長さの和となる。

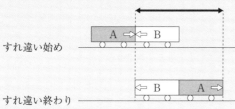

この距離を列車AとBの和の速さで進む時間を考える。列車Aの速さをv[m/秒]と置くと，列車Bの速さは1.5v[m/秒]。速さの公式「速さ×時間＝距離」より，
$$(v + 1.5v) \times 6 = 90 + 90$$
$$v = 12 \text{[m/秒]}$$
となり，正答は**3**である。

正答　**3**

箱の中に10本のくじがあり，そのうち3本が当たりである。くじを順番に引いていき，引いたくじは元に戻さない。当たりくじをすべて引いた時点で終了することにすると，4人目がくじを引いて終わる確率はいくつか。(地方上級)

1 $\frac{1}{10}$　　**2** $\frac{1}{15}$　　**3** $\frac{1}{20}$　　**4** $\frac{1}{30}$　　**5** $\frac{1}{40}$

4人目で3本目の当たりくじを引くので，3人目までに2本の当たりくじが引かれている。3人の中で2当たるのは全部で，${}_3C_2 = 3$〔通り〕ある。たとえば1人目，2人目が当たりで3人目がはずれの確率は，$\frac{3}{10} \times \frac{2}{9} \times \frac{7}{8} = \frac{7}{120}$となる。3通りすべてが同じ確率なので，3人目までに2本の当たりくじが引かれている確率は，$\frac{7}{120} \times 3 = \frac{7}{40}$である。

この後4人目が残り7本のくじの中から，最後の1本の当たりくじを引けばよいので，$\frac{7}{40} \times \frac{1}{7} = \frac{1}{40}$となる。

よって，正答は**5**である。　　正答　**5**

資料解釈

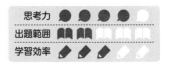

思考力 ●●●●○
出題範囲 ▮▮▮▮▯▯▯▯
学習効率 ✎✎✎✎✎

資料の分析能力が問われる
計算は合理的に処理しよう！

　与えられた資料（数表やグラフ）にある数値をどのように関連させれば何が判断できるのか，また，資料をどのように見ればよいのかを考える問題であり，その意味で判断推理や数的推理と同様の分析能力が求められる。資料解釈を単なる計算問題だと考えていては，短時間で正答を導くのは難しい。煩雑な計算作業を回避し，合理的に結論を導く処理能力こそが問われているのである。

　資料の中で用いられる数値は，実数値（実際の金額や人数，個数），割合や指数，構成比，増減率が中心で，数値どうしをどのように関連させて考えればよいか，逆に結論を導くためにはどのような数値が必要なのかが問われている。

オススメ攻略法

　過去問演習中心に学習を重ね，その中で資料の読み取り方をつかんでいくことである。計算処理については，概数計算や分数比較を利用し，なるべく細かい計算をしないという原則を意識しよう。

次の図から正しくいえるのはどれか。（東京都Ⅰ類B）

1　2015 年についてみると，オーストラリアからのナチュラルチーズ輸入量は，アメリカ合衆国からのナチュラルチーズ輸入量を 55,000 トン以上，上回っている。

2　2015 年におけるオランダからのナチュラルチーズ輸入量を 100 としたとき，2019 年におけるオランダからのナチュラルチーズ輸入量の指数は 180 を下回っている。

3　2016 年から 2018 年までの 3 か年におけるアメリカ合衆国からのナチュラルチーズ輸入量の累計は，93,000 トンを下回っている。

4　2016 年から 2019 年までのうち，オーストラリアからのナチュラルチーズ輸入量が最も多いのは 2018 年であり，最も少ないのは 2019 年である。

5　2017 年から 2019 年までのうち，ニュージーランドからのナチュラルチーズ輸入量が前年に比べて最も増加したのは，2017 年である。

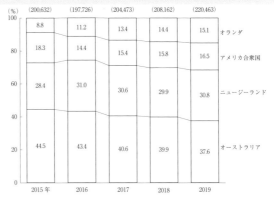

日本における 4 か国からのナチュラルチーズ輸入量の構成比の推移

（注）（　）内の数値は，4 か国からのナチュラルチーズ輸入量の合計（単位：トン）を示す。

解説

　1．200632 ×（0.445 − 0.183）≒ 52600 で，その差は 55,000 トンに達しない。**2**．15.1 ÷ 8.8 ≒ 1.72 より，2019 年におけるオランダの構成比は 2015 年の約 1.72 倍。2019 年における輸入量の合計は 2015 年の約 1.1 倍なので，1.72 × 1.1 ≒ 1.89 より，2019 年におけるオランダからの輸入量は 2015 年の約 1.89 倍で，指数は 180 を上回っている。**3**．正しい。**4**．2018 年は 208162 × 0.399 ≒ 83057，2016 年は 197726 × 0.434 ≒ 85813 で，2018 年より 2016 年のほうが多い。**5**．2017 年は 204473 × 0.306 − 197726 × 0.310 ≒ 1270 で，対前年増加量は 1,270 トン。2019 年は 220463 × 0.308 − 208162 × 0.299 ≒ 5660 で，対前年増加量は約 5,660 トンとなり，2019 年のほうが大きい。

正答　**3**

文章理解

必ず得点源にしたい科目
問題演習で勘を養おう！

出題形式は「要旨（主旨）把握」「内容把握」「空欄補充」「文章整序」の4つに分けられる。
《**現代文**》 出題の中心は「要旨（主旨）把握」と「内容把握」で、「空欄補充」「文章整序」は出題されても1問ずつである。素材となる文章は、人文科学、社会科学に関する評論やエッセイが多い。
《**英文**》「内容把握」「要旨（主旨）把握」が多いが、「空欄補充」「文章整序」が出題されることもある。

素材としてはエッセイが多いが、小説の一節が出題されることもある。

オススメ攻略法

長文を読むのが苦手な人は、短めの文章の問題から始めて、読取りに慣れるようにしよう。現代文、英文とも、先に選択肢に目を通し、本文の内容を予測しながら読めば、解答時間短縮につながる。過去問演習を重ね、読取りのコツをつかむことが大切だ。どの試験でも出題数が多いので、得点源にできるように準備しておきたい。

過去問

次の文章の要旨として、最も妥当なものはどれか。（地方上級）

近代文学において主流になってゆく小説というジャンルでは、それ以前に書かれたテクストにはまったく登場しない人物、それも多くの場合、社会的に何ものでもない個人が、主要な登場人物となる。なぜ社会に埋れて生きている普通の人びとの物語を読まなければならないのか、何において彼らの物語が重要なのかという疑問は避けられない。そこには、多数の読者を引きこむ強力な吸引装置のようなものを、はっきりと打ちだす必要があった。

ある主観を通して見えてくるものを語り、人間の持つさまざまな感情の変化を通して何事かを語る――このスタイルが近代の散文作品において重要性を獲得するのは、まさしくそれが物語の書き手と読み手をつなぐ場を創りだす力を持っていたからではないだろうか。王であるがゆえの悲劇、聖なる世界をかいま見せる信仰劇、人びとの想像力の根源に触れるトリックスター――そうした模範的な人生に代わって、ごく普通の人びとが舞台の前面に出てきたとき、多数の読者の期待を、身に受けることのできるものは、その人間の貧弱な社会的位置づけなどではない。自分にあたえられた地位、境遇、状況と格闘しながら、何かを探し求める人間の眼に、世界がどのようなものとして現れるかという、ある種のシミュレーションこそが読者の期待に応えるものだった。特殊な個人の生活を、他人にも想像可能な、普遍性をそなえた世界にまで、いかにして高めてゆくことができるのか――これこそが〈文学〉という認識の方法の核心にあった問題である。　　　　（塚本昌則『フランス文学講義』）

1　普通の人びとを登場人物にすることで、小説は近代文学における主流となっていった。
2　いかに個人の物語に普遍的な意味を持たせるかが、文学における核心的問題であった。
3　普通の人の目から見た世界のシミュレーションとして読者を引き込んだのが、小説だった。
4　小説は、社会的地位の低い主人公への読者の共感を生みだす場という力を持っていた。
5　近代の散文では、主人公の主観や感情の変化を通して物語るというスタイルが重視された。

解説

1．第一段落に書かれている内容だが、要旨としては、近代の小説において主要な登場人物が普通の人びとになった理由について言及する必要がある。2．第二段落に書かれている内容だが、物語の書き手側の立場からのみ論じられており、要旨としては不十分。読み手がなぜ小説という文学に引き込まれたかまで言及する必要がある。3．妥当である。4．

第二段落に、王やトリックスターなどの模範的な人生ではなく普通の人びとが主人公となったとき、読者の期待を受けることができるものは「その人間の貧弱な社会的位置づけなどではない」とあるため、読者の「共感を生みだす」とするのは誤り。5．第二段落の冒頭に書かれている内容だが、1と同様の理由で要旨としては不十分である。

正答　**3**

社会科学 （政治，法律，経済，社会・時事）

思考力	● ● ○ ○ ○
出題範囲	📖 📖 📖 📖 ○
学習効率	✏ ✏ ✏ ○ ○

政治

　政治という営みを支える思想や制度，政治の歴史と現状などから幅広く出題されており，専門科目の政治学，行政学，国際関係などで取り扱う領域が対象となる。また，選挙結果，公職選挙法の改正，行政改革・地方分権，地域紛争などの時事問題も出題対象である。

　頻出テーマは，以下の4つ。

【選挙】

　日本をはじめ，主要国の選挙制度が出題される。特に，国政選挙の実施前後や公職選挙法改正の翌年には，選挙制度の概要や改正の内容が頻出となっている。

【各国の政治制度】

　主としてアメリカ・イギリス・フランス・ドイツ・中国の政治制度が出題されている。特にアメリカ，イギリスの政治制度の出題は多く，1問の選択肢がすべてアメリカあるいはイギリスの政治制度に関する内容ということもある。

【国際機構】

　国際連合とEU・その他の地域機構は，それぞれ2年に一度は出題されている。

【国際政治】

　地域紛争，地球環境問題，国際的な人権保障，難民保護など，近年話題の事柄が取り上げられている。

オススメ攻略法

　政治の出題内容は，専門科目の政治学，行政学，国際関係に対応している。よって，専門対策を先行させるほうが効率的だ。教養試験のみを受験する人は，マキャヴェリや社会契約説といった代表的な政治思想，各国の政治制度，政党と圧力団体（利益集団），日本の選挙制度，地方自治，国際連合などの既出・頻出テーマから学習を始め，試験直前期に時事的内容をたたき込むとよい。

　時事的内容としては，地理や世界史と重複するもの，あるいはそれらの知識を基盤とするものが出題される。民族問題などはその典型であるが，人文科学の知識があると，より少ない労力で理解できる。普段から新聞やニュースなどを通して国内政治の動向と国際政治の変化に目を配り，理解を進めておくことも大切である。

法律

　法律分野は，「法学」と「日本国憲法」に大別できる。いずれも，①条文に関する基礎知識を問う問題が大半であるが，②最新判例や，③最新の法改正・新規立法を素材にした出題も見られる。

　概要は次のとおり。

政治の頻出テーマ

	出題箇所	頻出度
政治学	選挙	◎
	行政に関する諸問題	△
	地方自治	◎
国際関係	各国の政治制度	◎
	国際機構	◎
	国際政治	◎

法律の頻出テーマ

	出題箇所	頻出度
法学	法学一般	○
	各法律の基礎知識	○
日本国憲法	日本国憲法（総論）	○
	基本的人権（総論）	△
	基本的人権（各論）	◎
	精神的自由権	◎
	経済的自由権	△
	国会	◎
	内閣	◎
	裁判所	◎

【法学】

　法の種類や解釈に関する領域のほか，憲法以外の身近な法律（民法，刑法，労働法など）の基礎知識に関する問題もここに含まれる。最近話題になった法改正・新規立法や判例などをもとにした出題も多い（これらは，「社会・時事」として出題されることもある）。

【日本国憲法】

　憲法は教養法律の最頻出分野で，基本的人権や国会，内閣，裁判所などの統治機構に関する問題が繰り返し出題されている。そのため対策の大半は過去問攻略がベースになるが，判例に関する知識を問う問題もあるので，最新判例に対する目配りが欠かせない。

オススメ攻略法

　法律の出題の中心は憲法である。憲法は人権・統治とも基本的な出題が多いので，徹底した過去問演習を行うようにしよう。法律の基礎知識の問題は，ほぼ専門試験の出題領域と重なるので，あとは最新判例と法改正に関する知識を補っていけばよい。教養試験のみを受験する人は，出題範囲・レベルに合わせて，憲法を重点的に攻略していくのが効率的である。基盤となるのは高校で履修した政治・経済などの公民科目で，その上に専門科目の憲法の基本的な知識を上乗せする形になる。

　人権分野は，条文も大切ではあるが，特に判例を重視しながら学習を進めよう。統治分野は条文を中心に，政治で学んだ各国の政治制度などと関連させながら学習すると，相乗的な学習効果を期待できる。

過去問

【政治】　国際連合に関する記述として，妥当なのはどれか。（東京都Ⅰ類B）

1　総会は全加盟国により構成され，一国一票の投票権を持つが，総会での決議に基づいて行う勧告には，法的拘束力はない。

2　国際連合には現在190か国以上の国々が加盟しており，日本は，国際連合が設立された当初から加盟している。

3　安全保障理事会は，常任理事国6か国と非常任理事国10か国によって構成されており，安全保障理事会における手続き事項の決定は，常任理事国だけの賛成で行うことができる。

4　国際司法裁判所は，国際的紛争を平和的に解決することを目的として設立され，現在では，国際人道法に反する個人の重大な犯罪も裁いている。

5　平和維持活動（PKO：Peacekeeping Operations）について，日本は，紛争当事者のいずれかが平和維持隊への参加国に日本を指名していることなど，全部で6つの原則を参加の条件としている。

解説

　1．妥当である。「主権平等の原則」に基づき，各加盟国は等しく一票を行使できる。2．国連は1945年に第二次世界大戦で連合国側に属した国々によって設立された。枢軸国側だった我が国の国連加盟は1956年で，同年の日ソ共同宣言によってソ連と国交を正常化したことにより，加盟が実現した。3．安全保障理事会の常任理事国は，アメリカ，イギリス，フランス，中国，ロシアの5か国。それに，手続き事項の決定は9か国以上の賛成によって行われ，常任理事国に拒否権は認められていない。これに対し，実質事項の決定は，9か国以上の賛成に加え，拒否権を発動する常任理事国が存在しないことが要件となっている。4．国際司法裁判所は，紛争当事国双方の同意を前提として，領土問題などの国際紛争を裁く裁判所であり，個人の刑事裁判は行わない。なお，戦争犯罪や集団殺害（ジェノサイド）の罪を犯した個人を裁く裁判所として，国際刑事裁判所が設置されているが，これは国連の機関ではない。5．「PKO5原則」と呼ばれているが，日本は5つの原則をPKO参加の条件としている。それに，紛争当事者の指名ではなく，当該地域の属する国を含む紛争当事者がPKOおよび我が国のPKO参加に同意していることが，参加の条件とされている。

正答　1

経済

　経済は，経済原論（ミクロ・マクロ経済学）や国際経済学の基礎などの理論系分野と，経済事情や経済用語などの事情系分野があり，財政や金融などは理論と事情の双方から出題される。

　出題傾向としては，高難度の試験ほど事情問題の割合が多い。理論問題は専門試験で出題されるためである。一方，警察官など専門試験がなく，比較的易しい試験では，経済理論の基礎知識や平易な用語解説などの出題も見られる。

オススメ攻略法

　専門試験で経済系科目を選択する受験者は特別な対策は必要ない。ただし，一部の試験では，国際経済学や金融のような専門試験の出題科目とは重ならないテーマからも出題されるので，要注意。

　初学者の場合，まずは，基本である需要と供給や均衡の理解を徹底してほしい。財政や金融など暗記だけで対処できるテーマの問題もあるので，過去問を使ってしっかり知識をインプットしよう。経済事情分野の対策としては『速攻の時事』などの時事対策本を使って一気に暗記するのが効率的である。

社会・時事

　近年は，時事（社会事情）分野からの出題がほとんどである。試験前年および，試験前の数年間の出来事や，試験前年に刊行された白書の内容から出題されることが多い。

　時事（社会事情）分野では，注目を集めた社会問題，社会の動きを示す統計，政府の諸政策など，幅広い内容が出題の対象となる。日本の労働事情，少子高齢化，社会保障制度の改革，環境・資源・エネルギー問題，科学技術・情報技術，日本の自然災害・防災などがコンスタントな頻出テーマである。

オススメ攻略法

　時事（社会事情）分野については，試験が近づくまで出題内容が確定しないため，本試験の2～3か月前に準備を開始すれば十分である。『速攻の時事』を使って知識をインプットし，『速攻の時事 実戦トレーニング編』で問題演習するのが王道の学習法である。ただし，直前期の学習を効果的に進めるためには，事前の準備が大切となる。毎日，新聞やニュースに触れる習慣を身につけて，社会の動向を大まかにつかんでおくようにしよう。

経済の頻出テーマ

	出題箇所	頻出度
ミクロ経済学	需要曲線と供給曲線	△
	消費者と生産者の行動	○
	市場と経済厚生	○
マクロ経済学	国民所得の概念とその決定	◎
	経済政策論	△
	金融政策と制度・事情	◎
	インフレーション	○
	国際経済学の基礎	△
財政学	財政の機能と財政制度・事情	◎
	租税制度	◎
経済事情	経済史	△
	世界の通貨・貿易体制	○
	日本の経済事情	○
	世界の経済事情	◎
	経済・経営用語	◎

社会・時事の頻出テーマ

	出題箇所	頻出度
社会事情	労働事情	○
	少子高齢化・社会保障	◎
	政治・行政	◎
	経済事情	◎
	国際事情	◎
	消費者問題・食料事情	△
	科学技術・医療	◎
	環境・資源・エネルギー問題	◎
	防災	△
	法律（新法・法改正・判例）	◎
	その他の社会問題	◎

過去問

【法律】　表現の自由に関する次の記述のうち，妥当なものはどれか。(地方上級)

1　知る権利は，政府情報等の公開を要求することのできる法的権利ではあるが，それが具体的権利となるためには，情報公開法等の制定が必要である。

2　当事者の一方が情報の収集，管理，処理につき強い影響力を持つ日刊新聞紙を全国的に発行・発売する者である場合，憲法21条から直接に反論文掲載の請求権が他方当事者に生じるとするのが判例である。

3　日本放送協会 (NHK) の受信料について，受信料は強制的に支払うものではないことを理由として，憲法21条などに違反するとするのが判例である。

4　テレビ・ラジオの放送は，国民への情報伝達に大きな影響を持つため，テレビ・ラジオに対して，新聞・雑誌よりも厳しい規制や制限をすることは一切許されない。

5　特定電気通信役務提供者の損害賠償責任の制限及び発信者情報の開示に関する法律 (プロバイダ責任制限法) によって，発信者情報の開示請求を行うことは禁止されている。

解説

　1．妥当である。知る権利は表現の自由 (憲法21条) において保障される人権であると解されているが，その実現には法律による具体的な定めが必要であり，その点で，抽象的な権利であるとされる。2．私人間において，当事者の一方が情報の収集，管理，処理につき強い影響力を持つ日刊新聞紙を全国的に発行・発売する者である場合でも，憲法21条の規定から直接に，反論文掲載の請求権が他方の当事者に生ずるものでない (最判昭62・4・24)。3．受信契約と受信料について定めた放送法64条1項は，同法に定められた目的にかなう適正・公平な受信料徴収のために必要な内容の受信契約の締結を強制する旨を定めたものとして，憲法13条，21条，29条に違反するものではない (最大判平29・12・6)。4．テレビ・ラジオに対して，新聞・雑誌よりも厳しい規制，制限をすることは一定の場合に許される (放送法4条など参照)。5．プロバイダ責任制限法は，発信者情報の開示請求を行うことを認めている (同法5条以下参照)。

正答　**1**

【経済】　日本の金融政策に関する次の記述のうち，妥当なものはどれか。(地方上級)

1　日本の政策金利や通貨量の操作目標は，内閣総理大臣が主宰する閣議で決定し，国会の承認を経たうえで，日本銀行が金融調整を実施する。

2　日本銀行は，通貨価値を維持するため，銀行券発行可能額を金の保有量と結び付けており，無制限に通貨量を増やすことはできない。

3　日本銀行が，量的・質的金融緩和を導入し，長期国債や上場投資信託 (ETF) などの金融資産の買入れを進めてきたことから，日本銀行の総資産は増加してきた。

4　日本銀行が導入したマイナス金利は，日本銀行が民間の金融機関に貸し出す際の金利をマイナスにすることで，金利全般をマイナスにする政策である。

5　日本銀行が金利を引き上げると，日本の金融市場で資産運用するほうが有利となり，外国から日本に資金が流入し，為替レートは円安方向に進む。

解説

　1．日本の政策金利や通貨量の操作目標は，日本銀行の日本銀行政策委員会 (金融政策決定会合) において決定され，国会の承認は不要である。2．日本銀行は管理通貨制度を採用しており，金の保有量とは関係なく，必要に応じて不換紙幣を発行することができる。3．妥当である。4．日本銀行が導入したマイナス金利は，金融機関が日本銀行に預ける当座預金の一部に対する金利をマイナスにするものであり，金利全般をマイナスにする政策ではない。5．前半の記述は妥当であるが，後半が誤り。日本で資金を運用するためには日本円が必要になる。すなわち，日本円に対する需要が増えるので，一般的に為替レートは円高方向に進む。

正答　**3**

人文科学 （日本史，世界史，地理，思想，文学・芸術）

思考力	● ● ○ ○ ○
出題範囲	◪ ◪ ◪ ◪ ◻ ◻
学習効率	✎ ✎ ◺ ◺ ◺

日本史

　日本史は時代別，テーマ別で構成された正誤問題が中心となっている。史実の基本的な理解ができているかを問う問題が中心だが，さらにその出来事の因果関係が問われることもある。

　出題範囲は広いが，全体としては江戸時代から現代に出題が集中している。歴史の「流れ」を意識しながら丁寧に学習していれば解ける問題が大半である。

　各時代の政治状況を問う政治史からの出題が多いが，文化史，外国との貿易などの対外交渉史からも出題されている。文学・芸術からの出題がない試験では，代わりに日本史で文化史の問題が出題されることも想定できるので，注意しよう。

オススメ攻略法

　範囲が広いが，高校の教科書でも公務員試験用の教材でもよいから，まずは全体をざっと読むことが大切だ。小中学生向けの学習マンガの通読もオススメである。細かい年代はあまり問われないので，事件がどのような順序で発生したのか，それらの因果関係はどうなっているのか，誰が活躍したのかなどを確認しておこう。

　流れをつかんだら過去問を解いてみよう。解けなかった問題の周辺知識をまとめることで，頻出テーマや要点を整理でき，知識の定着につなげることができるだろう。

世界史

　世界史はヨーロッパ・アメリカを中心とする西洋史と，中国・イスラーム諸国を中心とするアジア史に大別できる。複数問出題される試験の場合，それぞれから出題がある。各時代の重要な出来事に焦点を当てたテーマ別の正誤問題が主である。

　古代史から現代史の冷戦後まで広範囲にわたり出題されているが，中心は西洋史である。中世では教皇権の盛衰，十字軍，近世ではルネサンス，大航海時代，宗教改革，絶対王政を中心にとらえよう。また，近代は，イギリス・アメリカ合衆国・フランスの市民革命を起点として国民国家の進展を押さえておきたい。全体としては第二次世界大戦後の政治情勢の出題が最も多くなっている。過去問演習を通して，頻出事項を整理しておこう。

日本史の頻出テーマ

	出題箇所	頻出度
古代・中世	縄文・弥生・古墳時代	△
	律令国家	○
	武家社会の変遷	◎
近世	戦国大名と織豊政権	△
	幕藩体制	◎
近代・現代	明治時代	◎
	大正時代～第二次世界大戦	◎
	第二次世界大戦後の諸改革	△
	現代の日本	◎
テーマ別通史	文化史・仏教史・教育史・政治史	○
	土地制度史	△
	対外交渉史	△
	その他通史	△

世界史の頻出テーマ

	出題箇所	頻出度
西洋史（古代・中世）	古代文明	△
	ローマ帝国分裂後のヨーロッパ	○
西洋史（近代）	ルネサンスと宗教改革	○
	近代国家の形成	◎
	市民革命・産業革命	◎
西洋史（現代）	列強の帝国主義政策	○
	第一次世界大戦前後	◎
	第二次世界大戦後の情勢	◎
イスラーム史・東洋史	イスラーム世界の発展	○
	朝鮮半島の歴史	△
	中国王朝史	◎

なお，近年は，イスラーム史の出題も増えているので，イスラム教がそれぞれの地域に与えた影響も意識しておきたい。中国史については，中国王朝史の定型的な出題が繰り返されている。過去問に当たり，知識の定着を図ろう。

オススメ攻略法

世界史は時代範囲の広さに加え，地理的な範囲も広く，また，西洋史ではカタカナ，中国史では漢字の多さなどで，日本史以上に学習しづらい印象を抱きやすい科目である。まずは教科書や参考書を通読してほしいが，必ずしも時系列にまとめられていないので，頻出箇所を確認することが重要になる。地理的事項に関しては，必ず地図で場所を確認すること。過去問を足がかりに，頻出の時代やテーマの要点をまとめておこう。

近代市民社会の成立から現代大衆社会への移行についての理解は，教養科目の社会科学や，専門科目を理解する際の下地ともなる。特に行政系科目（政治学や行政学，国際関係）は世界史と深い関係がある。また，ヨーロッパ諸国のアジア・アフリカへの侵略・植民地化は地理でも必要となる知識事項が多い。宗主国と植民地の関係は必ず押さえておこう。

地理

出題は，国・地域ごとの地形・気候・土壌といった自然地理分野と民族・産業・貿易などの地誌を主にした人文地理分野に大別できる。以下，それぞれの頻出テーマについて見ていこう。

【自然地理分野】

地形環境では，小地形（扇状地，三角州などの沖積平野，海岸地形など），大地形（プレート，造山帯など）の特徴や代表例を問う問題が頻出である。気候・土壌ではケッペンの気候区の特徴と植生・土壌との関連など，ほぼ出題形式は決まっている。

【人文地理分野】

全体的には世界地理から出題される割合が多く，

過去問

【日本史】　第一次世界大戦前後の日本に関する次の記述のうち，妥当なもののみを挙げているのはどれか。（地方上級）

ア　日本は日英同盟を口実としてドイツに宣戦布告し，ドイツの中国における根拠地の都市を占領した。

イ　第一次世界大戦前の日本の対外貿易は輸出超過が続いていたが，大戦が勃発すると航行の安全維持が困難となり，中国，アメリカへの輸出が激減した。

ウ　第一次世界大戦中，都市人口の激増や，シベリア出兵を見越した米穀商や地主による米の買占めなどを原因として米価が急騰し，米の安売りなどを要求する米騒動といわれる暴動が全国に広まった。

エ　第一次世界大戦後，国際紛争の平和的処理のための機構として国際連盟が成立した。日本は加盟国とはなったが，常任理事国にはならなかった。

オ　第一次世界大戦後，世界的な軍縮の流れの中でワシントン会議が開かれた。しかし，結局合意には至らず，日本は主力艦を大幅に増やす軍備拡張を進めた。

1　ア，ウ　　**2**　ア，オ　　**3**　イ，ウ　　**4**　イ，エ　　**5**　エ，オ

解説

ア：妥当である。日本は中国におけるドイツの根拠地，膠州湾の青島を占領した。イ：第一次世界大戦前の日本の対外貿易は輸入超過が続いていたが，大戦が勃発すると，戦場から遠い日本の貿易は著しく発展した。交戦国における需要の増大からヨーロッパへの輸出が増え，アジア市場へのヨーロッパの商品が途絶したことから中国などアジアへの輸出も増大した。さらに，戦争景気のアメリカ合衆国に対しては生糸などの輸出が増大したのである。ウ：妥当である。エ：日本は，イギリス，フランス，イタリアとともに常任理事国となった。オ：ワシントン会議では，主力艦比率を米・英5，日3，仏・伊1.67とするなどのワシントン海軍軍縮条約が締結された。日本の原敬・高橋是清両内閣はこの軍縮体制を積極的に受け入れたが，満州事変以降には崩れていくこととなった。

よって，妥当なものはア，ウであるので，正答は**1**である。

正答　**1**

世界の産業（農業，鉱工業，水産業など）について，時事的なデータに基づく問題が大半である。問題文中に地図が用いられている場合も多い。

オススメ攻略法

時事的な要素を反映した出題がしばしば見られるので，普段から新聞やテレビなどのニュースで国際情勢をチェックしておきたい。一方，地形や気候，土壌については過去の出題例から頻出事項を把握し，覚えるようにしよう。その際，必ず地図帳を手元に置いて，地名とその位置を確認すること。

地理では，統計や資料からの出題も多い。エネルギー資源や鉱産資源の産出国，米・小麦・綿花などの主要農作物などの生産国・輸出国の上位5か国の順位などの最新データを把握しておこう。併せて，なぜ，そのような統計になったのかを理解しておくべきである。その国の自然環境の変化はもちろん，政治的・経済的背景（政権交代・クーデターの影響・経済政策の変更等）や文化的背景（その国の国民の価値観の多様化等）が生産量や産出量の変動に影響していることが多々あるので，総合的な理解が重要である。

思想

出題される場合でも，1問のみの出題となっている。出題されない試験も多いので，過去の出題の有無をチェックしておこう。

出題は西洋思想と東洋思想に分けられるが，いずれについても思想家とその思想内容を結びつけられるかどうかを問う問題がほとんどである。出題される思想家もパターン化しているので，短時間で効率的に学習できる科目といえる。

オススメ攻略法

難解な現代思想に関する出題以外は，定型的な出題が続いているので，思想家の名前，代表的な著書，キーワード，キーフレーズを覚えていくことによって得点源にできる科目である。丸暗記ではなく，必ずその時代背景を意識しながら覚えるようにしよう。

日本史・世界史に比べると量が少なく，短時間で学習できる科目なので，公務員試験用の教材で古代から現代までの思想の潮流を把握し，各時代の中で現れた重要な思想家と思想内容を整理していくことから始めるとよい。

また，日本史・世界史の出題範囲と重なるテーマもあるので，歴史の学習と並行して覚えていく

地理の頻出テーマ

	出題箇所	頻出度
人間と環境	地形環境	◎
	気候・土壌	◎
	人種・民族・人口・交通・地図	◎
生活と産業	世界の農業	◎
	世界の鉱工業	○
	水産業・林業と貿易	△
世界の諸地域	アジア・アフリカ	○
	ヨーロッパ	△
	南北アメリカ・オセアニア	◎
日本の地理	日本の自然	○
	日本の都市・産業	◎

思想の頻出テーマ

	出題箇所	頻出度
西洋思想	古代・中世思想	○
	近代思想	◎
	実存主義	○
	現代思想	○
東洋思想	中国の思想家	○
	日本の思想家	◎

文学・芸術の頻出テーマ

	出題箇所	頻出度
文学	日本古典文学	○
	日本近現代文学	○
	世界の文学	△
芸術	西洋美術	○
	西洋音楽・映画	△
	日本の美術・芸能	△

のが効率的だ。たとえば，日本史の鎌倉仏教，江戸時代の思想家，世界史のキリスト教の歴史，市民革命を支えたロックやルソーの思想などである。また，古代中国の春秋戦国時代に現れた諸子百家の知識も必ず整理しておこう。世界史でもよく出題されるテーマである。

文学・芸術

地方上級や警察官などで出題される。文学と芸術のどちらか1問の出題だが，出題されない年もあるので，過去数年間の出題状況をチェックしておこう。

文学では高校までに学んだ文学史の知識が問われ，芸術は中学・高校で学んだ美術史と音楽史（主として西洋音楽）が出題される。

オススメ攻略法

文学では，著名な作家とその作品名，芸術では画家・作曲家とその作品名を覚えることが対策の大前提であり，それができれば，この科目の主要な学習が終わったことになる。「スー過去」の問題をチェックすれば，頻出の作家・画家・作曲家を把握することができる。演習を通して学習するのが効率的である。出題される試験が少ないので，あまり時間をかけないほうがよいだろう。

なお，芸術では，実際の絵画作品等の写真を使った問題が出題されたこともある。その対策として，美術図鑑，あるいはインターネットなどで著名な作品を見ておくことをオススメする。日本史・世界史で，各時代の文化史の学習をする際に，資料として掲載されている芸術作品に目配りしておくことも攻略の近道である。

PART 3 教養試験 合格勉強法

過去問

【地理】 世界の資源・エネルギーに関する記述として，妥当なのはどれか。(東京都I類B)

1　産業革命以前のエネルギーは石炭が中心であったが，産業革命後は近代工業の発展に伴い，石油の消費が増大した。

2　レアメタルの一種であるレアアースの産出量が最も多いのは，以前は中国であったが，近年はアメリカ合衆国となっている。

3　産油国では，自国の資源を自国で開発・利用しようという資源ナショナリズムの動きが高まり，石油輸出国機構（OPEC）が結成された。

4　都市鉱山とは都市再開発によって生じる残土に含まれる金属資源のことであり，低コストで再利用できる資源として多くの先進国で活用されている。

5　ブラジルで生産されているバイオエタノールは，大量の作物を消費することで森林破壊が進むことが危惧されるため，自動車の燃料としての使用が禁止されている。

解説

1．産業革命以前のエネルギー資源は，人力や家畜による畜力，風力や水力などの自然力が中心であった。産業革命後は，蒸気機関の発明によって石炭がエネルギー資源の主力となった。石油の消費が増大するのは，石炭などの固形燃料から石油・天然ガスなどの流体燃料へエネルギー資源の主力が変化する，1960年代のエネルギー革命以降である。2．中国のレアアースの生産量は，近年においても世界生産の約6割を占め，世界最大の産出国となっている。3．妥当である。4．都市鉱山とは，ごみとして大量に捨てられる家電製品や携帯電話などの廃棄物に含まれる，回収・解体して再生すれば再利用が可能な，金やレアメタルなどの貴重な資源のことである。5．世界最大のさとうきび生産国であるブラジルでは，1930年代より国家主導によるさとうきびを原料としたバイオエタノールの生産が行われ，ガソリンとバイオエタノールを混合した燃料で走る車が普及している。一方で，耕地拡大のための熱帯林伐採や，さとうきびを食用目的以外に大量消費することから起こる食料問題などが懸念されている。

正答　3

自然科学 （数学，物理，化学，生物，地学）

数学

　高校で習う数学Ⅰ・数学Aの学習範囲からの出題が多いが，なかには中学レベルの問題もある。頻出テーマは，方程式と不等式，関数とグラフ，最大値と最小値である。

　すべての試験で出題されるわけではなく，試験によっては数的推理において数学の問題が出題されることもある。過去の出題からいえば数的推理と共通するのは数と式，二次関数とグラフ，方程式・不等式，数列，速さ，場合の数と確率，図形の計量などであり，共通しないのは三角比，二次曲線，空間図形，ベクトル，微積分などである。

　グラフ，速さ，確率，対数，微積分は自然科学のほかの科目にも関係することがあるので，数学として出題されるか否かにかかわらず知っておいたほうがよい。また，数的推理と共通する分野はそちらをマスターすることで数学の対策を兼ねることができる。

オススメ攻略法

　後述の物理の計算問題にもいえることだが，可能ならば，まずは解説を見ずに問題を解き，その後，出来不出来にかかわらず，きちんと解説を読んで，解法を頭にたたき込むようにしよう。公式を忘れている場合は，「スー過去」などでチェックしておくこと。

物理

　物理は，力学（物体にかかる力やエネルギー，またそれによる運動），熱力学（熱エネルギーによる温度の変化），電磁気学（電気と磁気の性質とそれに伴う計算），波動（波の性質とそれに伴う計算），原子物理学（原子核の挙動とそのエネルギー）などに分類できる。

　公務員試験においては，力学（力のつりあい，物体の運動）と電磁気学（電気と磁気）からの出題が多いが，近年は波動からの出題も多い。時事的な出題はほとんど見られず，ほぼすべてが高校の教

数学の頻出テーマ

出題箇所	頻出度
数と式	△
方程式と不等式	△
関数とグラフ	◎
最大値と最小値	△

化学の頻出テーマ

出題箇所	頻出度
基礎理論	◎
物質の変化Ⅰ（酸化・還元）	○
物資の変化Ⅱ（酸・塩基）	◎
物質の性質	◎
有機化合物の構造と反応	△
時事・環境・化学全般	△

物理の頻出テーマ

出題箇所	頻出度
力のつりあい	○
物体の運動	○
エネルギーと運動量	○
周期的な運動と慣性力	△
電気と磁気	◎
波動	◎
熱と原子	○

科書レベルと考えてよい。ときに，地学との融合問題や，物理全体を横断的に扱った正誤問題が出題されることがある。

オススメ攻略法

　物理は計算問題が主流である。初学者や物理が苦手な人は，まず重要公式を暗記し，使い方をマスターしよう。続いて，自力で問題を解いてみる。解き終えたら，正誤にかかわらず，解説をきちんと読んで理解すること。何も見ずにその解説を再現できるようになるまで暗記することが重要である。きちんと解説に従って理解し，その解法を覚える。その積み重ねが得点につながる。これをおろそかにすると「わかるのに解けない」という事態に陥ってしまう。

　なお，一般に文系の受験者は物理に苦手意識を持っている場合が多いが，地方上級では，非常に基礎的な問題や，問題文の中に大きなヒントが与えられている問題なども出題されている。科目のイメージだけで敬遠せずに，一度過去問に目を通してみるとよいだろう。

化学

　化学の出題は，基礎理論（周期表と元素，化学結合と化学反応，モルの計算，気体や溶液の性質，酸塩基，電池と電気分解），無機化学，有機化学，時事・その他に分類でき，基礎理論の出題が圧倒的に多い。ただ，どの分野の出題が多いかは試験によって異なるため，複数の試験を受験するならば，結局全範囲を学習せざるをえない。

　計算問題はやや減ってきている。時事的な出題については，なんらかの物質が話題になれば関連問題が出題されることもあるが，問題の片隅に言葉が登場する程度である。そのほか，生物との融合問題がまれに出題される。

オススメ攻略法

　化学（基礎理論および無機化学）の学習には元素記号の暗記が不可欠である。少なくとも原子番号1～20番の元素記号と元素名を覚えておくと，生物や地学でも使える。可能ならさらに第1, 2, 17, 18族も覚えることを勧める。そうすれば物質と物

過去問

【物理】　次のグラフは，静止していた物体が等加速度で加速し，その後等速で走り，等加速度で減速して静止するまでの時間と速さの関係を表したものである。このとき，この物体が進んだ距離はどれか。(警察官5月型)

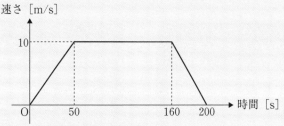

1 1,550m　**2** 1,650m　**3** 1,750m　**4** 1,850m　**5** 1,950m

解説

　横軸に時間，縦軸に速さをとったグラフでは，横軸とグラフで囲まれた部分の面積が(向きも考慮した)移動距離を表す。問題のグラフでも台形の公式を使って面積を計算すると，上底は160−50＝110，下底は200であるから，

$$\frac{1}{2}(110 + 200) \times 10 = 1550$$

となるので，物体の進んだ距離は1,550mである。
　よって，正答は**1**である。

正答　**1**

PART 3 教養試験 合格勉強法

学習スタートブック ◆ 7年度試験対応　**051**

質の関係が覚えやすくなるからである。

　計算問題に関しては，物理と同様で，解説の内容をきちんと理解することが大切だ。物理に比べると出題パターンが限られているので，比較的習得しやすい。有機化学は，構造と性質の関連を押さえること。多少複雑なものでも過去に出題されている構造式を押さえ，化合物名がわかるようにしておくと，得点のチャンスがさらに広がるだろう。

生物

　生物の出題は，細胞の構造と発生，代謝，遺伝，動植物の体の構造と働き，生態系，進化論などに大別できる。最頻出なのはヒトの体のつくりで，近年は個体と調節の分野から，自律神経，ホルモン，肝臓・腎臓の働きなどの出題が目立つ。

　また，時事的な出来事に絡めた出題も見られるので，生物に関して注目されたニュースをチェックしておきたい。

オススメ攻略法

　分野ごとの関連が薄いので，どの順番に学習すべきといった決まりやコツは存在しない。頻出テーマを確認し，優先順位を決めて効率良く学習すればよい。ただ，暗記中心の科目とはいえ，理論を理解しているほうが頭に残りやすいので，参考書などで随時確認すること。単なる言葉の羅列の丸暗記に陥らないように注意してほしい。

地学

　地学は，天文学，気象学，狭義の地学（地球の内部構造，日本の地質，地震や火山，岩石），地球の歴史（地層や地質時代，化石）に大別することができる。出題分野については，東京都や特別区では天文学，それ以外の試験では気象学が多く出題されるという傾向が見られたが，近年は，天文学，気象学，狭義の地学から満遍なく出題されるようになってきている。

　生物と同じで地学も暗記科目としてのイメージが強いが，物理との融合問題が出題されたり，ごくまれに計算問題も出題されることがある。

オススメ攻略法

　問題のレベルはそれほど高くないので，対策の大部分は暗記で対処することができる。ただ，地学は自然科学の集大成的な科目であり，地球の重力や惑星の運動，大気の挙動，地震に関しては数学や物理の知識，岩石や海水，大気の組成については化学の知識，地球の歴史は生物の知識がそれぞれ密接に関連しているため，それらの科目との融合問題ではその知識の有無で得点力に差が出ることがある。

　自然科学分野については早い時期から「アレを捨てる，コレを捨てる」などと考えないほうがよい。なんでも貪欲に吸収するように努めることで，一見無関係に見えるさまざまな事象のつながりが見えてくるはずだ。

生物の頻出テーマ

	出題箇所	頻出度
細胞・組織	細胞・組織	◎
代謝	代謝	◎
動物の恒常性	体液と恒常性	◎
	個体と調節	○
	刺激と動物の行動	○
植物の恒常性	植物の恒常性	△
生殖・発生	生殖・発生	○
遺伝	遺伝	○
生態系	生態系	○
生物全般	生物全般	△

地学の頻出テーマ

	出題箇所	頻出度
天文学	地球の運動と太陽系	◎
	恒星と宇宙	△
気象学	大気と海洋	△
	天気の変化	○
地学	地球の内部構造と地震	○
	地球の構成物質と火山	◎
地球の歴史	地球の歴史	△

【化学】 一酸化炭素 CO は，空気中で点火すると酸素 O_2 と反応して燃焼し，二酸化炭素 CO_2 になる。この反応において，反応した酸素の体積が 4L であるとき，発生する二酸化炭素の体積として，妥当なものはどれか。（市役所）

1　2L　　**2**　4L　　**3**　6L　　**4**　8L　　**5**　12L

　CO が完全燃焼するときの反応式は，

$$CO + \frac{1}{2}O_2 \longrightarrow CO_2$$

となる。すなわち，$\frac{1}{2}$mol の O_2 に対して，1mol の CO_2 が発生する。気体の場合，同温同圧の下では物質量(mol 数)と体積は比例する（アボガドロの法則）ので，O_2 と CO_2 の体積比は 1：2 である。したがって，O_2 が 4L であるとき，CO_2 は 8L となる。よって，正答は **4** である。　　正答　**4**

【生物】 血液に関する記述ア〜オのうち，妥当なもののみを挙げているのはどれか。（地方上級）

ア　液体成分である血しょうには，さまざまな物質を運搬する働きがある。たとえば，肺で取り込んだ酸素の大部分は血しょうに溶け込み，各組織に運ばれる。

イ　固体成分である赤血球，白血球，血小板は，いずれも造血幹細胞から分化し，主に心臓で作られる。

ウ　固体成分の中で数が最も多いのは赤血球，最も少ないのは白血球である。

エ　血小板は不定形の細胞で，体内に侵入した病原体などの異物を細胞中に取り込んで分解する働きがある。

オ　別々の人から採った血液を混ぜると，赤血球の凝集が起こる場合があり，凝集の有無で血液型が分類される。この凝集は抗原抗体反応によるものである。

1　ア，イ　　**2**　ア，オ　　**3**　イ，エ　　**4**　ウ，エ　　**5**　ウ，オ

　ア：血しょうがさまざまな成分を運搬することは正しいが，酸素の運搬は赤血球が担うため，肺で取り込んだ酸素の大部分が血しょうに溶け込むという記述は誤りである。イ：赤血球，白血球，血小板が造血幹細胞から作られることは正しいが，心臓ではなく，主に骨髄で作られる。ウ：妥当である。エ：体内に侵入した病原体などの異物を取り込んで分解する働きを持つのは血小板ではなく白血球である。オ：妥当である。

　よって，妥当なものはウ，オであるので，正答は **5** である。
　　正答　**5**

【地学】 地球の岩石に関する記述として，妥当なのはどれか。（東京都Ⅰ類B）

1　深成岩は，斑晶と細粒の石基からなる斑状組織を示し，代表的なものとして玄武岩や花こう岩がある。

2　火山岩の等粒状組織は，地表付近でマグマが急速に冷却され，鉱物が十分に成長することでできる。

3　火成岩は，二酸化ケイ素（SiO_2）の量によって，その多いものから順に酸性岩，中性岩，塩基性岩，超塩基性岩に区分されている。

4　火成岩の中で造岩鉱物の占める体積パーセントを色指数といい，色指数の高い岩石ほど白っぽい色調をしている。

5　続成作用は，堆積岩や火成岩が高い温度や圧力に長くおかれることで，鉱物の化学組成や結晶構造が変わり，別の鉱物に変化することである。

解説

　1. 深成岩はマグマが地下深部でゆっくり冷え固まった岩石で，ほぼ等しい大きさの結晶粒子からなる等粒状組織を示す。また，花こう岩は深成岩に分類されるが，玄武岩は火山岩に分類される。**2.** マグマが地表付近で急速に冷却されると，鉱物の結晶が十分に成長する時間がないため，斑晶と石基からなる斑状組織を示す火山岩になる。**3.** 妥当である。**4.** 火成岩の中で有色鉱物の占める体積パーセントを色指数という。色指数の高い岩石ほど黒っぽい色調をしている。**5.** 堆積岩や火成岩が高い温度や圧力に長く置かれることで，鉱物の化学組成や結晶構造が変わって，別の鉱物に変化することがある。このような作用を変成作用といい，こうしてできた岩石を変成岩という。なお，続成作用とは，堆積物を固結させ堆積岩に変化させる作用をいう。
　　正答　**3**

受験者のタイプ別
オススメシリーズ（イメージ）

次ページから紹介するように，公務員試験の問題集・テキストとしてさまざまなシリーズが刊行されている。ここでは，実務教育出版が刊行している特に人気のシリーズについて，その特徴をバブルチャートのイメージで紹介する。自分がどのタイプに当てはまるかを考えながら，問題集・テキスト選びの参考にしてほしい。

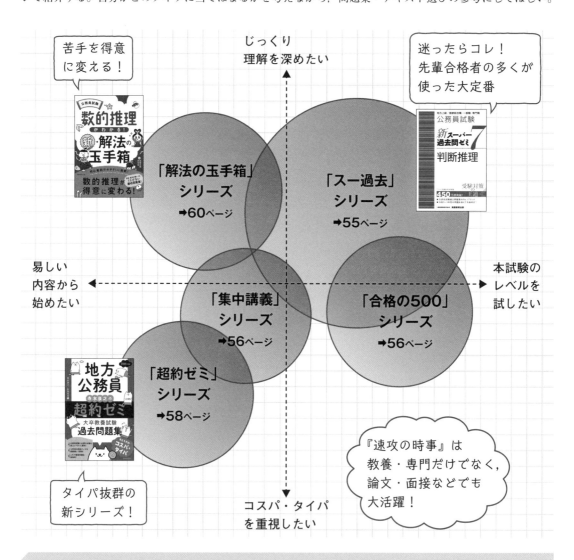

苦手を得意に変える！

公務員試験
数的推理
がわかる！
新・解法の玉手箱
数的推理が得意に変える！

じっくり理解を深めたい

迷ったらコレ！先輩合格者の多くが使った大定番

地方上級 国家総合職・一般職・専門職
公務員試験
新スーパー過去問ゼミ7
判断推理
受験対策
450

「解法の玉手箱」シリーズ
➡60ページ

「スー過去」シリーズ
➡55ページ

易しい内容から始めたい

本試験のレベルを試したい

「集中講義」シリーズ
➡56ページ

「合格の500」シリーズ
➡56ページ

地方公務員
寺本康之の
超約ゼミ
大卒教養試験
過去問題集
コスパタイパ

「超約ゼミ」シリーズ
➡58ページ

タイパ抜群の新シリーズ！

コスパ・タイパを重視したい

『速攻の時事』は教養・専門だけでなく，論文・面接などでも大活躍！

「スー過去」は，質と量のバランスが最適で，万人にイチオシのシリーズ。「合格の500」シリーズは，試験別の構成となっており，直前期に模擬試験代わりにも使える。時間がない人向けに，問題数・ページ数が少なめのものも用意されている。特に「超約ゼミ」シリーズは，短期間で仕上げたい人にオススメ。

公務員試験
新スーパー過去問ゼミ シリーズ

資格試験研究会 編◎実務教育出版
各1,980円

社会科学／人文科学／自然科学／判断推理／
数的推理／文章理解・資料解釈
※社会科学・人文科学・自然科学は2024年9月増補版刊行予定（各2,090円）

常に進化し続ける過去問演習書の決定版
どう使いこなすかが合否を決める

2000年の刊行以来，教養・専門の累計で450万部を突破する，通称「スー過去」。毎年多くの公務員志望者がこの問題集を使って合格を勝ち取っている。まさに先輩たちの「合格保証」印がついた定評のある本シリーズは，2023年の全面改訂で「新スー過去7」となった。過去問とその解説，さらに重要ポイントのまとめで構成される問題集は各社から数多く刊行されているが，「スー過去」が圧倒的な支持を集めている理由は次の3つだ。

❶質と量の最適バランスを保った良問の集積

公務員試験は，繰り返し出題される定番テーマの問題，細かい知識や引っかけポイントを含んだ難問，社会情勢や法改正を踏まえた新傾向問題などが適度なバランスで組み合わされている。「スー過去」の強みは，合格に必要にして十分なだけの問題を，定番問題を中心とした構成で頻出テーマから選りすぐっていること。3年に1度の全面改訂により新傾向への対応も万全だ。1問たりとも無駄な問題が載っていないというのは，時間がない受験者にはこの上ない安心感を与えるだろう。

❷「回しやすい」内容構成と工夫された解説

過去問演習書は，ただ頭から解いていくのではなく，最初は知識を定着させるためじっくり「読み」，さらに2回，3回と解く問題を変えて「回す」，つまり，ベーシックな問題から始めて，できなかったところを確認しながら弱点をつぶしていく，というやり方が，多くの合格者が実践している勉強法である。「スー過去」の「必修問題」は，問題と解説が見開き構成で，そのテーマで最も標準的な問

題をじっくりと解説している。各選択肢解説のエッセンスを凝縮した「1行解説」や計算問題・論理問題の解法を示す「STEP解説」は，必修問題と重要度の高い実戦問題に導入されており，まさに「読んで理解する」のに最適である。

さらに，実戦問題のうち特に学習効果の高い問題（全体の4割程度）を選んでアイコンをつけ，巻頭ですべての掲載問題を試験名・年度とともにリスト化するなど，「何度も繰り返す」ために考え抜かれた構成となっている。

❸凝縮された「POINT」でオールインワン実現

問題集を「読む」学習においては，各テーマの重要事項をまとめたレジュメ部分のパートにも着目したい。「スー過去」の「POINT」は，コンパクトにまとめられた重要ポイントの解説が知識の整理と定着を助けてくれる。もちろん，一般知識科目などでここに掲載し切れない重要事項は，各解説で具体的に説明されているので，太字で示されたキーワードを中心に覚えよう。

なお，令和6年度からの国家公務員基礎能力試験制度変更に対応して，社会科学・人文科学・自然科学の3点は増補版が刊行される予定である。

地方上級を中心に国家総合職・一般職・専門職と幅広い試験レベルに対応できる「スー過去」であるが，もっと易しいレベルを望む人は，『大卒程度警察官・消防官　新スーパー過去問ゼミ』や『[高卒程度・社会人] 初級スーパー過去問ゼミ』，さらに56ページで紹介する「集中講義」シリーズ（以上，実務教育出版）を活用するとよいだろう。

公務員試験　集中講義　シリーズ

資格試験研究会 編◎実務教育出版　各1,650円

判断推理の過去問（結城順平執筆）／数的推理の過去問（永野龍彦執筆）／図形・空間把握の過去問（永野龍彦執筆）／資料解釈の過去問（結城順平執筆）／文章理解の過去問（饗庭悟執筆）

一般知能分野を得点源に！

地方上級・市役所・国家一般職レベルの問題に絞り込み，取り組みやすいライトな過去問演習書として定評を得ていた「スピード解説」シリーズが，2022年に「集中講義」シリーズとしてカラフルな装丁をまとい全面リニューアルされた。

「スー過去」が最強なのはわかっているけど，学習スタート期にいきなり取り組むのはキツい，あるいは十分な学習時間が取れず，「スー過去」をやりこなすだけの余裕がないという人にとっては，短期間で攻略できるノウハウが詰まったありがたいシリーズである。

長年公務員受験指導をしてきた執筆陣が実戦的な解法を伝授してくれるというのは，旧版から変わらない本シリーズの最大の特徴である。**実力派**

実力派講師が実戦的な解き方を伝授

講師による凝縮された生講義を聴くような気持ちで，原則見開きの問題と解説を参照して書き込みながら，頻出問題の解法をじっくりマスターすることができる。「スー過去」に比べて科目割が細分化されているので，それぞれの科目・分野で穴をなくしたい場合にも使いやすいだろう。

執筆陣はいずれも一味違ったアプローチで応用自在な解法パターン・テクニックを紹介しており，丁寧かつメリハリのある解説を読むだけでも力がつく。さらに，**計算や問題文の読み込みなどの「省力化」「高速化」を強く意識した解説となっているので，本番で素早く解ける力が身につきそうだ。**苦手な人はもちろん，この科目で確実に高得点を稼ぎたい人にこそオススメ。

公務員試験　合格の500シリーズ［年度版］
地方上級　教養試験　過去問500　ほか

資格試験研究会 編◎実務教育出版　各2,420〜3,850円

国家総合職教養試験／国家一般職［大卒］教養試験／国家専門職［大卒］教養・専門試験／地方上級教養試験／東京都・特別区［Ⅰ類］教養・専門試験／市役所上・中級教養・専門試験／大卒警察官教養試験／大卒・高卒消防官教養試験

学習の仕上げに最新の問題で，第一志望の試験の出題傾向をつかむ

直近の年度の過去問を試験別に学習するには，「スー過去」のほかに本シリーズが必要となる。少なくとも**第一志望の試験については，全体的な出題傾向・レベルの把握と最新過去問のチェックの**ために活用したい。

本シリーズは試験ごとに毎年刊行されており，それぞれ最新年度の過去問に加えて，過去数年分の問題・解説（掲載問題の年度は試験により異なる）がB5判の1ページ1問，または問題・解説で見開き2ページを原則として掲載されている。1冊当たり500問（大卒警察官と大卒・高卒消防官は350問）を超える問題数があるので，ボリュームの点でも十分だろう。教養試験のほか，最新年度の論文試験の課題も併せて掲載している。

大量の問題と解説を1冊にまとめて掲載することに特化しているため，本シリーズでいきなり過去問演習を始めるのはお勧めしない。**「スー過去」をメイン教材として何周か回した後で，実力確認を兼ねて取り組むのがよいだろう。**「スー過去」学習で十分な知識がついていれば，スピーディーに多くの問題をこなすことができるはずだ。特に教養試験では，1問当たり何分で解けるか，選択解答制の試験ではどの科目を選択するかといった本番に向けた対策を検討するのにも有効である。

なお，本シリーズと類似のシリーズとしては『**科目別・テーマ別過去問題集**』（TAC出版）があり，主要公務員試験のほか裁判所職員一般職，東京消防庁消防官Ⅰ類などが刊行されている。

公務員試験
速攻の時事
速攻の時事 実戦トレーニング編
［年度版］

資格試験研究会 編◉実務教育出版
1,320円／1,100円 ※電子書籍あり

国家，地方を問わず公務員志望者必携！
「時事」の重要性を実感できる最強の書

本番の試験会場で読んでいる人が一番多いともウワサされる『速攻の時事』。合格者が「使ってよかった参考書」で挙げる割合が高く，もはや受験者のお守りアイテムですらある。初めて刊行されたのは2001年で，その後20年以上にわたって高い人気を獲得し続けている。例年2月上旬に刊行される本書による「出題予想時事テーマベスト10」発表は，試験直前期到来を知らせる風物詩だ。

2000年以前は，現在ほど時事問題のウエートは大きくなかったが，「新聞を欠かさず読む」「主要白書をチェックする」といった，正論ながら机上の空論めいた対策しかできなかった。本書の登場により，政治・経済・法律・社会・科学等を横断的に，教養・専門関係なく，攻略すべき／攻略できる「科目」として，明確な実体がつかみにくい「時事」を学ぶことができるようになった。令和6年度から国家公務員基礎能力試験の出題内容が変更された後も，時事対策本としての本書の有用性は変わらない。2005年からは弟分として『実戦トレーニング編』が刊行され，さらに得点力に直結する学習を可能としている。

『速攻の時事』の大きな特徴は，「公務員試験における『時事』とは何か」という点を，長年の精緻な出題分析に基づいて定義し，それに最適化した知識を的確に解説していることである。「テレビやネットのニュースを見ておけばよい」「民間企業の就活対策と同じで大丈夫」と考えてしまう人もいるが，公務員試験においてそれだけでは足りない。

『速攻の時事』では，公務員試験の時事問題を解くのに必要な知識を「白書」「統計」「施策」「動向」の4つに分類し，それぞれの「ネタ元」を簡潔に解説している。1項目2ページまたは1ページとし，本文・脚注・「出る文」（本文のポイントを正答選択肢の形で覚えやすくしたもの）の構成で，各項目の重要箇所が一目でわかるようになっている。

『実戦トレーニング編』は，必修用語等の知識の暗記定着と予想問題を含めた問題演習ができる。この2冊をセットで活用することで，倍増以上の効果が期待できる。『実戦トレーニング編』の有効な使い方については，本誌PART 4で詳しく説明しているのでそちらも参照してほしい。

時事対策本は例年1月から3月にかけて，『公務員試験をあてる！　時事のまとめ』（TAC出版），『公務員試験の教科書　時事本』（キャリアード合同会社），『7日でできる！　公務員試験　最新【予想】時事』（高橋書店），『地方公務員試験　東京都・特別区のパーフェクト時事』（コンテンツ）など多くの類書が刊行され，赤シート対応や問題演習アプリ，Webでの最新情報フォローなどの特徴を打ち出している。時事の出題範囲は広く，東京都や特別区のように独自の出題傾向が見られる試験もあるので，余裕のある人は，複数の書籍を併用する作戦もありうるだろう。

ここで改めて類書との違いを分析してみると，『速攻の時事』は「断片的な用語や数字の羅列でなく，試験で必要とされる時事知識の核心を，まとまった知識として読み込める」点が挙げられる。執筆責任者の高瀬淳一氏（名古屋外国語大学教授）は『公務員試験　行政5科目　まるごとパスワードneo2』『集中講義！国際関係の過去問』（ともに実務教育出版）等の著者であり，他のテキストに通底するわかりやすい解説手法が，本書が長年にわたり「合格保証」の実績と安心感を勝ち得てきた理由といえる。「時事の勉強を通じて公務員への道をより確かなものにしてもらいたい」というエールを，文章の端々からしっかりと受け取ってほしい。

地方公務員 寺本康之の超約ゼミ シリーズ[年度版]

大卒教養試験過去問題集／高卒・社会人試験過去問題集：寺本康之・松尾敦基 共著
ここだけ！時事＆知識分野：寺本康之 著◎実務教育出版
1,760円／1,540円／1,430円　※時事＆知識分野は電子書籍あり

とにかく短期間で仕上げたい人に最適な「読みやすさ＆わかりやすさ」の究極形

教養，専門，論文，面接と公務員試験を全方位的に分析，抜群の合格指導実績を誇る寺本康之氏が全面プロデュースおよび執筆したのが，2024年に誕生した本シリーズだ。

地方上級をはじめとする地方公務員をめざす，でも本格的な学習はこれからという人を主対象として，教養試験の16科目を1冊でまとめて対策できるという，コスパとタイパを徹底的に追求した要点整理＆問題演習書である。

「超約（ちょうやく）」という言葉は，「必要な知識が超コンパクトに要約され，超厳選された頻出テーマが1冊に集約されている」ことを表すコンセプトネームだ。テキスト部分では長文の説明は行わず，見やすい表を多用しており短時間で知識の定着が

はかどる。過去問解説部分は見開きで問題と解説が端的に示され，さらに「もう1点GET＋α」「1問1答」で関連知識を補強できる。

3冊目の「時事＆知識分野」は試験別の時事問題攻略法をもとに，膨大な時事の範囲の中から厳選された頻出テーマと予想問題を1冊にまとめており，新しい国家公務員試験対策にも役立つ。

3冊とも著者（自然科学，判断推理，数的推理，資料解釈は松尾敦基氏が執筆）による無料解説動画が登録なしで視聴できるのも大きな特長だ。

人物重視傾向で筆記試験の負担を軽減する近年の受験環境と学習スタイルに完全合致した問題集として，初学者のはじめの1冊にも。直前期の追い込みにも，利用価値は極めて高い。

上・中級公務員試験
過去問ダイレクトナビ シリーズ

資格試験研究会 編◎実務教育出版　各1,430円

政治・経済／日本史／世界史／地理／物理・化学／生物・地学

選択肢の「正文化」で，より多くの知識をインプットできる

問題の選択肢中の誤りの箇所を，赤字で正しい記述に書き換える「正文化（せいぶんか）」をコンセプトとした過去問集である。左ページに問題文とその正文化，右ページに解説とPOINTの見開き構成で，各冊およそ100問の最重要過去問に加え，最新年度の問題を巻頭に掲載している。本シリーズのキャラクター「カコモンキー」が難易度を3段階でナビゲートする。人文科学の「思想」と「文学・芸術」については「日本史」と「世界史」に分割して追加収録しているので，6冊で一般知識分野の大部分をカバーできる。

「正文化」により，多くの受験者が過去問演習に当たって行うような問題文への書き込みが，最初から印刷されているというわけだ。

誤った選択肢を正しい選択肢に直した形で読むことで，一度により多くの知識をインプットできる。正文化や補足説明の書き込みは付属の赤シートで隠すこともできるので，ひととおり読み込んだ後の問題演習にも使える。

解説中の重要な用語は空欄穴埋めで確認できるようになっており，知識整理のPOINTと合わせて1問当たりの情報量は多い。一般知識分野は出題数の少なさと範囲の広さから，学習の時間配分に迷うところだが，頻出テーマはほぼもれなくカバーしているので，「スー過去」だけでは分量的に心もとないと感じたら，本シリーズで実戦形式の学習に取り組むとよい。見かけの問題数以上の知識集積効果を実感できるはずだ。

上・中級公務員試験
新・光速マスター（改訂第2版）シリーズ

資格試験研究会 編◎実務教育出版　各1,320円

社会科学／人文科学／自然科学

スー過去に準拠したテーマ構成で，短期間で効率的に学べる要点整理集

過去問演習と並行して，知識のインプットをまとめて行いたいときに最適の要点整理集である。2020年改訂の「新スー過去6」に準拠したテーマ構成をとっており，近年の出題傾向にしっかり合致している。「スー過去」各テーマのレジュメ「POINT」の拡張版と考えてもよいだろう。各テーマの頻出度と試験別の頻出度の表示も，「スー過去」の表示に対応している。さらに各科目の冒頭に「重要テーマベスト10」を設け，最初に着手すべきところ，直前期に押さえるべきところが，一目でわかるようになっている。

本文は赤シート対応の用語穴埋めが中心で，表や図も見やすくまとまっている。本試験で正誤のポイントとなる用語や人名などは大判の赤シートで隠して覚えることができる。自然科学で計算を要する事項は，左ページに要点や公式，右ページにそれを使った例題と解説，というスタイルで構成されている。ハンディサイズなので，常に持ち歩いてスキマ時間に活用した合格者も多い。

そもそも，高校の教科書なら社会や理科は1科目で何冊にもわたる重要事項があるわけで，本シリーズだけで一般知識分野のすべてをカバーしようと思うのは当然ながら無理がある。あくまでも過去問演習を補強する教材として，自分が選択する予定の科目の頻出事項を整理してインプットするのが目的と割り切ろう。1科目当たりの出題数が少ない一般知識分野に学習時間をかけすぎないことも，合格のためには必須の作戦である。

公務員試験
寺本康之の社会科学ザ・ベスト ハイパー
寺本康之の人文科学ザ・ベスト ハイパー

寺本康之 著◎エクシア出版　各1,650円

斬新な内容構成は近年の公務員試験の変化を先取りしているか？

判断推理，数的推理など一般知能分野で人気の高い「ザ・ベスト」は2016年に一般知識分野編が開始されたが，2021年に社会科学と人文科学の2点で「ザ・ベスト ハイパー」に一新された。

寺本康之氏は法律系・行政系科目の「ザ・ベスト」著者として知られている。社会科学は政治，法律，経済，社会・時事などに大別できるが，本書ではその垣根を取り払って科目分類を廃し，「憲法を核にして，それに付随する知識を枝葉のように加筆していく方式」で解説されている。専門科目と重複する部分が多い社会科学は，範囲を広げればきりがない。「知識を広げるのではなく，知識を絞り込むことが大切」という著者のスタンスは明確な学習スタイルとして徹底されている。

問題演習の要素は○×形式の「PLAY&TRY」だけで，本文は全体的に流れのあるわかりやすい文章で読み通すことができる。なお，財政や金融，地域紛争，地域経済統合など，広い意味での「時事的テーマ」は扱っているものの，統計データなどを含む最新の時事問題に関する知識は掲載されていないので，別の時事本で補強する必要がある。

人文科学も，「コスパが悪い」文学・芸術は扱わず（日本史・世界史の中で必要に応じて解説），本当に出やすいところだけに絞り込んでいる（「旧人文科学 ザ・ベスト プラス」が2分冊で各300ページ超だったところ，本書は1冊で280ページ）。

著者を信じてこの割り切り具合に相性が合う人には，絶好のテキストといえるかもしれない。

上・中級公務員試験
一問一答 スピード攻略 社会科学
一問一答 スピード攻略 人文科学

資格試験研究会 編◎実務教育出版　各1,430円

一問一答本のトレンドが定着！　スキマ時間で最速攻略

教養試験・専門試験の両方で，「一問一答形式」の問題集・要点整理集が各社から刊行されている。筆記試験の学習にあまり時間をかけたくない人にとっては，ハンディサイズで負担感が軽い作りが好まれているようだ。本シリーズもそうした流れの中で2020年に刊行されたものである。

出題範囲が広い社会科学・人文科学について，20年分以上の過去問を丁寧に分析し，出題頻度の高い問題の選択肢を厳選した「○×形式の一問一答」と，重要事項を凝縮した「要点チェック」で，**合格のためのインプットとアウトプットを短時間で効率的に達成できる。**過去問演習と並行する形で，学習スタート期，復習用，「押さえ科目」用と，手軽に持ち歩いてスキマ時間に活用したい。

付属の赤シートを使って，重要語句の穴埋め問題を解く感覚で「要点チェック」を読み込んだら，近年の過去問を分析して出題頻度の高い問題を厳選した「一問一答（各問題に解説付き）」をクイズ感覚でサクサクこなしていこう。**特に出題頻度の高い問題には「よく出る」マークが付けられているので，重点的に覚えたい。**地図や表を使って各科目1ページで整理した「スピードチェック」も有用である。

そのほかの教養試験の一問一答本としては，『**これだけ！　教養試験［要点まとめ＆一問一答］**』（上野法律セミナー著◎高橋書店），『**イッキに攻略！公務員試験【一問一答】**』シリーズ（公務員試験予備校EYE編著◎高橋書店）などがある。

公務員試験
判断推理がわかる！　新・解法の玉手箱
数的推理がわかる！　新・解法の玉手箱

資格試験研究会 編◎実務教育出版　各1,760円

算数・数学が苦手でもくじけないで！　得意に変える親切問題集

本シリーズのキャラクターは「算数・数学から遠ざかって『浦島太郎状態』な人」を具現化したものである。公務員試験の最重要科目であり，苦手意識を持つ人が多い判断推理と数的推理を，文字どおり初歩から講義形式で解説する。いきなり過去問に取り組んでみたものの，あえなく撃沈した人にも優しい救世主だ。

判断推理では対偶や集合，真偽を使った論理式の問題から，数的推理では小数・分数・面積・割合などの基本的な計算方法の復習からスタートし，最終的には判断推理と数的推理の主要なテーマ・解法はひととおりカバーできるように構成されている。2023年の新版では，最新の出題傾向に対応して「実際に過去問が解けるようになるための知識」を精選し，紙面デザインも一新してさらに取り組みやすく改訂された。

取り上げる**問題は過去問をベースとはしているが，問題を解く中で初学者が疑問に思うような箇所には多数のアイコン表示で補足説明をつけ，計算式や論理展開も丁寧すぎるほど，極力省略せずに記述してある。**いたずらにテクニックに走らず，誰にでも扱いやすい解法，解答時間がかからない解法を提唱しており，基礎レベルから確実に力をつけるには最適な2冊である。

最低限ここに掲載された問題が解けるようになることが判断・数的攻略の第一歩である。「スー過去」前の導入本として，この2科目が苦手な人はやって損はない。

畑中敦子の判断推理ザ・ベストNEO ほか

畑中敦子 著◎エクシア出版
1,980円／1,980円／1,540円

判断推理／数的推理／資料解釈

最新の過去問で一般知能分野のトレンドを網羅した演習テキスト

著者の畑中敦子氏は「判断推理・数的推理のカリスマ講師」として多数の書籍を執筆している。その解法メソッドを詰め込んだ長年定評のあるシリーズが，2023年に新版の「NEO」となった。ここ3年は毎年改訂を重ねてきたことからも，「最新の出題傾向を網羅的にマスターする」ことを前面に押し出しているのが推測できる。テーマ構成は「順序関係」「位置関係」「対応関係」「試合」「数量条件からの推理」のような超頻出項目は2〜3テーマに分割され，判断推理は39テーマ，数的推理は42テーマときめ細かく網羅されている。

本文の構成は最新の過去問を中心とした演習問題を「PLAY」として，スタンダードなものからタイプ別に配置し，テーマによっては問題を解くのに必要な「基本事項」を最初にまとめてある。

解説は的を射てわかりやすく，イラストを交えた補足や解き方のアドバイスを多数設けて，理解の助けとしている。

出題傾向分析の詳しさも本シリーズの特徴である。主要試験の過去3年間の出題内容を表にまとめ，各試験の出題傾向を具体的に解説している。各テーマの冒頭には頻出度，重要度，さらに「コスパ」が5段階で表示され，学習の指針となる。

イラストや文体のポップな雰囲気とは裏腹に，骨格（著者の解法メソッド）と筋肉（問題の数とパターンの多さ）が充実した，骨太で重厚なシリーズである。一般知能分野を得意科目にしたい人が，早い段階で取り組むべき本であろう。

大卒程度公務員試験
畑中敦子の数的推理の大革命！ 第3版 ほか

畑中敦子 著◎東京リーガルマインド
1,980円／1,980円／1,540円

判断推理の新兵器！／数的推理の大革命！／資料解釈の最前線！

判断・数的初学者向け対策本の「元祖」がさらにバージョンアップ

2002年初版で畑中敦子氏の名を世に知らしめた通称「ワニ本」が，2022年から23年にかけて第3版に改訂された。一般知能分野の初学者を対象とした講義形式の演習書は本シリーズが先駆けといってもよく，苦手意識を克服するのに繰り返し活用して合格できた人も多数いたことだろう。

基本的な構成は，「ガイダンス」（各セクション冒頭のイントロダクション），「パターン」（典型的な問題），「Exercise」（力試しの問題）からなる。側注（各ページ2段組の右段側）が充実しているのも本シリーズの特徴で，問題を解くのに必要な公式や定理，法則のほか，「One Point Advice」「ナットくいかない方はこちら」「ちょっと補足」「計算しよう！」などの追加知識を，シリーズキャラクター

「ワニの小太郎」が著者の分身としてアシスト解説してくれる。

収録問題はベーシックな過去問のほか，過去問をベースにしたオリジナル問題やLECが復元した近年の地方上級・市役所の問題も掲載されている。

また，巻末付録として公式・法則・定理集や一問一答，資料解釈ではテクニック集と暗算問題集が掲載されており，知識の整理・確認に役立つ。

同著者による「ザ・ベスト」シリーズ（エクシア出版）と比較すると難易度が低い基本問題を多く掲載しているので，学習スタート期に本シリーズで基礎力を蓄えた後，「ザ・ベスト」シリーズに移って実戦力を鍛えるといった使い方をするのにふさわしい。

公務員試験
文章理解　すぐ解ける
〈直感ルール〉ブック
［改訂版］

瀧口雅仁 著
実務教育出版
1,980円

　教養試験におけるウエートの大きい文章理解を，著者独自の「直感ルール」によって，スピーディーかつ確実に解ける実力を身につけることを目的とした，実戦的な演習書である。2020年に，学習効果が高い近年の過去問を加えて，全面改訂された。「直感ルール」は飛び道具・裏ワザ的なテクニックではなく，文章理解で展開される論理を正確に読み取るための道しるべとして理解するとよい。現代文20・英文21・古文4の直感ルール集は巻頭の色ページにまとめられているので，まずルール集を読み通し，その後で「お試し問題」と「実戦問題」を，直感ルールを使って解いていこう。それぞれの解説には具体的なルールの適用位置が明示されているので，スムーズに理解が進む。

公務員試験
無敵の文章理解メソッド

鈴木鋭智 著
実務教育出版
1,540円

　「やってはいけない！『コツコツ，じっくり』」とあえて言い切るのが，2017年に刊行された本書だ。大学入試や公務員試験の問題に潜むロジックを長年研究してきた著者が，自身の経験をもとに「出題者の手の内」を分析し，選択肢に仕掛けるトリックをパターン化。サクッと短時間で解ける解法メソッドを紹介する。過去問を厳選し232ページに抑えてあるので，全体を読み通すのに時間はかからない。また「日本語の解法メソッドは英語にも適用できる」ことを前提としており，和訳ができなくても英文読解をあきらめる必要はない。
　「具体例が多いところは罠も多い」「コウモリ段落に惑わされるな」などの目次タイトルを見るだけで，本文への期待感が高まるだろう。

上・中級公務員
標準　判断推理（改訂版）
標準　数的推理（改訂版）

田辺　勉 著
実務教育出版
2,310円／2,200円

　この2冊は判断推理と数的推理の正統的な「基本書」といってよいもので，「標準」的な解法の道筋を指し示すことを目的としている。
　過去問のうち代表的な問題や応用範囲の問題を例題として解説し，段階を追って難易度の高い問題に移るように配列されている。各テーマは3つのステップに分かれ，まず「基本事項」で用語や約束事などの基礎知識，解答に至る考え方を身につける。続いて典型問題である「例題」の解法をマスターしたら，各章末の「練習問題」で理解度を確認し，実戦力をつける。
　判断推理・数的推理の基本的な構造を理解し，過去問を解く土台づくりに役立つ本として，学習のさまざまな段階で長く活用できる本である。

公務員試験
速攻の英語

資格試験研究会 編
実務教育出版
1,320円

　文章理解に占める英文の比重が半分を超す試験もあるので，英語が苦手な人でも対策は避けて通れない。本書は公務員試験で問われる英語能力・知識のレベルを全体的につかむのに役立つ。文章理解における英文問題の解法を詳しく学ぶためには先に挙げた専用のテキストを別途使うとして，自分の現在の英語力と試験問題の傾向・難易度をすり合わせて，短期間で得点力を上げるための攻略法ガイドとして本書を読んでおくとよい。
　巻頭特集は読むだけで自然と時事英語のキーワードが頭に入るようにまとめられているので，普段英語から遠ざかっている人も，しっかりと目を通しておこう。国家一般職・専門職の専門試験の選択科目である「英語」の対策法も書かれている。

民間併願者も注目！
「特別枠」「新方式」試験対策

近年，「特別な公務員試験対策は必要ない」ことをうたう「特別枠」「新方式」といった試験区分で，教養試験に代えて，民間企業の就活ではおなじみの「SPI3（基礎能力検査）」や「SCOA-A（基礎能力）」を導入する自治体が増加している。また，地方公務員試験で6年度から実施される「職務基礎力試験（BEST）」は民間企業志望者も受験しやすい試験となっている。ただし，こういった試験を受験する場合でも，「特別な対策は必要ない」という言葉を真に受けて，まったく準備をせずに臨むのは NG。面接試験のステップに確実に進むために，64ページのオススメ本を活用して，高得点をめざそう。

SPI3

SPI3は，リクルートマネジメントソリューションズ社が作成している適性検査（総合能力試験）で，「基礎能力検査」と「性格検査」で構成される。能力検査はさらに非言語（計数）分野と言語分野に分かれる。非言語分野では，数学的な知識を問う問題や論理的な思考を問う問題（推論問題など）が出題される。言語分野では，語彙に関する知識や簡単な文章理解などが出題される。試験会場で受検するペーパーテスト（マークシート式）の場合の基礎能力検査（70分・70問）の内訳は，言語能力検査（30分・40問），非言語能力検査（40分・30問）。近年は，公務員試験においても，テストセンター方式（パソコンで受検）が増えている（解答時間は約35分）。

SCOA-A

SCOA とは NOMA 総研が作成している総合適性検査のことで，SCOA-A（基礎能力）は，計120問を60分で解く試験である。**言語** 20問（文章読解，語彙・熟語・慣用句・同音），**数理** 25問（四則演算，方程式・不等式，数列，数的推理），**論理** 25問（推論，判断推理，立体・平面図形等），**常識** 25問（社会，理科，時事），**英語** 25問（発音，会話の応答，空所補充，和文英訳）の5分野（5尺度）からバランスよく出題される（出題数は目安）。45分・70問（3尺度）の試験もある。

職務能力試験（BEST-A）

地方自治体で実施される職務基礎力試験（BEST）は，「職務能力試験（BEST-A）」と「職務適応性検査（BEST-P）」で構成される。BEST-A は60問・60分・四肢択一式で，令和5年度までの市役所新教養試験 Light の出題形式をベースとした基礎的な内容である。出題分野は**論理的に思考する力**（判断推理，数的推理に該当），**文章を正確に理解する力**（国語，英語，文章理解に該当），**統計等の資料を分析する力**（資料解釈に該当），**国内外の社会情勢への理解等**（時事を含む一般知識分野に該当）に分かれ，国内外の社会情勢への理解等では，公的部門の職員として必要な基礎知識（社会常識や義務教育の中で学んだことなど）やニュース等で報道された内容が出題される。

SPI3の例題

[非言語] ある運送会社には，P，Q，R，Sの4台の大型トラックと，T，U，Vの3台の小型トラックがある。この中から3台を選びたい。大型トラックと小型トラックを必ず1台ずつ入れる場合，選び方は何通りあるか。

A　5通り　　B　7通り　　C　14通り　　D　25通り　　E　30通り　　F　35通り

G　49通り　　H　105通り　　I　210通り　　J　AからIのいずれでもない　　　　正答　E

[言語] 次の言葉と意味が最もよく合致するものはどれか。

文章やものごとの意味を，受け手の側から理解すること

A　翻意　　B　表現　　C　解釈　　D　創造　　E　理念　　　　　　　　　　　　正答　C

SCOA-A の例題

[論理] Aの5年前の年齢は，Bの3年後の年齢と等しい。また，Aの8年後の年齢とBの年齢を足すと40になる。Bの年齢はいくつか。

1　10歳　　2　11歳　　3　12歳　　4　13歳　　5　14歳　　　　　　　　　　　正答　3

[常識] ルネサンス期の絵画「ヴィーナスの誕生」の作者は誰か。

1　ミケランジェロ　　2　ラファエロ　　3　レオナルド・ダ・ヴィンチ

4　ボッティチェリ　　5　ダンテ　　　　　　　　　　　　　　　　　　　　　　正答　4

PART

3

教養試験　合格勉強法

オススメ本はこれだ！

公務員試験で出る SPI・SCOA [早わかり] 問題集

資格試験研究会 編
実務教育出版
1,430円
※2024年10月改訂版
刊行予定（1,760円）

従来型の公務員試験と「特別枠」「新方式」を併願する人，もともと民間企業志望で「特別枠」「新方式」を併願する人のどちらにも役立つ画期的な問題集。SPI・SCOA・従来型の市役所と地方上級試験の出題頻度を明記し，それぞれの出題傾向と対策，基本的な問題の解き方と最重要ポイントを凝縮してまとめている。例題と解説は見開き構成で見やすくわかりやすい。SPIおよびSCOAと従来型の共通点・相違点を押さえて効率的に学習できる。

公務員試験 職務基礎力試験BEST 早わかり予想問題集 [年度版]

資格試験研究会 編
実務教育出版
1,760円

令和6年度から始まった新試験「職務基礎力試験（BEST）」の出題内容をいち早く分析した予想問題集。職務能力試験（BEST-A）の章では，令和5年度まで実施の「市役所新教養試験Light」「社会人基礎試験」の出題内容・難易度を参考にしたオリジナルの予想問題を掲載し，端的な「早わかり解説」と詳細な「しっかり解説」の2段階で理解が深まる。職務適応性検査（BEST-P）で予想される質問例も掲載。

これが本当のSPI3だ！ [年度版]

SPIノートの会 編著
講談社
1,650円　※電子書籍あり

「主要3方式（テストセンター・ペーパーテスト・WEBテスティング）対応」と銘打ち，3方式を「出る順」で対策できる。出題傾向を踏まえた攻略法を細かく解説しているのが特徴で，多くの就活生からの報告をもとにしていることから，情報の正確性・網羅性には定評がある。

史上最強 SPI＆テストセンター超実戦問題集 [年度版]

オフィス海 著
ナツメ社
1,430円

「推論」「順列」「確率」の全出題パターンを網羅し，「1問1分以内」のスピード解法を解説している。テストセンター本番形式の模擬試験も1回分収録。例題以外の練習問題と模擬試験の解説は別冊になっており，全体のボリュームもあるので，じっくり腰を据えて演習するのに適した問題集である。

SPI3＆テストセンター 出るとこだけ！ 完全対策 [年度版]

就活ネットワーク 編
実務教育出版
1,430円　※電子書籍あり

よく出る問題のみを集めて短期攻略をめざした問題集。解答スピードを上げるための「スッキリ解くと」と，数学や国語の苦手な人でもわかりやすい「くわしく解説」という2つの解法が比較対照でき，短時間で理解度がアップする。コンパクトな分量ながら，テストセンター方式にも対応している。

SCOA 出るとこだけ！ 完全対策 [年度版]

就活ネットワーク 編
実務教育出版
1,540円

「SCOA対策本が少ない」という受験者の声に応えて新登場した。最も使われているSCOA-Aのほか，テストセンター方式にも対応している。似たジャンルの問題をひとまとめに学習できるよう構成され，移動中にも読みやすい見開き完結方式をとっている。

PART

4

専門試験
合格勉強法＆
オススメ本

専門試験には，法律や経済など，
大学で専門に学んでいない初学者には
取っつきにくい科目も多く，
十分な学習時間を確保しなくてはなりません。
各科目の頻出テーマを整理して，
学習に取りかかりましょう。
専門科目は教材の選び方も合否を分けるカギ。
定評のある問題集＆テキストと，
使いこなすノウハウも紹介します。
正しい学習ツールを選んだら，
それが合格に向けた第一歩！

※各科目の頻出テーマは，近年の主な公務員試験での出題に基づくもので，△→○→◎の順に出題頻度が高くなります。

※掲載している本の価格は，令和6年5月現在のもので，すべて税込価格です。

※年度版の本の画像は，原則として前年度版のものです。令和7年度試験を受験する方は，「2026年度版」をお買い求めください。

専門試験のアウトライン

専門試験は試験区分に応じて必要な専門的知識,技術などの能力を測るために課される。たとえば,一般行政・事務系の試験区分では,
①行政系科目
②法律系科目
③経済系科目
④商学系科目
⑤その他の科目
から構成されている。特徴は以下のとおり。

行政系科目

【政治学, 行政学, 国際関係, 社会学, 社会政策 (労働経済・社会保障), 社会事情など】

科目数は多いが, 主な試験で共通して出題されているのは政治学, 行政学で, 続いて, 国際関係,社会学も出題が多い。いずれも基本的には暗記科目で, 国際関係, 社会政策では時事問題も出題される。　　　　　　　　　➡ 68 〜 75 ページ

法律系科目

【憲法, 行政法, 民法, 商法, 刑法, 労働法, 国際法など】

主要科目は憲法, 行政法, 民法で, 憲法は教養試験の社会科学においても出題のベースとなる。行政法と民法は出題範囲が広く, 対策に時間がかかる。早めの着手が必須である。そのほかの周辺科目については, 併願先も含め, 出題の有無やウェートを確認したうえで対策を立てること。
➡ 76 〜 87 ページ

経済系科目

【経済原論 (ミクロ経済学, マクロ経済学), 財政学, 経済政策, 経済事情, 経済史, 経済学史, 統計学, 計量経済学, 国際経済学など】

中心となるのは経済原論 (ミクロ経済学, マクロ経済学) と財政学である。初学者の場合は経済用語になじみが薄く, グラフを使った問題, 計算問題もあるため,慣れるまで時間がかかる。時事問題(経済事情, 財政事情) の出題も多い。
➡ 88 〜 95 ページ

商学系科目

【会計学, 経営学】

会計学は財務専門官・国税専門官試験で出題される。特に国税専門官では必須科目なので, きっちりと攻略しなければならない。経営学は国家,地方を問わず, 比較的多くの試験で出題されている。　　　　　　　➡ 96 〜 97 ページ

その他の科目

【心理学, 教育学, 英語など】

心理学, 教育学は法務省専門職員 (人間科学) 試験, 国家一般職, 地方上級の一部などで出題されている。また, 英語は国家一般職試験においては「英語 (基礎)」「英語 (一般)」, 国税専門A区分においては「英語」「商業英語」として出題される。

そのほか, 財務専門官・国税専門B区分では情報数学, 情報工学が選択科目となっている。
➡ 心理学, 教育学については, 98 〜 99 ページ
＊　　　＊　　　＊

67 ページの「事務系区分専門試験 (択一式) の科目別出題数」で, 出題科目と出題数をチェックしよう。「選択解答制」を導入している試験も多いので,どの科目をどう攻略するのか, しっかり対策を練って準備してほしい。

➡ 選択解答制については, 35 ページ

択一式試験と記述式試験

専門試験には択一式 (多肢選択式) 試験のほかに記述式試験がある。国家では国家総合職や国家専門職の財務専門官・国税専門官, 裁判所事務官 (一般職を除く) など, 地方上級では東京都Ⅰ類B [一般方式] で課されている (東京都Ⅰ類B [一般方式] では専門試験は記述式のみ)。

記述式試験は与えられた課題に対する答えを文章でまとめることが要求されるが, 確かな知識の裏づけがないと合格答案は作成できない。知識のインプットの重要性は択一式対策と同様である。

国家公務員の試験専門委員

国家公務員の試験専門委員は, 例年, 2月上旬の官報で公表される。委員が変わるとそれまでの傾向が変化することが珍しくない。出題予測をするうえでもぜひチェックしておきたい情報である。

事務系区分専門試験（択一式）の科目別出題数（大卒程度）

科目	国家総合職（政治・国際・人文）*1	国家総合職（法律）	国家総合職（経済）	国家一般職	財務専門官	国税専門A	労働基準監督A	職・裁判所一般総合	地方上級（全国型）	地方上級（関東型）	地方上級（中部・北陸型）	特別区Ⅰ類	市役所A日程	市役所B日程	市役所C日程
政治学	10			5	3	3			2	2	2	5	2	2	2
行政学		5		5					2	2	2	5	2	2	2
国際関係	10	3*2		5					2	3	2		4	4	4
社会学				5	3	2	2					2			
社会政策									3	3	2		3	3	3
労働経済・社会保障							5								
社会事情							1								
労働事情							5								
憲法	5	7	3	5	6	3	4	7	4	4	5	5	5	5	5
行政法		12		5	8	3	4		5	5	8	5	6	6	6
民法	3	12	3	5+5*4	5	6	5	13	4	6	7	5+5*8	5	5	5
商法		3			1	2									
刑法		3				3		10	2	2	2				
労働法		3					7		2	2	2				
国際法		5													
経済原（理）論	3	3	16	5+5*5	6	4	9	10	9	12	8	5+5*5	10	10	10
財政学	3	3	3	3	6	6			3	4	3	5			
経済政策	3		2						2	2					
経済事情				6*3	2	2	4				3				
経済史			2								1				
国際経済学			3												
統計学			3		6										
計量経済学			2												
会計学					6	8									
経営学			3	5	6	6				2	2	5			
心理学				5											
教育学				5											
英語				5+5*6	6	6+6*7									
情報数学				6											
情報工学				6											
計	40/55	40/49	40/46	40/80	40/76	40/58	40/48	30/40	40	40/50	40/50	40/55	40	40	40

※科目別出題数は基本的に5年度のものを記載しているが，年度により変動する場合がある。科目の分類は編集部による（受験案内に記載された科目とは必ずしも一致しない）。
※40/48は48問中40問選択の意。■は必須問題，□は選択問題。
※国家公務員試験の問題選択方法はPART6を参照。
※裁判所総合職・一般職は裁判所事務官。7年度から，必須科目：憲法，民法（各10問），選択科目：刑法，経済理論，行政法から1科目（10問）に変更される。
※地方上級，市役所は自治体によって異なる場合がある。
※地方上級（関東型），地方上級（中部・北陸型）の必須問題・選択問題の区別は，自治体によって異なる場合がある。
※市役所は，必須解答タイプの出題内容。
＊1…コースA（6年度）。コースBは124ページ参照。　＊2…国際事情。　＊3…うち1問は選択問題。
＊4…「総則および物権」と「債権，親族および相続」の2科目。　＊5…ミクロ経済学，マクロ経済学の2科目。
＊6…基礎，一般の2科目。　＊7…英語，商業英語の2科目。　＊8…民法①（総則・物権），民法②（債権・親族・相続）の2科目。

PART 4 専門試験 合格勉強法

行政系科目のガイダンス

行政系科目で学ぶこと

　行政系科目では，公務員の仕事に直結するような知識を数多く学習する。たとえば，公務員は稟議書（りんぎしょ）と呼ばれる書類を作成・回覧することで政策を決定していくが，そうした仕組みについては行政学で深く学んでいく。また，法律や条例を議会で成立させる際には，政治学で学ぶ立法過程の知識が役に立つし，社会保障行政に携わる際には，社会政策で学ぶ社会保障制度の基礎知識が活きてくる。

　もっとも，試験対策という観点からすると，受験者は必ずしも行政系科目のすべてを学習しなければならないわけではない。67ページの「事務系区分専門試験（択一式）の科目別出題数」にあるように，多くの試験に共通して出題される政治学，行政学は優先して取り組む必要があるが，それ以外の科目は受験先次第だ。受験者が最初に行うべき作業は，自分の受験する試験を大まかにでも決め，力を入れるべき科目とそうでない科目を見極めることである。

学習の順序

　学習時間が限られていることを考えれば，各科目の学習の順序を工夫することも大切である。仮に，行政系科目をすべて学習するとした場合，「政治学→行政学→社会学→その他の科目」という順序で学習するのがよいだろう。政治学は3科目の中で一番取っつきやすい科目なので最初に，行政学は覚えることが少ないのでその次に，社会学は頻出テーマが最も絞られるのでその後に，という考え方である。だが，効率を意識するのであれば，政治学と社会学をセットで学習するという方法もある。というのも，テーマが一部重複しているからだ（例：マスコミなど）。

　さらに，政治学についていえば，教養試験で出題される世界史や，専門試験の憲法，国際関係などとも接点を有する。したがって，これらの科目と併せて学習するのもよいだろう。

　行政学については，専門試験の行政法とセットで学習するとよい。これも，一部の出題範囲が重複しているからである（例：行政組織や行政統制など）。このように，行政系科目の中だけでなく，教養試験や専門試験の法律系科目との関連性も意識して，学習の順序あるいは組合せを決めると効率良く進めることができる。

　そのほか，国際関係については，知識分野と事情分野を区別して考え，知識分野の学習は早めに開始し，事情分野は試験が近づいてからまとめてチェックをするとよいだろう。社会政策・社会事情は試験の2〜3か月前まで本腰を入れて学習する必要はないが，社会政策については，社会保障の歴史（社会保障制度史）や労働に関する基礎知識だけは早めにインプットしておいたほうがよい。近年の動向を理解するうえで，これらの基礎知識が背景として重要になってくるからである。

おすすめの学習順は？
政治学→行政学→社会学→その他の科目

攻略にはコツがある？
インプット（暗記）とアウトプット（演習）を交互に行う

時事問題対策は必須！
直前期に集中的にチェックする時間を確保すべし！

行政系科目の特徴

重要度……専門試験における出題数（★★★★★：多い〜★　　　　：少ない）
難易度……学習の取り組みやすさ（▲▲▲▲▲：難しい〜　　　　：易しい）
学習効率…学習にかけた労力と時間がどれだけ得点に結びつくか（✐✐✐✐✐：良い〜✐　　　　：悪い）

政治学
重要度 ★★★★
難易度 ▲▲▲▲
学習効率 ✐✐✐

- 新聞の一面に載っているような「政局」は出題されず，あくまでも学問的な知識が問われる。
- 暗記科目だが，理解を伴わない丸暗記ではひねった問題に対処できない。
- 憲法，行政学，国際関係，社会学などとも関連している。

行政学
重要度 ★★★★
難易度 ▲▲▲
学習効率 ✐✐✐

- 行政法とは異なり，行政活動の「実態」とその分析を通じて作り上げられた「理論」が問われる。
- 行政改革や地方分権改革など，現実の動きを反映した問題が増えている。
- 憲法や行政法，社会学，経営学などとも関連している。

国際関係
重要度 ★★★
難易度 ▲▲▲▲
学習効率 ✐✐✐

- 政治・経済・軍事，歴史・時事・理論など，出題内容が多岐にわたる。
- 世界史や日本史の知識があると，学習が楽になる。
- 国家公務員試験では細かな知識が問われることもあり，難易度がやや高めとなる。

社会学
重要度 ★★★
難易度 ▲▲▲
学習効率 ✐✐✐✐

- 学者名とその学説内容をしっかりと覚えることが，合格への近道となる。
- 頻出テーマが限られているため，短期間で集中して取り組むとよい。
- 政治学や行政学と知識が部分的に重複するので，まとめて学習すると相乗効果が期待できる。

社会政策・社会事情
重要度 ★★★★
難易度 ▲▲▲
学習効率 ✐✐✐

- ニュースを毎日チェックしたうえで，直前期に総復習をするとよい。
- 『厚生労働白書』や『労働経済白書』などの白書を出典として，その記述や統計の数値が問われることも多い。
- 頻出テーマは，環境，労働，社会保障，人口，科学技術などである。

科目の特徴と注意点

　行政系科目は，科目を構成する各テーマの独立性が強いという共通の特徴を持っている。民法でいえば総則のような土台に当たる部分がなく，早い話，どのテーマから学習を始めてもかまわないのである。そうした特徴を活かすには，自分がすっと理解できそうなテーマ，興味のあるテーマから手を着け，徐々にほかのテーマに学習を広げていけばよい。あるいは，頻出テーマから順に学習していくという方法もよいだろう。

　また，行政系科目では，一定の決まった事項が繰り返し出題されやすいという特徴が見られる。出題範囲の広さについては各科目で異なるが，過去問を見ると，出題されているテーマや個々の知識は固定化している。したがって，一度，基礎的な知識をインプットした後は，過去問集を使って，積極的に問題演習に取り組んでもらいたい。

　行政系科目の場合は，暗記がメインとなるため，問題演習をおざなりにする受験者が意外と多い。しかし，インプットとアウトプットは，車の両輪のような関係にあるので，一方だけに偏った学習はなるべく避けるべきである。インプットした内容が，実際どのように過去問で問われているのかを確認しながら学習を進めることで，暗記は促進されるのである。

　では，行政系科目はいつ頃から取り組めばよいのだろうか。公務員試験対策の開始時期は，人それぞれで状況が異なるので一概にはいえないが，3か月あれば，行政系科目をひととおり学習することが可能である。実際に，直前3か月だけで一気に詰め込む受験者も例年いる。ただし，直前期はほかの科目にも時間を取られるし，暗記系の科目は，時間をかけて繰り返すことで得点アップも見込めるので，なるべく早い段階から計画的に学習することをお勧めする。

政治学

多くの試験で出題される行政系科目の中心的存在
行政系科目対策はここからスタート！

政治学は，研究者が政治の基本的な仕組みと理論についての知識を体系化した学問である。古代ギリシャ以来の長い歴史を持ち，その間，多くの下位分野が発達してきた。古くから発達したのは，よい政治はどうあるべきかを考える政治思想，それを実現するための教訓を歴史から学ぼうとする政治史，よい政治のためのメカニズムを模索する政治制度の各分野である。20世紀になると，現実の政治が動いていくプロセスを研究する政治過程論や，これを動かしている人々の意識を研究する政治意識論が台頭した。

以下，頻出テーマごとの概要を説明しておこう。

【政治学の基礎事項】

「政治の変遷」では，19世紀から20世紀にかけて，政治や国家のあり方がどのように変化してきたかが問われる。頻出テーマというわけではないが，政治学全般の土台となる部分なので，単なる暗記に走らず，しっかりと理解しておこう。

「政治権力」「政治的リーダーシップ」は，政治学の基礎概念として重要なテーマである。特に政治権力は頻出テーマなので，さまざまな学説を幅広く押さえておくようにしたい。

【政治の制度】

「各国の政治制度」では，米・英・仏・独・中の政治制度がよく問われる。中国に代えて韓国が出題されることもあるが，その場合は難易度がやや上昇する。「議会制度」はその関連テーマであり，各国の議会の仕組みや議会に関するさまざまな理論が問われる。近年では後者の比重が高まっており，ヴィスコシティ概念やポルスビーの議会類型論などの新しい理論がたびたび出題されている。

「選挙制度」では，小選挙区制と比例代表制の違いや各国の選挙制度が問われる。なお，各国で選挙が実施された翌年には，その選挙制度や選挙結果が問われやすくなるので，注意しておこう。

【政治の動態】

政治学の最頻出分野であり，特に「政党」には注意が必要である。政党は，現代政治において中心的なアクターとなっているため，試験でも頻繁に出題されている。政党の定義，類型，機能などの学説のほか，米・英・仏・独の政党についても，ひととおりの知識が求められる。流行問題が出現することもあり，カルテル政党や凍結仮説などはその代表例なので，押さえておく必要がある。

政治学の頻出テーマ

	出題箇所	頻出度
政治学の基礎事項	政治の変遷	△
	政治権力	◎
	政治的リーダーシップ	△
政治の制度	権力分立制とアメリカの政治制度	△
	各国の政治制度	○
	議会制度	◎
	選挙制度	◎
	各国の選挙制度	△
政治の動態	政党	◎
	各国の政党	△
	政党システム	◎
	圧力団体	△
	マスコミ・世論	△
政治の意識と行動	政治意識	○
	イデオロギー	○
	政治的無関心	△
	投票行動	○
政治の思想	市民革命期までの政治思想	◎
	市民革命期以降の政治思想	◎
	日本の政治思想	△
政治の理論	現代政治学の発達	△
	政治過程の理論	○
	比較政治の理論	△
	デモクラシーの理論	◎
	国家の理論	△
政治の歴史	戦前の欧米政治史	△
	戦後の欧米政治史	△
	戦前の日本政治史	△
	戦後の日本政治史	○

そのほか，「圧力団体」や「マスコミ・世論」の出題も見られる。このうちマスコミについては，その機能と効果を中心に問われるが，これは社会学でも頻出テーマとなっている。

【政治の意識と行動】

近年では，政治史に次いで出題されにくい分野である。ただし，「投票行動」は比較的コンスタントに出題されている。ここで問われるのは，「どのような有権者が共和党（または民主党）に投票するのか」という理論と，「有権者はなぜ投票（ないし棄権）するのか」という理論である。それぞれに有名な学説が提唱されているので，その概要はしっかりと覚えておかなければならない。

【政治の思想・政治の理論】

頻出テーマが時代とともに変化しており，近年は，出題の大半を自由主義思想が占めている。特にロック，ミル，グリーン，ロールズ，ノージックの学説は重要である。また，「デモクラシーの理論」も頻出であり，トクヴィルとダールの学説をはじめ，討議デモクラシー論などの新しい理論も出題されている。

【政治の歴史】

出題が少なく，学習効率も悪い分野である。出題の大半は戦後の日本政治史で，欧米政治史は，国家総合職以外ではごくまれにしか出題されない。よって，教養の日本史の知識で対応するのが，現実的な対処法であろう。

オススメ攻略法

政治学は各テーマの独立性が強いので，どのような順序で学習を進めてもかまわない。頻出テーマから手を着けたり，理解しにくいテーマを後回しにするといった学習法をとることも可能だ。大切なのは，最終的にすべてのテーマを学習し終えるということである。

オススメの教材は「スー過去」で，70ページの頻出テーマ表もこの本に準じている。大半の試験はこれだけで十分であるが，国家総合職（政治・国際・人文区分）など，難易度の高い試験の受験者は，『政治学（補訂版）』（久米郁男ほか著◎有斐閣）も併用するとよいだろう（➡ 110 ページ）。

過去問

各国の執政制度に関する次の記述のうち，妥当なものはどれか。(地方上級)

1　アメリカでは，有権者の直接選挙によって大統領が選出されており，大統領は連邦議会への法案提出権や下院の解散権などを通じて，立法府に対して影響力を行使することができる。

2　イギリスでは，比例代表制が採用されているにもかかわらず，保守党と労働党の二大政党制が成立しており，両党ともに党議拘束が強いことから，首相のリーダーシップが確立されている。

3　フランスでは，国民の直接選挙によって選ばれる大統領と大統領によって選出される首相がともに置かれていることから，同国の政治制度は半大統領制と呼ばれている。

4　ドイツでは，連邦レベルでは大統領と連邦首相がともに置かれているが，執政は大統領と複数の政府関係者が担っており，首相はもっぱら儀礼的役割を果たしている。

5　韓国では，国民の直接選挙で選出される大統領は名目的存在にすぎず，国政の実権は大統領が任命する国務総理によって担われている。

解説

1. アメリカの大統領選挙は間接選挙とされており，有権者が大統領選挙人を選出し，大統領選挙人が大統領を選出するという形がとられている。また，アメリカの大統領は連邦議会への法案提出権や下院の解散権を持たない。2. イギリスでは，小選挙区制が採用されていることから，保守党と労働党の二大政党制が成立している。3. 妥当である。4. ドイツの大統領は主に儀礼的役割を果たしている。これに対して，執政を担っているのは連邦首相であり，連邦首相は下院の信任に基づきながら日々の政治運営を行っている。ゆえに，ドイツの執政制度は議院内閣制に分類される。5. 韓国では，国民の直接選挙で選出される大統領が国政の実権を担っている。これに対して，国務総理は大統領の下にあって，限られた役割を担うにすぎない。ゆえに，韓国の執政制度は大統領制に分類される。　　　　　　　正答　3

行政学

重 要 度 ★★★★

難 易 度 🔔🔔🔔

学習効率 ✎✎✎

行政の現実を踏まえた実践的な知識が満載
政治学に続けて学習しよう！

現代行政学は，19世紀から20世紀への転換期において，アメリカで誕生した学問である。当時のアメリカでは，政治家の任命する官僚が行政を担っていたことから，行政が腐敗と非効率に陥っていた。そこで，各地で行政改革運動が展開され，政治学者も本腰を入れて行政の研究に取り組むようになった。また，行政の効率化をめざして，経営学の優れた手法が行政運営にとり入れられ，行政管理のための学問として現代行政学が誕生した。その後，現代行政学はさまざまな方向に発達を遂げ，「アイデンティティの危機」が指摘されるほど，その内容が多様化することとなった。

以下，頻出テーマごとの概要を説明しておこう。

【行政の組織】

行政学で最頻出テーマの一つが，「官僚制論」である。官僚制はピラミッド型の組織構造を意味しており，行政組織の多くは，この官僚制によって支えられている。ウェーバーとマートンの学説が特に重要であるが，グールドナー，セルズニック，クロジェなどの学説が問われることもある。近年では，バジョットの学説も出題されるようになっており，新傾向として注目される。また，外勤警察官のような現場職員をストリート・レベル官僚というが，その特徴を問う問題が国家総合職試験から他試験に波及してきている。

次に，「わが国の行政組織」にも注意が必要である。国家公務員試験を中心に出題が見られ，内閣，内閣官房，内閣府，人事院，会計検査院などの仕組みがたびたび問われている。また，「行政委員会と審議会」は地方公務員試験でも問われることがあるので，念のためチェックしておこう。

【行政の管理】

「公務員制度」と「行政改革」を中心に出題がある。「公務員制度」では，主要先進国の公務員制度の概要が問われる。特にアメリカ，イギリス，日本における制度の発達史はしっかりと押さえておこう。国家公務員試験ではフランスにおける公務員の党派性が出題されやすく，市役所ではエナルクやベアムテなどの用語問題が出題されやすいというように，試験ごとに若干の特徴も見られる。

「行政改革」は，最頻出テーマの一つである。中央省庁の新設・統廃合，独立行政法人制度の改革，官民競争入札の導入，規制緩和など，わが国における諸改革の内容が問われやすい。また，改革を支える理論として，NPM理論やプリンシパル・エージェント理論が出題されることもある。プリンシパル・エージェント理論は，政治学での出題も増えているので，必ず押さえておこう。

【行政の活動と統制】

「行政統制」からの出題が多く，それに関連して「行

行政学の頻出テーマ		
	出題箇所	頻出度
行政の組織	官僚制論	◎
	官僚制の実態	○
	行政組織の構成原理	△
	わが国の行政組織	◎
	行政委員会と審議会	○
行政の管理	公務員制度	◎
	予算	○
	評価と能率	△
	調整・計画・統計調査	△
	行政改革	◎
行政の活動と統制	政策過程	○
	行政活動	△
	行政責任	△
	行政統制	◎
地方の行政	わが国の地方自治の現状	◎
	わが国の地方自治の歴史	○
	諸外国の地方自治	△
行政学の理論	行政の歴史と行政国家化	△
	行政学の歴史	○
	行政学の理論家	△
	組織理論	○

政責任」からの出題が見られる。行政はしばしば独善的になりがちであるが，これを防ぐためには，行政をしっかりと統制し，責任を果たさせる必要がある。そこで，①行政責任の本質を巡って展開されたファイナ・・フリードリヒ論争，②行政統制の各手段を分類・整理したギルバートのマトリックス，③オンブズマン制度や意見公募手続，情報公開制度などの具体的な行政統制手段の概要が，ここでの学習対象となる。

また，「政策過程」については政策形成理論が重要である。政策形成のプロセスをモデル化したもので，リンドブロムのインクリメンタリズム，サイモンの経営人モデル，コーエンらのゴミ箱モデル，アリソンの3類型などが問われている。

【地方の行政】

地方分権改革について問われることが多く，行政学の最頻出テーマの一つとなっている。わが国の中央―地方関係（地方分権一括法による機関委任事務制度の廃止），大都市制度（政令指定都市と中核市）などが繰り返し出題されているので，確実に押さえておこう。なお，地方行政といっても，地方公務員

試験だけで出題されるわけではないので，要注意。

【行政学の理論】

アメリカの行政学理論が中心。出題数は必ずしも多くないが，現在でも地方公務員試験を中心に出題が続いているので，注意を怠らないようにしたい。理論家の名前とその学説内容の結びつきがポイントとなりやすいので，人名とキーワードは一体のものとして覚えておくようにしよう。

オススメ攻略法

行政学では，一つの問題の中に，さまざまなテーマの内容が盛り込まれていることも多い。したがって，問題演習を進める際には，簡単な問題を中心に全テーマの演習を終わらせ，二巡目以降にやや難しい問題にも取り組むようにするとよい。

オススメの教材は，「スー過去」である。大半の試験はこれだけで十分だが，国家総合職（政治・国際・人文区分）など，難易度の高い試験の受験者は，『行政学（新版）』（西尾勝◎有斐閣）も併用するとよいだろう。

過去問

国と地方公共団体との関係に関する次の記述のうち，妥当なものはどれか。（地方上級）

1 機関委任事務とは，地方公共団体が本来果たすべき役割に係るものであるが，その性質上，国が代行するとされている事務のことである。

2 1990年代以降に実施された地方分権改革により，国と地方公共団体との関係は「上下・主従」から「対等・協力」へと改められた。

3 1990年代以降に実施された地方分権改革により，国が本来果たすべき役割に係る事務を地方公共団体が受託して行うことは禁止された。

4 国と地方公共団体の間で生じた事務処理を巡る係争を解決するため，国地方係争処理委員会が全国の地方裁判所および高等裁判所に設置されている。

5 地方公共団体の自主性を守るため，国家公務員法や地方公務員法では国と地方公共団体の人事交流が禁止されており，地方公共団体間の職員派遣も認められていない。

解説

1. 機関委任事務とは，国が本来果たすべき役割に係るものであるが，その性質上，地方公共団体が代行するとされている事務のことである。2. 妥当である。機関委任事務制度の廃止をはじめとするさまざまな改革が実施された。こうした改革は，第一次地方分権改革とも称されている。3. 1990年代以降に実施された地方分権改革により，国が本来果たすべき役割に係る事務を地方公共団体が受託して行う仕組みとして，法定受託事務制度が創設された。4. 国地方係争処理委員会は総務省に設置されている。地方裁判所や高等裁判所などの司法機関に設置されているわけではない。5. 国と地方公共団体の人事交流は特に禁止されておらず，実際に人事交流が幅広く行われている。また，地方公共団体間の職員派遣もしばしば行われており，災害支援の一環として職員派遣が行われることもある。　　　正答　**2**

国際関係

重要度 ★ ★ ★
難易度 🔔 🔔 🔔 🔔
学習効率 ✏ ✏

得点源とするためには相当な学習量が必要
地方公務員志望者は基本問題の学習＆時事対策！

国際関係は，国際問題を多様なアプローチでとらえようとする学問である。得点源とするためには，しっかりと時間をかけて学習しなければならない。

以下，頻出テーマごとの概要を説明しておこう。

【国際機構】

国際連合が出題の中心となっている。国家公務員試験では，しばしば地域機構も出題されており，欧州連合とアジアの地域協力機構が問われやすい。時事を反映した出題もあるので，ニュースはこまめにチェックしておくべきである。

【外交史】

冷戦期以降の国際関係史と戦後の日本外交史が出題の大半を占めている。前者では個々の事件の概要，後者では歴代政権の業績を問う形で出題されやすい。世界史や日本史の知識があれば，大いに役立つところである。

【安全保障】

核軍縮や人道支援などの出題が目立つ。また，中東および旧ユーゴにおける地域紛争が問われやすい。必ずしも現在の地域紛争が問われるわけではなく，むしろ過去に勃発した大規模な紛争が問われやすいので注意しよう。

【国際関係理論】

国際関係理論と外交政策決定理論が出題の中心となっている。学者名とその学説内容は，しっかりと結びつけて覚えておかなければならない。特にウォルツの構造的リアリズム，ギルピンの覇権安定論，ナイとコヘインの国際レジーム論などが頻出である。また，地方公務員試験を中心に，パットナムの２レベルゲーム論やアリソンの外交政策決定論が出題されることもある。なお，国家総合職では，英文問題も出題されているので，英文に慣れておく必要がある。

【国際経済】

国際経済と開発支援が頻出。リカードの比較生産費説からIMF=GATT体制の歴史，EPA（経済連携協定）の現況に至るまで，幅広い内容が問われている。そのほか，わが国のODAやSDGs（持続可能な開発目標）が出題されることもある。

【国際社会】

環境や人権などの社会問題および各国情勢が幅広く問われている。時事を意識した出題も多いので，世界情勢にアンテナを張り巡らせるつもりで，ニュースはこまめにチェックしておこう。

オススメ攻略法

出題内容が多岐にわたるため，基本知識に絞って学習するか，発展知識までしっかり学習するか，方針をはっきりさせたほうがよい。

オススメの教材は，「スー過去」である。地方公務員試験対策としては，簡単な問題をピックアップして演習を重ねるという方法でもかまわない。国家総合職（政治・国際・人文区分）など，難易度の高い試験の受験者は，『国際政治学』（中西寛ほか著◎有斐閣）などをサブテキストとして利用してもよいだろう。時事問題については，『速攻の時事』が役立つ（➡ 103ページ）。

国際関係の頻出テーマ

	出題箇所	頻出度
国際機構	国際連合	◎
	地域機構	○
外交史	国際関係史	◎
	日本外交史	○
安全保障	国際紛争	△
	平和と軍縮	◎
国際関係理論	国家と対外政策	△
	国際関係理論	◎
国際経済	国際経済と開発支援	◎
国際社会	国際社会問題	◎
	各国情勢	○

社会学

重要度 ★ ★ ★
難易度 🔔 🔔
学習効率 ✏ ✏ ✏ ✏

大半が学説問題なので学者名は暗記が必要
時間をかけすぎずに短期集中学習で乗り切ろう！

社会学は，さまざまな社会現象を研究対象とする学問であり，学問としての社会学は射程範囲が大変広い。しかし，試験科目としての社会学となると話は別で，頻出テーマはかなり絞られる。

以下，頻出テーマごとの概要を説明しておこう。

【社会集団】
「集団」では，マッキーバー，テンニース，クーリーらの集団類型論が頻出テーマとなっている。そのほか，マートンの準拠集団論が出題されることもある。「家族」では，マードックの学説を中心に，家族の類型，機能，構造などが問われている。

【都市・階級・労働】
「都市」では，都市に関するワース（アーバニズム）とバージェス（同心円理論）の理論を中心に出題がある。ジェントリフィケーションなど，用語の意味を問う問題も出題されることがある。「階級」ではマルクスやブルデューの理論，「労働」では職場管理の理論がたびたび出題されている。

【逸脱・文化・マスコミュニケーション】
「逸脱」では，マートンやベッカーの学説が頻出である。次いで「文化」や「マス・コミュニケーション」に関する出題も多く，マスコミについては政治学で出題されることもあるので，しっかり学習しておきたい。

【社会構造と社会変動】
「社会変動」を中心に出題がある。コント，スペンサー，テンニースの学説が頻出である。

【心理・行為・相互行為】
「社会心理」を中心に出題がある。パーソナリティーや社会的性格に関する出題が数多く見られ，ミードやクーリーの学説も何度か出題されている。

【社会学史と現代社会】
「社会学史」は，社会学の最頻出テーマの一つである。従来は，古典的な学説，とりわけウェーバーやデュルケムの学説が頻出であった。しかし，最近では，シュッツ，ガーフィンケル，ギデンズなどの近現代の社会学理論のほうが出題されやすくなっている。「現代社会」については，大衆社会や消費社会などに関する諸学説が繰り返し問われている。

【社会調査】
国家一般職では，「調査」もたびたび出題されている。社会調査の歴史や手法が問われており，統計学の初歩的知識が問われることもある。

オススメ攻略法

出題の大半は学説問題であり，学者名とその学説内容を結びつけて覚えておけば，一般的な問題は十分に解くことができる。ただし，国家一般職では，問題文の表現を難しくするなどして，意図的に難易度を引き上げるケースも見られる。

オススメの教材は，「スー過去」である。学習の最終段階では，巻末の索引を利用して，抜けている知識がないかを確認しておくとよい。

PART
4
専門試験 合格勉強法

社会学の頻出テーマ

出題箇所		頻出度
社会集団	集団	◎
	家族	○
	組織	△
都市・階級・労働	都市	○
	階級	○
	労働	○
逸脱・文化・マスコミュニケーション	逸脱	◎
	文化	◎
	マス・コミュニケーション	◎
社会構造と社会変動	構造と機能	○
	社会変動	○
心理・行為・相互行為	社会心理	◎
	行為と相互行為	△
社会学史と現代社会	社会学史	◎
	現代社会	◎
社会調査	調査	◎

法律系科目のガイダンス

法律系科目の特徴とは

法律とは，簡単にいえば，我が国の社会のルールを国会で定めたものである。なぜルールを作る必要があるかというと，社会生活における紛争を予防し，仮に紛争が発生した場合には，それを解決する指針をあらかじめ作っておいて，社会が混乱に陥ることなく国民が安心して活動できるようにするためである。

そしてここから，法律系科目の特徴が見えてくる。すなわち，個々人にはさまざまな考え方があるとしても，法律は憲法に則り，社会の大半の人が納得できるような合理的なものでなければならない。そうでなければ，国民は法に従おうとせず，反発が広がって法律本来の機能を発揮できなくなるからである。

ただし，現代のように変化の激しい社会においては，法律がすべての紛争について余すところなく網羅的に解決の基準を示すことは困難である。また，ともすれば法律が時代の変化に追いつけず，一部で時代にそぐわない規定が生じたり，国会の法改正が追いつかないという事態も生じうる。そこで，この間隙を埋めて，「社会の大半の人が納得できるような合理的な」基準を設定するのが判例の法解釈である。特に後者のように，法律が時代にそぐわない，あるいは紛争が新しすぎて規定が追いつかないなどの場合は，法の精神から導き出した基準や，類似する別の規定を借用する形で基準を設定することがあり，法律系科目では，判例法と呼ばれるこのような裁判例（特に最高裁判所の判例）の基準が出題の重要な素材となっている。

法律系科目の学習のスタンス

公務員試験の法律学習で最も気をつけるべきことは，法理論に深入りしないことである。

社会に紛争が生じた際に，法律の規定をそのまま当てはめれば解決するという場合は，特に問題は生じない。出題の素材となるのは，法律に当てはめただけでは紛争が解決しない，ないしは社会が納得するような妥当な結論が得られないという場合である。そのような場合，判例は，極力条文に基づくようにしながらも，結果の妥当性を重視した判断を示すことが多い。裁判所は，法律と離れて勝手に紛争の解決基準を作り出すことができないので（これは立法作用で裁判所にその権限はない），多少無理な解釈を行ってでも，結果の妥当性を図るような結論を出すことが多い。

極端にいえば，ある事例にさほど結びつくとは思えない条文を，結果の妥当性を重視して，かなり無理をしてでも結びつけて，合理的な紛争の解決を図ろうとする。そして，それが法理論と呼ばれるものであるから，初学者には，なぜこんな解釈がまかり通るのかがわからず，深入りすればするほど思考が混乱してしまう。むしろ，理論的にはそんなものだとあっさり受け止めて，判例がどのように結論の妥当性を図っているかを重視する

オススメの学習順は？
憲法 →「行政法 & 民法」→ 労働法 → 刑法 → 商法（直前でも可）

守るべき学習のスタンスは？
法理論に深入りしない。理論が必要な箇所は限定されている

学習効率を重視した対策を！
出題箇所は限られている。そこに特化した学習計画を立てよう

法律系科目の特徴

重要度……専門試験における出題数（★★★★★：多い〜★　　　　：少ない）
難易度……学習の取り組みやすさ（▲▲▲▲▲：難しい〜▲　　　　：易しい）
学習効率…学習にかけた労力と時間がどれだけ得点に結びつくか（✎✎✎✎✎：良い〜✎　　　　：悪い）

憲法
重要度
難易度
学習効率

- 入りやすく，理解しやすい科目。高得点が狙える。
- 条文が出題の重要な素材となっており，条文の正確な知識は必須。
- 特定の判例の知識を問う問題が繰り返し出題される。

行政法
重要度
難易度
学習効率

- 出題数は民法と並んで多く，法律科目の中心的な科目。
- 生活上でなじみがないので，イメージがつかみにくいことが難点。
- 試験によって出題箇所が異なるので，傾向把握が重要。

民法
重要度
難易度
学習効率

- 法律系科目の中で条文数が抜きん出て多く，量の克服が最大のカギ。
- どのような学習方法をとるかで，効果に大きな差が出やすい。
- 法理論よりも社会通念的判断を優先させれば，意外にわかりやすい。

商法
重要度
難易度
学習効率

- 出題範囲の3つの法律は，相互関連性が薄く，負担の大きな科目。
- 出題が広範囲にわたるため，学習箇所の絞り込みが重要。
- 出題数が少ないので，出題頻度の高い部分に特化した学習が効果的。

刑法
重要度
難易度
学習効率

- 法律科目の中で最も理論面が重視される難解な科目。
- 理論的な対立が激しく，理論に深入りすると迷路にはまるので注意。
- 出題範囲が広範な一方で，出題数は少ないため，学習の効率化がカギ。

労働法
重要度
難易度
学習効率

- 全体構成がシンプルで，内容もわかりやすく入りやすい科目。
- 出題箇所が特定部分に集中しているので，学習範囲を絞りやすい。
- 短時間の学習で高得点を狙えるため，得点源になりやすいのが特徴。

ほうが法律はわかりやすい。このスタンスをきちんと保っていれば，迷路に迷い込むことなく，スムーズに法律の学習を進められるはずである。

法律系科目の学習の進め方

　法律系科目といってもさまざまなものがあるが，出題数が多いのは主要3科目と呼ばれる憲法，行政法，民法であり，学習はこの3科目を中心に進めていくことになる。特に憲法は，法律の上位規定であり，憲法の理念を具体化するために法律が制定されているので，憲法からスタートするのがベストである。この3科目は大半の試験で出題されるが，それ以外にどのような科目が出題されるかは試験によって異なる。たとえば国税専門官では商法が，地方上級では一般に刑法と労働法がそれぞれ2問程度出題されるなどである。したがって，まずどの試験をめざすのか，またその試験でどのような科目が何問ほど出題されるかを，大ま

かでよいので確認しておく必要がある（➡ 67 ページ）。ただし，「国家一般職・専門職，裁判所，地方上級をひととおり受験する」という大多数の受験者のパターンの場合は，主要3科目を中心にしつつ刑法・労働法を加えた5科目の学習を進めていくのが一般的な方法であろう。

　これら諸科目のうち，主要3科目は，法律系の中ではもちろん，専門科目全体で見てもかなりの出題数が確保されているので，主要3科目の得点アップをどのように図っていくかが一次試験突破の重要なカギとなる。そのためには，何よりも学習の効率を高めることである。出題箇所は，重要判例など特定の部分に集中する傾向が見られることから，「基礎からしっかり学ぶ」ではなく，「出題箇所を特定して，その部分の解き方を集中的に訓練する」という方法をとるべきである。そのためには，思い切って最初から過去問演習に取り組むという方法が，最も効率が良い最上の策である。

憲法

重要度 ✈ ✈ ✈ ✈
難易度 🔔 🔔
学習効率 ✎ ✎ ✎ ✎ ✎

法律系科目の基本で，国家の根本的なルール
教養試験の対策としても必須！

　憲法の構成は，大別して人権と統治機構の2つの部分からなる。このうち，憲法の中心的な価値は前者にあり，後者は前者を充実させるための制度構築や権力行使のプロセスなどについて規定したものである。ただし，憲法がいくら人権を重要なものとして規定しても，公権力がそれを尊重しないというのでは，人権は絵に描いた餅になってしまう。そのため，人権と統治機構は，重要性の点において，ほぼ同等のものとして扱われ，公務員試験においても，両者半々の割合で出題されるのが一般的なパターンになっている。

　頻出テーマ表で憲法の出題分野を見てみよう。

【人権総論】

　この分野では，法人や外国人にも人権は認められるか（享有主体）ということや，プライバシーなどの新しい人権も保障されるか（幸福追求権）といった人権の一般的なテーマを扱う。通常，一般的なテーマというと，扱われるテーマも広範にわたるようなイメージがあるが，人権総論の出題の素材は限定されていて，最高裁の重要判例と基礎的な概念の問題が繰り返し出題されている。

【精神的自由】

　人権分野の中核部分で，出題数は最も多い。なかでも，信教の自由と表現の自由はほぼ毎年のように頻繁に出題されている。最高裁の重要判例が出題の主な素材であるが，二重の基準論など，理論的にやや難解な部分もある。

【経済的自由・人身の自由】

　経済的自由は，営業活動などを保障する職業選択の自由と，私有財産制度などを保障する財産権の2分野で構成される。人身の自由は，刑事手続における黙秘権などの人権保障を扱う。前者は主に最高裁の判例を素材とした問題が，後者は判例と条文をミックスした問題が多く出題される。

【参政権・社会権】

　参政権は主に選挙権を中心に，また，社会権は，国に社会保障を求める生存権，子どもの教育権などを保障する教育を受ける権利，団結権や争議権などを保障する労働基本権の3分野で出題される。いずれも，判例が主要な素材となっている。

【国会】

　統治機構の中で，出題が多い重要分野である。条文の構成が複雑で，条文を素材とした問題が頻繁に出題されている。相互に混乱を来しやすい制

憲法の頻出テーマ

	出題箇所	頻出度
人権総論	外国人の人権	△
	特別な法律関係	△
	幸福追求権	◎
	法の下の平等	◎
精神的自由	思想・良心の自由	◎
	信教の自由	◎
	表現の自由	◎
経済的自由・人身の自由	職業選択の自由	○
	財産権	◎
	人身の自由	○
参政権・社会権	選挙権	○
	社会権	◎
国会	国会の地位と構成	◎
	国会の活動と権能	◎
	国政調査権	△
	国会議員	◎
内閣	内閣の組織と権能	◎
	内閣総理大臣	◎
	議院内閣制	△
裁判所	司法権の範囲と限界	○
	裁判所の組織と権能	◎
	司法権の独立	○
	違憲審査制	◎
財政・地方自治・法形式	財政	◎
	地方自治	◎
	条約と法令	○
総合問題	人権の総合問題	○
	統治の総合問題	○

度が多く存在するので，いかに知識を正確にするかが攻略のポイントである。

【内閣】

内閣総理大臣や国務大臣の選任や権限，内閣の権能などを扱う。条文が出題の中心的な素材となっている。国会分野ほどではないが，混乱しやすい規定が多いので，正確な知識の整理が求められる。

【裁判所】

国会と並ぶ統治機構の頻出分野である。裁判ないし違憲審査の対象となるかという理論的な問題と，裁判官の身分保障などの条文を素材とした問題の2タイプの出題がある。このうち前者ではやや深い理解が求められるが，頻出なのでしっかりとした対策が必要だ。

【財政・地方自治・法形式】

この分野では，判例を素材とした理論的な問題と，条文の知識を問う問題が出題される。法形式とは，条約や条例などの国のルール全般のことで，相互の上下関係などもテーマとなる。

オススメ攻略法

憲法は比較的なじみのある科目であるとともに，類似問題が繰り返し出題されることから，最初から過去問に取り組んで，何度も繰り返し解くという方法が最適の攻略法である。

人権分野では，最高裁の主要判例が出題の大半を占めるが，問題の重複を避ける手段として，同じ判例で切り口を変えて出題されることへの対策としても，過去問を解いて判例の考え方に感覚を慣らすのが一番である。

統治機構は条文が主要な素材となっているが，どの条文で知識が混乱するのか，どうすれば知識を正確にできるのかなどは，問題を繰り返し解くことで解消できる。

憲法は得点源になりやすく，全問正答も狙える科目なので，出題箇所を特定し，出題のクセを早くつかめるように，過去問をできるだけ多く繰り返すことが一番の対策である。

過去問

国会に関するア～オの記述のうち，妥当なもののみを全て挙げているのはどれか。（国家一般職）

ア．各議院の議員は，院外における現行犯罪の場合を除いては，国会の会期中その議院の許諾がなければ逮捕されず，議員が国会の会期前に逮捕された場合は，その議院の要求があれば，会期中これを釈放しなければならない。

イ．両議院は，各々その議員の資格に関する争訟を裁判するが，この裁判により議員の議席を失わせるには，総議員の3分の2以上の多数による議決を必要とする。

ウ．両議院は，各々その会議その他の手続及び内部の規律に関する規則を定める権能を有するが，憲法上，その権能は憲法及び国会法の規定する内容を除く範囲に明文で限定されている。

エ．憲法に基づく両議院の議員懲罰権は，飽くまで議院内部の秩序を乱した議員の懲罰を可能とするにとどまり，議場外の行為で会議の運営と関係のない個人的行為は懲罰の事由にならない。

オ．国政調査権を用いて，現に裁判所に係属中の事件について裁判の内容の当否を判断するために調査を行うことは，国会が国権の最高機関とされていることから認められると一般に解されている。

1 ア，エ　　**2** ウ，オ　　**3** ア，イ，エ　　**4** ア，ウ，エ　　**5** イ，エ，オ

解説

ア：妥当である（憲法50条，国会法33条）。**イ**：正しくは，「出席議員の3分の2以上の多数による議決を必要とする」（憲法55条）。「総議員」としている点が誤り。**ウ**：「両議院は，各々その会議その他の手続及び内部の規律に関する規則を定め」ることができる（憲法58条2項前段）。しかし，憲法上，その権能が憲法および国会法の規定する内容を除く範囲に

明文で限定されておらず，後半が誤り。**エ**：妥当である（憲法58条2項後段参照）。**オ**：国政調査権（憲法62条）を用いて，現に裁判所に係属中の事件について裁判の内容の当否を判断するために調査を行うことは，司法権の独立を害することから認められないと一般に解されている。

正答　**1**

行政法

重要度 ★★★★★
難易度 🔔🔔🔔🔔🔔
学習効率 ✏✏✏✏

行政の活動上必須となるルールを定めた法
出題数が多く，民法と並ぶ法律分野最大のヤマ！

行政法は，憲法や民法などとは異なり，「行政法」という名称を付した法律はなく，行政手続法や行政事件訴訟法といった行政関係のルールを定めたさまざまな法律の総称である。ただし，行政関係の法律といっても，そのすべてが行政法の試験範囲とされているわけではなく，扱われるのは，主に，①許認可などの行政の作用に関する部分，②行政の作用から生じた権利侵害に対して救済を図るための部分，③国の行政組織とその権限を定めた部分，④地方自治に関する部分の４つが中心である（ただし，試験の種類によっては，公務員法や公物法などからも出題されることがある）。

出題数を分野ごとの違いで見てみると，出題の大半は行政作用と権利救済の部分（前記①・②）に集中しており，この２つでほぼ全体の８割程度を占める。一方，国の行政組織と地方自治の部分（前記③・④）の出題数は，両者を合わせても２割程度と少ない。すなわち，圧倒的に前者の２分野に集中しており，行政法ではこの２分野に学習の重点を置くべきことになる。

【行政と法】

行政法の基本理念などをまとめた部分と，行政作用のうちの行政上の基準についての部分が含まれる。前者は理論的な部分で出題数は少なく，また出題パターンも決まっている。一方，後者は出題数が多く，近年は新たな問題も提起されている重要テーマである。

【行政作用法（1）】

権力的作用である行政行為の種類や性質などを扱う。行政法のいわば出発点であり，この部分の理解は重要である。ただし，基礎的な概念の部分なので，出題の素材は限られており，類似の問題が繰り返し出題される傾向にある。

【行政作用法（2）】

この分野は，行政行為をどのように実施してい

くか，またその実効性をいかに確保していくかなどのテーマを扱う。制度の構成が複雑で，知識が混乱しやすいことから，出題の格好の素材とされている。特に，行政手続法は細かな条文の知識を試す問題が多く出題されている。

【行政争訟法】

権力的な作用である行政行為の効力を争う手段を定めた部分である。簡易な手段として行政庁に再考を求める「不服申立て」と，本格的な紛争解決手段である裁判を通じて行政行為の効力を争う「行政事件訴訟」の２つの分野からなる。このうち，後者には重要判例が多数集積されており，それらを素材とした問題が頻繁に出題されている。

行政法の頻出テーマ		
	出題箇所	頻出度
行政と法	行政法の基礎	△
	行政上の法律関係	○
	行政上の基準（行政立法・行政計画）	◎
行政作用法（1）	行政行為の概念と種類	△
	行政行為の効力	△
	行政行為の瑕疵	○
	行政行為の効力の発生と消滅	◎
	行政行為の附款	○
	行政裁量	○
行政作用法（2）	実効性確保の手段	◎
	行政手続法	◎
	行政指導・行政契約	◎
	行政情報の収集と管理	◎
行政争訟法	行政事件訴訟の類型	◎
	取消訴訟の訴訟要件	◎
	取消訴訟の審理過程と判決	◎
	行政不服申立て	◎
国家補償法	国家賠償法１条	◎
	国家賠償法２条	◎
	損失補償	○
行政組織法	国の行政組織と法	△
	地方公共団体の組織と事務	◎
	地方公共団体の自治立法と住民	○
	公務員法・公物法	△

【国家補償法】

　土地収用のように国の適法な行為から私人に損失が生じた場合の補償を定める「損失補償」と，取り調べにおける自白の強要のように公務員の違法な行為から私人に損害が生じた場合の賠償請求について定める「国家賠償」の2つの分野がある。このうち，後者は行政法の最重要部分の一つであり，判例を素材とした問題が頻繁に出題されている。

【行政組織法】

　国の行政組織と地方自治法，公務員法などを扱う。出題数は少なく，過去問をひととおりこなしておけば足りる。

オススメ攻略法

　行政法は，日常生活になじみがないという点で一般に学習に入りにくい科目とされている。ただ，構成がシンプルで（権力的作用とその救済という大きな流れがある），全体把握が容易であるため，いったん理解できるようになるとその後はスムーズに学習が進む。

　行政法の最大の壁は，さまざまな制度とそこで使われている用語がわかりにくく，イメージがわかないため，何を学んでいるのか，また何が問題なのかを感覚として把握しにくいことにある。これを克服するには，「行政行為が，行政庁が行う一方的な権力作用で，そのために救済の手段が手厚く制度化されている」点を常に意識することだ。

　学習方法としては，たとえわかりにくくても，最初から過去問をどんどん解いていくという方法がベストである。問題では細かな知識が要求されることも多いが，最初は細かな知識にとらわれずに，権力作用はどんな性質を持っているのか，あるいはどのような救済手段が準備されているかといった大まかな点の把握に努めるほうがよい。それがほぼできるようになったら，問題の中の細かな知識がなんのためのものかが次第に明確になってくる。そこまでは時間がかかるが，その後は意外にすんなりと理解が進む。とにかく「スー過去」などの過去問集をできるだけ多く回すことがコツである。

過去問

　行政行為の無効と取消しに関する次の記述のうち，妥当なものはどれか。（地方上級）

1　行政行為が無効とされるのは，行政行為の瑕疵が重大であることと，瑕疵の存在が明白であることとの2つの要件を備えている場合である。

2　行政行為を取り消すためには，個別の法的根拠が必要であり，取消しについて直接明文の規定がなければ，行政庁は取り消すことができない。

3　相手方に利益を与えるような授益的行政行為の場合であっても，取消しの原因があれば，必ず取り消されることになる。

4　行政行為の取消訴訟は，処分があったことを知った日から3か月を経過したときは，提起することができなくなる。

5　行政行為の無効の効果は，行政行為の成立時にさかのぼって生じ，行政行為の取消しの効果は，将来に向かってのみ生じる。

解説

　1．妥当である。2．行政行為を取り消すために，個別の法的根拠は必要としない。したがって，取消しについて直接明文の規定がなくても，行政庁はその権限において取り消すことができる。3．相手方に利益を与えるような授益的行政行為の場合には，取消しの原因があっても，必ず取り消されるわけではない。取り消されるとその相手方に不利益がもたらされるため，行政庁に対する相手方の信頼保護の見地から，一定の制限を受ける（最判昭28・9・4，同昭33・9・9参照）。4．処分があったことを知った日から6か月を経過したときは，提起することができなくなるのが原則である（行政事件訴訟法14条1項本文）。5．行政行為が無効である場合は，初めからまったく行政行為の効力を生じない。これに対し，行政行為の取消しは，行政行為の成立時にさかのぼって効力を失わせる。　　　　正答　1

PART

4

専門試験　合格勉強法

民法

国民生活の私的領域を規律する基本法
膨大な分量の克服が課題！

民法は，国民生活の私的領域を規律する基本法で，私人相互間の関係を規律する点に特徴がある。ただ，私人相互間の関係と一口にいっても，人はその一生を通して実に多くの人との間で多様なかかわりを持って生活している。そのため，民法の内容は多彩であり，条文の数も1,000を超え，法律の中で随一の量となっている。国家一般職や特別区では民法を「総則・物権」と「債権・親族・相続」の2領域に分けて扱っているほどである。

「総則・物権」から順に，以下で解説していこう。

【総則】

民法は財産法と家族法に分かれるが，総則は主に財産法に関する共通事項を定めたものである。

まず，制限行為能力者から法人までの部分で，権利主体について規定している。一番重要な権利主体は自然人であるが，自然人の集団である法人にも権利主体性を認めている。なお，自然人に権利主体性が認められるのは出生から死亡時までであるが，生死不明の状態に備えて死亡擬制の制度である失踪宣告がここに含まれている。

次に，その権利主体が経済活動を行う際のルールが意思表示と代理で定められている。意思表示のルール自体はシンプルだが，トラブルが起こった際の解決基準について意思表示の瑕疵として，詳細な規定が設けられている（93～96条）。また，代理は意思表示を他人が代わって行う場合のルールを定めたものである。

その後に，意思表示に欠陥があった場合の処理として，無効と取消しの要件や効果が，さらに意思表示に条件や期限が定められた場合の法律関係が規定されている。

民法の頻出テーマ（総則，物権，担保物権）

	出題箇所	頻出度
総則	制限行為能力者	◎
	失踪宣告	△
	法人	△
	意思表示	◎
	代理	◎
	無効，取消し	△
	条件，期限	○
	時効	◎
物権	物権の性質・効力	○
	不動産物権変動	◎
	即時取得	◎
	占有	◎
	所有権	◎
	共有	△
	用益物権	○
担保物権	法定担保物権	◎
	質権	△
	抵当権	◎
	譲渡担保	○

民法の頻出テーマ（債権総論・各論，家族法）

	出題箇所	頻出度
債権総論	債務不履行	◎
	債権者代位権	○
	詐害行為取消権	○
	連帯債務	○
	保証債務	○
	債権譲渡	◎
	債権の消滅原因	◎
債権各論	契約総論	◎
	贈与・売買	◎
	消費貸借・賃貸借	◎
	その他の典型契約	○
	債権の総合問題	△
	事務管理・不当利得	◎
	不法行為	○
家族法	婚姻	◎
	親子	○
	相続	◎
	遺言・遺留分	○

そして，最後に意思表示以外の権利変動である時効が規定されている。

これらのうち，制限行為能力者，意思表示，代理，時効の4つがこの分野の頻出テーマとなっている。

【物権】

物権とは，物に対する直接支配権のことで，その中核をなすのは所有権である。ただ，所有権自体ではそれほど説明することはないので，物権の最初には，所有権の権利変動（譲渡や担保設定，相続，解除など）について，不動産→動産の順で規定されている。

次に，物権を権利の証明なしにそのままの状態で保護し，安定した財産秩序を維持するための占有権の規定が置かれている。ここまでが物権の主要部分であり，出題もこれらの部分に集中している。

その後は，所有権の残された問題である相隣関係と付合が，そして変則的な所有形態である共有が規定されている。

最後に，所有権の使用・収益権能を他人が利用する場合について，用益物権が規定されているが，相隣関係～用益物権の部分の出題はそれほど多くない。

【担保物権】

担保物権は，主に所有権の処分権能を利用するもので，比較的少額の債権を担保する法定担保物権と，少額から高額の債権まで幅広く担保する汎用性の高い約定担保物権に分けられる。法定担保物権とは，法律上当然にその発生が認められる担保権であり，約定担保物権は当事者の合意に基づいて発生する担保権である。前者には留置権と先取特権が，後者には質権と抵当権があるが，このほかに経済界が実務上編み出した担保権として譲渡担保がある。出題の中心は最も多く利用され，重要判例も多い抵当権である。

【債権総論】

債権総論は，まず債務不履行から始まる。債務が履行されなかった場合の紛争解決方法についての規定で，この中には，強制履行の手段も含まれる。

次に，強制履行が不調に終わらないように債務者の財産を保全する手段についての規定が置かれている。これが債権の対外的効力といわれるもので，債権者代位権と詐害行為取消権の2つの手段がある。

ただ，これらはあくまで債務不履行に陥りそうになった場合の対処法なので，事前に債務不履行に陥らないように債権の効力を強化しておくこと

PART
4
専門試験 合格勉強法

過去問

抵当権に関する次の記述のうち，妥当なものはどれか。ただし，争いがある場合は判例による。（地方上級）

1　被担保債権を発生させる契約が無効であった場合，原則として，被担保債権は当初から発生せず，それを担保する抵当権も当初から発生しない。

2　保証人の主たる債務者に対する求償権など，将来発生する債権を被担保債権として抵当権を設定することはできない。

3　一つの金銭債権を担保するために，複数の不動産について抵当権を設定することはできない。

4　借地上の建物に抵当権が設定された場合，その効力は借地権には及ばないので，借地権を担保の対象とするには，権利質を設定する必要がある。

5　抵当権の効力は，抵当不動産から生じた果実には，被担保債権の不履行後に生じたものであっても及ばない。

解説

1．妥当である。抵当権の附従性からである。2．将来発生する債権を被担保債権として抵当権を設定することもできる（大判昭7・6・1参照）。3．同一の債権の担保として，数個の不動産につき抵当権を設定することもできる（民法392条）。共同抵当という。4．借地上の建物に抵当権が

設定された場合，その効力は借地権にも及ぶ（最判昭40・5・4）。したがって，借地権に権利質を設定する必要はない。5．抵当権は，その担保する債権について不履行があったときは，その後に生じた抵当不動産の果実に及ぶ（民法371条）。

正答　**1**

が望ましい。そのための手段として連帯債務や保証債務などが規定されている。

さらに、債権を回収する有効な手段として債権譲渡が、最後に弁済や相殺などの債権の消滅事由が規定されている。

債権総論には、出題頻度が高い分野が多く、特に債務不履行、債権譲渡、弁済・相殺などに出題が集中する傾向がある。

【債権各論】

契約の同時履行や債務不履行があった場合の解除権など、契約に共通する事項を定めた契約総論と、利用頻度の高い契約である売買や賃貸借などのルールについて定めた契約各論、契約以外で債権債務関係が生じる不法行為等の3つの部分から

なる。この分野は、出題が広範囲にわたるので、出題頻度の高いテーマから優先順位をつけて、知識を整理していこう。

【家族法】

家族法（親族・相続）の出題数は財産法に比べて少ない。人の一生を通じて発生する家族の問題を解決するルールが定められており、まず、新たな家族の始まりとして婚姻に関する要件や効果などが規定され、続いて、子どもが生まれたり養子をもらったりした場合の親子関係などが規定されている。最後に、人が一生を終えた場合の財産の承継等に関する相続が、またそれに関連して遺言に関する規定が置かれている。頻出箇所は婚姻と相続で、主に条文が素材とされている。

過去問

契約の成立に関するア～オの記述のうち、妥当なもののみを全て挙げているのはどれか。（国家一般職）

ア．AがBに承諾の期間を定めて売買契約の締結の申込みをした場合において、その期間内にAがBから承諾の通知を受けなかったときは、Aの申込みは承諾されたものとみなされる。

イ．AがBに承諾の期間を定めずに売買契約の締結の申込みをした場合において、Aがこれを撤回する権利を留保したときであっても、Aは、Bからの承諾の通知を受けるのに相当な期間を経過するまでは、その申込みを撤回することはできない。

ウ．AとBが対話している間に、AがBに承諾の期間を定めずに売買契約の締結の申込みをした場合には、Aの申込みは、AとBの対話が継続している間は、いつでも撤回することができる。

エ．AがBに売買契約の締結の申込みの通知を発した後に死亡した場合において、Bが承諾の通知を発するまでにAの死亡の事実を知ったときは、Aの申込みは効力を有しない。

オ．AがBに売買契約の締結の申込みをしたところ、BがAの申込みに条件を付してこれを承諾した場合には、Bが承諾した時点で、その条件に従って変更された内容の契約が成立する。

1　ア，イ
2　イ，エ
3　ウ，エ
4　ウ，オ
5　エ，オ

解説 ------------

　ア：申込者が承諾の期間を定めてした申込みに対してその期間内に承諾の通知を受けなかったときは、その申込みは、その効力を失う（民法523条2項）。Aの申込みが承諾されたものとみなされるわけではない。イ：承諾の期間を定めないでした申込みは、申込者が承諾の通知を受けるのに相当な期間を経過するまでは、撤回することができない。ただし、申込者が撤回する権利を留保したときは、この限りでない（民法525条1項）。Aが撤回する権利を留保したときは、

その申込みを撤回することができる。ウ：妥当である（民法525条2項）。エ：妥当である（民法526条）。オ：承諾者が、申込みに条件を付し、その他変更を加えてこれを承諾したときは、その申込みの拒絶とともに新たな申込みをしたものとみなす（民法528条）。Bが承諾した時点で、その条件に従って変更された内容の契約が成立するわけではない。

　以上から、妥当なものはウとエであるので、正答は**3**である。

正答　**3**

民法の最大の壁は，なんといってもその量の多さにある。そこで，一般的には，まず民法の簡単な解説書を読んで，過去問集に取り組むという方法がスタンダードになっている。ただ，解説書の記述は「こんな制度がある。こういった特徴を持っている」などといった通り一遍の説明で終わることが多く，読んでも知識があまり残らない。よって，解説書を読む場合にも，あまり時間をかけず，できるだけ早く過去問に取り組むべきである。

ところで，最初に解説書を読む一番の理由は，『新スーパー過去問ゼミ 民法Ⅰ・Ⅱ』にいきなり取り組むのがきついという点にあるが，『公務員試験 集中講義！民法Ⅰの過去問』『同 民法Ⅱの過去問』を利用する方法もお勧めだ。「集中講義」シリーズ

は，「スピード解説」シリーズを全面改訂した新シリーズで（➡詳細は102ページ），かみ砕いた表現でわかりやすく説明してあるので，これをひととおりこなしたうえで「スー過去」に取り組めば理解が早くなる。市役所レベルなら「集中講義」シリーズのみで十分である。

民法は，全体の量が多いとはいっても，出題箇所はある特定の部分に限定されており，頻出箇所を固めておくだけでも，十分に8割程度の得点を確保できる。できるだけ早く「スー過去」に移って繰り返し過去問を解くというのが，ベストの方策といえる。

なお，近年，民法では，大規模な改正が相次いで行われたが，『新スーパー過去問ゼミ7 民法Ⅰ・Ⅱ』がこれに対応している。

商法

重要度	🖈
難易度	🔔🔔🔔🔔🔔
学習効率	✏

国家総合職，財務専門官，国税専門官で出題 効率重視の対策を！

【商法総則・商行為法】

商法総則は，商人や商号などの商法の一般的な通則を定めた部分，商行為法は問屋営業や運送営業など商人の商行為に関する部分である。範囲は広いが出題はまれ。出題箇所が限定されているので，その箇所に絞って知識を整理しておけばよい。

【会社法】

商法の中で最も出題が多い分野である。出題全問が会社法に充てられることもある。会社法は，株式会社や合同会社など，会社形態のうちの基本的なものについて規定しているが，出題はもっぱら株式会社に集中している。会社法は，持ち株会社など，現代的な経営形態に合わせて大幅な改正がなされ，かなり複雑なものになっているが，出題は基礎的な部分，すなわち設立や株式，機関，資金調達など改正以前から頻出箇所であった部分に集中している。出題頻度の高い部分に限定して知

識を整理しておくという対策が効果的である。

【手形法・小切手法】

商法の中で，会社法に次いで出題が多いが，商法自体の出題数が少ないので，出題があっても1問程度に限られる。手形と小切手の両者が対象に含まれているが，メインは手形のほうである。手形法は理論的に複雑かつ難解で，これを理解するにはかなりの時間と労力を要する。そのため，会社法の学習が済んで，なお余力があるという場合に主要部分の知識を整理しておけばよい。

商法の頻出テーマ

	出題箇所	頻出度
商法総則・商行為法	商法総則・商行為法	△
会社法	株式会社の設立	○
	株式会社の機関設計，株主総会	◎
	株式の意義・種類，株式の譲渡	○
	取締役・取締役会・代表取締役・監査役	◎
	重要財産委員制度・委員会等設置会社の特例	△
	株式会社の資金調達と計算	◎
	会社の組織再編・親子会社	○
手形法・小切手法	手形	△
	小切手	△

刑法

重要度 ✈ ✈
難易度 🔔 🔔 🔔 🔔
学習効率 ✎ ✎

緻密な理論構成
時間対効果を考えた対策を！

【総論】

　総論は，犯罪の成立要件である構成要件該当性，違法性，責任の3つのほか，未遂と共犯などを扱う。このうち，違法性分野の正当防衛，未遂分野の中止未遂，共犯分野の共同正犯などが頻出で，これらの箇所を中心に知識を整理しておけばよい。

【各論】

　各論は，個別の犯罪を扱う部分である。罪名は多数に上るが，出題される罪名は窃盗・強盗，文書偽造など特定のものに限られている。それでも数が多いので，時間を限って，出題頻度が最も高いものから順に知識を整理していくという方法が効率的である。

オススメ攻略法

　刑法の特徴は，問題数が少ないにもかかわらず，理論的に難解で，ひととおり理解するのに相当な時間を要するという点である。したがって，初学者の場合，概説書などでの全体的な理解をめざす方法はとらず，最初から過去問の頻出箇所を絞り込んで，そこで問題を解くのに必要な知識を整理しておくという方法がベストである。刑法は，「1問でも正答できればラッキー」というスタンスで臨むほうがよい。

刑法の頻出テーマ

	出題箇所	頻出度
総論	基礎理論	◎
	構成要件	△
	違法阻却事由	◎
	責任	◎
	未遂犯	○
	共犯	◎
	罪数・その他	○
各論	個人的法益 (1) （生命・身体・自由等）	◎
	個人的法益 (2) （財産犯等）	◎
	個人的法益 (3) （詐欺・横領等）	○
	社会的法益	○
	国家的法益	△

労働法

重要度 ✈ ✈
難易度 🔔 🔔
学習効率 ✎ ✎ ✎

シンプルで攻略しやすい
得点源になる科目

　労働法は，適正な労働条件が確保されるように配慮した労働関係法の総称である。体系はシンプルで，出題テーマは個別的労働関係法と集団的労使関係法に大別できる。

【個別的労働関係法】

　個別的労働関係法は，労働基準法とその付属法令を対象とするものである。労働条件は，基本的には労働者と使用者の1対1の契約によって定ま るが，労使の力関係の差から，使用者から一方的に不利な労働条件を押しつけられる可能性がある。そのため，労働基準法や最低賃金法などの個別的労働関係を規律する法で，「人たるに値する労働条件」の最低基準を定めている。個別的労働関係法では，契約の締結から終了に至るまでのさまざまな過程で，この「人たるに値する労働条件」について学んでいく。具体的には，労働契約では採用内定や内定取消し，解雇では解雇権濫用法理や解雇予告手当など，賃金では通貨払い，全額払いなどといった問題である。構成がシンプルで理論的にもわかりやすいこともあって，短時間で理解を深められる。

【集団的労使関係法】

集団的労使関係法は，主に労働組合と使用者の関係を扱う。個別的労働関係法が定める労働条件はあくまで最低基準であり，それ以上の労働条件を使用者から引き出すために，労働者が結束して労働組合を作り，労働組合と使用者の団体交渉によって労働条件の底上げを図ろうというわけである。そこで，この分野では，労働組合の要件，団体交渉のルール，団体交渉が決裂した場合の争議行為のルール，交渉がまとまった場合に締結される労働協約の効力，団結の切り崩しを防止する不当労働行為に関する規定などが対象となる。個別的労働関係法よりもやや理論的な部分が多く，判例を中心に出題されるが，出題は特定の箇所に集中する傾向が顕著で，過去問演習で十分に対処できる。

オススメ攻略法

労働法は，短時間で仕上げて高得点を狙える科目である。最初から「スー過去」に取り組んで，出題ポイントをつかみ，知識を定着させるのがベストだ。わかりやすい科目なので，１周回すのにそれほど時間はかからない。繰り返し解いて確実な得点源にしておきたい。

労働法の頻出テーマ

	出題箇所	頻出度
個別的労働関係法	労働契約	○
	解雇	△
	賃金	◎
	労働時間，休日・休憩	△
	年次有給休暇	△
	年少者・妊産婦等	△
	就業規則，懲戒	△
	労働基準法の総合問題	△
集団的労使関係法	労働組合	◎
	団体交渉	△
	争議行為・組合活動	○
	労働協約	△
	不当労働行為	△
	労働紛争の処理・労使関係	○

PART 4
専門試験 合格勉強法

過去問

労働委員会に関する次の記述のうち，妥当なものはどれか。（地方上級）

1　労働委員会は，使用者を代表する使用者委員と，労働者を代表する労働者委員の二者によって構成される委員会である。

2　労働委員会には，中央労働委員会と都道府県労働委員会がある。中央労働委員会は厚生労働大臣の所轄の下に置かれるが，都道府県労働委員会は都道府県知事の所轄の下には置かれない。

3　不当労働行為事件の審査および合議は，使用者委員と労働者委員の二者によって行われる。

4　使用者は，都道府県労働委員会の救済命令の交付を受けた場合には，中央労働委員会に再審査の申立てをすることができる。

5　使用者は，労働委員会の不当労働行為の救済命令について，裁判所に取消しの訴えを提起することはできない。

解説

1. 労働委員会は，使用者委員，労働者委員および公益を代表する公益委員の三者によって構成される委員会である（労働組合法19条1項）。**2.** 労働委員会には，中央労働委員会と都道府県労働委員会がある（労働組合法19条2項）ので前半は正しい。しかし，中央労働委員会は厚生労働大臣の所轄の下に置かれ（同19条の2第1項），都道府県労働委員会は都道府県知事の所轄の下に置かれる（同19条の12第1項）ので後半が誤り。**3.** 不当労働行為事件の審査および合議は，救済手続の公正性を担保するために，公益委員のみによって行われる（労働組合法24条1項本文）。**4.** 妥当である（労働組合法27条の15第1項本文）。**5.** 使用者は，労働委員会の不当労働行為の救済命令について，裁判所に取消しの訴えを提起することができる（労働組合法27条の19第1項）。

正答　**4**

経済系科目のガイダンス

経済系科目で学ぶこと

経済系科目は3分野9科目からなり，理論と現実の両面から出題される。具体的には下表のように分けられる。

理論系	経済原論（ミクロ経済学・マクロ経済学）
	財政学（理論）
	経済政策，国際経済学
	経済学史（学説史）
統計学，計量経済学	
時事系	経済事情
	財政学（制度，財政事情）
	経済史

「経済」というと，初学者は，「お金にまつわる話」や企業・業界分析などを連想することが多い。もちろん，その種の話が登場することはあるし，重要な話だ。しかし，公務員試験で出題される経済系科目の出題ベースとなる経済原論は，「効率性」と「公平性」の2つを物差しとして，人々の行動などを分析し，政策提言などをする学問である。具体的には，「ある目標を達成するために最も効率的な行動はどのようなものか」「各人が自分にとって最も効率的な行動をとるときに，全体ではどのようなメカニズムが働いて，何が起こるか」「生じた結果は，各人あるいは全体にとって望ましいものか否か」「生じた結果が望ましくないものならば，なぜそのような結果が生じたのか，そして望ましい結果に近

づけるためにどのような施策をとるべきか」といった類の問題を設定して，考察するのである。

理論系科目では，こうした分析道具と法則性についての知識問題や，仮設例（経済モデル）の下で実際に分析道具を使い，先に掲げたような問題に答える内容が出題される。言い換えれば，理論系科目では，こうした分析道具とその使い方や経済学者が主張してきた法則について学ぶのである。

こうした道具や法則に関する知識は，現実についての知識があってこそ役に立つ。そもそも，先述したような理論的考察の多くは当時の経済情勢など「現実」に端を発しているのだから，「現実」について知っておくことが肝要であることはいうまでもないだろう。こうした知識について出題される科目群が左表の時事系科目である。

このうち主要科目を取り上げ，科目ごとの特徴を示したのが89ページの一覧表である。経済原論は出題科目としてはミクロ経済学とマクロ経済学に分けられる場合もあるため，2科目とした。

このほか，一部の試験では統計学と計量経済学も出題される。現実の世界で生じている現象をそのまま理論的に分析することはほとんど不可能である。また，理論的な分析が現実に生じている現象をどの程度説明しているかを検証する必要もある。それゆえに，現実の世界と理論の世界をつなぐ「道具」が必要になる。この道具をしつらえたり，より高精度な道具に改良したりする学問が計量経済学であり，それを支えているのが統計学である。

オススメの学習順は？
経済原論→財政学→経済事情→その他の科目

反復学習で解法をつかむ！
演習を繰り返し，徐々に知識を深めよう

一部の問題で高校程度の数学の知識が必要！
過去問をチェックし，必要な公式を確認・暗記しておこう

経済原論（ミクロ経済学） 重 要 度 ★★★★★ 難 易 度 ▲▲▲▲▲ 学習効率 ✎✎✎✎✎	・消費者や生産者の行動，消費者や生産者のレベルで見た市場の役割や問題点などに関する理論が出題対象となる。 ・テーマごとに「低難度→高難度」と話が進むので，要点がつかみやすい。 ・計算問題の出題が多く，内容の理解が不十分だと立式できない。
経済原論（マクロ経済学） 重 要 度 ★★★★★ 難 易 度 ▲▲▲▲▲ 学習効率 ✎✎✎✎✎	・消費者・生産者や市場を大くくりして，経済全体の仕組みと政府の役割（経済政策）などに関する理論が出題対象となる。 ・報道などで用いられる専門用語や知識を踏まえた問題が多い。 ・順に新たな要素を組み入れる理論構成のため，後半になるほど難しい。
財政学 重 要 度 ★★★★★ 難 易 度 ▲▲▲▲▲ 学習効率 ✎✎✎✎✎	・国や地方の財政・租税の制度や事情に関する知識および理論が出題対象となる。 ・制度面は暗記科目であり，記述式試験が必要となる試験では，それも視野に入れて対策を講じたほうが効率的である。 ・受験する公務員の職務に関連する知識は，詳細に問われることがある。
経済事情 重 要 度 ★★★★★ 難 易 度 ▲▲▲▲▲ 学習効率 ✎✎✎✎✎	・（主にマクロ経済学の視点から見た）国内外の経済の動き（主要経済指標の動きなど）とその背景に関する知識が出題対象となる。 ・国際機関・制度などのほかに科目設定されていないテーマからも頻出。 ・出題ソース（出典）がおおむね決まっている（白書）暗記科目。
経済史 重 要 度 ★★★★★ 難 易 度 ▲▲▲▲▲ 学習効率 ✎✎✎✎✎	・主に第二次世界大戦後の日本経済史・世界経済史が出題対象となる。 ・経済事情と関連づけて学習し，知識を増やすことが効率的な暗記科目。 ・かなり詳細な内容が出題されたときには，「捨て問題」にする判断も必要。 ・経済原論や財政学と相互に理解を深める部分がある。

学習の順序

　試験対策で優先して学習すべき科目は，①経済原論，②財政学，③経済事情であり，この順序で取り組むのが望ましい。その第一の理由は，これらのウエートが単純に大きいだけでなく，教養試験（基礎能力試験）で頻出の内容を含んでいるからである。また，その第二の理由は，特に経済原論がほかの科目の基礎であり，下図に示すように内容が重複するからである。たとえば，経済原論の学習内容（分析道具）を使って為替市場を分析する問題は国際経済学でも出題されるといった具合だ。よって，この順序で学習を進めるのが効率的である。

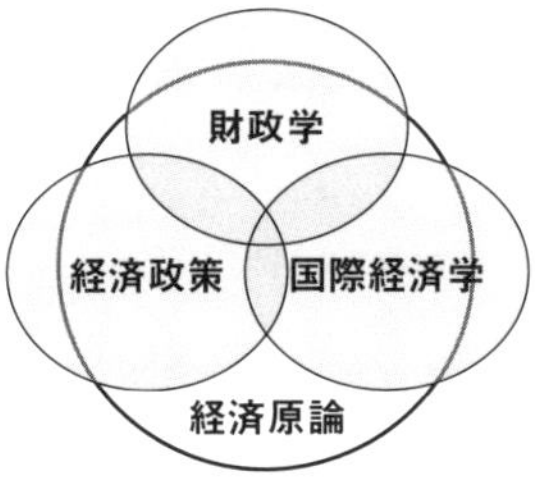

科目の特徴と注意点

　理論系科目，特に経済原論は，あまり聞き慣れない（専門）用語が多く，グラフ問題や計算問題の出題も多い。1回の学習ですべてを学ぼうとせず，演習を繰り返しながら，用語・解法などの暗記から応用へと知識を深めていくとよいだろう。グラフ・計算問題では高校程度の数学的知識が必要になるので，早めに取り組むことが望ましい。

　時事系問題は「暗記科目」なので得点源になりそうだが，膨大な量の情報に比して出題数が少ない。試験対策時間の面で見ると，得点効率が悪い科目である。よって，対策については，『速攻の時事』などの時事対策本の新年度版が出版される頃までは透き間時間の活用や日々の報道等に気を配る程度にとどめ，深入りしすぎないように気をつけたい。

財政学

経済政策　国際経済学

経済原論

経済原論（ミクロ経済学・マクロ経済学）

ミクロ・マクロの2科目を中軸とする経済系科目のコア科目

ミクロ経済学

重要度	★★★★★
難易度	▲▲▲▲▲
学習効率	✎✎✎✎

　経済学は，消費者（買い手）と生産者（売り手）が市場で財・サービスを取り引きする様態を分析する。そこで，消費者・生産者のレベルで市場の役割などについて見るのが，ミクロ経済学である。

　高校の教科書などで「市場での自由な取引を認めれば，市場が効率の良い状態を実現するように取引条件を調整する」と学んだことと思うが，実際にそのようにうまく調整が進むためにはいくつかの厳しい条件を同時に満たす必要がある。そして，現実にはそうした条件が満たされていないことのほうが多く，公務員試験でも「条件が満たされていない状況を想定した問題」がよく出題されているのである。そこで多くの教材等では，まず厳しい条件群を満たした理想的な環境を想定して市場の役割などを確認し（つまりベンチマークを築き），その後で条件を1つずつ変えた環境を想定して，得られた結果の変化を確認する，というスタイルで学習が進むように構成されている。

　頻出テーマに沿って概説すると次のようになる。

【消費者理論】

　消費者が市場でどのように行動するか，またその理由に焦点を当てたテーマ群である。これらはミクロ経済学の考え方の多くが出揃う重要なテーマ群である。

【生産者理論（完全競争・不完全競争）】

　生産者が市場でどのように行動するか，またその理由に焦点を当てたテーマ群である。「完全競争」は先に述べた理想的環境を想定したテーマ群，「不完全競争」は先に述べた厳しい条件群のうちの1つを変えた環境を想定したテーマ群である。理論構成上，消費者理論と並行関係にあるため，一方の理解がもう一方の理解につながることも多い。

【市場の理論】

　市場で取引が成立する仕組み（市場メカニズム）や，「余剰」「パレート最適性」と呼ばれる指標を使った効率性に関する分析に焦点を当てたテーマ群である。さまざまな条件の変化が取引や効率性に与える影響についても学ぶ。

【市場の失敗】

　先に述べた厳しい条件群の1つを変えた環境の下で市場による調整がうまく機能しなくなる現象についてのテーマ群である。現実の政策とのつながりも深く，それゆえに財政学とも内容の一部が重複するテーマ群でもある。

【ミクロ貿易論】

　ミクロ経済学の知識の貿易への応用例である。貿易が行われる理由に加え，自由貿易と保護貿易について学ぶ。

ミクロ経済学の頻出テーマ

出題箇所		頻出度
消費者理論	効用最大化と無差別曲線	○
	財の分類	◎
	代替効果と所得効果	○
	需要の価格弾力性	○
	最適消費の計算	◎
	消費者理論の応用	◎
生産者理論（完全競争）	利潤最大化と最適生産	◎
	損益分岐点と操業停止点	◎
	長期費用と短期費用	○
	最適生産要素投入	△
生産者理論（不完全競争）	独占者理論	◎
	寡占者理論	○
	ゲーム理論	◎
市場の理論	市場の安定性	○
	余剰分析	◎
	パレート最適性	○
市場の失敗	外部効果	◎
	費用逓減産業と公共財	○
	情報の非対称性	○
ミクロ貿易論	比較優位	△
	自由貿易と保護貿易	○

マクロ経済学

重要度	★★★★★
難易度	▲▲▲▲▲
学習効率	🖋🖋🖋🖋

　取引に参加する主体を家計，企業，政府，そして海外という各部門に大くくりするとともに，取り引きする財の性質や種類などについても財市場，金融市場や労働市場というように大くくりして，経済の仕組みと政府の役割（経済政策の効果）について考察していくのが，マクロ経済学である。

【国民経済計算体系】

　経済事情などでも頻出の国民経済計算体系と産業連関分析と呼ばれる分析手法について学ぶ。前者はおおむね高校の教科書レベルの内容であり，比較的難易度の低い試験で繰り返し出題されている。一方，産業連関表はパターン化された内容であり，ほかのテーマからは独立しているので，スキマ時間を使って学ぶとよい。

【財市場の分析】

　国民経済の規模は財の生産額（付加価値ベース）で測られる。これが国民所得である。財市場の分析は国民所得が決まる仕組みとこれを調整する政府の政策効果について学ぶテーマ群である。また，財の生産額を決める仕組みを理解するうえで必要な消費や投資などについても併せて学ぶ。

【貨幣市場と *IS‐LM* 分析】

　金融資産市場の中心的部分である貨幣市場と中央銀行の役割について学ぶテーマ群である。そして，国民所得の決まる仕組みに貨幣市場が与える影響を組み込んだ *IS‐LM* 分析は，マクロ経済学における出題の中核の一つである。また，*IS‐LM* 分析に国際収支の分析を加えたマンデル゠フレミング・モデルについても学ぶ。

【総需要・総供給分析】

　労働市場と失業が発生するメカニズム，さらにこれらを *IS‐LM* 分析に組み込んだ総需要・総供給分析を学ぶテーマ群である。このテーマ群では，ほかのテーマ群にもまして学派間の主張の違いが大きく，その点に関する出題も多い。

【経済変動理論】

　複数年（度）にわたる国民経済の分析（経済成長や景気循環）について学ぶ。なかでも「新古典派経済成長理論」が最も頻出のテーマである。

過去問

　ある企業は X 財を価格 100 の下で生産しており，その企業の費用関数は以下のように示される。

　　$C(x) = 2x^2$　（$C(x)$：総費用，x：X 財の生産量）

　また，この企業は X 財を 1 単位生産するごとに，社会に環境被害として 60 だけの損害額を生じさせるものとする。

　このとき，社会の総余剰を最大にする生産量 x_1 と，企業の利潤を最大にする生産量 x_2 の組合せ (x_1, x_2) として妥当なのはどれか。（国家一般職）

1　$(x_1, x_2) = (8, 20)$　　　**2**　$(x_1, x_2) = (8, 25)$　　　**3**　$(x_1, x_2) = (10, 20)$

4　$(x_1, x_2) = (10, 25)$　　**5**　$(x_1, x_2) = (12, 20)$

解説

　価格が与えられている下で行動しているため，この企業は完全競争を行っていると考えられる。完全競争時の企業の利潤最大化の条件は価格 P ＝私的限界費用（企業の限界費用）PMC であるため，

　　$100 = 4x_2$

　　$x_2 = 25$

となる。

　一方この企業は 1 単位生産するごとに，社会に環境被害を 60 与えていることから，社会的限界費用 SMC（企業の限界費用＋環境被害の限界費用）は，

　　$SMC = 4x_1 + 60$

と表すことができる。社会の総余剰最大化のための条件は価格＝社会的限界費用となるため，

　　$100 = 4x_1 + 60$

　　$x_1 = 10$

となる。

正答　**4**

　過去問の類似問題が出題されることが多いので，「スー過去」を柱とする反復学習が効率的だ。１周目は，全体像の把握と専門用語などの暗記に注力しよう。２周目以降では，必要に応じて『最初でつまずかない経済学』などを併用し，学習深度を深めたい。専門用語や概念については，具体例をイメージできるようになることが目安だ。計算問題については，問題文の表現や具体例が変わっても手順や計算方法に大差はないので，「どのような手順で，何を計算しているのか」を意識して学習しよう。

経済政策

　国家総合職と地方上級で出題され，経済原論の学習内容を個々の経済問題の事例や政策課題に適用した問題が多い。ミクロ分野からは租税や補助金，市場の失敗，マクロ分野からは財政政策や金融政策の出題が目立つ。経済原論の学習の際に，併せて過去問を解くことで対策できる。

マクロ経済学の頻出テーマ

	出題箇所	頻出度
国民経済計算体系	GDP 統計	◎
	産業連関分析	△
財市場の分析	有効需要の原理	◎
	乗数理論	○
	消費関数	◎
	投資の限界効率理論	△
	投資理論	○
貨幣市場とIS–LM 分析	金融資産市場	◎
	貨幣需要	△
	IS–LM 分析 (1)	○
	IS–LM 分析 (2)	◎
	国際マクロ経済学	○
総需要・総供給分析	総需要曲線	△
	労働市場と総需要・総供給曲線	◎
	フィリップス曲線	◎
	インフレ需要曲線・供給曲線	△
経済変動理論	ハロッド=ドーマー型経済成長理論	△
	新古典派経済成長理論	◎

過去問

　$IS–LM$ 分析に関するＡ～Ｄの記述のうち，妥当なもののみを全て挙げているのはどれか。ただし，グラフを描いた場合，縦軸に利子率をとり，横軸に国民所得をとるものとする。(国家一般職)

Ａ．財政政策により政府支出が増加するとき，貨幣需要の利子弾力性が小さい場合は，貨幣需要の利子弾力性が大きい場合に比べ，財政政策による国民所得の増加幅が大きくなる。これは，貨幣需要の利子弾力性が大きい場合，同じ政府支出の増加に対して利子率が大きく上昇し，民間投資を大きく減らすためである。

Ｂ．流動性の罠が生じ，LM 曲線が横軸と平行な部分において IS 曲線と交わっている場合，流動性の罠が生じていない場合と比較して，財政政策は国民所得を増加させる効果が小さくなる。

Ｃ．財政政策による政府支出を市中消化の国債の発行により賄う場合は，貨幣供給量は変化しない。一方，当該政府支出を中央銀行引受けの国債の発行で賄う場合は，貨幣供給量の増加を引き起こし LM 曲線の右方シフトを生じさせる。

Ｄ．資産市場が，貨幣市場及び債券市場から成り立っている場合，IS 曲線と LM 曲線の交点においては，財市場，貨幣市場及び債券市場のいずれの市場においても需給が均衡している。

1 A，B　　**2** A，C　　**3** B，C　　**4** B，D　　**5** C，D

解説

　A：財政政策により政府支出が増加すると，IS 曲線が右方にシフトする。貨幣需要の利子弾力性が小さい場合は LM 曲線の傾きが急になるため，利子弾力性が大きい場合と比較して国民所得の増加幅は小さくなる。**B**：流動性のわなが生じている場合，財政政策によって政府支出が増加し

ても貨幣市場で利子率が増加しないため，投資が減少するクラウディング・アウトが起こらない。したがって，流動性のわなが生じていない場合と比較すると，財政政策の国民所得を増加させる効果は大きくなる。**C**：妥当である。**D**：妥当である。

正答　**5**

経済事情・経済史

経済事情

重要度	✦✦✦
難易度	▲▲▲
学習効率	✎✎

【国内経済事情】

　試験前年に発表された経済系の主要白書に基づいて，経済成長率など一国全体の経済の動き，家計と企業の行動やそれを取り巻く環境，金融・資産市場および国際収支などに関する知識を身につける科目である。大量に出てくるデータについては目安程度に考えて，それらの大まかな動きと背景の暗記に注力したい。

　なお，経済原論や財政学など他の経済系科目の出題を見ると，試験前年辺りに関心を集めた話題にちなんだテーマからの出題が増えつつある。これらの対策の意味でも，きちんと学習しておきたい。

【国際経済事情】

　日本経済と関連の深いアメリカ，中国および EU が頻出であり，韓国，東南アジア，BRICS（新興経済諸国）の情勢や，国際機関や条約などを含む通貨・貿易体制に関する知識について問われることもある。学習すべき内容の深度は国内経済事情に比べてかなり浅いが，試験前年辺りに関心を集めた話題にちなんだテーマは要注意である。国際経済事情の主要な出題ソースとしては，『通商白書』や『世界経済の潮流』が挙げられる。

経済史

重要度	✦
難易度	▲▲▲
学習効率	✎

　出題科目として明記されている試験は多くないが，過去に出題があった国家総合職の経済区分と地方上級（関東型）の受験者はひととおり学習しておきたい。

　国家総合職では日本経済史と西洋経済史（世界経済史）からバランス良く，地方上級（関東型）では日本経済史から出題されることが多い。主たる出題対象期間は第二次世界大戦後から 2000 年頃までである。詳細な知識について出題されることもあるが，出題数の少なさを考慮すると，試験対策にあまり多くの時間を割くことは禁物である。

経済事情の頻出テーマ

	出題箇所	頻出度
国内経済事情	日本経済全般	◎
	経済成長率	○
	消費・投資・住宅	◎
	貯蓄	△
	財政	○
	金融政策	◎
	金融情勢（金利・マネーサプライ）	△
	金融制度・不良債権	△
	物価	○
	株価	△
	労働	◎
	社会保障	△
	国際収支	○
	為替相場	△
	貿易	○
	企業業況	△
国際経済事情	アメリカ	◎
	EU 諸国	○
	中国	◎
	韓国	△
	東南アジア諸国	△
	インド	△
	ロシア	○
	ブラジル	△
	貿易・経済摩擦	○
	通貨・貿易体制	△
	国際収支・為替相場	△
	エネルギー事情	△

経済史の頻出テーマ

	出題箇所	頻出度
日本経済史	明治時代の日本経済	△
	大正期～第二次世界大戦	◎
	変動為替相場制への移行とグローバル経済	△
西洋経済史	第一次世界大戦と世界経済	○
	第二次世界大戦後の世界経済	◎

PART
4
専門試験 合格勉強法

財政学

重要度	★ ★ ★ ★
難易度	🔔 🔔 🔔
学習効率	✏ ✏ ✏

理論から制度・事情まで幅広い内容を学ぶ
教養試験・専門記述式の対策としても必須！

　財政学では，経済面ないし経済学的観点から政府の活動（財政活動）について学習する。学習内容（出題内容）は「制度」「事情」および「理論」と幅広い。過去問を見ると，理論問題の一部で経済分析を要する出題もあるが，そうした問題の多くは経済原論の学習内容の応用・読み替えともいえる内容である。よって，先に経済原論を押さえておけば，いずれの分野の対策も知識を増やすこと（暗記）がメインとなる。

　ただし，試験対策では，次の2点に留意すべきである。1点目は，専門択一式での出題数は比較的少ないが，学習内容は教養試験（基礎能力試験）や専門記述式でも出題される点である。2点目は，国家専門職など，受験する公務員の職務に関連が深いテーマについては，国家総合職などよりも深い知識が問われうる点である。

【国の財政】

　主に，日本の「国」の予算に焦点を当てて，財政の仕組みと現状について学ぶテーマ群であり，財政学からの出題の中核に位置する。具体的には，①予算の原則，②財政活動を取り巻く制度（地方財政，租税および公債の詳細な内容は除く），③財政活動の現状・歴史について学ぶ。このテーマ群の「予算の原則と財政制度」と試験前年辺りの「日本の財政事情」は最頻出であり，必須学習テーマと位置づけられている。国家公務員試験の受験者は「財政の国際比較」にも目を配っておきたい。

【地方の財政】

　日本の地方（自治体）の財政活動を取り巻く制度と現状・歴史について学ぶテーマ群である。だが，「地方（自治体）の財政活動」といえども，個々の都道府県や市町村の財政活動事例が取り上げられることはまれで，各地方団体を取り巻く制度や，約1,800の地方団体の普通会計をいわば一つの財政主体とみなして見た活動（地方財政計画）に関連した

知識を学ぶことのほうが多い。なお，このテーマ群からの頻出テーマは「国と地方の予算の関係」や「国と地方の財政比較」である。

【租税】

　いわゆる「税金」について学ぶテーマ群である。学習内容は「租税に関する理論」と主に日本を念頭に置いた「国・地方の租税制度」に関する知識に大別でき，「誰がどれだけ負担すべきか」というようなやや抽象的な議論から「国・地方の租税体系」や「国・地方の租税を巡る事情」というような具体的な内容までを学ぶ。地方公務員試験では「地方税制」に関して，国家公務員試験よりも詳細な内容まで問われることがある。理論に関する学習内容の多くは経済原論で学ぶ内容の応用・読み替えであり，財政学独自の理論からの出題は暗記学習で足りることが多い。

【公債】

　公債（主に国債）にかかわる知識を深めるための

財政学の頻出テーマ

	出題箇所	頻出度
国の財政	予算の原則と制度	◎
	日本の財政事情	◎
	財政の国際比較	○
	財政投融資と国庫金	○
	日本の財政史	○
地方の財政	地方財政	◎
租税	租税の分類	○
	租税体系の理論	○
	租税の原則	○
	日本の税制	◎
	日本の税制史	△
	租税の負担	△
公債	公債の分類と制度	◎
	公債の理論	○
財政の役割と理論	財政の役割	○
	乗数効果	△
	公共財の理論	○
	所得格差と財政・税制	△

テーマ群である。公債の発行額や発行残高など事情系の話題は先に述べた「日本の財政事情」で学ぶ内容であり，このテーマ群では主に，公債の種類や発行から償還までの現行制度や公債にかかわる経済理論を学ぶ。このテーマ群全体を通じて暗記色が濃く，専門記述式を含めて見ると，公債にかかわる経済理論からは，経済学者間での「公債の負担や経済効果」に関する主張の違いを問う内容が頻出である。

【財政の役割と理論】
「政府が取り組むべき問題（市場に介入すべき理由）」や「政府の活動が経済に与える影響とその仕組み」など，経済学的観点から見た「政府の活動のあり方」に焦点を当てたテーマ群である。前者を扱うテーマ「財政の役割」では，各時代の背景を反映した経済学者の考え方・主張について学ぶ。なお，「政府の活動が経済に与える影響とその仕組み」に関するテーマ群での学習内容の多くは，経済原論の学習内容と重複している。

オススメ攻略法
　過去問を見ると財政学は暗記系の出題が多く，経済原論より取り組みやすい印象を受ける。しかし，学習を始めると随所で経済原論の知識が必要になるので，経済原論の学習をある程度済ませてから着手したい。

　まず，「スー過去」などを一読して科目の全体像をつかむとともに，学習内容を「制度および理論」と「事情」に分けよう。「事情」は「制度および理論」を学んだ後に，「スー過去」に加えて，『速攻の時事』などの時事対策本を利用して集中的に進めることが目安になる。「制度および理論」からは過去問の類似問題が頻出であるので，反復学習で知識の定着を図ろう。他方，「事情」系対策では，受験する試験の出題傾向を把握するとともに，それより若干高難度な試験で出題された直近の内容も確認しておきたい。なお，試験前年辺りで多くの関心を集めた話題や受験する公務員の職務に関連する話題にちなんだテーマにも要注意である。

PART
4
専門試験　合格勉強法

過去問

地方公共財に関する次の記述のうち，妥当なものはどれか。（地方上級）

1　地方公共財は，その財の便益が及ぶ地域がある程度限定された公共財であり，競合性が小さくなるため，純粋公共財と呼ばれる。
2　地方の分権化定理によると，地方の特性や住民の選好のようなより多くの情報を持つ地方政府より中央政府による地方公共財の供給が望ましい。
3　人々が，自分にとって好ましい行政サービスを提供する地方政府を選択する「足による投票」を進めると，すべての地域に同じ施設が建設されるなど，非効率な地方公共財の供給が推進される。
4　地方公共財の便益が行政地区を越えて他の地域に及ぶことをスピルオーバーと呼ぶが，このスピルオーバーが発生する場合，地方公共財の供給は過大になる。
5　地方政府が「足による投票」を意識して，人々を呼び込むために税率の引下げを行うと，税率の引下げ競争が生じ，結果として地方公共財の供給は過小になる可能性がある。

解説

　1．前半の記述は正しい。純粋公共財とは，非競合性（ある経済主体の消費量が他の経済主体の消費量に影響を与えないという性質）と非排除性（集団的に供給され，ある個人が利用するとき，他の個人の利用を排除することが困難という性質）を満たす財のことである。地方公共財は排除性を有するため，純粋公共財ではない。2．地方の分権化定理によると，中央政府による地方公共財の供給より地方の特性や住民の選好のようなより多くの情報を持つ地方政府による地方公共財の供給が望ましい。3．「足による投票」の説明は正しい。「足による投票」が進められると，各地域で必要とされる施設が建設されるなど，効率的な地方公共財の供給が推進される。4．前半の記述は正しい。地方公共財がスピルオーバー効果を持つ場合，各行政はこの効果を考慮せずに供給量を決定するので，地方公共財の供給は過小になる。5．妥当である。

正答　**5**

商学系科目 会計学・経営学

会計学

重要度 ★★★★★
難易度 ▲▲▲▲▲
学習効率 ✎✎✎✎

　会計学は，株主や債権者などの利害関係者に会社の財政状態や経営成績を説明する決算書の内容や作成ルールを学ぶ科目である。国家専門職（財務専門官・国税専門官）で出題され，国税専門官では必須科目となっている。

　出題テーマは大きく次の3つの領域に分かれる。
①会計学全体にかかわる内容（企業会計と会計原則〈一般原則〉）
②決算書を構成する主要な項目にかかわる内容（資産会計・負債および純資産〈資本〉会計・損益会計・財務諸表の種類と表示）
③決算書の作成にかかわる内容（簿記）

　出題の中心は②である。財政状態を表す貸借対照表と，経営成績を表す損益計算書の構成要素（前者は資産・負債・純資産〈資本〉，後者は収益・費用）などが広く出題される（会計基準の内容も含む）。

　また，決算書は帳簿に基づいて作成されるが，記帳技術である③の簿記も出題される。

会計学の頻出テーマ

	出題箇所	頻出度
企業会計と会計原則	企業会計と制度会計	○
	一般原則	○
	資産の評価	○
資産会計	棚卸資産の払出価額の計算	○
	固定資産と減価償却	○
負債および資本会計	負債会計（引当金）	○
	負債会計（社債）	△
	資本会計	○
損益会計	損益会計	○
財務諸表の種類と表示	財務諸表の種類と表示	◎
外貨換算・金融商品会計	外貨換算・金融商品会計	○
本支店・合併・連結会計	本支店・合併会計	△
	連結会計	○
財務諸表分析	財務諸表分析	○
簿記会計	簿記会計	◎

過去問

　企業財務分析で用いる指標に関するA～Dの記述のうち，妥当なもののみを全て挙げているのはどれか。（財務専門官，国税専門官）
　A．短期的な支払能力を表す指標として，流動比率がある。この指標は，流動資産に対する流動負債の比率であり，その値がゼロに近ければ近いほど好ましいとされている。
　B．長期的な支払能力を表す指標として，自己資本比率がある。この指標は，総資本に対する自己資本の比率であり，その値が高ければ高いほど，利子を払う負債への依存度が低いことを意味する。
　C．資産活用の効率性を分析する指標として，棚卸資産回転率がある。この指標は，売上高に対する棚卸資産の比率であり，その値が低下していれば，棚卸資産の在庫水準が過剰となっていることとなる。
　D．収益性を分析する指標として，自己資本利益率がある。この指標は，自己資本に対する当期純利益の比率であり，株主が出資した資本を基にどの程度の利益をあげたのかを測定するものである。

1 A，B　　**2** A，C　　**3** A，D　　**4** B，D　　**5** C，D

解説

　A：流動比率は，流動負債に対する流動資産の比率であり，その値は200%以上が好ましいとされている。**B**：妥当である。**C**：棚卸資産回転率は，棚卸資産に対する売上高の比率であり，その値が低下していれば，棚卸資産の在庫水準が過剰となっていることとなり，資本が効率的に使用されていないことを示している。**D**：妥当である。　　正答　**4**

経営学

重要度 ★★★
難易度 ▲▲▲
学習効率 ✎✎✎

経営学は，国家総合職，国家一般職，国家専門職（財務専門官・国税専門A），地方上級，特別区で出題される。特徴は以下のとおり。

①基本的に暗記科目であり，論理的な応用力を試す出題はほとんどない。

②出題の約8割は経営学理論に相当し，一部の学説が行政学と重複する。

③最頻出テーマは経営学説と経営戦略論。次いでマーケティング，生産と技術，経営組織，株式会社制度など。出題の約7～9割は，なんらかの形で過去に取り上げられたトピックである。

④出題の難易度は，難しい順に国家一般職→国家総合職→国家専門職および地方上級（特別区を含む）というのがおおよその目安である。

対策は，「スー過去」などで問題演習を繰り返しながら，学説や概念を覚えていくのが効率的だ。なお，難問が出題される国家総合職，一般職は，その年の試験専門委員の顔ぶれをチェックし，その専攻に応じた対策を講じる必要がある（66ページ参照）。

経営学の頻出テーマ

	出題箇所	頻出度
経営学説	伝統的管理論	○
	人間関係論	○
	動機づけ理論	◎
	意思決定論	◎
	コンティンジェンシー理論	◎
	リーダーシップ論	○
	経営組織論	◎
	経営学説全般	△
経営組織	組織形態	◎
経営戦略論	チャンドラーとアンゾフの戦略論	◎
	経営の多角化とM&A	◎
	プロダクト・ポートフォリオ・マネジメント（PPM）	◎
	ポーターの競争戦略論	◎
	その他の経営戦略	○
	経営戦略全般	△
経営学各論	人事・労務管理	◎
	生産と技術	◎
	マーケティング	◎
	財務管理	◎
	企業形態	○
	株式会社制度	◎
現代企業の経営	日本の企業と経営	○
	イノベーション・マネジメント	◎
	国際経営	◎
	経営史・経営事情	○

過去問

P. コトラーが示した市場地位（リーダー，チャレンジャー，フォロワー，ニッチャー）別の競争戦略に関する次の記述のうち，妥当でないものはどれか。（地方上級）

1 リーダーとは，当該製品分野で最大の市場占有率を誇るトップ企業である。現在の地位を維持・拡大するために，リーダーは幅広い顧客層のニーズを満たす製品やサービスを供給する「全方位型」の戦略を導入する。

2 チャレンジャーとは，リーダーを追い落とし，市場占有率の首位を獲得しようとする企業であり，リーダーに対して徹底した同質化戦略を実施する。

3 リーダーとチャレンジャーは，市場占有率の獲得競争を行うが，それは市場占有率の拡大が収益性を向上させ，高い利益を生み出すからである。

4 ニッチャーとは，他社には容易に模倣されない技術やサービス，流通チャネルなどを基盤として，特定の市場セグメントに重点を置き，そのセグメントで高い市場占有率を得ている企業である。

5 フォロワーとは，市場占有率の獲得競争には参加せず，リーダーが提供する製品やサービスを模倣し，より低価格で提供することで生き残りを図る企業である。

解説

1・3・4・5. 妥当である。2. チャレンジャーは，市場占有率を拡大するため，リーダーに対して徹底した同質化戦略ではなく，徹底した差別化戦略を実施する。

正答 2

その他の科目　心理学・教育学

心理学

重要度　★★★
難易度　★★★
学習効率　◆◆◆

心理学は択一式試験では，国家総合職（人間科学），法務省専門職員（人間科学），国家一般職や地方上級の一部の自治体で出題される。右表は国家一般職の出題範囲。認知，発達，社会，臨床といった分野が頻出で，教育（動機づけ）や知覚なども出題されている。

各分野を学ぶ前に，心理学史についての学習をひととおり済ませておくことをお勧めする。心理学全体の変遷を踏まえ，各知見がどのように位置づけられるかを意識することで，効率的に学習することができるからだ。問題形式は人名とキーワード，意味内容の組合せで構成される選択肢の正誤を問うものが基本。近年は，日常場面に即した問題や，実験の解釈を求める問題なども見られる。

心理学の頻出テーマ

	出題箇所	頻出度
感覚・知覚	基本的性質	○
	視覚	△
学習	学習心理学の成り立ち	△
	古典的条件づけ	○
	オペラント条件づけ	△
認知	記憶	○
	情報処理の諸特徴	○
	意思決定とヒューリスティクス・問題解決	○
発達	発達の諸理論	○
	乳幼児期・愛着・遊び	△
	青年期以降・道徳・生涯発達	△
社会	集団	△
	社会的認知	◎
人格・臨床	人格・臨床の検査	○
	心理療法	○
	症例	△
教育	動機づけ	△
感情	感情諸説	△
心理測定法	代表値・尺度	△

過去問

次は心理学における防衛機制の具体例に関する記述であるが，A，B，Cに該当する防衛機制の名称の組合せとして最も妥当なのはどれか。（国家一般職）

A．担任の先生を嫌っているのに，「先生が自分を嫌っている」と考える。

B．職場の上司に腹が立ったので，家で家族に当り散らした。

C．恋人に依存したいが，その恋人に対して過剰に拒絶的で冷淡な態度を取る。

	A	B	C
1	投影	置き換え	反動形成
2	投影	退行	否認
3	投影	退行	反動形成
4	同一視	置き換え	反動形成
5	同一視	退行	否認

解説

A：「投影」。自分が持っていると認めたくない衝動や感情を他の人や物に転換するという防衛機制の一種である。「同一視」とは，自分の憧れの対象などと自分を重ね合わせること。**B**：「置き換え」。充足できない欲求を，本来の対象とは別の対象に持つという機制である。「退行」は，不愉快な現実から逃避し，精神発達の低い段階に逆戻りすることで満足を得ようとする機制。**C**：「反動形成」。抑圧された欲求とは反対の方向の行動をとるといった機制であり，嫌いな相手に対して懇切丁寧な態度をとるといった行動がその例となる。「否認」は，満たされない欲求そのものが，あたかも存在しないように振る舞うことをさす。

正答　**1**

教育学

重要度 ★★★
難易度 ▲▲▲
学習効率 ◢◢◢◢

国家総合職（人間科学），法務省専門職員（人間科学），国家一般職や地方上級の一部の自治体で出題される。国家一般職で出題される内容（分野）は，①教育（思想）史，②教育社会学，③学校経営学，④社会教育・生涯学習，⑤教育方法学である。

①では，近代以降の西洋教育思想の出題頻度が高い。ルソーやペスタロッチなど，著名人物の思想について深く問われる。日本教育史では，明治期以降の教育制度史が頻出。学制や諸学校令など，主要な政策を押さえておくこと。②では，「隠れたカリキュラム」「文化的再生産」など，教育社会学の専門用語の理解を試す問題が多い。重要用語集を使った学習が効率的である。③は，義務教育，教職員の服務，教育委員会など，制度的事項を問う分野である。教育法規の基本事項を押さえよう。時事問題も多い。小中一貫教育など，近年の教育改革動向のフォローが必要だ。少子高齢化が進む中，④の分野も重要性が高まっている。思想や理論を問う原理論と，法規定や施設・職員などについて問う制度論が出題され，前者ではラングランやハッチンスなどの思想，後者では社会教育法が頻出。⑤では，歴史上の著名な教授・学習理論についてよく問われる。ドルトン・プランなど，主要なものを押さえておこう。スペアーズのカリキュラム類型，ブルームの教育評価論，新学習指導要領の改訂のポイントも学習しておきたい。

教育学の頻出テーマ

	出題箇所	頻出度
教育史	西洋教育史	◯
	日本教育史	◯
教育社会学	教育社会学理論	◯
	調査・統計	◯
教育法規	学校の法規	◎
	児童・教員の法規	◎
生涯学習	生涯学習	◎
	教授・学習理論	◯
教育方法学	学習指導要領・カリキュラム	◯
	教育評価	△

過去問

我が国における学力観及び教育課程の変遷に関するア〜エの記述のうち，妥当なもののみを全て挙げているのはどれか。（国家一般職）

ア．昭和52（1977）年の小・中学校学習指導要領改訂に当たっては，産業化の進展に対応したカリキュラムへの反省から，児童生徒の側に立って教育内容の見直しを行うこととなり，「生きる力」の育成を掲げて授業時数及び指導内容量の増加が行われた。

イ．生涯学習の基盤を培うという観点から，平成元年に学習指導要領が改訂された。それを受けて平成3年に改訂された小・中学校の指導要録では，各教科において「知識・理解」の項目を評価の最上位に位置付ける到達度評価が導入された。

ウ．平成10〜11年の学習指導要領改訂に当たっては，自ら学び自ら考える力を育むことが目指され，教育内容の厳選，授業時数の縮減，教科等の枠を超えた横断的・総合的な学習の時間である「総合的な学習の時間」の創設などが行われた。

エ．平成20年の小学校学習指導要領の改訂に当たっては，社会や経済のグローバル化が進展し，異なる文化の共存や持続可能な発展に向けて国際協力が求められるとともに，人材育成面での国際競争も加速していることから，高学年において外国語活動が新設された。

1 ア，イ　　　2 ア，ウ　　　3 イ，ウ　　　4 イ，エ　　　5 ウ，エ

解説

ア：昭和52年の改訂では，「ゆとり・精選」という考え方の下，教育内容および授業時数が削減された。「生きる力」の育成を初めて掲げたのは，平成10〜11年改訂の学習指導要領。**イ**：平成3年改訂の指導要録において，評価の最上位に位置づけられた項目は「関心・意欲・態度」。**ウ**：妥当である。**エ**：妥当である。　　　　　正答 **5**

受験者のタイプ別
オススメシリーズ（イメージ）

　次ページから紹介するように，公務員試験の問題集・テキストとしてさまざまなシリーズが刊行されている。ここでは，実務教育出版が刊行している特に人気のシリーズについて，その特徴をバブルチャートのイメージで紹介する。自分がどのタイプに当てはまるかを考えながら，問題集・テキスト選びの参考にしてほしい。

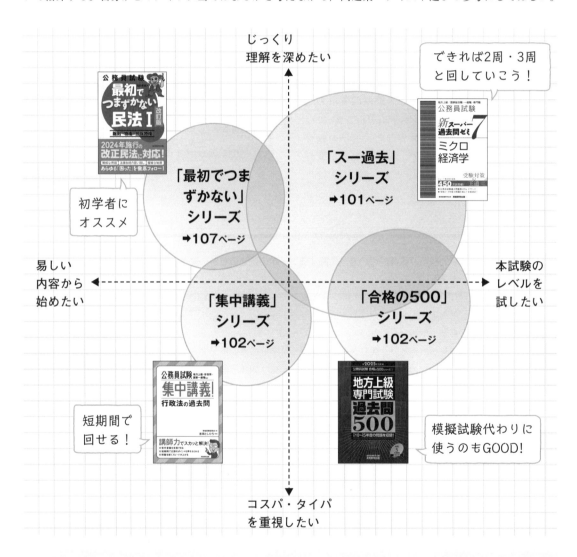

　専門試験は，理解に時間がかかる科目が多いので，入門書や基本書も活用したい。ただし，実際には「いきなり『スー過去』から取り組んで，見事合格！」という先輩が多いのも事実。まずは，本試験問題のレベルを確認しよう。また『速攻の時事』は，実は専門試験でこそ，その真価を発揮する一冊だ。

イチオシ問題集&テキスト
専門試験

公務員試験
新スーパー過去問ゼミ シリーズ

資格試験研究会 編◎実務教育出版
各2,090円

憲法／行政法／民法Ⅰ／民法Ⅱ／刑法／労働法／政治学／行政学／社会学／国際関係／
ミクロ経済学／マクロ経済学／財政学［年度版］／経営学／会計学／教育学・心理学

難関科目こそ違いがわかる
解説を読み込んで解法パターンを頭に刻もう

「スー過去」が合格者から長年高い評価を受けている理由はPART3で解説した。その真価がさらに発揮されるのは、専門科目かもしれない。とりわけ多くの受験者が難しいと感じ、学習に時間と労力を要する「民法」と「経済学（経済原論）」を攻略するために「スー過去」は必携であり、特に合格者からの評価が高い科目である。民法Ⅰ・Ⅱ、ミクロ・マクロ経済学と分量はかなり多くなるが、合格に必要なだけの力は確実につくと保証できる。

難関科目であるほど、丁寧でわかりやすい解説が不可欠である。民法と経済学の高評価の理由は、この解説の充実度にあるだろう。詳細ではあるが冗長ではなく、正誤のポイントと重要事項が凝縮されている。初学者からも「解説を繰り返し読んでいるうちに、重要事項が知識として定着し、自然に問題が解ける力がついた」という声をよく聞く。

また、手際よくまとめられた「POINT」も高い評価を受けている。かつての公務員試験の学習法は、まず基本書・テキストを読んで知識をインプットしてから問題集に当たるというのが一般的であったが、「スー過去」の登場により1冊でオールインワンのスタイルが可能となった。試験対策に特化して必要十分な重要事項を絞り込んだレジュメである「POINT」を読み込むことで、単に問題演習をするよりも数倍の効果を生むことができる。

以上に挙げた「スー過去」の長所は、もちろん民法や経済学に限らず、シリーズ全体のコンセプトとして全科目に通底している。

専門科目では、教養科目に比べて出題範囲が広いため、「回す」＝反復学習がさらに重要となる。合格者に聞いてみると、問題の余白に学習した日付を書いたり、解けた・解けなかったなどを○△×で記録したりして、2周3周、さらにそれ以上の周回を効率的にしているという人が多かった。また、最初に実戦問題を解くときはアイコン付き問題に絞ったり、基本・応用・難問レベルのうち難問レベルは除外したりと、学習段階や志望試験に合わせて工夫した学習をしている。「スー過去」の構成は、各自の学習ニーズに柔軟に対応できる点での使いやすさが魅力の一つである。「新スー過去7」の巻頭ページでは、効果的な活用術やカスタマイズの方法について解説されているので、必ず目を通しておこう。章単位で本を分割して、その日学習する分だけを持ち運ぶ人もいるようだ。

「スー過去」と似た構成の過去問演習書として、『**公務員試験 本気で合格！ 過去問解きまくり！**』（東京リーガルマインド）、『**公務員試験 ゼロから合格 基本過去問題集**』『**公務員試験 出るとこ過去問セレクト**』（ともにTAC出版）を利用した合格者も多かった。科目のラインナップ、内容構成や掲載問題数などに特徴があり、解説のしかたに好みもあるので、「スー過去」が今ひとつ合わない、またはもっと多くの問題をこなしたいという人は、ほかの本も手に取ってみるとよいだろう。

ただし、「参考書マニア」が陥りがちなのが「1冊を終える前に、別の本に目移りする」という失敗。定評のある本を選び、腰を据えて取り組むことが成功の秘訣であることはいうまでもない。

公務員試験 集中講義 シリーズ

資格試験研究会 編◎実務教育出版　各1,650円

憲法の過去問（鶴田秀樹執筆）／行政法の過去問（吉田としひろ執筆）／民法Ⅰの過去問（鶴田秀樹執筆）／
民法Ⅱの過去問（鶴田秀樹執筆）／政治学・行政学の過去問（近裕一執筆）／国際関係の過去問（高瀬淳一執筆）／
ミクロ経済学の過去問（村尾英俊執筆）／マクロ経済学の過去問（村尾英俊執筆）

短期間で回せる！　高速インプット＆アウトプットの心強い味方

2022年に前身の「スピード解説」から全面リニューアルされたシリーズである。

専門科目攻略に向けて本シリーズが発揮する強みは、「難関科目でも尻込みせず、サクサク学習を進められる工夫が詰まっている」ことである。各テーマの冒頭にレジュメ部分として「出題傾向」と「理解しておきたい事項／ポイント整理」が配置され、続いて過去問を解くことで必要な知識を習得していく。「問題や解説に出てくる用語の意味がそもそもわからない！」となって読み進めるペースが落ちないよう、重要キーワードや補足知識は囲みなどで解説されている。問題を早く解くコツ（誤答選択肢の切り方など）も随所に盛り込まれており、講義調の文体とともに、難しい専門科目が少しでも親しみやすくなるような工夫がされている（科目によってまとめ方は一部異なる）。

計算問題以外は全問に選択肢ごとの「1行解説」を導入して、読むのに時間がかからないよう、解説をできる限り単純化しているのは、PART 3の教養科目と同様である。

専門科目は試験による難易度の差が大きいため、国家総合職の難問を排除して地方上級・市役所・国家一般職のベーシックな頻出問題で構成されているのも、短期間での学習にはありがたい。1冊当たりの掲載問題数は90〜130問程度で、おおむね「スー過去」の半分から3分の2のボリューム感といったところだ。「時間がない」と主要科目をまるごと捨てる前に一度手に取ってみてほしい。

公務員試験　合格の500シリーズ［年度版］
地方上級　専門試験　過去問500　ほか

資格試験研究会 編◎実務教育出版　各3,080〜3,850円

国家総合職専門試験／国家一般職［大卒］専門試験／国家専門職［大卒］教養・専門試験／
地方上級専門試験／東京都・特別区［Ⅰ類］教養・専門試験／市役所上・中級教養・専門試験

専門試験で出題される科目の、ほぼすべての問題と解説を掲載

国家総合職を第一志望とするなら、自分が選択解答する予定の科目をひととおり本シリーズで解いておくことは必須である。また、他の試験においても、「スー過去」には掲載されていない周辺科目や時事的科目（たとえば社会政策、商法、経済事情、統計学、英語など）まで押さえておきたい人は、忘れずチェックしよう。

「スー過去」は毎年改訂の財政学を除いて、3年に1度の改訂サイクルであるので、特に法改正のあった法律系科目や時事的な問題などについて、最新年度の過去問をまとめて解いて、出題傾向や難易度を把握するために、本シリーズをうまく活用したい。

さらに専門記述式試験が課される試験について

は、最新年度の問題を掲載しているので、準備をしておこう。

専門科目の場合、国家総合職で出題されたテーマが2〜3年後に国家一般職・専門職で再び出題されることも多い。第一志望とする試験はもちろん、より難易度の高い試験の数年前の過去問でトレーニングしておくことは、格好の実力養成となるだろう。

国家総合職と国家一般職［大卒］については、教養試験・専門試験とも電子書籍化されている。なお、総合職専門試験の電子書籍は、試験区分別（政治・国際・人文、法律、経済）の分冊にまとめられており、本シリーズの掲載年度より古い年度の過去問についてもさかのぼって掲載している。

公務員試験
速攻の時事
速攻の時事 実戦トレーニング編
[年度版]

資格試験研究会 編◎実務教育出版
1,320円／ 1,100円　※電子書籍あり

専門試験こそ「時事」が大事！
実戦トレーニング編の併用で得点力を強化しよう

「時事」というと教養試験の中の一般知識分野の一領域という印象が強いかもしれない。しかし、真に得点源とすべきなのは、専門試験における時事的テーマの問題なのである。実際に合格者からも、「専門試験対策として『速攻の時事』を活用した」という声が数多く聞かれた。

『速攻の時事』は「白書」「統計」「施策」「動向」の全要素をフォローし、白書については以下の主要白書から重要施策やデータを抽出している。

日本政治・国際政治：『外交青書』『開発協力白書』『防衛白書』

日本経済：『経済財政白書』

経済政策：『通商白書』『観光白書』『食料・農業・農村白書』

財政：『経済財政白書』『地方財政白書』

世界経済：『通商白書』『世界経済の潮流』

厚生・労働：『厚生労働白書』『高齢社会白書』『障害者白書』『労働経済白書』『過労死等防止対策白書』

文部科学：『文部科学白書』『科学技術白書』『情報通信白書』

環境：『環境・循環型社会・生物多様性白書』『エネルギー白書』

司法警察：『警察白書』『犯罪白書』『交通安全白書』

社会問題：『防災白書』『消費者白書』『男女共同参画白書』

白書の知識は教養試験でももちろん重要だが、より「ネタ元」となりうるのは、専門試験における経済事情、経済政策、財政学、社会政策、社会事情などの時事系科目である。さらに制度改正がよく問われる政治学や行政学、国際情勢の把握が重要な国際関係についても、時事の知識は必須だ。

また、公務員試験の時事は最新情勢だけが問わ

れるわけではない。基本となるのは「白書」が取り上げている動向、そしてそこに書かれている統計データである。令和7年度試験に出題されるネタ元は、その1年前の令和6年中に刊行される白書であり、そこに掲載されているのはさらに1～2年前の令和5年か4年の数値となる。

数年前からの動向を踏まえて現状把握することが時事対策の基本であり、それに加えて「足元（最新）」の統計まで押さえておくのが『速攻の時事』『実戦トレーニング編』の執筆編集方針である。

「『速攻の時事』1冊だけで済ませちゃだめなの？」という読者に、確実な得点を稼ぐ実戦力を養成する『実戦トレーニング編』について紹介しよう。

章立ては『速攻の時事』と同じである。それぞれ「過去問研究」「暗記お助け」「問題演習」の3部構成となっており、「過去問研究」では、各種公務員試験から時事関連の問題を抽出して作成されたデータベースに基づく出題傾向を解説している。時事の内容自体は毎年変わっても、出題パターンには明確な傾向があるので、過去問を分析することには深い意義があるのだ。

「暗記お助け」は、約400の必修用語をまとめてチェックできる単語帳の機能を果たす。『速攻の時事』に載せ切れなかったテーマの重要用語や、「時事としての旬」は過ぎたものの引き続き問われる可能性が大きい用語も掲載しており、知識を補完して得点力をさらに強化することができる。

各章4～7問の「問題演習」は、今年出そうなテーマについて、実問形式で基礎から応用までバランス良く用意されている。まさに時事の「予想問題」が70問以上も掲載されており、この「問題演習」だけでも『実戦トレーニング編』のコストパフォーマンスの高さを実感できるはずだ。

公務員試験
行政5科目 まるごとパスワードneo2

高瀬淳一 著◎実務教育出版
1,430円

どの段階でも効果を発揮する，行政系科目攻略の必須アイテム

1996年の初版刊行以来，専門試験対策本としては最も多くの受験者が活用してきた『まるパス』。最新の出題傾向と社会情勢に合わせて，2019年に「neo2」として全面リニューアルされた。行政系5科目（政治学，行政学，国際関係，社会学，社会政策）を学ぶ指針とすべき必携の書である。

「短期学習に最適な頻度順ビジュアル用語集」をうたっているが，**学習スタート期から直前期，試験当日に至るまで，どの段階においても有効活用できるのが**，本書の大きな特徴である。

各試験の過去の出題を精緻に分析し，「よく出る」「出ている」「出るかも」の3段階に出題頻度を分けて構成している。**本書で取り上げた事項はすべて重要で無駄がないので**，学習スタート期においてはまず全体を通読して，出題傾向を確認しながら基礎知識をインプットしよう。

「スー過去」での問題演習時には，本書を辞書代わりに活用するとよい。索引が5科目まとめて構成されているのは，行政系科目が学際的で，複数科目を横断して出題される事項があることに配慮したためである。過去問で何度も出てきた事項や，わからなかった事項は，本文にマーキングして記憶を定着させるとよい。

直前期には「よく出る」事項を優先的に，改めて読み返そう。赤シートが付いているので，スキマ時間での暗記学習にも使える。

本書を徹底的に使い倒すことができれば，行政系科目は必ず大きな得点源となるだろう。

公務員試験
行政5科目 まるごとインストールneo2

高瀬淳一 著◎実務教育出版
1,430円

『まるパス』の効果倍増を実感！　本番に強くなる解き方ガイド

本書は『まるパス』との併用を前提に，行政系科目の「考え方」を学びながら（＝インストールして），問題を解くための実戦力を養う「解き方ガイド」である。つまり**『まるパス』および過去問演習で覚えた知識を，本番の試験での「得点力」に直結させる方法を教えてくれる。**

各テーマは3つのステップに分かれている。最初の見開きは「解き方を学ぶ」。オーソドックスな5肢択一式の例題を左ページに掲載し，選択肢中のキーワードや解答のポイントとなる知識，正誤の判断につながる表現を明示している。右ページは解説だが，選択肢を「間違いが明らかな順番」に並べてあるのがポイント。これで誤りの選択肢の消し方が自然に体得できる。

次の見開きは，○×式の一問一答で「選択肢に強くなる」。ここでは個別の選択肢の正誤判断力を養う。わざと誤りの選択肢を多くして，誤答を見極める訓練ができるようにしている。

最後に各テーマの「2択に挑戦する」。5つの選択肢のうち判断に迷う2つの選択肢から正答を選べるようになるためのトレーニングである。知識が不完全でも周辺知識や考え方，表現に関する判断などから間違いを見抜けるようになることをめざす。**小手先のテクニックではなく，出題意図を読み取る応用力を養うのだ。**

本書でインストールされた考え方は，行政系だけでなくすべての知識科目に応用可能ともいえる。得点力アップに効果の高い一冊である。

寺本康之の政治学ザ・ベスト プラス ほか

寺本康之 著◎エクシア出版
各1,320 ～ 1,760円

寺本康之 著：政治学／行政学／社会学
島本昌和 著：ミクロ経済学／マクロ経済学

何度読んでも人名が覚えられない人向けの，暗記力強化本

「ザ・ベスト」の専門科目編は特に法律系科目の初学者向けテキストとして定評があるが，2020年刊行の行政系科目は独自の特徴を持つため，先に紹介しておこう。

専門科目の学習に当たっては，出題ウエートが大きく習得に時間がかかる法律系・経済系科目に力点を置くのが常道であり，行政系科目はどうしても後回しになりがちである。多くの場合は「スー過去」などの過去問演習書でインプットとアウトプットを同時に行い，『まるパス』などの要点整理集で直前期の知識確認を行うことになる。

こうした学習スタイルでは知識の定着が進まない人に向けて，「サクッと読めるインプット＆アウトプット本」をめざしたのが本シリーズである。

政治学・行政学・社会学の攻略ポイントとなる「人物」に焦点を当て，頻出の研究者などの似顔絵イラストと，その人物を象徴する内容・キーワードがセリフとしてビジュアル化されている。問題を解くときに思い出すきっかけ（記憶のキー）となるような「Teramoto's Trivia（雑学）」も随所に盛り込まれ，**本文のフランクな文体（同著者による法律系科目と比較して，かなりざっくりくだけている）と相まって，著者の講義を聞いているような気分で読むことができるだろう。**

政治学は184ページ，行政学と社会学は149ページに絞っており，過去問演習の総量としてはやや物足りないが，行政系科目の学説・理論を楽しく覚えることをサポートしてくれる良書である。

公務員試験
法律5科目 まるごとエッセンス（改訂第4版）

九条正臣 著◎実務教育出版
1,430円

学習効率を考慮したテーマ配列で，最頻出事項を短期間で学ぶ

本書は憲法，行政法，民法，刑法，労働法の5科目のエッセンスをまとめた要点整理集で，2019年に改訂された。主要科目である憲法，行政法，民法は可能な限り詳細に，刑法と労働法は出題頻度の高い事項に絞り込んで解説している。

法律系科目は体系が極めて重視される学問であるが，本書は公務員試験対策に特化し，**学問体系をある程度度外視して学びやすさを重視したページ配列を採用している。**この一冊だけで5科目の問題を解くための知識をすべてカバーできるわけはないことは分量の点からも明らかであるが，過去問演習に入る前にひととおり読んでおけば，各科目で何を優先して学べばよいのか大枠をつかむことができる。学習プランを立てるのにも有効だ。

本書独自の機構として，「ここだけは必ず勉強してほしい」という分野のページに「必修」マークを付けている。これは出題頻度と難易度の2要素を比較考量したものであり，「簡単だからやらなければ損」な分野と「難しいところもあるが，得点効率は悪くない」分野のいずれかだ。憲法と労働法は全範囲，行政法は総論（行政法の基礎，行政作用，行政救済），民法は総則，親族・相続，刑法は各論が「必修」に該当し，全体の3分の2程度とかなり多いのだが，学習の優先度を意識するのに役立つ。

「必修マーク」とは別に各テーマに「よく出る」「出ている」の出題頻度表示があるので，時間がなければ「よく出る」のページを中心に復習するだけでも効果がある。

寺本康之の憲法ザ・ベスト ハイパー ほか

寺本康之 著◎エクシア出版
各1,650 ～ 1,760円

憲法／行政法／民法Ⅰ［改訂版］／民法Ⅱ［改訂版］

無駄を極力省いて,「読んで覚える」ことに特化したテキスト

「ザ・ベスト」の法律系科目は,2020年から2021年にかけて,令和2年度までの過去問を増補して全面改訂され,「ザ・ベスト ハイパー」になった。さらに民法Ⅰ・Ⅱは,2022年までの法改正に対応した改訂版が2023年に刊行されている。

各テーマは,重要事項の解説,「PLAY!」(一問一答形式の理解度チェック),「TRY!」(過去問解説)で構成されている。多くの問題を解くことよりも,解説を読み進めて各選択肢の誤りのポイントを確認することに重きを置いた作りとなっている。

本シリーズは「わかりやすい図示」と「シンプルな説明」を特徴としており,加えて法律系科目の根幹をなす**判例の解説が見やすくわかりやすいこと**も大きな魅力である。主要判例をスムーズに理解するため,過去に複数回出題されたことがある判例をテーマごとにピックアップし,一見とっつきにくい事案と判決文から過去問で問われたポイントを抽出して,判旨が記憶に定着しやすいよう解説されている。

判例以外の各法律の制度や概念,通説についても,**必ずしも正統的な学問体系にはこだわらず,公務員試験に特化した形でポイントを押さえた解説**がなされている。著者によるYouTubeメンバーシップ動画講義も多数公開されており,独学の人には大きな助けとなりそうだ。

これだけでは問題演習の量は不足するが,「**スー過去**」などの過去問演習で理解が進まない人向けの導入本として,役立つシリーズである。

伊藤塾の公務員試験
「憲法」の点数が面白いほどとれる本 ほか

伊藤塾 著◎KADOKAWA
各1,650 ～ 1,980円 ※電子書籍あり

憲法／行政法／民法／経済学

「7割得点して合格」をめざすためのオールカラー導入本

司法試験をはじめ法律系科目のある資格試験の対策で定評のある伊藤塾が執筆して2019年に開始したシリーズで,初学者向けの「はじめの1冊」としての入門テキストである。黄色の地に人物イラストの装丁は,高校・大学受験用の参考書「面白いほどわかる／とれる本」で見覚えがある人も多いかもしれない。

公務員試験対策本では珍しい全編オールカラーが本シリーズの特徴の一つで,**学生と先生によるQ＆Aや,図表,ポイントの囲みが数多く盛り込まれ,気軽に読み進められる構成**となっている。特に民法は,事例形式の解説が簡潔ながらわかりやすい。

今まで法律や経済の勉強をしたことがない人でも,試験で問われる知識の全体像をつかめることをめざし,「**〇〇(科目名)とは何か?**」という導入部に一定のページを割いている。また,何度も繰り返し読み,本書以外で得た知識や問題演習の結果などを書き込むことを推奨しており,そのための余白も多めにとられている。

主要科目の膨大な内容を1冊に圧縮しているため,これだけで重要事項のインプットを完璧にするのは難しいが,まったく知識のない人が短時間で科目の全体像をつかむ用途や,過去問演習を始める前の導入本として活用するとよいだろう。

伊藤塾で人気のある内部教材を書籍化した『**公務員試験過去問トレーニング 伊藤塾のこれで完成!**』シリーズ(KADOKAWA)も刊行されている。

公務員試験
最初でつまずかない民法Ⅰ（改訂版）
最初でつまずかない民法Ⅱ（改訂版）

鶴田秀樹 著◎実務教育出版　各2,200円

過去問解説のプロがつまずきを救う！　民法の苦手意識を一気に解決

　民法はそのボリュームと難解さから苦手意識を持つ人が多く，学習ハードルが高い。「スー過去」と「集中講義」のわかりやすい解説で長年定評のある著者による本書は2019年に初版，2024年に最新の法改正に対応した改訂版が刊行されている。

　「いきなり過去問集から入って，問題演習を繰り返して知識と解き方を同時に身につける」という現在主流の学習法を尊重しつつも，**理解できないまま過去問を眺め続ける初学者の不安を解消するための「親切丁寧な伴走者」**の役割を果たしている。実際の試験に出ている箇所に絞り込んで内容が吟味され，学習範囲が設定されており，さらに難しい専門用語は登場するたびに説明し，民法の「制度」の役割を具体的に解説することで「考え方」を体得

させるという方針が徹底されている。

　豊富な図表や良問の例題解説が理解を助けるほか，側注の充実度も本書の大きな特徴といえる。本文を補強する詳しい説明，関連知識，重要ポイントの復習，初学者が抱きやすい疑問点のフォローなどが，ニワトリやヒヨコ，ヒツジなどの牧場キャラクターによる案内で掲載されている。過去問を知り尽くしたプロだからこそ書ける「絶対につまずかせない工夫」が随所に凝らされている。

　「スー過去」「集中講義」に準拠したテーマ構成も，効率化と理解度アップに大きな役割を果たす。過去問集と本書を併用することで，「民法は日常感覚で解ける，だから問題文を日常の用語に焼き直す」という著者の姿勢が体感できるはずだ。

公務員試験
最初でつまずかない行政法

吉田としひろ 著◎実務教育出版
1,870円

行政法の「面白味」を味わいながら，具体的事例で重要ポイントを学ぶ

　行政法は「難解」といわれる民法とは違った「とっつきにくさ」のせいで，学習に手こずる人が意外と多い。行政法のテキストや過去問に登場する条文や判例，理論は，日常生活でイメージしにくいというのがその一因であるが，出題ウエートは民法と同等，もしくはそれ以上のこともある。苦手意識を持つ人に，2020年刊行の本書を薦めたい。

　著者は衆議院法制局で15年にわたり法律作成に携わった経歴を有し，『**元法制局キャリアが教える法律を読む技術・学ぶ技術**』（ダイヤモンド社）はロングセラーとして版を重ねている。**無味乾燥な法律の意味をわかりやすく解きほぐし，筋道立てて説明することにかけてはプロ**といってよい。本書でも随所にその技が活かされている。

　具体的事例に基づく本文，要点のまとめ，典型過去問の解説という構成で，豊富な側注で初学者のつまずきポイントに手を差し伸べるのは，民法と共通の特徴である。「行政行為の取消しと撤回」「不服申立てと取消訴訟」など重要な概念の相違点も図表でビジュアルに理解することができる。248ページと比較的コンパクトながら，「公務員」や「公物」も含めて満遍なくフォローされている。

　冒頭で著者は，「**行政法に詳しくないまま公務員になって，与えられた権限の枠から超えてはいけないということばかり気にしてしまうと，前例踏襲にこだわり，チャレンジできない公務員になります**」と説いている。行政法を学ぶ意味に思いを巡らせながら，本書を活用してほしい。

郷原豊茂の民法Ⅰ
新・まるごと講義生中継（第2版）ほか

郷原豊茂 著◎TAC出版　各1,540〜1,760円

郷原豊茂 著：憲法／民法Ⅰ／民法Ⅱ　新谷一郎 著：行政法

現役人気講師の講義形式で，難解な民法の思考法を身につける

民法は難解な用語と概念，膨大な条文と判例のため，過去問演習スタイルではどうしても理解が進まないという人もいる。余裕を持った学習スケジュールを立てて基礎からしっかり積み上げたいという場合には，定評のある基本書のほか，本シリーズのような講義形式のテキストを学習スタート期に導入するのもよい。

「まる生」の通称で人気の本シリーズでは，法律系科目のほか，経済学や教養の知能分野が過去に刊行されているが，多くの公務員志望者に人気が高いのはやはり民法である。「**法学部出身でなくても，この本で民法への苦手意識がなくなった**」という合格者の声も聞く。

公務員試験対策に特化した本ではあるが，ただ

知識を暗記するのではなく，民法的な考え方を体得できるようにするというのが特徴である。具体例を豊富に盛り込み，親しみのある口調でテンポよく解説されており，難解な民法であっても，**講義の生中継を視聴している気分**で，それほど苦痛なく読み進めることができる。また，本シリーズ全体の特徴として，黒板をイメージさせるボードや，キーフレーズがビジュアル化されており，生講義の臨場感を体験できる構成となっている。

民法Ⅰ・Ⅱは法改正に対応した第2版が2020年に刊行された。こうした生講義形式のテキストは，文体や解説のしかたで好みが分かれるので，書店店頭で中身の雰囲気を確認してから購入するほうが安心といえる。

公務員試験
専門記述式 憲法 答案完成ゼミ
専門記述式 民法・行政法 答案完成ゼミ（改訂版）

資格試験研究会 編◎実務教育出版　各1,980円

記述式答案作成のノウハウを凝縮！　出題傾向と書き方を理解しよう

専門記述式試験は，国家総合職，国税専門官，裁判所総合職などで出題される。専門試験が記述式のみの東京都Ⅰ類B（一般方式）を除き，択一式対策に加えて時間を費やすのは負担が大きい。

本書は，そのような**記述式対策の負担を最小限に軽減する**ことを目的とするもので，憲法は45題，民法と行政法は各27題の記述式問題例（過去問および予想問題）を題材に，答案構成の確認と小問演習などの段階を経て，書き方のポイントがつかめるように構成されている。民法・行政法は，改定時点までの法改正に対応した問題が追加されている。

いきなり答案を書くのはハードルが高いので，まずは本書を読んで全体像を把握しよう。「**考え方**」は答案作成の指針を，「**答案構成**」は書くべきこと

の項目と論理関係を簡潔にまとめている。「小問演習に挑戦！」は，空欄補充や短文記述で実際に手を動かして書いてみることで，自力で答案を作成できるようになるための前段階である。「答案例」は現実的な1,000字を目安としており，重要な論点や全体の流れがつかめるように色分けされている。答案作成に必要となるキーワードや重要事項，判例については，別項目でまとめられているので，同じテーマで別の問題が出題されても対応できるだけの知識を蓄えていくことができる。

記述式は大変だと身構えることなく，「スー過去」での択一式演習と並行して本書を読み，徐々に書くことに慣れていこう。頻出論点は意外と限られているので，恐れる必要はない。

公務員試験
最初でつまずかない経済学 ミクロ編 （改訂版）
最初でつまずかない経済学 マクロ編 （改訂版）

村尾英俊 著◎実務教育出版　各2,200円　※マクロ編は2024年7月改訂版発行予定

捨てるな経済学！　知識ゼロから過去問レベルまで理解が進む

初学者で経済学や数学に苦手意識の強い人に大人気の『つま経』シリーズである。著者自身が独学で経済学をマスターし，公務員予備校で多くの受講生に教えてきた経験をもとに，初学者がつまずきやすいポイントをもれなく克服できるよう懇切丁寧に解説している。最新の出題傾向に対応して2024年に全面改訂された。

ミクロ・マクロとも，全体の約3分の1を「教養試験レベル」の解説に充て，まずは難しい項目を抜きにひととおり経済学の基礎を理解した後，「専門試験レベル」に進む2部構成をとっている。経済学に特有のグラフについては，図中に直接注釈や説明を入れて，そのグラフが何を表しているのかをわかりやすく解説する。多くの人が敬遠しがちな

計算問題では，微分だけでなく一次関数や連立方程式にまで説明を加え，できる限り途中の式を省略せずに正答の導出まで解き方を示している。専門用語やアルファベットの略語についても，その都度説明している。**グラフの美しさ・わかりやすさと計算過程の親切丁寧さは，類書の中でも抜きん出て秀逸である。**

問題を解きながら学ぶ演習形式のテキストなので，最終的には地方上級・国家一般職レベルの過去問が解けるというゴールに近づくことができる。本書を終えてから「スー過去」に移行することで，その後の学習効率，得点力は格段にアップする。より負担を軽くするなら，本シリーズの同著者による「集中講義」もお薦めだ。

試験対応
新・らくらくミクロ経済学入門 ほか

茂木喜久雄 著◎講談社　各2,420円　※電子書籍あり

ミクロ経済学／マクロ経済学／計算問題編

「見てわかる」をめざした，基礎からじっくり学ぶための導入本

著者は公務員試験のほか，公認会計士，中小企業診断士，不動産鑑定士などの資格試験受験者を長年指導してきた人気講師である。2005年初版発行の本シリーズは，出版社を変えて新たに刊行されている。B5サイズの大型版で余白を十分に取った作りであるので，著者の講義を聴くつもりで机に向かってノート代わりに書き込みをしながら学習するのに向いている。**2021年刊行の最新版はオールカラーとなり，グラフなどが見やすくなった。**

本シリーズも経済学初学者を読者対象とし，数学などの予備知識がなくても「見てわかる」よう，段階的な考え方を「プロセス学習」と銘打ち，グラフや表を多く使って解説している。

各章の扉には経済学の全体像（学習目標）と学習

内容（進度）が一目でわかるよう図示され，それに対応した学習項目のチャート図が，各ユニットの冒頭に掲載されている。攻略に時間がかかる経済学でも，自分が現在どの位置にいるのかわかると，学習のモチベーションも上がるだろう。

掲載されている問題はベーシックな問題を改題したものが多い。地方上級・国家一般職レベルの過去問を解くことが目標なら，「ミクロ経済学」「マクロ経済学」に加えて「計算問題編」まで進むほうがよいだろう。

そのほかに定評のある入門書シリーズとしては，無料動画が人気の『試験攻略入門塾　速習！ミクロ経済学（2nd edition）』『同　マクロ経済学（2nd edition）』（石川秀樹著◎中央経済社）がある。

政治学（補訂版）

久米郁男ほか 著
有斐閣
3,740円　※電子書籍あり

　有斐閣の「New Liberal Arts Selection」は、「当該分野を専攻する大学１年生が初めて出会う専門科目の教科書」をコンセプトとしており、どの科目も定評のある執筆陣によって21世紀の学問体系と学習のしやすさを融合した章構成のもとにまとめられている。

　国家総合職はいうまでもなく、近年は国家一般職の行政系科目も難問が増えている。政治学をしっかり学びたい人は、本書にも取り組んでみるとよい。560ページを超えるボリュームであるが、**試験に出題される事項はほぼ網羅されており、いわゆる「新傾向問題」の論点まで学習することができる。**特に第４部の７つの章は、頻出テーマに該当するのでしっかり読み込もう。

有斐閣判例六法［年度版］

佐伯仁志・道垣内弘人・
荒木尚志 編集代表
有斐閣
3,740円

　法律系科目に本腰を入れて学習するなら、判例付きの「六法」は辞書的用途として必要である。携帯可能なサイズで人気があるのは、本書および『ポケット六法』（有斐閣）である。ただし『ポケット六法』は法令のみで判例は掲載されていない。

　各社の六法は毎年９〜10月頃（国会の会期延長などにより変動）に刊行される。専門の法律系科目では、成立・公布されても未施行の法律については出題対象とならないことが多いので、早く始めるなら前年度版でもよい。本書は２色刷で条文と判例が区別されており、判例の要旨が簡潔でわかりやすい。

　試験対策に特化した六法としては、『**公務員試験六法**』（大学教育出版編集部 編◎大学教育出版）がある。

憲法（第八版）

芦部信喜 著
高橋和之 補訂
岩波書店
3,740円　※電子書籍あり

　本書は基本書としてはコンパクトな分量でありながら、**憲法学習の基礎となる部分がすべて盛り込まれており、最高レベルのテキストである。**1993年の初版刊行以来、30年以上にわたって版を重ね、2023年刊行の第八版では最新の重要判例や関連法律の改正もフォローされている。

　憲法は人権保障の観点から公権力に対する制限規範として作用するものであり、その手段として権力相互の抑制・バランスをいかに図るかが、公務員試験における出題のポイントとなる。本書はこの説明の確かさに定評があり、択一式はもちろん記述式対策にも十分活用できる。記述式で憲法を選択する人は、本書の記述に沿って重要論点を整理しておこう。

新プロゼミ行政法

石川敏行 著
実務教育出版
2,970円

　かつて公務員試験・行政書士試験志望者に人気を博した『公務員試験　はじめて学ぶ　プロゼミ行政法』の著者が2020年に書き下ろした400ページ超の初学者向けテキストである。**許認可と手続３法（行政手続法・行政不服審査法・行政事件訴訟法）を行政法の「背骨」ととらえて一気に学んだ後、**周りに知識を肉付けし、さらに行政不服審査法と行政事件訴訟法は同時並行の「パラレル学習」を行うというユニークな構成をとっている。

　公務員試験対策専用ではないが、行政法の全体像を見渡し、必要な知識はしっかりカバーしている。簡潔で理詰めのわかりやすい解説,豊富な図表,具体例と数値データなどの特徴によって、楽しくかつ効率良く学ぶことができるだろう。

民法（全）（第3版）

潮見佳男 著
有斐閣
5,060円
※電子書籍あり

本書は前身の『入門民法（全）』以来，民法の全領域を1冊でわかりやすく解説した基本書として定評があり，2017年に現在の書名に改めて債権法改正に合わせた全面改訂がなされた。2019年に相続法・成年年齢関係などの改正に対応した第2版が刊行，2022年に所有者不明土地に関する令和3年改正等，第2版刊行後の改正を反映した第3版が刊行されている。**民法の全体像を1人の研究者による基本書で筋を通して学びたい人，また過去問演習の際に辞書的に使いたい人にお薦めできる。**

ほかに1冊本形式の基本書としては，2024年刊行の『リーガルベイシス民法入門（第5版）』（道垣内弘人著◎日本経済新聞出版）も，身近な例を数多く引き，読みやすい文体で人気が高い。

経済学
ベーシックゼミナール

西村和雄・八木尚志 共著
実務教育出版
3,080円

本書は1990年代に旧国家Ⅰ種志望者を中心に人気の高かった『入門経済学ゼミナール』（西村和雄著）の特徴を受け継ぎ，**ミクロ・マクロ経済学を1冊で体系的に学べる演習形式のテキストである。**掲載問題は国家総合職（旧国家Ⅰ種を含む）も含めて幅広い試験から選択されているが，書名のとおりベーシックな頻出問題を中心としているので，試験名にこだわらず取り組んでみよう。

解説においては微分・積分などの難しい数学知識は使用していない。また，解説のグラフが大きくて見やすく，理解を助けてくれる。より難易度の高い問題を中心とした『経済学ゼミナール　上級編』（西村和雄・友田康信共著◎実務教育出版）も刊行されている。

テキスト経営学
（第3版）

井原久光 著
ミネルヴァ書房
3,520円

経営学の初学者向けテキストは数多くあるが，公務員試験の出題範囲をカバーしている本は意外に少ない。

本書は経営学の基本知識を網羅し，総論から各論まで論点が体系的に示され，説明が簡潔でわかりやすい。特に経営学説と経営組織の解説が充実している。初めて経営学に取り組む場合や，過去問を解く際に併用して基本知識をしっかり理解したい受験者にお薦めの一冊だ。

なお，国家一般職の問題は専門性が高く，初出のトピックも多いため，『よくわかる**経営管理**』（高橋伸夫編著◎ミネルヴァ書房）で知識を補うことが得策だ。本書は出題範囲をひととおりカバーしており，諸学説の理解に役立つ。

教員採用試験
教職教養らくらくマスター
［年度版］

資格試験研究会 編
実務教育出版
1,430円

国家一般職の教育学は出題範囲が比較的絞りやすく，専門外の人でも短期間で攻略可能である。本書は教員採用試験における「教職教養」の要点整理本であるが，国家一般職の教育学にも，出題範囲やレベルが合致している。**教育学の全領域にわたって重要事項が体系的に整理されており，**用語を赤シートで隠す暗記学習にも対応している。

『新スーパー過去問ゼミ7　教育学・心理学』には国家一般職における頻出分野の広範な知識を吸収できる良問が掲載されている。問題文や解説で難解な用語を，本書で周辺知識も含めてチェックしておこう。さらに出題頻度の高い教育社会学対策として『現代教育社会学』（岩井八郎ほか編◎有斐閣）の巻末用語集も見ておくとよい。

早めの情報収集がカギ！
技術系公務員対策

　技術系区分で択一式の専門試験が課される場合は，それぞれの専門分野の問題のほか，工学系区分（電気・電子・デジタル，機械，土木，建築など）と一部の数理系・化学系区分において共通問題の「工学に関する基礎（数学・物理）」が出題されている。国家総合職・一般職・専門職，一部の地方自治体などでは，専門分野の記述式試験も課されている。

　ここでは，合格のための情報収集と過去問演習に役立つ本を紹介しよう。

めざせ技術系公務員　最優先30テーマの学び方
丸山大介 著◎実務教育出版　1,650円

　技術系公務員になりたいけれど，勉強する時間も必要な情報もないという人は，まず本書を読んで準備を始めよう。技術系公務員の種類や主な試験の概要，効果的な学習法といった受験のための基礎知識が最初のパートにまとめられ，続いて教養・専門科目の合計30に絞り込んだ「最優先テーマ」ごとに，技術系受験者が効率的に得点すべき典型問題の解法を説明している。豊富な指導実績を持つ著者による解説はコンパクトながらわかりやすい。短期間で効率良く合格するためのノウハウが凝縮された本である。

公務員試験　技術系　新スーパー過去問ゼミ　シリーズ
資格試験研究会 編◎実務教育出版　各3,300円　※土木[補習編]は2,970円

工学に関する基礎（数学・物理）／土木／土木[補習編]／化学／電気・電子・デジタル／機械／農学・農業

　おなじみの「スー過去」の技術系専門科目版である。技術系受験者の大半は大学などでその分野を専攻しており，一定レベルの専門的な知識を持っているはずであるが，それだけで本番に臨むのは難しい。やはり過去問演習が合格のカギとなる。本シリーズは専門分野(試験区分)ごとに刊行され(共通科目として「工学に関する基礎(数学・物理)」がある)，近年の択一式過去問を詳細に分析したうえ，良問を厳選してテーマ別に詳しくわかりやすい解説を掲載している。レジュメに当たる「POINT」も，簡潔ながら頻出事項の知識・論点を整理するのに役立つ。

　科目により異なるが，おおむね200問程度収録されているので，ボリュームの点でもやりがいは十分であろう。「デジタル」区分を検討中の人は「電気・電子・デジタル」を要チェック。

公務員試験
技術系〈最新〉過去問　工学に関する基礎（数学・物理）[令和3〜5年度]
技術系〈最新〉過去問　土木［令和4・5年度］
資格試験研究会 編◎実務教育出版　2,970円／3,080円

　特にニーズが高い工学に関する基礎と土木について，できる限り最新の問題を多く演習できることを目的として刊行された本である。

　「工学に関する基礎（数学・物理）」は，国家総合職・一般職と地方上級の過去3年分の問題と詳細な解説を掲載している。「数学や物理って，理系なら何も準備しなくてもできるのが普通では？」と甘く見がちであるが，実はこの領域で落として失敗する受験者が多いので，対策を怠ってはいけない。最大の特徴は，問題が公開されていない地方上級についても，受験者からの情報をもとにした復元問題を多数収録していること。

　「土木」も同様に，国家総合職・一般職に加えて地方上級の復元問題を2年分掲載している。土木については，東京都と特別区の記述式問題について，本番での答案作成がイメージしやすい解説を掲載しているのも見逃せない。

　2冊ともに『めざせ技術系公務員　最優先30テーマの学び方』の著者が執筆しているので，わかりやすさは折り紙つきだ。

PART

5

論文＆面接試験の基礎知識

論文試験対策は後回しにしてはいけません！
教養・専門試験の学習と並行して計画的に進める必要があります。
論文は実際に書いてみることが大切ですが，
ここでは出題傾向や評価基準を紹介し，
合格論文を書くための対策を指南します。

また，合否の決め手となる面接試験については，
個別面接・集団面接，集団討論・グループワーク，
プレゼンテーションなどの種類別に，
特徴，評価項目，課題例などを解説します。
論文試験とともに早めの準備で一歩リードしましょう！

※掲載している本の価格は，令和6年5月現在のもので，すべて税込価格です。
※年度版の本の画像は，原則として前年度版のものです。令和7年度試験を受験する方は，「2026年度版」をお買い求めください。

論文・面接対策は早めに着手!

論文・面接が重視される傾向にある

論文・面接は二次試験で課されることが多い。だが、「まずは教養・専門の勉強が大事! 論文や面接対策は後からでいい」などと考える人がいたら、それは間違い。地方公務員試験では、論文試験の配点が教養や専門などの筆記試験と同程度かそれ以上になっている自治体もある。面接については、筆記試験より配点を大きくしたり、最終合格者の決定に当たって、一次試験の成績を考慮しない「リセット方式」をとるところもある。合否を左右する重要な試験種目なのである。

論文・面接はなぜ重視されているのか?

社会が複雑化しており、公務員の仕事の範囲は広くなる傾向にある。また、変革のスピードは速く、業務を円滑に進めるためには、柔軟性があり、発想が豊かで、かつ、その組織において周囲と協調できる人が必要だ。論文や面接は文章、あるいは会話を通じて、その人物の能力や考え方、「人となり」を推し量るために課される。それを念頭に置き、適切に自己アピールすることが大切なのだ。

論文・面接対策には時間がかかる

教養や専門の場合、やるべきことをきちんとこなせば問題が解けるようになり、実力がついていることがわかる。これに対し、論文や面接ではなかなかそれが実感できない。他者から評価されるものだからだ。

論文・面接では自分の意見をまとめて解決策を提案することが求められており、それを論文なら文章で、面接なら会話を通して表現する。日頃から社会問題や行政課題についての関心を深め、基礎知識をインプットすることが必要だ。さらに、自分なりの考察を深める習慣をつけることをお勧めする。

論文や面接の具体的な対策は以下に述べるが、公務員試験の準備に取りかかる初期の段階から、「論文・面接の対策には時間がかかる」ことを意識しなければならない。

論文試験とは?

論文試験の特徴は?

論文には書き手の考察力、論理力、表現力などが表れる。そのため、どのような問題意識を持っているのかを探るとともに、書類をまとめる能力を備えているのかを測るツールとしても活用される。

出題形式は試験や自治体によってさまざまだ。国家一般職では社会問題や行政課題に関連する資料が提示され、60分で自分の考えを述べる。地方公務員試験の場合、文字数は800〜1,500字、時間は60〜90分というのが一般的で、課題は、「行政課題型」と「自己PR型・志望動機型」に大別できる。

出題の中心は「行政課題型」で、社会問題を軸として、その自治体の施策に関する考察を求めるものが多い。後者は「あなたのこれまでの経験を、公務員としてどのように活かしますか」といったもので、主に市役所試験や、民間企業等職務経験者試験で出題されている。近年の出題例や対策については116ページにまとめるが、以下では、まず論文の評価基準について解説していこう。

論文の評価基準は？

　論文試験を課すねらいは，「公務員としてふさわしい人材」であるかどうかを，文章を通して判断することにある。地方自治体の受験案内から，論文試験に関する説明を抜き出してみよう。

> → **神奈川県**………思考力，創造力，論理力，柔軟性等についての筆記試験
> → **高知県**………職務執行に必要な識見，判断力，思考力等に関する筆記試験
> → **さいたま市**……思考力，文章構成力，表現力等についての評定

　「思考力」「論理力」「判断力」などが挙げられており，「文章構成力」や「表現力」なども評価の対象となる。総合的に判断すると，論文の評価基準は以下のようになるだろう。

内容面
①与えられた課題に対して，その出題意図を的確に把握していること。
②必要とされる基礎知識を備え，社会的背景や，ほかの問題との関連を考慮して分析できていること。
③独善的ではなく，客観的なものの見方ができていること。
④自分の主張を明確に表現できていること。

　課題文で何が問われているのかを理解して，それに対して的確に答えることが，論文の基本である。論を展開するためには，背景や事例を盛り込む必要があるが，たとえ知識の量が豊富でも，新聞やテレビなどから得た意見を引用して羅列するだけでは，評価の対象にはならない。自分が公務員だったらどのように考えるかということを常に念頭に置いて，課題に向き合ってほしい。

論理性
①展開が論理的であること。
②問題意識が明確で，主張が一貫していること。

　まず，読み手にストレスを感じさせない文であることが大切である。特に制限字数が多い場合などは注意が必要だ。出題側はいろいろな意見や観点から論証させようという意図があるのかもしれないが，自分の主張が明確になっていないと途中で論理的矛盾が生じることがある。

構成力・表現力
①構成が整っており，適切な段落分けができていること。
②文章量が規定どおりであること。
③語彙が豊富で，表現力があること。
④文字が読みやすく，丁寧に書かれていること。

　論文の展開としては「序論・本論・結論」といった三段構成がよく知られているが，最初に「結論」を提示し，後からその根拠を述べていくというまとめ方もある。書き始める前に，どのように論を展開するのか，メモを作ってじっくり構成を練ることが大切だ。

　800字程度の場合は3～4段落，1,200字程度の場合は4～6段落くらいを目安に構成を考えよう。定められた字数の8割以上は埋めること。ただし，用紙を埋めるための意味のない改行はNGだ。

　答案は見た目も大切である。乱雑な文字や小さくて薄い文字は読みづらく，印象が悪くなる。筆記用具(鉛筆，シャープペンシル)の濃さにも注意しよう。達筆でなくても，丁寧に記されていれば，十分誠意は伝わる。なお，見直しの時間を必ず取り，誤字・脱字がないように気をつけてほしい。

論文の対策は？

　対策としては，
①過去の課題を調べる
②実際に書いてみる
③第三者に読んでもらう（添削を受ける）
④不備があれば書き直す
の繰返ししかない。

　①については，116ページに「行政課題型」の頻出テーマと課題例を紹介するので，参照してほしい。過去の課題例は多くの自治体がホームページで公表している。受験予定の自治体の課題を調べることはもちろんだが，複数の自治体で似通った課題が出されることが多いので，幅広くチェックしてほしい。①と②の作業の間に，論文対策本に載っている模範答案を読んでみるのもよいだろう（119ページを参照）。

　③④に関しては，大学のキャリアセンターなどに依頼するほか，『受験ジャーナル』定期号の「チャレンジ！　論文道場」をはじめ，予備校などの添削指導を利用するという方法もある。

「行政課題型」の頻出テーマ

出題テーマは多岐にわたる。「時事問題」を核として、幅広い世代で問題意識が共有され、社会全体で取り組まなければならない課題が問われており、なかには、図表が与えられ、データに基づいた論述を求める形式も見られる。

日頃からニュースをチェックしていれば、ある程度の出題予測は可能だが、「県（市）として、どのように取り組むべきか」などという問い方で、国や自治体が対処しなければならない具体的な対策・政策を提起させる形式のものも多いので、幅広い準備が必要となる。まずは近年の出題例から頻出テーマを押さえておこう。

●テーマ別課題例

［人口減少］

大分県の人口は、1955（昭和30）年に約128万人でピークを迎え、2020（令和2）年には約112万人まで減少しています。（中略）このような人口減少が本県に与える影響を挙げ、県として、どのような施策に取り組むべきか、あなたの考えを述べなさい。
（4年度・大分県）

［女性の活躍］

令和3年に発表された「ジェンダー・ギャップ指数」の日本の順位は、156か国中120位と先進国の中で最低レベルとなっている。女性の就業率は上昇している一方、管理職に占める女性の割合は依然として低いのが現状である。女性の管理職への登用が進むことによる効果を考察するとともに、女性の職業生活における活躍を推進するためには、行政としてどのような取組みが有効と考えられるか、あなたの考えを述べなさい。（4年度・宮城県）

［デジタル社会］

岐阜県ではデジタル・トランスフォーメーション推進計画を策定し、「誰一人取り残されないデジタル社会」の実現に向けて、情報格差の解消を図るとともに、あらゆる分野においてDXを推進することとしている。そこで、岐阜県のデジタル社会形成のため、あなたが必要と考える施策を述べなさい。
（4年度・岐阜県）

［カーボンニュートラル］

我が国は、令和2（2020）年10月に「2050年カーボンニュートラル」を宣言し、令和12（2030）年度において、温室効果ガス46%削減（2013年度比）をめざすこと、さらに50%の高みに向けた挑戦を表明する等、国内外のカーボンニュートラルへの動きはますます加速しています。

本県では、この動きをチャンスととらえ、カーボンニュートラルの実現に向けた取組みを産業・経済の発展につなげていく視点から、令和8（2026）年度までの5年間において、優先的・先駆的に実施する取組みの方向性を整理した「ゼロエミッションみえ」プロジェクトを進めています。そこで、本県においてカーボンニュートラルの施策を推進するにあたり生じる課題を述べ、行政としてどのような点を考慮して対策を行えば良いか、あなたの考えを論述してください。
（4年度・三重県）

《その他の注目テーマ》

高齢化対策／少子化対策／児童虐待／子どもの貧困／行政サービス／インフラ整備／地域コミュニティの活性化／住民の孤独・孤立対策／健康づくり・スポーツ振興／フレイル予防／自殺対策／地球温暖化対策／防災対策／農業振興／消費者問題／ポストコロナ施策／ICTの利活用／ワークライフバランス

行政課題型論文の攻略ポイント

まずは社会情勢の把握・分析が重要である。ニュース等で話題になった事柄をチェックし、要点を整理しておこう。また、上記の課題例でも明らかなように、将来に向けた解決策の提示を求められることが多いので、ホームページ等で志望先の人口（増減）、高齢化率、財政状況などの主要データ、基本施策、長期計画などを調べておこう。知事や市長の所信表明などを読むと、その自治体の将来像などをつかむことができ、出題予測にもつながる。あとは115ページでも述べたように、実際に書いてみること。自分なりの見解をまとめる練習を積むことが最も大切である。

面接試験とは？

国家公務員試験では個別面接が主だが，集団討論や集団面接を併用する試験もある。国家総合職・一般職の「官庁訪問」では，集団討論やグループワークなどを実施する省庁もある。

地方上級や市役所試験では「個別面接＋集団討論」というタイプの自治体が多い。

近年は公務員試験の学習をしていない人でも受験しやすい試験が増加しており，そうした試験では個別面接に加えて，グループワーク，プレゼンテーションなど多様な面接試験が実施されている。また，オンライン面接も，国家・地方とも広く実施されている。

以下に形式別の特徴と評価のポイントを述べる。

個別面接

- 受験者1人に対して面接官は3人程度，時間は15～20分程度。
- 三大質問（下の囲みを参照）をはじめ，時事問題，併願状況，受験先の仕事に関する知識や理解を問うものまで質問内容はさまざま。
- 1人の受験者の話をじっくりと聞き，受験者の応答に対してさらに質問を積み重ねていくなどして，受験者の適性を徹底的に検証する。
- 受験者の過去の行動や結果について質問し，行動に表れる能力や特性，結果や成果と結びつく能力や特性を評価する「コンピテンシー評価型面接」を導入する試験もある（国家総合職など）。

集団面接

- 受験者5～8人を1グループとして，面接官は3人程度というのが標準で，時間は人数に応じて45～60分程度。
- 着席順に答えていくこともあれば，面接官から指名されて答えたり（指名制），自発的に答えるよう促されたりする（挙手制）場合がある。
- 1つの質問に対して，複数の受験者が答えるため，同一グループ内においては，受験者の個性が客観的に比較・検証される。
- 集団面接の主な目的は，できるだけ多くの受験者に会って，よりよい人材を発掘することにある。そのため，最終面接の前段階で行われることが多い。

PART 5 論文&面接試験

個別・集団面接の評価項目
- → **積極性**……前向きな意欲，困難なことにもチャレンジする姿勢，行動力など。
- → **社会性**……他者の考えや価値観の理解，集団での信頼関係の構築など。
- → **信頼感**……公務に対する使命感，困難な課題にも取り組んでいけるかなど。
- → **経験学習力**……自分の経験や他者から学んだものを適用しているかなど。
- → **自己統制**……情緒の安定性，環境や状況の変化に柔軟に対応できるかなど。
- → **コミュニケーション力**……表現力，話の説得力など。

※そのほか，問題発見能力，企画力，決断力，危機への対応力，リーダーシップ，バランス感覚・視野の広さ，創造力・独創性，高い倫理性・社会的貢献への自覚などもプラス項目として評価される。

面接での三大質問
- → **志望動機**（なぜ公務員になりたいのですか／なぜ○○省〈△△県〉を志望するのですか，など）
- → **自己PR**（1分間で自己PRをしてください／あなたの長所・短所はなんですか，など）
- → **今までに最も力を入れて取り組んだこと，そこから学んだことを教えてください。**

集団討論（グループ討議，グループディスカッション）

- 受験者5～10人程度を1つのグループとして，そのグループに特定のテーマを与えて討論をさせるもの。
- テーマは多岐にわたるが，行政上の問題点や社会で話題になっているものなど，時事問題に関するものが比較的多い傾向にある。
- 与えられたテーマに即して，行政の対応方法や，政策に対する是非について，チームの意見をまとめていくことが求められる。
- メンバーによっても討論の優劣が左右されるため，集団討論と個別面接を総合的に判断して合否を決定する場合が多い。

グループワーク

- 集団討論に共同作業が加わったもの。複数の受験者で，与えられた課題に対して取り組み，何かを作ったり，企画書や提案書を発表したりする。
- グループワークの目的は，論理的な議論の積み重ねだけで成り立つ集団討論と異なり，発想力や行動力といった実践力をも検証することにある。協調性やコミュニケーション能力もより重視される。
- 作業が加わることにより，集団の中での役割が明確に表れるため，受験者の個性を判断しやすい。したがって，受験者の総合能力を多角的に判断できる。
- 議論の苦手な受験者でも，手作業やプレゼンテーションといった役割での貢献が評価される。

集団討論，グループワークの評価項目
→ **貢献度**……与えられた課題の解決に向けて，どの程度寄与したか（問題解決に必要は知識の提供や論点の整理など）。
→ **社会性**……適度な独立性を保ちつつ，社会環境に溶け込んでいるか（協調性，社会に適合する考えを持っているかなど）。
→ **指導性**……仲間を統率して意見を調整し，集団の目標を達成できるか。

集団討論の課題例
→ 公立学校における部活動を，学校単位から地域単位の活動に移行することについて，賛成か反対か，グループとしての意見をまとめなさい。（4年度・福島県）
→ 島根県の離島・中山間地域においては，人口高齢化・過疎化が進み，空き家が増加しています。空き家が増加することにより生じる問題点を挙げ，その問題点を解決するためにはどのような対策が有効か，自由に討論しなさい。（4年度・島根県）

グループワークの課題例
→ あなたは，神奈川県が開催するオンラインイベントの企画・立案プロジェクトのスタッフに選ばれました。グループでオンラインイベントの概要を決めたうえで，その実施に当たってのオンライン独自の課題を複数挙げ，その課題にどう対応したらよいか説明しなさい。（4年度・神奈川県）

プレゼンテーション・討論型個別面接

- 与えられたテーマについて，自分の考えを発表する（発表後に，面接官が質疑を行う形のものを，「討論型個別面接」と呼ぶことがある）。
- テーマは事前に通知される場合と試験場で提示される場合がある（一次でプレゼンテーションシートを作成し，二次で発表を行うところも）。
- 内容は，自治体の政策課題や，自己PRなどさまざま。
- プレゼンテーションに当たっては，事前に作成した資料をレジュメとして配付したり，ホワイトボードに板書して発表するケースもある。
- 表現方法（形式）と発表内容（実質）の両方が評価の対象となる。

論文・面接対策　オススメ本はこれだ！

論文試験

どの試験を受けるのか，現時点で自分がどれだけの力があるのかで，オススメ本は異なる。

とりあえず，薄くて気楽に読める『採点官はココで決める！合格論文術』か『無敵の論文メソッド』で概略を押さえ，次に『論文試験　頻出テーマのまとめ方』を参照して，具体的な取り組み方を学ぶというのがオーソドックスだろう。論文は実際に書いてみて，誰かに読んでもらうことが大切！　『受験ジャーナル』定期号で行っている有料の添削サービス（「チャレンジ！　論文道場」）の利用をおすすめする。

地方上級・国家一般職［大卒］・
市役所上・中級
論文試験
頻出テーマのまとめ方［年度版］

吉岡友治 著
実務教育出版
1,760円
※電子書籍あり

ズバリこんな本です
- 最新知識を簡潔に整理・解説！
- 過去の出題をテーマ別に分類！
- 集団討論にも使える知識とノウハウ！

↓

こんな人にオススメ
- 頻出テーマの基礎知識を大量インプットしたい
- 過去の出題例と具体的な答案構成法が知りたい
- 一番売れている論文試験対策本が読みたい

公務員試験
採点官はココで決める！
合格論文術［年度版］
※旧「現職採点官が教える！」シリーズ

春日文生 著
実務教育出版
1,540円
※電子書籍あり

ズバリこんな本です
- 元採点官が実体験に基づいて親身に解説！
- 合格答案例ごとに評価の例と採点官のコメントを掲載！
- 購入者特典で著者による論文の採点付き！

↓

こんな人にオススメ
- 実際の試験での評価基準を知りたい
- 問題の読み取り方と課題分析の方法を学びたい
- どの程度書ければ合格か実例を見て安心したい

公務員試験
無敵の論文メソッド

鈴木鋭智 著
実務教育出版
1,320円

ズバリこんな本です
- ガッカリ答案とスッキリ答案はここが違う！
- 思考の癖を直して「どんな問題でも書ける極意」をつかむ！
- 模範答案や時事用語解説，出題例一覧表はあえて省略！

↓

こんな人にオススメ
- 失敗例から学んで応用力を身につけたい
- 問題解決の基本的な方法をマスターしたい
- 時間がなくてもとにかく何か対策をしたい

公務員試験
論文・面接で問われる
行政課題・政策論のポイント
［年度版］

高瀬淳一 編著
実務教育出版
1,650円

ズバリこんな本です
- 「デキる人材」「即戦力」であることをアピールできる!!
- 行政課題や政策を論じるための「型」が速攻で身につく！
- 集団討論や官庁訪問にも活用できるノウハウを満載！

↓

こんな人にオススメ
- 論文や面接での今年の注目テーマを知りたい
- 政策論で不可欠な「ターム」を使いこなしたい
- 論述や討論における「議論のコツ」を学びたい

PART
5
論文&面接試験

面接試験

　三大質問（志望動機，自己PR，今までに最も力を入れて取り組んだこと）をはじめ，典型質問についてはオリジナリティーが感じられる回答を準備しておこう。「現職人事」も「採点官」も著者は公務員試験の面接官を長年担当。実際の面接の現場で遭遇した例が満載のこれらの本には，一度は目を通しておきたい。

　論文同様，面接でも実践が必要。大学の講座や予備校などで模擬面接を受ける機会があるなら積極的に参加しよう。集団討論やグループワークは，過去の課題例を参照してテーマを予想し，友人と意見を交換するだけでもよい練習になる。なお，論文・面接対策は，時事問題対策と並行して行うのが効率的だ。『速攻の時事』（→ 56，102 ページ）は，行政および社会の現状と今後向かうべき道を知るのに役立つ。119 ページで紹介した『論文・面接で問われる行政課題・政策論のポイント』と併せて，論文・面接対策にもフル活用してほしい。

公務員試験
現職人事が書いた
「面接試験・官庁訪問」の本
〔年度版〕

大賀英徳 著
実務教育出版
1,540円

ズバリこんな本です
- 面接官のチェックポイントがわかる！
- 近年の面接試験のトレンドがわかる！
- 事前準備から入室・退室まで，本番の流れがわかる！

こんな人にオススメ
- 多くの合格者が使った面接試験対策本が読みたい
- 典型質問と回答のポイントをたくさん知りたい
- コンピテンシー評価型面接で具体的に回答したい

公務員試験
採点官はココで決める！
合格面接術〔年度版〕
※旧「現職採点官が教える！」シリーズ

春日文生 著
実務教育出版
1,540円
※電子書籍あり

ズバリこんな本です
- マンガでスパッとつかめる面接場面！
- 受験者の何を見ているか，面接官の視点で解説！
- 購入者特典で著者による面接カードの採点付き！

こんな人にオススメ
- 受験者のありがちな誤解や勘違いを知りたい
- よい回答例と悪い回答例をリアルに学びたい
- 本番前に楽しく読み通して気分を上げたい

公務員試験
寺本康之の面接回答大全
〔年度版〕

寺本康之著
実務教育出版
1,540円
※電子書籍あり

ズバリこんな本です
- 「回答フレーム」に入れるだけで面接回答を作成！
- 面接カードの定番項目も「回答フレーム」で完成！
- よく聞かれる113の質問とリアルな回答例を掲載！

こんな人にオススメ
- 回答作成をテンプレ化して思考回路を整理したい
- 応用しやすい回答例をたくさんインプットしたい
- 本番で臨機応変に対応できる完璧な準備をしたい

公務員試験
大事なことだけ
シンプル面接術

後藤和也 著
実務教育出版
1,430円
※電子書籍あり

ズバリこんな本です
- 15の典型質問について「面接官の本音」を知る！
- 普通のネタを「グッと伝わる」回答に展開する！
- 「スペック」や「コミュ力」に自信がない人を救う！

こんな人にオススメ
- 短時間でサクッと読んで面接の基本を押さえたい
- 地味キャラでも使える面接回答例を知りたい
- 面接が苦手すぎるけど負けたくない

PART

6

国家公務員試験
ガイダンス

公務員試験全般のアウトラインは
なんとなく見えてきたでしょうか？
ここでは，国家公務員試験について詳細な情報をお届けします。
特に国家総合職試験については，
日程の早期化など，試験制度の変更が見られます。
試験制度や試験内容を十分研究したうえで，
志望先を固めましょう。

※本 PART に掲載しているデータは，令和 6 年度の情報に基づくものです。なお，受験案内で「2024
年度」と表記されている試験の場合も，ここでは「令和 6 年度」に統一しています。

※令和 7 年度については本 PART の内容に加え，各自，新しい情報を確認してください。

国家公務員試験の概要

　国家公務員試験には，人事院で行っている試験のほか，各機関が実施している試験がある。ここでは，主な国家公務員試験の試験日程や試験構成・出題内容等を説明していく。

　国家公務員試験を受けるには，受験資格を有することが必要であるが，「BASIC DATA」では，年齢要件（令和7年4月1日現在の年齢）のみを掲載している（ただし，下限が明記されていない試験は上限年齢のみ表記）。なお，いわゆる飛び入学・飛び級の者については，年齢要件の下限未満であっても卒業（見込）を条件に受験できる。

国 家 総 合 職 試 験

　国家総合職試験は「院卒者試験」「大卒程度試験」に分かれる。司法試験の合格者を対象とする院卒者試験の「法務区分」を含め，試験は春季に行われる（春試験）。そのほか，秋には，専攻分野に捉われない広範な見識を有する学生や外国の大学の卒業者など多様な人材の採用を目的とする大卒程度試験の「教養区分」が実施される。

こんな試験が行われる（春試験の場合）

【一次試験】

　択一式の基礎能力試験と専門試験が課される。時間・出題数などの詳細は123ページ，出題科目と科目別出題数は124・125ページを参照してほしい。なお，6年度から，新たな試験科目を加えた区分が設けられ，人文系の専攻者が自らの専門分野を選択できるようになった。

【二次試験】

　院卒者試験では，①専門記述式試験，②政策課題討議試験，③人物試験，大卒程度試験では，①専門記述式試験，②政策論文試験，③人物試験が課される。

　院卒者試験の政策課題討議試験はプレゼンテーション能力やコミュニケーション力を検証するもので，資料が提供され，レジュメ作成（25分）→個別発表（1人当たり3分）→グループ討議（30分）→討議を踏まえて考えたことを個別発表（1人当たり2分），という手順となる。大卒程度試験の政策論文試験は政策の企画立案に必要な能力その他総合的な判断力および思考力についての筆記試験である。

　なお，合格＝採用というわけではなく，採用されるためには「官庁訪問」を行い，面接などを受ける必要がある。

BASIC DATA （令和6年度）

		院卒者試験
春試験（法務区分以外）	年齢要件	30歳（上限）
	受験案内	5年12月25日〜ホームページ掲載
	受付期間	2月5日〜26日（インターネット）
	第一次試験日	3月17日（日）
	第二次試験日	4月14日（筆記試験，性格検査） 4月30日〜5月15日（政策課題討議試験，個別面接）
	最終合格発表	5月28日
春試験（法務区分）	年齢要件	30歳（上限）
	受験案内	5年12月25日〜ホームページ掲載
	受付期間	2月5日〜26日（インターネット）
	第一次試験日	3月17日（日）
	第二次試験日	4月30日〜5月15日
	最終合格発表	5月28日

		大卒程度試験
春試験（教養区分以外）	年齢要件	22 〜 30歳
	受験案内	5年12月25日〜ホームページ掲載
	受付期間	2月5日〜26日（インターネット）
	第一次試験日	3月17日（日）
	第二次試験日	4月14日（筆記試験，性格検査） 4月22日〜5月15日（個別面接）
	最終合格発表	5月28日
秋試験（教養区分）	年齢要件	20 〜 30歳
	受験案内	7月2日〜ホームページ掲載
	受付期間	7月26日〜8月19日（インターネット）
	第一次試験日	9月29日（日）
	第二次試験日	11月16日または23日（企画提案試験） 11月17日または24日（政策課題討議試験，個別面接）
	最終合格発表	12月12日

院卒者試験

院卒者試験		試験種目	解答時間	問題数	配点比率	内容，出題科目等（○付き数字は出題数を表す）
行政 人間科学 デジタル 工学 数理科学・物理・地球科学 化学・生物・薬学 農業科学・水産 農業農村工学 森林・自然環境	一次試験	基礎能力試験（択一式）	2時間20分	30問	2/15	知能分野24問（文章理解⑩，判断・数的推理〈資料解釈を含む〉⑭） 知識分野6問（自然・人文・社会に関する時事，情報⑥）
		専門試験（択一式）	3時間30分	40問	3/15	別表（124ページ）参照
	二次試験	専門試験（記述式）	3時間	2題	5/15	出題科目は専門試験（択一式）に準ずる
		政策課題討議試験	1時間30分程度	−	2/15	課題に対するグループ討議によるプレゼンテーション能力やコミュニケーション力などについての試験
		人物試験	−	−	3/15	個別面接，性格検査
		英語試験	−	−	−	外部英語試験を活用し，スコア等に応じて総得点に15点または25点を加算
法務	一次試験	基礎能力試験（択一式）	2時間20分	30問	2/7	知能分野24問（文章理解⑩，判断・数的推理〈資料解釈を含む〉⑭） 知識分野6問（自然・人文・社会に関する時事，情報⑥）
	二次試験	政策課題討議試験	1時間30分程度	−	2/7	課題に対するグループ討議によるプレゼンテーション能力やコミュニケーション力などについての試験
		人物試験	−	−	3/7	個別面接，性格検査
		英語試験	−	−	−	外部英語試験を活用し，スコア等に応じて総得点に15点または25点を加算

大卒程度試験

大卒程度試験		試験種目	解答時間	問題数	配点比率	内容，出題科目等（○付き数字は出題数を表す）
政治・国際・人文 法律 経済 人間科学 デジタル 工学 数理科学・物理・地球科学 化学・生物・薬学 農業科学・水産 農業農村工学 森林・自然環境	一次試験	基礎能力試験（択一式）	2時間20分	30問	2/15	知能分野24問（文章理解⑩，判断・数的推理〈資料解釈を含む〉⑭） 知識分野6問（自然・人文・社会に関する時事，情報⑥）
		専門試験（択一式）	3時間30分	40問	3/15	別表（124ページ）参照
	二次試験	専門試験（記述式）	3時間	2題	5/15	出題科目は専門試験（択一式）に準ずる
		政策論文試験	2時間	1題	2/15	政策の企画立案に必要な能力その他総合的な判断力および思考力についての筆記試験
		人物試験	−	−	3/15	個別面接，性格検査
		英語試験	−	−	−	外部英語試験を活用し，スコア等に応じて総得点に15点または25点を加算
教養	一次試験	基礎能力試験（択一式）	Ⅰ部：2時間 Ⅱ部：1時間30分	Ⅰ部：24問 Ⅱ部：30問	Ⅰ部：3/28 Ⅱ部：2/28	Ⅰ部：知能分野（文章理解⑩，判断・数的推理〈資料解釈を含む〉⑭） Ⅱ部：知識分野（自然・人文・社会〈時事を含む〉，情報㉚）
		総合論文試験	4時間	2題	8/28※	幅広い教養や専門的知識を土台とした総合的な判断力，思考力についての筆記試験 Ⅰ：政策の企画立案の基礎となる教養・哲学的な考え方に関するもの① Ⅱ：具体的な政策課題に関するもの①
	二次試験	政策課題討議試験	1時間30分程度	−	4/28	課題に対するグループ討議によるプレゼンテーション能力やコミュニケーション力などについての試験
		企画提案試験	Ⅰ部：1時間30分 Ⅱ部：1時間程度	Ⅰ部：1題	5/28	企画力，建設的な思考力および説明力などについての試験 Ⅰ部：政策概要説明紙（プレゼンテーションシート）作成 Ⅱ部：プレゼンテーションおよび質疑応答（政策概要説明紙〈プレゼンテーションシート〉の内容について試験官に説明，その後質疑応答）
		人物試験	−	−	6/28	個別面接，性格検査
		英語試験	−	−	−	外部英語試験を活用し，スコア等に応じて総得点に15点または25点を加算

※教養区分については，一次試験の合格者は基礎能力試験の結果によって決定。総合論文試験は一次試験合格者を対象として評定したうえで，最終合格者の決定に反映。

国家総合職の変更点（122ページも参照）

◎試験日程

　5年度の国家総合職（春試験）の日程は，4年度と比べて2週間程度前倒しされたが，6年度は一次試験日が3月17日となり，最終合格発表が5月28日となるなど，さらに前倒しされた。

◎合格有効期間の延伸

　国家総合職の合格者名簿の有効期限は，4年度までは3年間であったが，5年度から，教養区分以外の区分は5年間に，教養区分は6年6か月にそれぞれ延長された。

◎人文系の区分の創設

　6年度より，院卒者試験の行政区分に「政治・国際系」「人文系」，大卒程度試験に「政治・国際・人文区分」が創設された。「政治・国際・人文区分」の専門試験は，従来の「政治・国際区分」と同じ科目を出題する「コースA　政治・国際系」と，人文系の科目も出題する「コースB　人文系」とに分かれる（出題科目と科目別出題数は，下表参照）。

◎試験問題の出題の見直し

　6年度より，以下の見直しがなされた。

①大卒程度試験（春試験）において，基礎能力試験の出題数が40問から30問に削減。併せて，知識分野は時事問題が中心となるよう変更された。

②院卒者試験の「行政区分」ならびに大卒程度試験「政治・国際・人文区分」「法律区分」「経済区分」の専門試験（記述式）について，解答題数が3題から2題に削減。

③基礎能力試験において，情報に関する問題を出題。

※上記①・②に伴って，解答時間も短縮された（詳細は123ページ参照）。

国家総合職試験（院卒者試験・大卒程度試験）試験区分別出題科目（専門試験〈択一式〉）

※院卒者試験と大卒程度試験の専門試験（択一式）は，基本的に共通の問題が出題される（この表では割愛しているが記述式も同様）。

試験区分		出題科目（○付き数字は出題数を表す）
【院卒者試験】行政（政治・国際系，人文系，法律系，経済系からいずれかを選択）	【大卒程度試験】政治・国際・人文コースA　政治・国際系	55問中40問解答 必須問題（25問）▶政治学⑩，国際関係⑩，憲法⑤ 選択問題（30問中15問解答）▶行政学③，国際事情③，国際法⑤，行政法⑤，民法（担保物権，親族および相続を除く）③，経済学③，財政学③，経済政策③
	政治・国際・人文コースB　人文系	55問中40問解答 必須問題（25問）▶政治学・国際関係・憲法⑤，思想・哲学④，歴史学④，文学・芸術③，人文地理学・文化人類学②，心理学①，教育学③，社会学③ 選択問題（30問中15問解答）▶思想・哲学⑥，歴史学⑥，文学・芸術⑥，人文地理学・文化人類学②，心理学③，教育学③，社会学④
	法律	49問中40問解答 必須問題（31問）▶憲法⑦，行政法⑫，民法⑫ 選択問題（18問中9問解答）▶商法③，刑法③，労働法③，国際法③，経済学・財政学⑥
	経済	46問中40問解答 必須問題（31問）▶経済理論⑯，財政学・経済政策⑤，経済事情⑤，統計学・計量経済学⑤ 選択問題（15問中9問解答）▶経済史・経済事情③，国際経済学③，経営学③，憲法③，民法（担保物権，親族および相続を除く）③
	人間科学	105問中40問解答 Ⅰ部（必須）（5問）▶人間科学に関する基礎［人間科学における調査・分析に関する基礎，人間科学における行政的問題を含む］ Ⅱ部（選択）（選択A，B〈各15問〉から1つを選択）▶選択A〔心理系〕：人間の資質および行動ならびに人間関係の理解に関する心理学的基礎（心理学史，生理，知覚，学習等）⑪，心理学における研究方法に関する基礎④，選択B〔教育・福祉・社会系〕：教育学，福祉および社会学に関する基礎⑫，教育学，福祉および社会学における調査・分析に関する基礎③ Ⅲ部（選択）（14科目〈各5問〉中4科目20問解答）▶認知心理学，臨床心理学，教育環境学，教育心理学，教育経営学，教育方法学，社会福祉総論，社会福祉各論，福祉計画論，地域福祉論，社会学（理論），社会学（各論），社会心理学，現代社会論

試験区分	出題科目（○付き数字は出題数を表す）
デジタル	63問中40問解答 必須問題（20問）▶基礎数学⑩，情報基礎⑦，情報と社会③ 選択必須問題（17問中10問以上を選択）▶計算機科学③，情報工学（ハードウェア）⑤，情報工学（ソフトウェア）⑤，情報技術④ 選択問題（選択必須問題と選択問題の合計の解答数が20問となるよう，次の26問から選択）▶線形代数，解析，確率・統計⑧，数学モデル，オペレーションズ・リサーチ，経営工学（経営数学・生産管理・品質管理）⑤，制御工学②，電磁気学②，電気工学③，電子工学③，通信工学③
工学	155問中40問解答 必須問題（20問）▶工学に関する基礎［数学および物理の基礎的な知識に基づく工学的手法の応用能力を問うもの等］ 選択問題（27科目〈各5問〉中4～6科目〈20～30問〉選択，20問解答）▶技術論［技術の歴史，技術と社会との関連等］，基礎化学，工学基礎実験，情報基礎，電磁気学，電気工学，材料力学［機械系］*¹，流体力学［機械系］*²，構造力学（土木）・土木材料・土木施工*¹，土質力学・水理学*²，環境工学（土木）・衛生工学，構造力学（建築）*¹，建築構造・建築材料・建築施工，計測工学・制御工学，電子工学，通信工学，機械力学，熱力学・熱機関［機械系］，土木計画，建築計画・建築法規・建築設備，建築史・都市計画，材料工学（材料科学）［材料物理，材料化学］，材料工学（金属材料・無機材料），原子力工学（原子核・放射線），原子力工学（原子炉・核燃料サイクル），船舶海洋工学（流体）［船体復原性，船体抵抗・推進，船体運動］，船舶海洋工学（構造）［船体強度・振動，船舶設計・艤装］ （＊1の3科目のうち2科目または3科目の同時選択は不可，＊2の2科目の同時選択は不可）
数理科学・物理・地球科学	115問中40問解答 Ⅰ部（必須）（5問）▶基礎数学・情報数学 Ⅱ部（選択）（選択A，B〈各10問〉から1つを選択）▶選択A［数理科学系］：線形代数，解析，確率・統計，選択B［物理・地球科学系］：基礎物理，地球科学 Ⅲ部（選択）（17科目90問中25問解答）▶集合・位相，代数，幾何，解析，確率・統計，情報理論，計算機数学，離散数学，数値計算，数学モデル，オペレーションズ・リサーチ，経営工学（経営数学・生産管理・品質管理），物理数学，古典物理学，現代物理学（物性物理学を含む），地球物理学，地質学
化学・生物・薬学	106問中40問解答 必須問題（10問）▶基礎数学，基礎物理，基礎化学，基礎生物学 選択問題（16科目〈各6問〉中5～6科目〈30～36問〉選択，30問解答）▶数学・物理，基礎物理化学・基礎無機化学，物理化学・無機化学，有機化学，工業化学・化学工学，分析化学・薬化学，薬理学，薬剤学・衛生化学，食品学，土壌肥料学・環境科学・農薬，生化学・分子生物学，応用微生物学・生物工学，発生生物学・生理学，細胞生物学（形態学を含む）・放射線生物学，遺伝学・進化学，生態学（動物行動学を含む）・系統分類学
農業科学・水産	140問中40問解答 Ⅰ部（必須）（5問）▶生物資源に関する基礎［生物資源科学，食料事情，統計学］ Ⅱ部（選択）（選択A，B〈各10問〉から1つを選択）▶選択A［農業科学系］：農業科学に関する基礎［農業・畜産業，生物学に関する基礎］，選択B［水産系］：水産学に関する基礎 Ⅲ部（選択）（23科目〈各5問〉中5科目選択，25問解答）▶作物学，園芸学，育種遺伝学，植物病理学，昆虫学，土壌肥料学・植物生理学，経済学，農業資源経済学（基礎），農業資源経済学（応用），農業経営学，食料政策・農業政策・農業関係法律，家畜育種学，家畜繁殖学，家畜生理学，家畜飼養学・家畜栄養学・飼料学・家畜管理学，畜産一般［畜産物生産・畜産物加工・畜産物流通］，水産経済学・水産経営学，漁政，漁業学・水産資源学，水産海洋学・水産環境保全，水産生物学・増養殖学，水産化学・水産利用学，水産一般［水産物生産・水産物加工・水産物流通］
農業農村工学	76問中40問解答 必須問題（22問）▶農業農村工学に関する基礎［農業・農村一般③，農業生産・環境一般②，数学・情報処理③，農業農村工学一般⑥，応用力学④，水理学④］ 選択問題（9科目〈各6問〉中3科目18問解答）▶設計・施工，農業水利学，土地改良，農村計画学・公共経済学，農村環境整備，機械基礎工学［機械力学および機械要素・設計］，生物生産機械学，食料機械工学・生物生産施設工学，環境調節工学［農業気象学および生物工学を含む］
森林・自然環境	121問中40問解答 必須問題（13問）▶森林・自然環境に関する基礎［森林・自然環境に関する基礎科学④，森林・自然環境の現状と基本政策⑤，森林・自然環境の機能・効用に関する基礎④］ 選択問題（12科目〈各9問〉中3科目27問解答）▶森林環境科学（森林政策および林業動向を含む），森林資源科学（森林立地および森林保護を含む），森林生物生産科学（森林経営・育林技術・森林工学），砂防学基礎，砂防工学，流域管理，造園学原論・造園材料，造園計画（自然公園）［自然環境保全を含む］，造園計画（都市公園）［都市計画を含む］，木材特性・木質構造［木材需給を含む］，木材加工・材質改良，木材成分利用（特用林産を含む）

PART
6

国家公務員ガイダンス

国 家 一 般 職 試 験

国家一般職試験には「大卒程度試験」「高卒者試験」「社会人試験（係員級）」の３つがある。このうち大卒程度試験には行政区分のほか，デジタル・電気・電子，機械，土木，建築，物理，化学，農学，農業農村工学，林学の９つの技術系区分がある。行政区分は北海道，東北，関東甲信越，東海北陸，近畿，中国，四国，九州，沖縄の各地域別採用で，技術系区分は全国採用となる。

いずれの区分についても一次試験は受験に便利な一都市を選べばよいが，二次試験については，行政区分は採用を希望する地域に対応する二次試験地を選ぶ（本府省についてはすべての地域の合格者から採用することが可能で，受験者はその地域の官署と本府省の両方を希望することができる）。それ以外の区分の場合は，一次試験地に対応する二次試験地で受験することになる。

大卒程度試験の受験資格，日程等は下に，試験構成と試験区分別出題科目は127ページの表にまとめた。

BASIC DATA（6年度）

年齢要件	22 ～ 30歳
受験案内	2月1日～ホームページ掲載
受付期間	2月22日～3月25日（インターネット）
第一次試験日	6月2日（日）
第二次試験日	7月10日～ 26日
最終合格発表	8月13日

こんな試験が行われる

【一次試験】

全区分で基礎能力試験と専門試験（択一式）が行われる。なお，国家公務員以外も志望し就職活動をしている人も受験しやすくするため，６年度試験から基礎能力試験の内容が見直された。具体的には，「出題数を40問から30問に削減」「知識分野の出題について時事問題が中心となるよう変更」「知識分野において『情報』分野の問題を出題」という見直しである。

専門試験（択一式）は行政区分では16科目80問のうち８科目40問を選択して解答する「科目選択制」となっている。英語（基礎・一般），心理学，教育学の出題もあり，人文科学系学部の出身者にも受験しやすい試験になっている。一方，技術系区分ではデジタル・電気・

電子，物理，化学区分を除き，全問必須解答である。

そのほか，行政区分では一般論文試験，技術系区分では専門記述式試験が課されるが，いずれも一次合格者を対象として評定され，最終合格者決定の際に反映される。

【二次試験】

人物試験として個別面接と性格検査が課される。

採用までの流れ

国家一般職（大卒程度試験）の合格者名簿の有効期限は，５年間である。国家総合職同様，合格＝採用というわけではなく，官庁訪問を行い，面接などを受ける必要がある。

採用までの流れは下の図のとおり。官庁訪問については，一次合格発表日からメール等で予約することができる。

官庁訪問は志望する省庁に関する知識を深めるとともに，合格後の採用に向けて自己PRの重要な機会となる。志望省庁や希望勤務地にこだわらずに，できるだけ多くの省庁を訪問することが大切である。

人事院が実施する一般職各府省合同業務説明会（3月），霞が関OPENゼミ（2月），公務研究セミナー（10月～２月），各地方事務局（所）主催のセミナーなどに参加して，各省庁の情報を入手しておこう。夏休み時期にはインターンシップを実施している省庁もある。

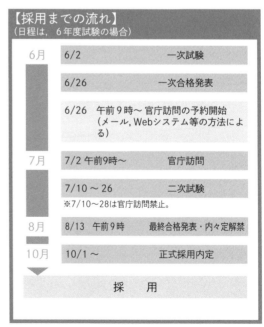

【採用までの流れ】
（日程は，６年度試験の場合）

6月	6/2	一次試験
	6/26	一次合格発表
	6/26	午前９時～ 官庁訪問の予約開始（メール，Webシステム等の方法による）
7月	7/2 午前9時～	官庁訪問
	7/10 ～ 26	二次試験
	※7/10～28は官庁訪問禁止。	
8月	8/13 午前9時	最終合格発表・内々定解禁
10月	10/1 ～	正式採用内定
	採 用	

	試験種目	解答時間	問題数	配点比率		内容，出題科目等 （○付き数字は出題数を表す）
				建築以外の区分	建築区分	
一次試験	基礎能力試験 （択一式）	1時間50分	30問	2/9	2/9	知能分野24問（文章理解⑩，判断推理⑦，数的推理④，資料解釈③） 知識分野6問（自然・人文・社会に関する時事，情報⑥）
	専門試験 （択一式）	【建築区分】 2時間 【建築以外の区分】 3時間	【建築区分】 33問 【建築以外の区分】 40問	4/9	2.5/9	別表参照
	一般論文試験 【行政区分】	1時間	1題	1/9 ※	—	
	専門試験 （記述式） 【行政以外の区分】	【建築区分】 2時間 【建築以外の区分】 1時間	【建築区分】 1題 【建築以外の区分】 1題	— 1/9 ※	2.5/9 ※ —	
二次試験	人物試験	—	—	2/9	2/9	個別面接，性格検査

※一次試験の合格者は基礎能力試験および専門試験（択一式）の結果によって決定。一般論文試験または専門試験（記述式）は一次試験合格者を対象として評定したうえで，最終合格者の決定に反映。

国家一般職試験　試験区分別出題科目（専門試験〈択一式〉）

試験区分	出題科目（○付き数字は出題数を表す）
行政	80問中40問解答 科目選択制（16科目〈各5問〉中8科目40問解答）▶政治学，行政学，憲法，行政法，民法（総則および物権），民法（債権，親族および相続），ミクロ経済学，マクロ経済学，財政学・経済事情，経営学，国際関係，社会学，心理学，教育学，英語（基礎），英語（一般）
デジタル・電気・電子	44問中40問解答 必須問題（36問）▶工学に関する基礎⑳，情報・通信工学（理論）⑧，電磁気学・電気回路・電気計測・制御・電気機器・電力工学⑧ 選択問題（選択A，B〈各4問〉から1つを選択）▶選択A：情報工学（プログラミング）④，選択B：電子工学・電子回路④
機械	40問必須解答 ▶工学に関する基礎⑳，材料力学④，機械力学④，流体力学④，熱工学④，機械設計・機械材料・機械工作④
土木	40問必須解答 ▶工学に関する基礎⑳，構造力学（土木）・水理学・土質力学・測量⑪，土木材料・土木設計・土木施工③，土木計画④，環境工学（土木）・衛生工学②
建築	33問必須解答 ▶工学に関する基礎⑳，構造力学（建築）・建築構造④，建築材料・建築施工②，環境工学（建築）・建築設備③，建築史・建築計画・建築法規・都市計画④
物理	50問中40問解答 必須問題（30問）▶物理［物理数学を含む基礎的な物理］㉚ 選択問題（20問中10問解答）▶応用物理［現代物理等］⑩，地球物理⑩
化学	44問中40問解答 必須問題（36問）▶数学・物理⑨，物理化学・分析化学・無機化学・有機化学・工業化学㉗ 選択問題（8問中4問解答）▶生物化学④，化学工学④
農学	40問必須解答 ▶栽培学汎論⑦，作物学⑦，園芸学⑦，育種遺伝学③，植物病理学③，昆虫学③，土壌肥料学・植物生理学④，畜産一般③，農業経済一般③
農業農村工学	40問必須解答 ▶数学③，水理学④，応用力学④，土壌物理・土質力学②，測量②，農業水利学・土地改良・農村環境整備⑬，農業造構・材料・施工⑦，農業機械②，農学一般③
林学	40問必須解答 ▶林業政策⑦，林業経営学⑦，造林学⑪，林業工学④，林産一般⑥，砂防工学⑤

国 家 専 門 職 試 験

国家専門職試験（大卒程度）とは，皇宮護衛官，法務省専門職員（人間科学），財務専門官，国税専門官，食品衛生監視員，労働基準監督官，航空管制官，海上保安官の8試験の総称である。受験申込み・一次試験は同一の日程で，二次試験は，試験ごとに実施される。

これらの試験の合格者は，受験する時点で採用機関が決まっているため，「官庁訪問」は必要ない。ただし，財務専門官では二次試験終了後に財務局に関する理解を深めることを目的とする「職場訪問」を実施している。

最終合格者は，採用候補者名簿に得点順に記載される。有効期間は，財務専門官，国税専門官，労働基準監督官は5年，航空管制官は1年2か月，そのほかは1年である。

こんな試験が行われる

【一次試験】

基礎能力試験は，すべての試験で共通の問題が使われているが，6年度から試験内容が見直されたので要注意。専門試験は職種（区分）ごとに異なるが，財務専門官と国税専門官は共通の問題が多い。労働基準監督官についても財務・国税との共通問題が出題される科目がある。

なお，6年度から，一次試験日が約1週間前倒しになった。

【二次試験】

主として人物試験（個別面接，性格検査）が課される。加えて，体力検査や適性試験を課す職種（区分）がある。

皇宮護衛官

皇宮護衛官は，皇宮警察本部に所属し，皇族の護衛と皇居，御所などの警備を専門に行う。試験概要は下表のとおり。専門試験はなく，課題論文試験が課される。

採用後は皇宮警察学校において6か月間，警察実務に関する教養や柔剣道，教練，けん銃操法などの各種訓練を受けた後，皇居および赤坂御用地をはじめ各地の御用地の警護を務める。

BASIC DATA （6年度）

年齢要件	22〜30歳
受験案内	2月1日〜 ホームページ掲載
受付期間	2月22日〜3月25日（インターネット）
第一次試験日	5月26日（日）
第二次試験日	7月9日〜17日
最終合格発表	8月13日

※身体要件あり（身長，体重，色覚，視力，四肢の運動機能について）。

	試験種目	解答時間	問題数	配点比率	内容，出題科目等（○付き数字は出題数を表す）
一次試験	基礎能力試験（択一式）	1時間50分	30問	3/5	知能分野24問（文章理解⑩，判断推理⑦，数的推理④，資料解釈③）知識分野6問（自然・人文・社会に関する時事，情報⑥）
	課題論文試験	3時間	2題	2/5	時事的な問題に関するもの① 具体的な事例課題により，皇宮護衛官として必要な判断力・思考力を問うもの①
二次試験	人物試験	−	−	＊	個別面接，性格検査
	身体検査	−	−	＊	主として胸部疾患（胸部エックス線撮影を含む），血圧，尿，その他一般内科系検査
	身体測定	−	−	＊	身長，体重，視力，色覚についての測定
	体力検査	−	−	＊	立ち幅跳び，反復横跳び，上体起こしによる身体の筋持久力等についての検査

※配点比率の＊印は，合否の判定のみを行うものを示す（以下137ページまで同じ）。

法務省専門職員（人間科学）

法務省専門職員（人間科学）は，以下の7区分に分かれている（Aは男子，Bは女子で，社会人区分は採用予定のある場合のみ実施）。
◎矯正心理専門職A
◎矯正心理専門職B
◎法務教官A／法務教官A（社会人）
◎法務教官B／法務教官B（社会人）
◎保護観察官

それぞれの職務内容は以下のとおり。

◎ 矯正心理専門職

少年鑑別所や刑事施設において，心理学の専門的な知識や技術等を活かした職務に従事する。少年鑑別所に勤務した場合は，非行を犯した少年等について，知能や性格等の資質上の特徴や非行に至った原因を分析し，処遇方針を提示する。一方，刑事施設に勤務した場合は，受刑者の資質を調査し，収容中に達成させるべき目標や矯正処遇の内容を設定し，改善指導の実施などに携わる。

◎ 法務教官

少年院や少年鑑別所において，非行を犯した少年が社会復帰を果たせるように，生活指導や矯正教育などを行う。また，刑事施設に収容されている受刑者の社会適応

BASIC DATA （6年度）

年齢要件	矯正心理専門職A・B 法務教官A・B 保護観察官	22〜30歳
	法務教官A・B（社会人）	31〜40歳

受験案内	2月1日〜 ホームページ掲載
受付期間	2月22日〜3月25日（インターネット）
第一次試験日	5月26日（日）
第二次試験日	7月1日〜4日
最終合格発表	8月13日

※矯正心理専門職区分と法務教官区分には身体要件あり（視力について）。

能力の育成や，薬物依存離脱指導，就労支援指導等の改善指導や教科指導に従事する。

◎ 保護観察官

法務省保護局所管の地方更生保護委員会や保護観察所に勤務し，心理学，教育学，福祉および社会学等の更生保護に関する専門的知識に基づき，犯罪をした人や非行のある少年の再犯・再非行を防ぎ，改善更生を図るための業務に従事する。

＊　　　＊　　　＊

試験の概要は下の表にまとめた。法務教官と保護観察官の専門試験（択一式，記述式）は共通の問題である。全区分で心理学，教育学，福祉，社会学が出題されている。

	試験種目	解答時間	問題数	配点比率		内容，出題科目等 （○付き数字は出題数を表す）
				矯正心理専門職	その他	
一次試験	基礎能力試験（択一式）	1時間50分	30問	2/11	2/10	知能分野24問（文章理解⑩，判断推理⑦，数的推理④，資料解釈③） 知識分野6問（自然・人文・社会に関する時事，情報⑥）
	専門試験（択一式）	2時間20分	40問	3/11	3/10	【矯正心理専門職区分】60問中40問解答 必須問題（20問）▶心理学に関連する領域 選択問題（40問中20問解答）▶心理学，教育学，福祉および社会学に関する基礎［心理学⑩，教育学⑩，福祉⑩，社会学⑩］ 【法務教官区分，保護観察官区分】40問必須解答 ▶心理学，教育学，福祉および社会学に関する基礎［心理学⑩，教育学⑩，福祉⑩，社会学⑩］
	専門試験（記述式）	1時間45分	1題	3/11※	3/10※	【矯正心理専門職区分】 ▶心理学に関連する領域 【法務教官区分，保護観察官区分】 ▶心理学に関連する領域，教育学に関連する領域，福祉に関連する領域，社会学に関連する領域から1題選択
二次試験	人物試験	−	−	3/11	2/10	個別面接，性格検査
	身体検査【矯正心理専門職区分，法務教官区分】	−	−	＊	＊	主として一般内科系検査
	身体測定【矯正心理専門職区分，法務教官区分】	−	−	＊	＊	視力についての測定

※一次試験の合格者は基礎能力試験および専門試験（択一式）の結果によって決定。専門試験（記述式）は一次試験合格者を対象として評定したうえで，最終合格者の決定に反映。

PART 6 国家公務員ガイダンス

財務専門官

財務専門官は，財務局に勤務し，国有財産の有効活用や財政投融資資金の供給，予算執行調査といった財政に関する業務や，地域金融機関の検査・監督，証券取引の監視，企業内容の開示といった金融に関する業務のほか，地域経済情勢の調査・分析，財務省・金融庁の施策の広報に従事する。

二次試験終了後は，「職場訪問」を実施。これは採用に向けての自己PRの重要な機会となっている。

BASIC DATA (6年度)

年齢要件	22 〜 30歳
受験案内	2月1日〜 ホームページ掲載
受付期間	2月22日〜 3月25日（インターネット）
第一次試験日	5月26日（日）
第二次試験日	7月1日〜 4日
最終合格発表	8月13日

	試験種目	解答時間	問題数	配点比率	内容，出題科目等（○付き数字は出題数を表す）
一次試験	基礎能力試験（択一式）	1時間50分	30問	2/9	知能分野24問（文章理解⑩，判断推理⑦，数的推理④，資料解釈③）知識分野6問（自然・人文・社会に関する時事，情報⑥）
	専門試験（択一式）	2時間20分	40問	3/9	必須問題（2科目28問）▶憲法・行政法，経済学・財政学・経済事情 選択問題（8科目〈各6問〉中2科目12問解答）▶民法・商法，統計学，政治学・社会学，会計学（簿記を含む），経営学，英語，情報数学，情報工学
	専門試験（記述式）	1時間20分	1題	2/9 ※	憲法，民法，経済学，財政学，会計学から1科目選択
二次試験	人物試験	−	−	2/9	個別面接，性格検査

※一次試験の合格者は基礎能力試験および専門試験（択一式）の結果によって決定。専門試験（記述式）は一次試験合格者を対象として評定したうえで，最終合格者の決定に反映。

国税専門官

国税専門官は，国税局や税務署において，税務調査や滞納処分などを行う。5年度に理工・デジタル系の国税専門Bが創設され，法文系の国税専門Aとの2区分となった。採用後は基礎研修を受講後，税務署に配属され，実務的な事項を習得する研修を受講。さらに実務経験を積んだ後，専科研修を経て，国税調査官・国税徴収官などに任用される。

BASIC DATA (6年度)

年齢要件	22 〜 30歳
受験案内	2月1日〜 ホームページ掲載
受付期間	2月22日〜 3月25日（インターネット）
第一次試験日	5月26日（日）
第二次試験日	6月24日〜 7月5日
最終合格発表	8月13日

	試験種目	解答時間	問題数	配点比率	内容，出題科目等（○付き数字は出題数を表す）
一次試験	基礎能力試験（択一式）	1時間50分	30問	2/9	知能分野24問（文章理解⑩，判断推理⑦，数的推理④，資料解釈③）知識分野6問（自然・人文・社会に関する時事，情報⑥）
	専門試験（択一式）	2時間20分	40問	3/9	【国税専門A】58問中40問解答 必須問題（16問）▶民法・商法⑧，会計学（簿記を含む）⑧ 選択問題（42問中24問解答）▶憲法・行政法⑥，経済学⑥，財政学⑥，経営学⑥，政治学・社会学・社会事情⑥，英語⑥，商業英語⑥ 【国税専門B】58問中40問解答 必須問題（16問）▶基礎数学⑫，民法・商法②，会計学② 選択問題（42問中24問解答）▶情報数学・情報工学⑩，統計学⑥，物理⑧，化学⑥，経済学⑥，英語⑥
	専門試験（記述式）	1時間20分	1題	2/9 ※	【国税専門A】▶憲法，民法，経済学，会計学，社会学から1科目選択 【国税専門B】▶科学技術に関連する領域に関する小論文形式
二次試験	人物試験	−	−	2/9	個別面接，性格検査
	身体検査	−	−	＊	主として一般内科系検査

※一次試験の合格者は基礎能力試験および専門試験（択一式）の結果によって決定。専門試験（記述式）は一次試験合格者を対象として評定したうえで，最終合格者の決定に反映。

食品衛生監視員

食品衛生監視員は，全国の主要な海・空港の検疫所で，輸入食品監視のスペシャリストとして輸入食品の安全監視および指導や，輸入食品等に係る理化学的，微生物学的試験検査，検疫感染症の国内への侵入防止の業務に従事する。

大学で薬学，畜産学，水産学，農芸化学の課程を修めて卒業した者（見込み者を含む）という要件があり，専門試験は記述式である。

BASIC DATA (6年度)

年齢要件	22～30歳
受験案内	2月1日～ ホームページ掲載
受付期間	2月22日～ 3月25日 (インターネット)
第一次試験日	5月26日 (日)
第二次試験日	7月9日～17日
最終合格発表	8月13日

	試験種目	解答時間	問題数	配点比率	内容，出題科目等（○付き数字は出題数を表す）
一次試験	基礎能力試験 (択一式)	1時間 50分	30問	1/4	知能分野24問（文章理解⑩，判断推理⑦，数的推理④，資料解釈③） 知識分野6問（自然・人文・社会に関する時事，情報⑥）
	専門試験 (記述式)	1時間 40分	3題	2/4	分析化学①または食品化学①のいずれか1題選択 微生物学①または毒性学①のいずれか1題選択 公衆衛生学①または食品衛生学①のいずれか1題選択
二次試験	人物試験	－	－	1/4	個別面接，性格検査

労働基準監督官

労働基準監督官は，試験内容が法文系の労働基準監督Aと，理工系の労働基準監督Bの2区分に分かれている。採用後は都道府県労働局管内の労働局や労働基準監督署に勤務し，法定の労働条件の確保・改善を図る業務に従事する。工場や事業場に立ち入って調査する臨検監督，司法警察業務，安全衛生業務，労災補償業務のほか，労働者や事業主からの相談窓口業務，各種説明会業務なども担当する。

BASIC DATA (6年度)

年齢要件	22～30歳
受験案内	2月1日～ ホームページ掲載
受付期間	2月22日～ 3月25日 (インターネット)
第一次試験日	5月26日 (日)
第二次試験日	7月9日～12日
最終合格発表	8月13日

	試験種目	解答時間	問題数	配点比率	内容，出題科目等（○付き数字は出題数を表す）
一次試験	基礎能力試験 (択一式)	1時間 50分	30問	2/7	知能分野24問（文章理解⑩，判断推理⑦，数的推理④，資料解釈③） 知識分野6問（自然・人文・社会に関する時事，情報⑥）
	専門試験 (択一式)	2時間 20分	40問	3/7	【労働基準監督A】48問中40問解答 　必須問題（12問）▶労働法⑦，労働事情（就業構造，労働需給，労働時間・賃金，労使関係）⑤ 　選択問題（36問中28問解答）▶憲法・行政法・民法・刑法⑯，経済学・労働経済・社会保障・社会学⑳ 【労働基準監督B】46問中40問解答 　必須問題（8問）▶労働事情（就業構造，労働需給，労働時間・賃金，労使関係，労働安全衛生）⑧ 　選択問題（38問中32問解答）▶工学に関する基礎（工学系に共通な基礎としての数学，物理，化学）㊳
	専門試験 (記述式)	2時間	2題	2/7 ※	【労働基準監督A】 ▶労働法，労働事情（就業構造，労働需給，労働時間・賃金，労使関係）（各1題） 【労働基準監督B】 必須問題 ▶工業事情（1題），選択問題 ▶工学に関する専門基礎（機械系，電気系，土木系，建築系，衛生・環境系，応用化学系，応用数学系，応用物理系等の工学系の専門工学に関する専門基礎分野）（3～5題から1題選択）
二次試験	人物試験	－	－	＊	個別面接，性格検査
	身体検査	－	－	＊	主として一般内科系検査

※一次試験の合格者は基礎能力試験および専門試験（択一式）の結果によって決定。専門試験（記述式）は一次試験合格者を対象として評定したうえで，最終合格者の決定に反映。

PART 6
国家公務員ガイダンス

航空管制官

試験の概要は下表のとおり。適性試験は，航空管制官として必要な記憶力，空間把握力の検査を一次試験で行うほか，航空管制業務シミュレーションによる試験が三次試験で課される。外国語については，一次試験で択一式の筆記試験とヒアリング，二次試験で面接（英会話）が行われる。

合格者は航空保安大学校で8か月間の基礎研修を終えた後，各地の管制機関に配属され，訓練を重ねる。

BASIC DATA（6年度）

年齢要件	22～30歳
受験案内	2月1日～ ホームページ掲載
受付期間	2月22日～3月25日（インターネット）
第一次試験日	5月26日（日）
第二次試験日	7月3日
第三次試験日	8月22日・23日
最終合格発表	10月2日

※身体要件あり（視力，色覚，聴力について）。その他航空管制業務遂行上支障のある者は不可。

	試験種目	解答時間	問題数	配点比率	内容，出題科目等（○付き数字は出題数を表す）
一次試験	基礎能力試験（択一式）	1時間50分	30問	2/12	知能分野24問（文章理解⑩，判断推理⑦，数的推理④，資料解釈③）知識分野6問（自然・人文・社会に関する時事，情報⑥）
	適性試験Ⅰ部（択一式）	45分	60問	2/12	記憶についての検査（示された図や記号，数値などを記憶するもの）⑮空間関係についての検査（空間的な方向や移動などの状態を判断するもの）㊺
	外国語試験（聞き取り）	約40分	10題	1/12 ※	英語のヒアリング
	外国語試験（択一式）	2時間	30問	3/12	英文解釈，和文英訳，英文法などについての筆記試験
二次試験	外国語試験（面接）	—	—	1/12	英会話
	人物試験	—	—	3/12	個別面接，性格検査
三次試験	適性試験Ⅱ部	—	—	＊	航空管制業務シミュレーションによる試験
	身体検査	—	—	＊	主として胸部疾患（胸部エックス線撮影を含む），血圧，尿，その他一般内科系検査
	身体測定	—	—	＊	視力，色覚，聴力についての測定

※一次試験の合格者は基礎能力試験，適性試験Ⅰ部および外国語試験（択一式）の結果により決定。外国語試験（聞き取り）は一次試験合格者を対象として評定したうえで，二次試験合格者の決定に反映。

海上保安官

採用者は海上保安大学校（呉市）において，2年間の幹部海上保安官として必要な研修を行うとともに，航海または機関の各専攻に分かれ，専門的な知識を修得する。研修終了後は，幹部海上保安官として，巡視船の乗り込み，海上における犯罪の取締り，領海警備，海難救助，海上交通の安全の確保等の海上保安業務に従事する。

BASIC DATA（6年度）

年齢要件	30歳（上限）
受験案内	2月1日～ ホームページ掲載
受付期間	2月22日～3月25日（インターネット）
第一次試験日	5月26日（日）
第二次試験日	7月9日～17日
最終合格発表	8月13日

※身体要件あり（身長，体重，視力，色覚，聴力，四肢の運動機能について）。

	試験種目	解答時間	問題数	配点比率	内容，出題科目等（○付き数字は出題数を表す）
一次試験	基礎能力試験（択一式）	1時間50分	30問	3/6	知能分野24問（文章理解⑩，判断推理⑦，数的推理④，資料解釈③）知識分野6問（自然・人文・社会に関する時事，情報⑥）
	課題論文試験	3時間	2題	2/6	時事的な問題に関するもの①具体的な事例課題により，海上保安官として必要な判断力・思考力を問うもの①
二次試験	人物試験	—	—	1/6	個別面接，性格検査
	身体検査	—	—	＊	主として胸部疾患（胸部エックス線撮影を含む），血圧，尿，その他一般内科系検査
	身体測定	—	—	＊	身長，体重，視力，色覚，聴力についての測定
	体力検査	—	—	＊	反復横跳び，上体起こし，鉄棒両手ぶら下がりによる身体の筋持久力等についての検査

外務省専門職員
採用試験

外務省専門職員は地域別・分野別のスペシャリストで，専門とする語学や関連する国・地域の専門家，あるいは経済，経済協力，条約等の専門家として活躍する。

　試験の内容は下表のとおり。6年度から試験日程が前倒しされ，基礎能力試験の内容が見直された。

BASIC DATA（6年度）

年齢要件	22 〜 30歳
受験案内	2月15日〜
受付期間	3月22日〜4月5日
第一次試験日	6月1日(土)・2日(日)
第二次試験日	7月16日〜25日
最終合格発表	8月14日

	試験種目	解答時間	問題数	内容，出題科目等（○付き数字は出題数を表す）
一次試験	基礎能力試験 (択一式)	1時間50分	30問	知能分野24問 知識分野6問
	専門試験 (記述式)	各科目 2時間	4題	必須科目▶国際法③ 選択科目▶憲法③または経済学③ ※各科目3題出題，うち各科目2題選択解答
	外国語試験 (記述式)	2時間	4題	外国語文和訳（2題）および和文外国語訳（2題） ※英語，フランス語，ドイツ語，ロシア語，スペイン語，ポルトガル語，イタリア語，アラビア語，ペルシャ語，ミャンマー語，タイ語，ベトナム語，インドネシア語，中国語，朝鮮語から1か国語を選択
	時事論文試験	1時間30分	1題	
二次試験	人物試験	－	－	個別面接（2回），グループ討議，性格検査
	外国語試験 (面接)	－	－	外国語会話（一次試験で受験した外国語）
	身体検査	－	－	胸部エックス線撮影などを含む一般的な身体検査

防衛省専門職員
採用試験

防衛省専門職員は，高い語学力とグローバルな視野を活かして，日本の安全保障を支えるため，本省内部部局をはじめ，省内の各機関において，さまざまな業務に従事する。語学ごとに試験区分が設けられており，募集区分は年によって異なる。なお，6年度から試験日程が約1週間前倒しされ，基礎能力試験の内容が見直された。

BASIC DATA（6年度）

年齢要件	22 〜 30歳
受験案内	2月14日〜
受付期間	4月1日〜 15日（インターネット）
第一次試験日	5月26日(日)
第二次試験日	7月8日〜 12日
最終合格発表	7月29日

	試験種目	解答時間	問題数	内容，出題科目等（○付き数字は出題数を表す）
一次試験	基礎能力試験 (択一式)	1時間50分	30問	知能分野24問（文章理解⑩，判断推理⑦，数的推理④，資料解釈③） 知識分野6問（自然・人文・社会に関する時事，情報⑥）
	専門試験 (記述式)	2時間	5題	【英語：5題】 英文解釈②，語彙問題①，英文法①，英作文① 【ロシア語：5題】 露文和訳②，和文露訳①，露語文法② 【中国語：5題】 中文和訳②，和文中訳②，中国語文法① 【朝鮮語：5題】 朝文和訳②，和文朝訳②，朝鮮語文法① 【フランス語：5題】 仏文和訳②，和文仏訳①，仏語文法②
	論文試験	1時間	－	課題に対する総合的な判断力，思考力および表現力についての筆記試験
二次試験	口述試験	－	－	個別面接，性格検査
	身体検査	－	－	主として胸部疾患（胸部エックス線撮影を含む），尿，その他一般内科系検査

PART
6
国家公務員ガイダンス

衆議院事務局職員採用試験

衆議院事務局職員は特別職の国家公務員で，衆議院の本会議・委員会の運営・調査に関する事務および一般事務に従事する。

職員採用試験には，総合職試験（大卒程度試験）と一般職試験（大卒程度試験）がある。試験日程が異なっており，併願は可能である。

試験の概要は下表のとおり。6年度は，総合職の試験日程が約1週間前倒しされた。

BASIC DATA（6年度）

年齢要件		22～30歳	
受験案内		1月12日	
総合職	受付期間	2月22日～3月7日（インターネット）	
	第一次試験日	3月23日（土）	
	第二次試験日	4月16日（論文） 4月16日～22日（個別面接）	
	第三次試験日	5月20日	最終合格発表　6月上旬
一般職	受付期間	4月3日～17日（インターネット）	
	第一次試験日	5月25日（土）	第二次試験日　6月8日
	第三次試験日	7月16日～19日，22日，23日のうち指定する日	
	最終合格発表	9月上旬	

		試験種目	解答時間	問題数	内容，出題科目等（○付き数字は出題数を表す）
総合職試験	一次試験	基礎能力試験（択一式）	2時間	40問	文章理解⑪，判断・数的推理⑯（資料解釈を含む），自然・人文・社会⑬（時事を含む）
		専門試験（択一式）	1時間30分	30問	必須（6問）▶憲法⑥，選択（45問中24問解答）▶行政法⑥，民法⑥，刑法③，労働法③，経済理論⑥，経済政策・経済事情⑥，財政学③，統計学③，政治学・行政学⑥，国際関係③
	二次試験	論文試験	2時間	2題	必須▶憲法①　選択（1科目を選択）▶行政法①，民法①，経済学①，政治学①
		個別面接	―	―	
	三次試験	口述試験			
一般職試験	一次試験	基礎能力試験（択一式）	2時間	40問	文章理解⑪，判断・数的推理⑯（資料解釈を含む），自然・人文・社会⑬（時事を含む）
		専門試験（択一式）	1時間30分	30問	必須（6問）▶憲法⑥，選択（45問中24問解答）▶行政法⑥，民法⑥，刑法③，労働法③，経済理論⑥，経済政策・経済事情⑥，財政学③，統計学③，政治学・行政学⑥，国際関係③
	二次試験	論文試験	2時間	2題	必須▶憲法①　選択（1科目を選択）▶行政法①，民法①，経済学①，政治学①
	三次試験	集団討論	―	―	
		個別面接	―	―	

衆議院法制局職員採用試験

衆議院法制局は立法活動を中心として議員の活動を法制面から補佐するために置かれている機関で，議員発議の法律案・修正案および委員会提出の法律案の立案の補佐，委員会の命による法制に関する予備的調査，議員等からの依頼による法制に関する調査等を行っている。

試験の概要は下表のとおり。6年度は，試験日程が約1週間前倒しされた。

BASIC DATA（6年度）

年齢要件	22～30歳
受験案内	1月22日
受付期間	1月26日～2月26日（郵送またはインターネット）
第一次試験日	3月10日（日）
第二次試験日	3月20日
第三次試験日	個別に指定した日
最終合格発表	5月上旬

	試験種目	解答時間	問題数	内容，出題科目等（○付き数字は出題数を表す）
一次試験	基礎能力試験（択一式）	2時間		一般知能（文章理解，判断推理，数的推理，資料解釈） 一般知識（社会，人文，自然）
	専門試験（択一式）	2時間		憲法，行政法，民法，刑法，労働法，経済学・財政学
二次試験	論文試験	4時間	3題	憲法①，行政法①，民法①
	面接試験	―	―	（性格検査を含む）
三次試験	口述試験	―	―	憲法を中心とする法律問題
	面接試験	―	―	

参議院事務局
職員採用試験

参議院事務局職員も衆議院事務局職員と同様，特別職の国家公務員である。採用されると，会議運営部門，調査部門，総務部門において，その職務に従事する。

総合職試験（大学卒業程度）の概要は下表のとおり。6年度から試験内容が見直されたので注意。また，受験可能年齢の上限が30歳までに変更となった。加えて，6年度は，試験日程が約1か月前倒しされた。

BASIC DATA（6年度）

年齢要件	22〜30歳
受験案内	1月19日
受付期間	2月5日〜26日（インターネット）
第一次試験日	3月9日（土）
第二次試験日	4月9日（専門試験） 4月9日〜12日（人物試験）
第三次試験日	6月上旬以降
最終合格発表	7月5日以降

	試験種目	解答時間	問題数	配点比率	内容，出題科目等（○付き数字は出題数を表す）
一次試験	基礎能力試験（択一式）	2時間	30問	1/10	知能分野24問（文章理解⑩，判断推理・数的推理・資料解釈⑭） 知識分野（時事を含む）6問（社会科学②，人文科学②，自然科学①，情報①）
	専門試験（択一式）	2時間30分	80問中40問を選択	1/10	憲法⑤，行政法⑩，民法⑩，刑法⑤，労働法⑤，経済政策⑤，経済理論⑩，経済事情・経済史⑤，財政学⑩，統計学・計量経済学⑤，国際関係⑤，政治学・行政学⑤
二次試験	専門試験（論文式）	2時間	7題中2題を選択	4/10	憲法①，行政法①，民法①，政治学①，経済理論①，財政学①，経済政策①
	人物試験	－	－	4/10	集団面接，性格検査
三次試験	人物試験	－	－	＊	個別面接

＊最終合格者は，三次試験の結果に基づいて決定する。

参議院法制局
職員採用試験

参議院法制局は参議院議員の法制に関する立案に資するために置かれた機関で，参議院法制局職員は，議員の依頼に応じて，法律案・修正案の立案，法制に関する調査などの職務に従事する特別職の国家公務員である。

総合職試験（大学卒業程度）の概要は下表のとおり。6年度から，試験内容が見直されたので注意。また，試験日程が約1か月前倒しとなった。

BASIC DATA（6年度）

年齢要件	22〜30歳
受験案内	1月29日
受付期間	2月5日〜3月11日（インターネット）
第一次試験日	3月20日（水）
第二次試験日	3月29日（論文試験），4月27日（面接試験）
第三次試験日	5月上旬以降
最終合格発表	郵便で通知

	試験種目	解答時間	問題数	内容，出題科目等
一次試験	基礎能力試験（択一式）	1時間10分	30問	知能分野（文章理解，判断推理，数的推理，資料解釈） 知識分野（自然・人文・社会に関する時事，情報）
	専門試験（択一式）	1時間20分	40問	憲法，行政法，民法，刑法
二次試験	論文試験	各1時間20分	2題	必須 憲法 選択 行政法または民法
	政策課題討議試験※	－	－	
	面接試験※	－	－	
三次試験	面接試験	－	－	

※二次試験の論文試験合格者に対して行う。また，性格検査（web）も実施される。

国会図書館職員採用試験

国立国会図書館において，調査業務，司書業務，一般事務等の業務を行う職員の採用試験で，総合職試験と一般職試験（大卒程度試験）のほか，施設設備専門職員（大卒程度試験）などが募集される年度もある。

総合職試験には特例制度が設けられており，申込みの際に希望すれば，総合職試験に不合格になった場合に一般職試験の受験者としての取扱いを受けられる。

試験の概要は下表のとおり。なお，6年度は試験日程が約1か月前倒しされた。

BASIC DATA（6年度）

年齢要件	総合職	21～34歳
	一般職	21～34歳
受験案内		1月4日～
受付期間		2月1日～16日（インターネットまたは郵送）
第一次試験日		3月24日（日）
第二次試験日		4月20日（筆記試験），4月24日～26日，30日，5月1日，2日，7日，8日（人物試験〈オンライン〉）
第三次試験日		総合職 6月6日 一般職 6月7日，10日のうち指定する日
最終合格発表		6月20日以降

	試験種目		解答時間	問題数	内容，出題科目等
一次試験	教養試験（択一式）		2時間		一般的知識，知能
二次試験	専門試験（記述式）	総合職試験	2時間	（あらかじめ1科目選択）	法学（憲法，民法，行政法，国際法から受験時に2分野選択），政治学，経済学，社会学，文学，史学（日本史，世界史から受験時に1分野選択），図書館情報学，物理学，化学，数学，工学・情報工学（工学全般，情報工学から受験時に1分野選択），生物学
		一般職試験	1時間30分		
	英語試験（択一式）		1時間		長文読解
	小論文試験	総合職試験	1時間		与えられた課題についての小論文（1,200字）
	人物試験		―	―	個別面接（オンライン），性格検査
三次試験	人物試験		―	―	個別面接（対面）

裁判所職員採用試験

裁判所職員の採用試験としては，
◎総合職試験（裁判所事務官・家庭裁判所調査官補，院卒者区分・大卒程度区分）
◎一般職試験（裁判所事務官，大卒程度区分）
が行われる（このほか，採用予定がある場合には，一般職試験〈裁判所事務官，社会人区分〉も実施する）。

試験の概要は137ページにまとめた。総合職試験，一般職試験を問わず，共通の試験種目（筆記試験）では同一の問題が出題される。6年度には基礎能力試験の出題内容が変更されたが，7年度から専門試験の出題内容が見直されるので注意。

総合職試験（裁判所事務官）では，申込みの際に「特例」を希望しておくと，不合格になった場合には一般職試験の受験者として扱われ，改めて一般職受験者としての合否判定がなされる制度がある。希望者は，一般職試験での合否判定用として，論文試験を受験する。

一次試験は受験に便利な試験地を選択できる。二次の筆記試験は一次試験と同じ試験地となるが，人物試験は希望する勤務地を管轄する高等裁判所の所在する試験地から選択する。総合職の三次試験は東京都のみで実施。

BASIC DATA（日程は6年度，試験構成は7年度の内容）

総合職試験（院卒者区分／大卒程度区分）		
年齢要件	院卒者	30歳（上限）
	大卒程度	22～30歳
受験案内		2月8日～
受付期間		3月15日～4月8日（インターネット）
第一次試験日		5月11日（土）
第二次試験日		6月8日（専門試験・政策論文試験）【裁判所事務官】6月10日～21日（人物試験）【家庭裁判所調査官補】6月10日～24日（人物試験）
第三次試験日		【裁判所事務官】7月16日・17日
最終合格発表		【裁判所事務官】7月31日【家庭裁判所調査官補】7月11日

一般職試験（大卒程度区分）	
年齢要件	22～30歳
受験案内	2月8日～
受付期間	3月15日～4月8日（インターネット）
第一次試験日	5月11日（土）
第二次試験日	6月10日～7月8日（人物試験）
最終合格発表	7月31日

裁判所職員採用試験【総合職】

院卒者区分		試験種目	解答時間	問題数	配点比率	内容，出題科目等（○付き数字は出題数を表す）
裁判所事務官	一次試験	基礎能力試験（択一式）	2時間20分	30問	2/15	知能分野24問，知識分野6問
		専門試験（択一式）	1時間30分	30問	2/15	必須問題（20問）▶憲法⑩，民法⑩ 選択問題（3科目中1科目〈10問〉選択）▶刑法⑩，経済理論⑩，行政法⑩
	二次試験	専門試験（記述式）	1時間（憲法）＋3時間	計4題	4/15	必須問題（3題）▶憲法①，民法①，刑法①（憲法は一次試験日に実施） 選択問題（2題中1題選択）▶民事訴訟法①，刑事訴訟法①
		政策論文試験（記述式）	1時間30分	1題	1/15	組織運営上の課題を理解し，解決策を企画立案する能力などについての筆記試験
		人物試験	―	―	＊	個別面接
	三次試験	人物試験	―	―	6/15	個別面接，集団討論

※特例希望者は，一般職試験での合否判定用として一次試験日に論文試験（小論文）を受験（1時間・1題）。

院卒者区分		試験種目	解答時間	問題数	配点比率	内容，出題科目等（○付き数字は出題数を表す）
家庭裁判所調査官補	一次試験	基礎能力試験（択一式）	2時間20分	30問	4/15	知能分野24問，知識分野6問
	二次試験	専門試験（記述式）	2時間	2題	4/15	心理学に関する領域③，教育学に関する領域③，福祉に関する領域③，社会学に関する領域②，法律学に関する領域（民法②，刑法②）の5領域計15題から任意の2題を選択解答（科目選択の制限なし）
		政策論文試験（記述式）	1時間30分	1題	1/15	組織運営上の課題を理解し，解決策を企画立案する能力などについての筆記試験
		人物試験Ⅰ	―	―	2/15	個別面接
		人物試験Ⅱ	―	―	4/15	個別面接，集団討論

大卒程度区分		試験種目	解答時間	問題数	配点比率	内容，出題科目等（○付き数字は出題数を表す）
裁判所事務官	一次試験	基礎能力試験（択一式）	2時間20分	30問	2/15	知能分野24問，知識分野6問
		専門試験（択一式）	1時間30分	30問	2/15	必須問題（20問）▶憲法⑩，民法⑩ 選択問題（3科目中1科目〈10問〉選択）▶刑法⑩，経済理論⑩，行政法⑩
	二次試験	専門試験（記述式）	1時間（憲法）＋2時間	計3題	4/15	憲法①，民法①，刑法①（憲法は一次試験日に実施）
		政策論文試験（記述式）	1時間30分	1題	1/15	組織運営上の課題を理解し，解決策を企画立案する能力などについての筆記試験
		人物試験	―	―	＊	個別面接
	三次試験	人物試験	―	―	6/15	個別面接，集団討論

※特例希望者は，一般職試験での合否判定用として一次試験日に論文試験（小論文）を受験（1時間・1題）。

大卒程度区分		試験種目	解答時間	問題数	配点比率	内容，出題科目等（○付き数字は出題数を表す）
家庭裁判所調査官補	一次試験	基礎能力試験（択一式）	2時間20分	30問	4/15	知能分野24問，知識分野6問
	二次試験	専門試験（記述式）	2時間	2題	4/15	心理学に関する領域③，教育学に関する領域③，福祉に関する領域③，社会学に関する領域②，法律学に関する領域（民法②，刑法②）の5領域計15題から任意の2題を選択解答（科目選択の制限なし）
		政策論文試験（記述式）	1時間30分	1題	1/15	組織運営上の課題を理解し，解決策を企画立案する能力などについての筆記試験
		人物試験Ⅰ	―	―	2/15	個別面接
		人物試験Ⅱ	―	―	4/15	個別面接，集団討論

裁判所職員採用試験【一般職】

大卒程度区分		試験種目	解答時間	問題数	配点比率	内容，出題科目等（○付き数字は出題数を表す）
裁判所事務官	一次試験	基礎能力試験（択一式）	2時間20分	30問	2/10	知能分野24問，知識分野6問
		専門試験（択一式）	1時間30分	30問	2/10	必須問題（20問）▶憲法⑩，民法⑩ 選択問題（3科目中1科目〈10問〉選択）▶刑法⑩，経済理論⑩，行政法⑩
	二次試験	論文試験（小論文）	1時間	1題	1/10	一次試験日に実施。
		人物試験	―	―	4/10	個別面接

5 年 度 国 家 公 務 員 試 験 実 施 結 果

※（　）内は女性の内数。

※国家総合職（院卒者）（大卒程度），国家一般職（大卒程度），皇宮護衛官（大卒程度），法務省専門職員（人間科学），財務専門官，国税専門官，食品衛生監視員，労働基準監督官，航空管制官，海上保安官の受験者数は，一次試験の最後の試験種目を受験した人数。

※競争率＝一次受験者数÷最終合格者数。参議院事務局の競争率は申込者数÷最終合格者数。

※採用予定数（「約」「名」「人」「程度」は省略している）

　令和5年3月発表の数値：国家総合職（院卒者）（大卒程度）※「教養」区分以外

　☆…令和6年4月採用：1省で5～9名程度，11省庁で各4名以下の採用予定あり。令和7年4月採用：11省庁で採用予定あり（令和5年9月4日現在）。

　★1…5（陸上自衛隊）：英語，ロシア語，中国語，朝鮮語合計

　★2…20（情報本部）：英語，ロシア語，中国語，朝鮮語，フランス語，アラビア語合計

　◇…40（本省内部部局）＋★1＋若干（海上自衛隊）＋12（航空自衛隊）＋★2＋10（地方防衛局）

　その他は受験案内等の当初発表の数値。[　]内は最終合格発表時の数値。

※国家総合職（院卒者）「法務」区分は，司法試験日程の変更を踏まえ，5年度の実施なし。

※国家一般職（大卒程度）「行政」区分における本府省への採用については，「行政・関東甲信越地域」からの採用が中心となるが，全国から有為の人材を確保できるようにするという観点から，それ以外の地域からも採用が可能となっている（本府省の採用予定数：約700名）。

※航空管制官　二次合格者数：総数103，女性の内数53

※裁判所一般職（裁判所事務官，大卒程度区分）の実施結果は総合職（裁判所事務官，院卒者区分・大卒程度区分）特例希望者を含んだ数値。

※国会図書館総合職，一般職（大卒程度），施設設備専門職員（大卒程度）の最終合格者の項目にある数値は，採用者数。競争率＝一次受験者数÷採用者数。

※国会図書館総合職の申込者数は，特例申込者を含む。

※国会図書館一般職（大卒程度）の合格者数には総合職特例申込者を含む。競争率の一次受験者数には総合職特例申込者を含む。

	試験名・試験区分	申込者数		一次受験者数		一次合格者数		最終合格者数		競争率（倍）	採用予定数
国家総合職（院卒者）	行政	314	(115)	240	(95)	218	(84)	164	(64)	1.5	60
	人間科学	135	(88)	115	(79)	93	(61)	49	(34)	2.3	20
	デジタル	62	(9)	46	(7)	45	(6)	22	(3)	2.1	25
	工学	322	(64)	239	(47)	221	(43)	158	(27)	1.5	90
	数理科学・物理・地球科学	135	(21)	98	(15)	81	(10)	39	(2)	2.5	20
	化学・生物・薬学	230	(88)	153	(58)	139	(50)	84	(30)	1.8	40
	農業科学・水産	187	(81)	151	(69)	141	(65)	83	(41)	1.8	25
	農業農村工学	20	(8)	18	(8)	15	(8)	11	(7)	1.6	5
	森林・自然環境	81	(31)	69	(29)	64	(27)	57	(26)	1.2	30
	合計	1,486	(505)	1,129	(407)	1,017	(354)	667	(234)	1.7	315
国家総合職（大卒程度）	政治・国際	1,308	(549)	993	(420)	415	(157)	211	(89)	4.7	75
	法律	7,834	(3,649)	6,363	(3,011)	825	(324)	352	(136)	18.1	125
	経済	1,071	(301)	813	(234)	290	(71)	142	(33)	5.7	50
	人間科学	350	(236)	258	(176)	64	(40)	33	(19)	7.8	10
	デジタル	153	(32)	111	(24)	98	(22)	49	(10)	2.3	25
	工学	898	(161)	640	(120)	561	(102)	294	(56)	2.2	75
	数理科学・物理・地球科学	169	(38)	124	(26)	40	(8)	21	(6)	5.9	10
	化学・生物・薬学	311	(137)	234	(102)	61	(19)	32	(9)	7.3	15
	農業科学・水産	437	(191)	368	(167)	224	(99)	116	(52)	3.2	35
	農業農村工学	146	(45)	126	(39)	84	(26)	55	(16)	2.3	20
	森林・自然環境	209	(73)	175	(60)	117	(42)	55	(23)	3.2	15
	小計	12,886	(5,412)	10,205	(4,379)	2,779	(910)	1,360	(449)	7.5	455
	教養	4,014	(1,656)	2,531	(1,048)	621	(185)	423	(138)	6.0	☆
	合計	16,900	(7,068)	12,736	(5,427)	3,400	(1,095)	1,783	(587)	7.1	

試験名・試験区分		申込者数	一次受験者数	一次合格者数	最終合格者数	競争率(倍)	採用予定数
国家一般職（大卒程度）	行政・北海道	1,003 (359)	798 (297)	599 (222)	457 (180)	1.7	230 [214]
	行政・東北	1,602 (657)	1,221 (518)	823 (336)	594 (247)	2.1	240 [261]
	行政・関東甲信越	8,476 (3,669)	5,787 (2,466)	2,845 (1,092)	2,098 (871)	2.8	690 [1,609]
	行政・東海北陸	2,523 (1,112)	1,922 (852)	1,068 (434)	712 (317)	2.7	350 [316]
	行政・近畿	3,132 (1,429)	2,312 (1,069)	1,164 (502)	822 (390)	2.8	430 [417]
	行政・中国	1,363 (578)	1,071 (444)	804 (330)	580 (247)	1.8	230 [260]
	行政・四国	962 (422)	764 (336)	469 (194)	360 (155)	2.1	130 [139]
	行政・九州	2,645 (1,197)	1,994 (919)	1,115 (470)	692 (309)	2.9	330 [345]
	行政・沖縄	610 (307)	449 (233)	238 (116)	161 (80)	2.8	70 [80]
	小計	22,316 (9,730)	16,318 (7,134)	9,125 (3,696)	6,476 (2,796)	2.5	2,700 [3,641]
	デジタル・電気・電子	435 (64)	255 (41)	225 (33)	173 (27)	1.5	250 [258]
	機械	240 (22)	154 (15)	140 (15)	116 (14)	1.3	110 [129]
	土木	1,045 (226)	648 (142)	603 (130)	449 (100)	1.4	390 [416]
	建築	163 (71)	88 (39)	84 (37)	54 (21)	1.6	70 [79]
	物理	284 (64)	193 (42)	180 (36)	155 (31)	1.2	190 [121]
	化学	491 (187)	298 (117)	257 (99)	210 (90)	1.4	160 [183]
	農学	756 (343)	555 (257)	533 (250)	342 (161)	1.6	170 [168]
	農業農村工学	184 (57)	128 (43)	116 (37)	71 (23)	1.8	40 [34]
	林学	405 (146)	309 (106)	295 (103)	223 (73)	1.4	120 [118]
	小計	4,003 (1,180)	2,628 (802)	2,433 (740)	1,793 (540)	1.5	1,500 [1,506]
	合計	26,319 (10,910)	18,946 (7,936)	11,558 (4,436)	8,269 (3,336)	2.3	4,200 [5,147]
皇宮護衛官（大卒程度）		856 (272)	383 (131)	221 (90)	59 (17)	6.5	30 [38]
法務省専門職員（人間科学）	矯正心理専門職A（男子）	112 —	92 —	85 —	51 —	1.8	20
	矯正心理専門職B（女子）	288 (288)	212 (212)	141 (141)	78 (78)	2.7	15
	法務教官A（男子）	782 —	510 —	290 —	169 —	3.0	100
	法務教官B（女子）	367 (367)	239 (239)	181 (181)	91 (91)	2.6	35
	法務教官A（社会人）（男子）	96 —	45 —	38 —	20 —	2.3	35
	法務教官B（社会人）（女子）	24 (24)	11 (11)	10 (10)	3 (3)	3.7	10
	保護観察官	321 (205)	211 (138)	107 (70)	60 (43)	3.5	40
	合計	1,990 (884)	1,320 (600)	852 (402)	472 (215)	2.8	255 [268]
財務専門官		2,986 (1,293)	1,583 (689)	996 (406)	560 (242)	2.8	160 [160]
国税専門官	国税専門A	13,618 (5,735)	9,555 (3,986)	5,511 (2,171)	3,127 (1,385)	3.1	1,000
	国税専門B	475 (102)	263 (52)	218 (41)	147 (31)	1.8	100
	合計	14,093 (5,837)	9,818 (4,038)	5,729 (2,212)	3,274 (1,416)	3.0	1,100 [1,100]
食品衛生監視員		420 (273)	267 (168)	145 (92)	93 (66)	2.9	35 [41]
労働基準監督官	労働基準監督A（法文系）	2,432 (1,053)	1,146 (460)	968 (389)	298 (135)	3.8	170
	労働基準監督B（理工系）	525 (104)	273 (55)	239 (46)	115 (26)	2.4	40
	合計	2,957 (1,157)	1,419 (515)	1,207 (435)	413 (161)	3.4	210 [210]
航空管制官		795 (397)	418 (219)	167 (85)	94 (50)	4.4	85
海上保安官		529 (107)	237 (43)	138 (32)	82 (13)	2.9	30 [33]
外務省専門職員		273 (145)	195 (106)	105 (58)	60 (35)	3.3	50

PART 6

国家公務員ガイダンス

試験名・試験区分		申込者数		一次受験者数		一次合格者数		最終合格者数		競争率(倍)	採用予定数
防衛省専門職員	英語	242	(131)	171	(90)	123	(62)	98	(56)	1.7	◇
	ロシア語	19	(5)	16	(4)	5	(2)	2	(1)	8.0	★1+★2
	中国語	27	(10)	17	(8)	8	(6)	6	(5)	2.8	★1+★2
	朝鮮語	21	(16)	17	(13)	9	(6)	9	(6)	1.9	★1+★2
	フランス語	9	(6)	6	(3)	5	(3)	5	(3)	1.2	★2
	アラビア語	5	(2)	5	(2)	4	(2)	3	(2)	1.7	★2
	合計	323	(170)	232	(120)	154	(81)	123	(73)	1.9	
裁判所総合職 (裁判所事務官、院卒者区分)	札幌高等裁判所の管轄区域	1	(0)	0	(0)	0	(0)	0	(0)	—	1
	仙台高等裁判所の管轄区域	3	(0)	2	(0)	2	(0)	0	(0)	—	1
	東京高等裁判所の管轄区域	36	(17)	18	(10)	13	(7)	2	(1)	9.0	2
	名古屋高等裁判所の管轄区域	6	(4)	3	(2)	2	(1)	0	(0)	—	1
	大阪高等裁判所の管轄区域	15	(4)	13	(4)	8	(3)	1	(1)	13.0	2
	広島高等裁判所の管轄区域	1	(1)	1	(1)	1	(1)	1	(1)	1.0	1
	高松高等裁判所の管轄区域	0	(0)	0	(0)	0	(0)	0	(0)	—	1
	福岡高等裁判所の管轄区域	10	(3)	7	(2)	6	(2)	2	(1)	3.5	1
	合計	72	(29)	44	(19)	32	(14)	6	(4)	7.3	10
裁判所総合職 (裁判所事務官、大卒程度区分)	札幌高等裁判所の管轄区域	15	(6)	9	(2)	8	(2)	0	(0)	—	1
	仙台高等裁判所の管轄区域	21	(5)	15	(4)	11	(3)	2	(1)	7.5	2
	東京高等裁判所の管轄区域	281	(112)	175	(68)	68	(14)	7	(3)	25.0	5
	名古屋高等裁判所の管轄区域	50	(18)	39	(13)	18	(5)	2	(2)	19.5	2
	大阪高等裁判所の管轄区域	78	(30)	44	(19)	20	(12)	4	(3)	11.0	3
	広島高等裁判所の管轄区域	26	(7)	18	(6)	5	(3)	1	(1)	18.0	2
	高松高等裁判所の管轄区域	25	(13)	15	(8)	5	(2)	0	(0)	—	1
	福岡高等裁判所の管轄区域	61	(27)	36	(16)	21	(9)	3	(3)	12.0	3
	合計	557	(218)	351	(136)	156	(50)	19	(13)	18.5	19
裁判所総合職（家庭裁判所調査官補、院卒者区分）		133	(92)	117	(83)	59	(42)	14	(13)	8.4	10
裁判所総合職（家庭裁判所調査官補、大卒程度区分）		561	(365)	454	(298)	240	(170)	61	(50)	7.4	40
裁判所一般職 (裁判所事務官、大卒程度区分)	札幌高等裁判所の管轄区域	360	(153)	287	(130)	247	(114)	121	(69)	2.4	15
	仙台高等裁判所の管轄区域	671	(308)	529	(256)	427	(201)	202	(103)	2.6	35
	東京高等裁判所の管轄区域	4,395	(2,087)	3,098	(1,516)	1,998	(953)	1,072	(610)	2.9	135
	名古屋高等裁判所の管轄区域	1,179	(581)	914	(467)	464	(221)	171	(98)	5.3	30
	大阪高等裁判所の管轄区域	1,944	(988)	1,513	(776)	879	(448)	294	(178)	5.1	80
	広島高等裁判所の管轄区域	781	(366)	609	(291)	400	(188)	149	(88)	4.1	25
	高松高等裁判所の管轄区域	586	(287)	462	(228)	211	(89)	74	(42)	6.2	15
	福岡高等裁判所の管轄区域	1,553	(806)	1,163	(614)	666	(345)	268	(171)	4.3	40
	合計	11,469	(5,576)	8,575	(4,278)	5,292	(2,559)	2,351	(1,359)	3.6	375
国会図書館総合職		428	(195)	296	(142)	120	(49)	3	(2)	98.7	若干
国会図書館一般職（大卒程度）		682	(434)	447	(285)	130	(71)	21	(13)	34.9	若干
国会図書館施設設備専門職員（大卒程度）		21	(6)	13	(3)	10	(2)	1	(0)	13.0	若干
衆議院事務局総合職（大卒程度）		179	(77)	161	(67)	51	(17)	2	(1)	80.5	若干
衆議院事務局一般職（大卒程度）		623	(270)	366	(171)	157	(56)	12	(6)	30.5	15
参議院事務局総合職	（法律）	364	(163)	非公表		86	(33)	15	(9)	24.3	
	（経済）	63	(23)	非公表		20	(9)	0	(0)	—	
	合計	427	(186)	非公表		106	(42)	15	(9)	28.5	15
参議院事務局総合職（技術）電気		4	(1)	非公表		2	(1)	0	(0)	—	若干

5年度国家総合職・国家一般職・国家専門職 平均点・合格点等，一次合格ライン推計

※6年度から基礎能力試験の出題数などが変更されていますが，参考資料として掲載しています。

編集部では5年度国家総合職・国家一般職・国家専門職の一次合格ラインの素点を推計した。

人事院から発表された数値を一覧表にしたものが「合格点および平均点等」，これをもとに編集部で推計したものが「一次合格ライン推計」である。

受験者の筆記試験の得点は，各試験種目の素点（多肢選択式試験の場合は正解数，記述式試験の場合は複数の評価者による評点の総合値）ではなく，各試験種目ごとに配点，平均点，標準偏差を用いて下の方法で算出した「標準点」を用いる。一次合格者は，基礎能力試験および専門試験（多肢選択式）において基準点以上である者について，両試験種目の標準点の合計に基づいて決定される。

各試験種目における標準点の算出方法

$$標準点 = 10 \times 当該試験種目の配点比率 \times \left(15 \times \frac{X-M}{\sigma} + 50\right)$$

ただし，X：ある受験者の素点，M：当該試験種目の平均点，σ：当該試験種目の標準偏差

■ 用語の解説

標準偏差：受験者の得点のばらつき具合を示す指標。一般にこの数値が小さい場合，受験者の素点が平均点付近に多く分布していることを表し，逆に標準偏差が大きい場合，受験者の素点が幅広く分布していることを表す。

基準点：各試験種目において，最低限必要な素点（正解数）。この点に達しない試験種目が1つでもある場合は，他の試験の成績にかかわらず不合格となる。実際の基準点は原則として満点の30％で設定されることが多い。

標準点：合格者の決定を行うときに使用される得点。各試験種目によって満点（要解答題数）が異なっていること，受験者の素点のばらつきが異なっていることの影響を修正するために用いるもので，各受験者の成績が受験者全体の成績の分布の中でどの辺りにあるかを相対的に示している。

● 「一次合格ライン推計」表の見方 ●

各試験区分の上段が基礎能力試験（「基」），下段が専門試験（多肢選択式，「専」）の素点（正解数）を示しており，上下段で1つの組合せとなる。

国家総合職大卒程度試験の政治・国際を例にとると，一番左の列の「基礎能力：12，専門：26」は，「基礎能力で12点かつ専門で26点以上取れば一次合格できた」ということを示しており，一番右の列の「基礎能力：29，専門：12」は，「基礎能力で29点かつ専門で12点以上取れば一次合格できた」ということを示している。なお，欄がグレーに塗られている素点は基準点を表す。

（注）・この一次合格ライン推計は，人事院より公表された「合格点および平均点等」のデータおよび「合格者の決定方法」（人事院ホームページ参照）に基づいて算出した。
・この推計では，基礎能力の基準点～満点のうち，専門が基準点以上となる範囲を掲載している。
・ここに掲載したのは，一次試験合格点（標準点）以上となるために必要な基礎能力・専門の素点の最低点である。したがって，素点の組合せから標準点を計算しても，すべての組合せが一次試験合格点と一致するわけではない。

PART

6

国家公務員ガイダンス

国 家 総 合 職

■配点比率

試験種目	基礎能力試験	専門試験 （多肢選択式）	専門試験 （記述式）	政策課題討議 試験／政策論文試験	人物試験
配 点 比 率	2/15	3/15	5/15	2/15	3/15

※政策課題討議試験は院卒者試験，政策論文試験は大卒程度試験で課される。

■合格点および平均点等

試験・区分	試験種目	基礎能力試験 満点	平均点	標準偏差	基準点	専門試験（多肢選択式）満点	平均点	標準偏差	基準点	一次試験合格点（標準点）	最終合格点（標準点）
院卒者試験	行政	30	16.121	4.091	9	40	20.971	6.367	12	94	311
	人間科学		14.904	4.217			24.374	6.094		123	506
	デジタル		18.891	3.748			23.609	6.780		112	358
	工学		16.268	4.526			21.704	6.525		87	352
	数理科学・物理・地球科学		18.153	4.691			20.847	5.597		134	506
	化学・生物・薬学		17.216	4.188			18.654	4.970		97	462
	農業科学・水産		15.311	3.759			21.205	5.800		98	470
	農業農村工学		15.111	3.016			15.833	4.645		117	402
	森林・自然環境		16.029	4.602			24.725	5.664		90	354
	全体		16.336	4.352							
大卒程度試験	政治・国際	40	19.089	5.063	12	40	18.368	6.216	12	173	513
	法律		18.889	4.726			19.379	5.357		215	543
	経済		19.481	5.027			20.124	6.278		183	515
	人間科学		17.950	5.408			19.981	6.332		195	547
	デジタル		19.784	5.891			19.243	6.641		105	414
	工学		19.598	5.333			19.555	6.378		103	368
	数理科学・物理・地球科学		20.145	5.606			17.266	6.423		190	469
	化学・生物・薬学		19.880	5.556			17.013	5.371		196	603
	農業科学・水産		18.424	4.596			19.046	5.392		151	479
	農業農村工学		18.048	5.396			15.127	5.150		125	384
	森林・自然環境		19.051	4.892			22.194	6.122		150	503
	全体		18.999	4.909							

※基礎能力試験の標準点は，全受験者の平均点・標準偏差を用いて計算される。

■一次合格ライン推計

院卒者試験

行政
- 基 9 10
- 専 13 12

人間科学
- 基 9 10 11 12 13 14 15 16 17 18 19 20 21
- 専 23 22 21 20 19 18 17 16 15 14 13 12

デジタル
- 基 9 10 11 12 13 14 15 16
- 専 20 19 18 17 16 15 14 13 12

工学
- 基 9
- 専 12

数理科学・物理・地球科学
- 基 9 10 11 12 13 14 15 16 17 18 19 20
- 専 22 21 20 19 18 17 16 15 14 13 12

化学・生物・薬学
- 基 9 10 11
- 専 13 12

農業科学・水産
- 基 9 10 11 12
- 専 15 14 13 12

農業農村工学
- 基 9 10 11
- 専 14 13 12

森林・自然環境
- 基 9 10 11 12 13 14 15
- 専 17 18 15 14 13 12

大卒程度試験

政治・国際
- 基 12 13 14 15 16 17 18 19 20 21 22 23 24 25 26 27 28 29
- 専 26 25 24 23 22 21 20 19 18 17 16 15 14 13 12

法律
- 基 12 13 14 15 16 17 18 19 20 21 22 23 24 25 26 27 28 29 30 31 32 33 34 35 36 37 38 39 40
- 専 34 33 32 31 30 29 28 27 26 25 24 23 22 21 20 19 18 17 16 15 14 13 12

経済
- 基 12 13 14 15 16 17 18 19 20 21 22 23 24 25 26 27 28 29 30 31 32 33
- 専 30 29 28 27 26 25 24 23 22 21 20 19 18 17 16 15 14 13 12

人間科学
- 基 12 13 14 15 16 17 18 19 20 21 22 23 24 25 26 27 28 29 30 31 32 33 34 35 36
- 専 33 32 31 30 29 28 27 26 25 24 23 22 21 20 19 18 17 16 15 14 13 12

デジタル
- 基 12
- 専 12

工学
- 基 12 13
- 専 13 12

数理科学・物理・地球科学
- 基 12 13 14 15 16 17 18 19 20 21 22 23 24 25 26 27 28 29 30 31
- 専 29 28 27 26 25 24 23 22 21 20 19 18 17 16 15 14 13 12

化学・生物・薬学
- 基 12 13 14 15 16 17 18 19 20 21 22 23 24 25 26 27 28 29 30 31 32 33 34
- 専 28 27 26 25 24 23 22 21 20 19 18 17 16 15 14 13 12

農業科学・水産
- 基 12 13 14 15 16 17 18 19 20 21 22 23 24 25
- 専 22 21 20 19 18 17 16 15 14 13 12

農業農村工学
- 基 12 13 14
- 専 13 12

森林・自然環境
- 基 12 13 14 15 16 17 18 19 20 21 22 23 24 25 26 27 28
- 専 25 24 23 22 21 20 19 18 17 16 15 14 13 12

> 専門が19点でも18点でも基礎能力は10点必要。

> 令和4～平成30年度の一次合格ライン推計は，小社ホームページに掲載しています。

> 基礎能力，専門とも基準点を取っていれば一次合格できた。

> 基礎能力が17点でも18点でも専門は18点必要。

国　家　一　般　職

■配点比率

区分 ＼ 試験種目	基礎能力試験	専門試験（多肢選択式）	一般論文試験	専門試験（記述式）	人物試験
行　政　区　分	2/9	4/9	1/9 ＊		2/9
建　築　区　分	2/9	2.5/9		2.5/9 ＊	2/9
行政および建築以外の区分	2/9	4/9		1/9 ＊	2/9

※一次試験の合否は基礎能力試験および専門試験（多肢選択式）の結果によって決定。
＊印の試験種目は一次試験合格者を対象に評定したうえで，最終合格者決定に当たり，他の試験種目の成績と統合。

■合格点および平均点等

区分 ＼ 試験種目	基礎能力試験 満点	平均点	標準偏差	基準点	専門試験(多肢選択式) 満点	平均点	標準偏差	基準点	一次試験合格点(標準点)	最終合格点(標準点)
行政　北海道	40	24.190	5.358	12	40	21.831	7.104	12	253	429
行政　東北		24.284	4.838						279	454
行政　関東甲信越		25.131	5.393						345	507
行政　東海北陸		25.991	4.954						345	537
行政　近畿		25.311	5.333						351	536
行政　中国		25.148	4.996						275	467
行政　四国		24.175	5.002						294	457
行政　九州		24.122	4.808						313	509
行政　沖縄		21.396	4.920						272	446
デジタル・電気・電子		24.337	5.337		40	20.561	7.632	12	195	305
機械		24.123	5.080		40	23.292	7.999	12	184	300
土木		23.616	4.969		40	22.091	7.064	12	161	248
建築		24.250	5.141		33	19.398	5.841	10	106	310
物理		26.244	4.827		40	20.658	5.751	12	162	297
化学		26.161	5.169		40	18.463	6.113	12	205	349
農学		24.885	4.543		40	23.495	5.959	12	141	245
農業農村工学		24.148	4.683		40	18.469	5.844	12	208	369
林学		25.113	5.327		40	23.573	6.960	12	148	287
全　体		24.852	5.207							

※基礎能力試験の標準点は，全受験者の平均点・標準偏差を用いて計算される。

■一次合格ライン推計

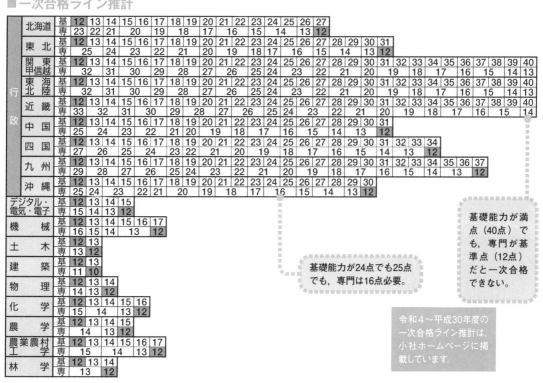

基礎能力が24点でも25点でも，専門は16点必要。

基礎能力が満点（40点）でも，専門が基準点（12点）だと一次合格できない。

令和4～平成30年度の一次合格ライン推計は，小社ホームページに掲載しています。

国家専門職

■配点比率

試験・区分	試験種目	基礎能力試験	専門試験（多肢選択式）	専門試験（記述式）	人物試験
法務省専門職員（人間科学）	矯正心理専門職	2/11	3/11	3/11 ＊	3/11
	法務教官・保護観察官	2/10	3/10	3/10 ＊	2/10
財務専門官		2/9	3/9	2/9 ＊	2/9
国税専門官		2/9	3/9	2/9 ＊	2/9
労働基準監督官		2/7	3/7	2/7 ＊	合否判定のみ

※皇宮護衛官，食品衛生監視員，航空管制官，海上保安官を除く。
※一次試験の合否は基礎能力試験合格者および専門試験（多肢選択式）の結果によって決定。
＊印の試験種目は一次試験合格者を対象に評定したうえで，最終合格者決定に当たり，他の試験種目の成績と統合。

■合格点および平均点等

試験・区分	試験種目	基礎能力試験 満点	平均点	標準偏差	基準点	専門試験（多肢選択式）満点	平均点	標準偏差	基準点	一次試験合格点（標準点）	最終合格点（標準点）
皇宮護衛官			17.974	5.459						466	466
法務省専門職員（人間科学）	矯正心理専門職A		21.087	5.745		40	21.247	5.895	12	140	375
	矯正心理専門職B		20.311	5.934						203	502
	法務教官A		15.969	5.304						185	408
	法務教官B		16.971	4.866						204	480
	法務教官A（社会人）	40	16.378	4.498	12	40	17.149	6.856	12	198	415
	法務教官B（社会人）		16.636	3.391						230	481
	保護観察官		19.085	5.455						293	605
	全体		17.722	5.673							
財務専門官			23.348	5.144		40	24.317	7.093	12	258	496
国税専門官	国税専門A		21.757	4.985		40	19.729	6.502	12	265	506
	国税専門B		23.072	5.287			19.049	6.791	12	166	373
	全体		21.793	4.998							
食品衛生監視員			20.476	5.389						370	529
労働基準監督官	労働基準監督A		21.397	5.238		40	19.142	6.574	12	206	394
	労働基準監督B		22.700	4.755		40	18.725	6.160	12	223	301
	全体		21.648	5.174							
航空管制官			21.096	5.471						302	541
海上保安官			17.814	5.663						347	454

※専門試験（記述式），課題論文試験，適性試験，外国語試験等は省略。

■一次合格ライン推計

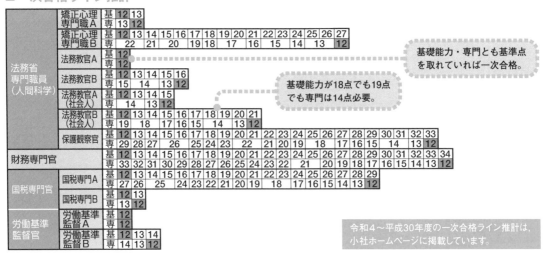

基礎能力・専門とも基準点を取れていれば一次合格。

基礎能力が18点でも19点でも専門は14点必要。

令和4～平成30年度の一次合格ライン推計は，小社ホームページに掲載しています。

PART

7

地方公務員試験
ガイダンス

ここでは，地方公務員試験について
詳細な情報をお届けします。
地方公務員試験においても，
日程の早期化の動きが見られます。
また，特に市役所試験においては，専門試験を廃止したり，
従来の教養試験に代えてSPI3やSCOAを課すなど，
公務員試験の対策が不要な試験が増えています。
最新の試験内容をチェックして，対策を進めましょう。

※本PARTに掲載しているデータは，令和6年度の情報に基づくものです。なお，受験案内で「2024
年度」と表記されている試験の場合も，ここでは「令和6年度」に統一しています。
※令和7年度については各自，新しい情報を確認してください。

地方公務員試験の概要

試験のレベル

地方公務員試験の種類は先に述べたとおりだが，試験のレベルは大まかに次のとおりである。

地方上級…大学卒程度の知識・能力が問われる。国家総合職ほど難しくなく，国家一般職と同程度レベルだと推測される。

地方中級…短大卒程度の知識・能力が問われる。地方上級ほど難しくない。

市役所…市役所によってまちまちで，地方上級に準ずるレベルから高卒程度のレベルまである（168〜170ページ参照）。近年は，「対策不要」をうたう市もある。

警察官…市役所よりもやや低いレベル。専門試験は課されない（190ページ参照）。

消防官…試験区分は市町村によって異なる。なかには区分そのものがなく，高卒程度の職員も一緒に採用試験を行うところもある（170ページ参照）。

試験の構成

試験の構成は試験の種類により異なり，自治体によってもさまざまである。以下にそれぞれの試験ごとに概要を説明する。各試験種目の内容については，PART 1を参照してほしい。

地 方 上 級 試 験

都道府県および政令指定都市，特別区の大卒程度職員採用試験を総称して地方上級と呼んでおり，試験は自治体ごとに行われている。152〜167ページに令和6年度（一部5年度）の行政系試験の概要をまとめた。

●試験の種類（名称）

試験の名称は上級試験，大学卒業程度試験，Ⅰ種試験，Ⅰ類試験，第1回試験，A試験など自治体によってさまざまで，民間企業等の経験者を対象とした試験や，大学院修了程度の試験を実施するところもある。

●試験区分

事務系の試験区分としては，知事部局等で一般行政事務に携わる「一般行政」「行政」「事務」をはじめ，公立学校に勤務する「学校事務」「教育行政」，警察に勤務する「警察事務」などがある（自治体によっては「学校事務」「警察事務」という区分は設けず，それぞれを事務系職種の配属先の一つとしている場合もある）。

このほか，土木，建築，電気，機械，化学，農業・農学などの技術系区分，保健師，看護師，臨床検査技師，診療放射線技師，管理栄養士，栄養士，保育士といった資格・免許職区分などもある。近年は，デジタル区分を新設する自治体が増えており，「ICT」「デジタル」「情報」「DX」などの試験区分で募集されている。

●受験資格

自治体や職種（区分）によって異なる。年齢要件は，受験年の4月1日現在の年齢を21歳以上29歳未満とする自治体が多い。近年は30歳以上でも受験できる試験が増えている。政令指定都市では，学歴要件を課しているところもある。そのほか，職種によっては，資格・免許の取得（見込）が必要とされる。

●試験の概要

《受験申込み》

4月上旬〜5月中旬が受験案内の配布時期，5月上旬〜5月下旬が申込受付期間という自治体が多い。インターネット，もしくは申込書を郵送や持参で提出するというのが一般的だが，インターネット受付けのみという自治体も増えている。なお，申込みの段階で志望理由や自己PRなどを記入するエントリーシートや自己紹介書の提出が必要とされる自治体もある。

《一次試験》

ほとんどの自治体が6月の同一日に一次試験を実施しており，令和6年度は6月16日（日）の予定となっている。ただし，近年は，4〜5月に行うところも増えている。

また，近年，民間企業の就職活動の早期化の影響で，

公務員試験も早期化の動きが見られる。メインの区分では6月後半に一次試験が実施されるが、「早期枠」として4〜5月に一次試験を行っている自治体が増えている。

五肢択一式の教養試験と専門試験が課されるのが一般的だが、東京都では専門試験は記述式のみである。

また、論（作）文試験を実施するところも多い。

専門試験を課さない新区分を設ける自治体、教養・専門の代わりにSPI3（総合能力試験）やSCOA（総合適性検査）などを課す新方式の試験もある。

試験制度は変更される可能性があるので、最新の情報は自治体のホームページや実務教育出版のホームページでチェックしてほしい。

《二次・三次試験》

人物試験が主で、個別面接のほか集団討論、プレゼンテーション、グループワークなどが実施されている。語学の資格を持つ者に加点を行うところもある。二次（三次）試験の結果のみを用いて最終合格者を決定する「リセット方式」を採用している自治体も多い。

なお、地方公務員では、ほとんどの場合、「最終合格＝内定」となるが、特殊な例は特別区で、最終合格後に各区が行う採用面接を経て内定を得なければならない。

●地方上級の出題タイプ

地方上級では実施日が同じ試験では共通の問題が出題されることが多い。題数・出題科目に着目すると、教養試験、専門試験（択一式）は、

①全国型
②関東型
③中部・北陸型
④法律・経済専門タイプ
⑤その他の出題タイプ
⑥独自の出題タイプ

の6つの出題タイプに分類できる。

各タイプの概要は以下のとおり。自治体別の出題タイプや試験時間、出題数・解答数、専門試験の出題科目等については、149〜167ページを参照してほしい。

①全国型

教養試験、専門試験ともに、地方上級試験のベースとなっている出題タイプ。ほかのタイプでも全国型と共通の問題がかなりの割合を占める。

教養試験は、試験時間が120〜150分、出題数50問で、全問必須解答の場合が多い。専門試験は、試験時間が120分、出題数40問で全問必須解答が基本である。独自の問題や科目を加えたり、除いたりして出題数を増減して、選択解答制を導入しているところもある。

②関東型

教養試験は、試験時間が120〜150分、出題数50問中20〜25問が必須解答、残りが選択解答で、計40問解答する。必須解答はおおむね一般知能分野である。自治体によって、出題科目や科目ごとの出題数が一部異なる。専門試験は、試験時間が120分、出題数50問中40問選択解答。必須解答がないため任意の科目（問題）を選択できる。経済原論の出題数が多く、経済史や経済政策も出題されることが特徴である。なお、独自の問題や科目を加えて出題数・解答数を増やしている自治体もある。

③中部・北陸型

教養試験は、試験時間が150分、出題数50問で、全問必須解答。専門試験は、試験時間が120分、出題数50問中40問を選択解答。社会学、経済政策、経済事情が出題され、経営学の出題がないことが特徴である。

④法律・経済専門タイプ

一般行政系の試験区分・専門選択分野等で「法律」「経済」の区分がある自治体の専門試験が該当する。40問中35問がおのおのの専門分野から、残り5問はもう一方の分野から出題されるのが標準的なパターンである。

⑤その他の出題タイプ

①〜④のいずれにも該当せず、かつ⑥のように明らかに独自の出題である試験を除くものをこのタイプとしている。教養試験において人文科学や自然科学が出題されない自治体（149ページ参照）もこのタイプに該当する。ただし、全国型との共通問題も多い。

⑥独自の出題タイプ

東京都Ⅰ類B（教養）、特別区（教養、専門）は、出題構成および出題内容とも独自のものとなっている。

地方中級試験

中級（短大卒程度）事務系の試験を実施している自治体は、あまり多くない。このほか中級（短大卒程度）試験としては、技術系や資格免許職の募集もある。

地方中級の一次試験は、多くの自治体で9月下旬の日曜日に実施されている。事務系区分で専門試験が実施される場合、政治学、行政学、社会学、社会事情、国際関係、憲法、行政法、民法、労働法、経済学、財政学などが出題される。

PART
⑦
地方公務員ガイダンス

技術系試験

技術系職種は，国家総合職・一般職をはじめ，地方上級，市役所等で採用がある。

国家総合職は最も難易度が高く，また，試験区分と出題科目の範囲が複雑である（詳しくは125ページを参照）。国家一般職と地方上級の大半は試験区分・出題科目ともにオーソドックスである（国家一般職については127ページを参照）。地方公務員（市役所を含む）の主な試験区分と専門出題科目は下表のとおり。類似問題が多いので，過去問中心の学習で十分対処できる。

地方上級では自治体によって下の表にはない独自の試験区分を設けているところもある。特に近年は情報・デジタル区分を新設する自治体が多い。専攻との兼ね合い等で興味を持った区分がある人は，自治体のホームページや受験案内等で出題科目を調べてみよう。全科目はカバーできなくても，総じて受験者数は少なめなので，チャンスはある。

近年の傾向として，技術系区分の教養試験を廃止する自治体が増えている。

技術系試験の 主な試験区分および専門出題科目 の例

地方公務員（主要なもの）

	試験区分	専門試験の出題科目
土木系	土木	数学・物理，応用力学，水理学，土質工学，測量，都市計画，土木計画，材料・施工等
	農業土木	数学，応用力学，水理学，測量，土壌物理，農業水利，土地改良，農地造成，農業造構，材料・施工，農業機械，農学一般等
建築	建築	数学・物理，構造力学，材料学，環境原論，建築史，建築構造，建築計画，都市計画，建築設備，建築施工等
機械	機械，設備	数学・物理，材料力学，流体力学，熱力学，電気工学，機械力学，機械設計，機械材料，機械工作等
電気	電気，設備	数学・物理，電磁気学・電気回路，電気計測・制御，電気機器・電力工学，電気工学，電子工学，情報・通信工学等
化学系	化学，総合化学	数学・物理，物理化学，分析化学，無機化学・無機工業化学，有機化学・有機工業化学，化学工学等
	農芸化学	物理化学，分析化学，無機化学，有機化学，生物化学，土壌学・植物栄養学・肥料学，食品化学・食品貯蔵加工学，応用微生物学等
農学・農業系	農学，農業	栽培学汎論，作物学，園芸学，育種遺伝学，植物病理学，昆虫学，土壌肥料学，植物生理学，畜産一般，農業経済一般等
	畜産	家畜育種学，家畜繁殖学，家畜生理学，家畜飼養学，家畜栄養学，飼料学，畜産物利用学，家畜管理学，畜産経営一般等
	林学，林業	林業政策，林業経営学，造林学，林業工学，林産一般，砂防工学等
	水産	水産事情・水産経済・水産法規，水産環境科学，水産生物学，水産資源学，漁業学，増養殖学，水産化学，水産利用学等
造園	造園	造園学原論，造園材料・施工，造園管理，造園計画・設計（都市・地方計画を含む），造園関連基礎等

※市役所の技術系職種も地方上級等と同様である。

6年度 地方上級 教養試験の出題分野一覧表

この表は，6年度受験案内およびホームページで公表されている情報（6年5月7日現在）から作成したものである。行政系試験のうち，各自治体で代表的な試験区分についてまとめた。なお，グレーのアミ掛け部分は5年度のものである。

●は必須解答，○は選択解答である。

時事は，受験案内で「現代の社会に関する問題」「社会事情」などと表記されているものを含む。

札幌市「筆記試験」，川崎市「総合筆記試験」，神戸市「基礎的能力試験」は，一般的な「教養試験」と共通の問題が出題される。

自治体	一次試験日	時間(分)	問題数	タイプ	社会	時事	人文	自然	知能	備考
北海道	5/12	110	60	職務基礎力試験						
青森県	6/16	120	40	全国型	●		●	●	●	
岩手県	6/16	120	40/50	全国型	○	○	○	○	○	
宮城県	6/16	150	50	全国型	●		●	●	●	
秋田県	6/16	120	40	全国型	●		●	●	●	
山形県	6/16	150	50	全国型			●			
福島県	6/16	120	40	全国型	●		●	●	●	
茨城県	6/16	120	40/50	関東型	○	○	○	○	○	
栃木県	6/16	120	40/50	関東型						
群馬県	6/16	120	40/50	関東型						
埼玉県	6/16	120	40/50	関東型						
千葉県	6/16	120	40/50	関東型	●○					
東京都	4/21	130	40	独自	●		●	●	●	
神奈川県	6/16	120	40/50	関東型	○		○	○	●	
山梨県	6/16	120	40/50	関東型						
長野県	6/16	120	40/50	関東型						
新潟県	6/16	120	40/50	関東型						
岐阜県	6/16	150	50	全国型	●	●	●	●	●	
静岡県	6/16	120	40/50	関東型	○		○	○	●	
愛知県	5/19	120	40	その他			●		●	
三重県	6/16	150	50	中部・北陸型	●		●	●	●	
富山県	6/16	120	40/50	中部・北陸型	○		○	○	●	
石川県	6/16	150	50	中部・北陸型	●		●	●	●	
福井県	6/16	150	50	中部・北陸型			●		●	
滋賀県	6/16	120	40/47	全国型	○		○	○	●	人権，県関係も出題
京都府	6/16	120	40/55	全国型	●○		○		●	人権も出題
大阪府	4/12〜25			SPI3（テストセンター）						
兵庫県	6/16	150	45/55	全国型	●○	●○	●○	●○	●	県関係も出題
奈良県	6/16	105	35/50	全国型	●○		●○	●○	●○	人権関連も出題
和歌山県	6/16	60	120	SCOA						
鳥取県	6/16	150	50	全国型	●		●	●	●	
島根県	6/16	150	50	全国型	●		●	●	●	
岡山県	6/16	150	50	全国型	●		●	●	●	
広島県	6/16	150	45/55	全国型	○		○	●	●	

自治体	一次試験日	時間(分)	問題数	タイプ	社会	時事	人文	自然	知能	備考
山口県	6/16	150	50	全国型	●		●	●	●	
徳島県	6/16	150	50	全国型	●		●	●	●	
香川県	6/16	150	50	全国型	●		●	●	●	
愛媛県	6/16	150	50	全国型			●			
高知県	6/16	150	50	全国型	●		●	●	●	
福岡県	6/16	150	50	全国型					●	人権も出題
佐賀県	6/16	150	50	全国型					●	人権も出題
長崎県	6/16	150	50	全国型						
熊本県	6/16	150	40/50	全国型	●○				●	
大分県	6/16	150	50	全国型						
宮崎県	6/16	150	50	全国型			●		●	
鹿児島県	6/16	150	50	全国型					●	
沖縄県	6/16	150	50	全国型					●	
札幌市	6/16	専門と合わせて120	20	その他					●	名称は「筆記試験」
仙台市	6/16	120	40/45	全国型	●		●	●	●	
さいたま市	6/16	120	40/50	全国型	●○	●○	●○	●○	●○	市政問題も出題
千葉市	6/16	150	45/55	全国型	○		○	○	●	
特別区	4/21	120	40/48	独自	○	○	○	○	●	
横浜市	6/16	150	50	その他	●		●		●	
川崎市	6/16	180	60	その他		●※			●	名称は「総合筆記試験」。※知識系も専門科目も出題
相模原市	6/16	90	30	その他					●	
新潟市	6/16	120	40	全国型	●		●	●	●	
静岡市（事務A）	6/16	120	55	全国型	●		●		●	
浜松市	6/16	90	30	その他					●	
名古屋市	4/21	120	40	その他			●		●	
京都市	6/16	90	30	その他					●	
大阪市	6/16	70		SPI3						
堺市	5/26	70	70	SPI3						
神戸市	6/16	150	40/45	その他	○	○			●	名称は「基礎的能力試験」
岡山市	6/16	120	40	その他	●	●			●	
広島市	6/16	150	45/55	全国型	○		○		●	
北九州市	6/16	150	50	全国型	●	●	●	●	●	
福岡市	6/16	150	50	全国型	●		●	●	●	
熊本市	6/16	150	不明	全国型			●		●	

6年度　地方上級　専門試験の出題分野一覧表

この表は，6年度受験案内およびホームページで公表されている情報（6年5月7日現在）から作成したものである。行政系試験のうち，各自治体で代表的な試験区分についてまとめた。なお，グレーのアミ掛け部分は5年度のものである。

●は必須解答，○は選択解答である。

経済原論の欄の☆印は，受験案内では「経済学」と表記されている場合であり，経済原論のほか，経済史，経済政策，経済事情なども出題される可能性がある。

自治体	一次試験日	試験区分	時間(分)	問題数	タイプ	政治学	行政学	社会政策	国際関係	社会学	憲法	行政法	民法	刑法	労働法	経済原論	経済史	経済政策	経済事情	財政学	経営学	統計学	備考
北海道	5/12	一般行政A（専門試験型）	120	40	その他	●	●	●	●		●	●	●	●	●	★				●			
青森県	6/16	行政	120	40	全国型	●	●	●	●		●	●	●	●	●	★				●			
岩手県	6/16	一般行政A	120	40/50	全国型	○	●○	○	○		○	●○	●○	○	○	★☆				●○			
宮城県	6/16	行政	120	40	全国型	●	●	●	●		●	●	●	●	●	★				●	●		
秋田県	6/16	行政A	120	40	全国型	●	●	●	●		●	●	●	●	●	★				●			
山形県	6/16	行政	120	40	全国型	●	●	●	●		●	●	●	●	●	★				●			
福島県	6/16	行政事務	60	20	その他	●	●				●	●				★							
茨城県	6/16	事務（知事部局等A）	120	40/50	関東型	○	○	○	○		○	○	○	○		○				○		○	
栃木県	6/16	行政	120	40/50	関東型	○	○	○	○		○	○	○	○		○*				○		○	※経済学，経済原論
群馬県	6/16	行政事務A	120	40/50	関東型	○	○	○	○		○	○	○	○		○*				○		○	※経済学，経済原論
埼玉県	6/16	一般行政	120	40/50	関東型	○	○	○	○		○	○	○	○		○				○		○	
千葉県	6/16	一般行政A	120	40/50	関東型	○	○	○	○		○	○	○	○		☆				○		○	
東京都	4/21	I類B（行政一般方式）	120		独自	○*	○*			○*	○*	○	○*			☆*				○	○*		※記述式，10題中3題選択。会計学
神奈川県	6/16	行政	120	40/80	その他	○	○	○	○		○	○	○	○		○	○	○	○	○	○	○	心理学，教育学，数学・物理，情報・通信工学
山梨県	6/16	行政	120	40/50	関東型	○	○	○	○		○	○	○	○		○				○		○	
長野県	6/16	行政A［一般方式］	120	40/50	関東型	○	○	○	○		○	○	○	○		○				○		○	経済学説史
新潟県	6/16	一般行政	120	40/50	関東型	○	○	○	○		○	○	○	○		○				○		○	
岐阜県	6/16	行政I	120	40	全国型	●	●	●	●		●	●	●	●	●	★				●			
静岡県	6/16	行政I	120	40/55	関東型	○	○	○	○		○	○	○	○		○				○			教育学，心理学，社会福祉
愛知県	5/19	行政I	120	40	その他	●	●	●	●		●	●	●	●	●	★				●			
三重県	6/16	一般行政分野（行政I）	120	40/50	中部・北陸型	○	○	○	○		○	○	○	○		○				○		○	
富山県	6/16	総合行政	120	40/50	中部・北陸型	○	○	○	○		○	○	○	○		○				○		○	
石川県	6/16	行政	120	40/50	中部・北陸型	●	○	○	○		○	○	○	○		○				○		○	
福井県	6/16	行政	120	40/60	中部・北陸型	○	○	○	○		○	○	○	○		○				○			心理学，教育学
滋賀県	6/16	行政（専門試験型）	120	40/50	全国型											☆				○	○	○	心理学概論，教育学
京都府	6/16	行政A（法律）	90	40/60	法律					○	○	○	○	○		☆					○		教育学，社会福祉概論，一般心理学
		行政A（総合政策）	90	40/60	全国型	○	○	○	○		○	○	○			☆				○	○		
		行政A（経済）	90	40/60	経済											○	○	○	○	○	○		
大阪府	4/12～25	行政（法律）	60	20	その他						●	●	●										二次で実施。見識，法律，情報から選択
兵庫県	6/16	総合事務職	120	40/80	その他	○	○	○	○		○	○	○	○		○				○			社会福祉，教育学，デジタル関係
奈良県	6/16	総合職（行政）	90	30/55	全国型	○	○	○	○		○	○	○	○		☆			○	○			教育学，一般心理学，数学・物理
和歌山県	6/16	一般行政職（法律）	120	40	法律						●	●	●	●	●	★				●			
		一般行政職（経済）	120	40	経済						●	●	●			●	●	●	●	●		●	
		一般行政職（総合A）	120	40/60	全国型	○	○	○	○		○	○	○	○		☆				○			教育学，社会福祉概論，心理学概論
		一般行政職（総合B）	120	40/60	その他	○	○	○	○		○	○	○	○		☆				○			数学・物理・化学
鳥取県	6/16	事務（一般コース）	120	40	全国型	●	●	●	●		●	●	●	●	●	★				●			
島根県	6/16	行政A	120	40	全国型	●	●	●	●		●	●	●	●	●	★				●			
岡山県	6/16	行政	120	40	全国型	●	●	●	●		●	●	●	●	●	★				●			

自治体	一次試験日	試験区分	時間(分)	問題数	タイプ	政治学	行政学	社会政策	国際関係	社会学	憲法	行政法	民法	刑法	労働法	経済原論	経済史	経済政策	経済事情	財政学	経営学	統計学	備考
広島県	6/16	事務(一般事務A)(行政)	120	40	行政	●	●	●	●		●	●	●	●	●	★				●			
		事務(一般事務A)(法律)	120	40	法律						●	●	●	●	●	★							
		事務(一般事務A)(経済)	120	40	経済			●	●							●	●	●	●	●		●	
山口県	6/16	行政	120	40	全国型	●	●	●	●		●	●	●	●	●	★				●			
徳島県	6/16	行政事務(社会科学Ⅰ)	135	45/95	その他	●	●	●	●○		●	●○	●○	●	●	★○	○	○	○	●	●○	○	
香川県	6/16	一般行政事務A	120	40	全国型	●	●	●	●		●	●	●	●	●	★				●			
愛媛県	6/16	行政事務	120	40	全国型	●	●	●	●		●	●	●	●	●	★				●			
高知県	6/16	行政	120	40	全国型	●	●	●	●		●	●	●	●	●	★				●			
福岡県	6/16	行政	120	40	全国型	●	●	●	●		●	●	●	●	●	★				●			
佐賀県	6/16	行政	120	40	全国型	●	●	●	●		●	●	●	●	●	★				●			教育学
長崎県	6/16	行政A	120	40	全国型	●	●	●	●		●	●	●	●	●	★				●			
熊本県	6/16	行政	120	40/80	その他	○	○	○	○		●○	○	●○	○	○	★○	○	○	○	○	○	○	
大分県	6/16	行政	120	40	全国型	●	●	●	●		●	●	●	●	●	★				●			
宮崎県	6/16	一般行政	120	40	全国型	●	●	●	●		●	●	●	●	●	★				●			
鹿児島県	6/16	行政(40問必須解答型)	120	40	全国型	●	●	●	●		●	●	●	●	●	★				●			
沖縄県	6/16	行政	120	40	全国型	●	●	●	●		●	●	●	●	●	★				●			
札幌市	6/16	一般事務(行政コース)	教養と合わせて120	20/45	その他	○	○				○	○	○			☆				○			社会事情
仙台市	6/16	事務	120	40/56	全国型	●	●	●	●	○	●	●	●	○	○	★			●	●			必須：社会事情、選択：心理学、社会福祉、教育学
さいたま市	6/16	行政事務A	120	40/50	全国型	○	○	○	○		○	○	○	○	○	☆				○			教育学、社会福祉概論
千葉市	6/16	事務(行政A)	120	40/50	全国型	○	○	○	○		○	○	○	○	○	☆				○	○		教育学、社会福祉概論
特別区	4/21	一般事務	90	40/55	独自	○	○				○	○	○			○				○	○		
横浜市	6/16	事務	なし。ただし、ほかの自治体では専門試験で出題される問題が、教養試験として出題されている																				
川崎市	6/16	行政事務	総合筆記試験の知識系科目として			●					●	●	●			★				●			
相模原市	6/16	行政	なし																				
新潟市	6/16	一般行政A	120	40	全国型	●	●	●	●		●	●	●	●	●	★				●			
静岡市	6/16	事務B	150	55	全国型	●	●	●	●		●	●	●	●	●	★				●	●		
浜松市	6/16	事務(行政A)	120	40	その他	●	●	●	●		●	●	●	●	●	★				●	●		
名古屋市	4/21	行政	120	40	その他	●	●	●	●		●	●	●	●	●	★				●			
京都市	6/16	一般事務職(行政(一般方式))	90	30/40	全国型	○	○	○	○		○	○	○	○	○	☆				○	○		
大阪市	6/16	事務行政(択一式)	90	25/30	法律	○	○				○	○	○	○		○				○			社会事情
堺市	5/26	事務	なし																				
神戸市	6/16	総合事務	80	25/110	その他	○	○				○	○	○	○		○				○	○		会計学、マーケティング論、英語、国際経済学、国際経営論、教育学、数学、物理
岡山市	6/16	事務一般枠A	90	40	全国型	●	●	●	●		●	●	●	●	●	★				●			
広島市	6/16	行政事務(一般枠)(法律)	120	40	法律			●	●		●	●	●	●	●					●			
		行政事務(一般枠)(経済)	120	40	経済			●	●							●	●	●	●	●		●	
		行政事務(一般枠)(行政)	120	40	行政	●	●	●	●		●	●	●	●	●	★				●			
北九州市	6/16	一般事務員(行政Ⅰ)(専門択一)	120	40	全国型	●	●	●	●		●	●	●	●	●	★				●	●		
福岡市	6/16	行政事務(行政(一般))	120	40	全国型	●	●	●	●		●	●	●	●	●	★				●			
熊本市	6/16	事務職	120	不明	全国型	●	●	●	●		●	●	●	●	●	★				●	●		教育学

地方上級 行政系区分　6年度 試験概要 & 5年度 実施結果

【試験概要】受験案内などで公表されている情報より作成。

*この表は，大卒程度行政系区分（行政，警察事務，学校事務等）の試験概要をまとめたものである。
　以下の区分（通常は翌年4月採用）以外の区分（早期採用，通年枠，追加枠など），病院事務区分，水道事務区分，
　情報・デジタル区分，高卒・短大卒程度の学校事務区分，国際・全国規模のスポーツ大会で優秀な成績を収めた人，海外留学や国際貢献
　活動の経験を有する人など，特別な経歴を持つ人を対象とした区分は除外した。
*年齢要件は7年4月1日現在の年齢。いわゆる飛び入学・飛び級の者は，年齢要件に合致しなくても卒業（見込）を条件に受験できる。
　下限が明記されていない試験は上限年齢のみを表記。受験資格に学歴要件がある試験は年齢に◇印をつけた。
*❶，❷，❸はそれぞれ一次，二次，三次で実施を表す。40/50は，50問中40問選択解答の意。

自治体	試験の種類	試験区分	一次試験日	年齢要件	教養等 出題タイプ	教養等 時間・問題数	専門（択一式） 出題タイプ	専門（択一式） 時間・問題数	記述式，論文等
北海道	行政職員	一般行政A（専門試験型）	5/12	22〜30	職務基礎力試験（社会事情・言語能力：40分・30問，数的・論理的能力：70分・30問）		その他	120分，40問	なし
		一般行政A（小論文試験型）（第1回）					なし		❷小論文（90分）
		教育行政A（第1回）							
		警察行政A（第1回）							❶小論文（90分）
		一般行政A（小論文試験型）（第2回）	9/29		職務基礎力試験		なし		❶小論文
		教育行政A（第2回）							
		警察行政A（第2回）							
	公立小中学校事務職員	公立小中学校事務A							
青森県	大学卒業程度	行政	6/16	22〜32	全国型	120分，40問	全国型	120分，40問	❶論文（60分，800字）
		警察行政							
岩手県	Ⅰ種（アピール試験型）先行実施枠	一般行政B	4/21	22〜45	SPI3（70分）		なし		❶論文（60分），アピールシート
	Ⅰ種（アピール試験型）通常枠	一般行政B	6/16						
	Ⅰ種（専門試験型）	一般行政A		22〜35	全国型	120分，40/50問	全国型	120分，40/50問	❶論文（80分）
宮城県	大学卒業程度	行政	6/16	22〜35	全国型	150分，50問	全国型	120分，40問	❷論文（120分，1,600字）
		警察行政							
秋田県	大学卒業程度（通常枠）	行政A	6/16	22〜34	全国型	120分，40問	全国型	120分，40問	❶論文（60分，800字）
		教育行政A							
	警察行政職員（大学卒業程度）	警察行政（事務）							
山形県	大学卒業程度	行政	6/16	22〜39	全国型	150分，50問	全国型	120分，40問	❷論文（60分，1,000字）
		警察行政							
福島県	大学卒程度	行政事務	6/16	22〜35	全国型	120分，40問	その他	60分，20問	❶論文（60分，800字）
		警察事務							
茨城県	早期日程	事務（知事部局等B）	4/2〜16	29（上限）◇	SPI3		なし		❷論文（80分，1,000字），エントリーシート

【実施結果】
＊二次試験・三次試験を実施していない自治体・試験区分については「―」としている。
＊最終倍率＝一次受験者数÷最終合格者数。
＊女性の内数：★…男女別の集計は実施していない　☆…任意項目として集計（例：10名の場合→☆10）。
※兵庫県：一次受験者数⇒筆記試験受験者数，一次合格者数⇒筆記試験合格者数，二次受験者数⇒一次面接試験受験者数，二次合格者数⇒
　　　　　一次面接試験合格者数，三次受験者数⇒最終面接試験受験者数。
※高知県：「行政」「警察事務」「教育事務」の受験者は，3つの試験区分の中から，いずれかを第一志望とし，残りの試験区分のうちいず
　　　　　れかを第二志望とすることができる。「最終倍率」は，3つの試験区分の合計で算出。
※相模原市：最終合格者数欄の（　）は採用待機者数（内数）。

面接，適性検査等	5年度実施結果									
	自治体	試験区分	申込者数	一次受験者数	一次合格者数	二次受験者数	二次合格者数	三次受験者数	最終合格者数 総数	女性の内数	最終倍率
❷個別面接，適性検査	北海道	一般行政A（第1回）	706	641	471	非公表	―	―	266	☆76	2.4
		教育行政A（第1回）	78	72	55	非公表	―	―	42	☆19	1.7
❶適性検査 ❷個別面接		警察行政A（第1回）	99	90	52	非公表	―	―	43	☆22	2.1
		一般行政A（第2回）	214	161	140	非公表	―	―	46	☆10	3.5
❶適性検査 ❷個別面接		教育行政A（第2回）	26	19	18	非公表	―	―	14	☆4	1.4
		警察行政A（第2回）	39	33	25	非公表	―	―	15	☆7	2.2
		公立小中学校事務A	38	33	28	非公表	―	―	16	☆7	2.1
❷個別面接，グループワーク，適性検査	青森県	行政	272	227	176	168	―	―	90	非公表	2.5
		警察行政	7	4	3	3	―	―	1	非公表	4.0
❷個別面接 （プレゼンテーション含む）	岩手県	一般行政B（先行実施枠）	171	137	25	24	―	―	11	4	12.5
		一般行政B（通常枠）	77	53	7	7	―	―	3	1	17.7
❷個別面接，適性検査 ❸個別面接，グループワーク		一般行政A	200	139	117	111	70	69	52	29	2.7
❷個別面接，集団討論，適性検査	宮城県	行政	419	330	165	141	―	―	63	30	5.2
		警察事務	47	34	20	17	―	―	7		4.9
❷個別面接2回，適性検査，外国語資格加点	秋田県	行政A	163	133	85	79	―	―	55	非公表	2.4
		教育行政A	10	9	8	7	―	―	3	非公表	3.0
❷個別面接，適性検査，外国語資格加点		警察行政（事務）	25	20	16	15	―	―	9	非公表	2.2
❶外国語資格加点，❷個別面接2回，集団討論，適性検査	山形県	行政	247	188	94	88	―	―	49	22	3.8
❶外国語資格加点，❷個別面接，集団討論，適性検査		警察行政	24	13	4	3	―	―	2	2	6.5
❷個別面接2回，集団討論，適性検査	福島県	行政事務	484	354	246	232	―	―	172	68	2.1
		警察事務	34	21	14	13	―	―	4	0	5.3
❶性格検査，❷個別面接2回（プレゼンテーション含む），集団討論，適性検査	茨城県	事務（知事部局等B）	278	254	49	39	―	―	16	★	15.9

					6年度試験概要					
					一次					
					教養等		専門（択一式）			
自治体	試験の種類	試験区分	一次試験日	年齢要件	出題タイプ	時間・問題数	出題タイプ	時間・問題数	記述式，論文等	
茨城県	大学卒業程度	事務（知事部局等Ａ）	6/16	22〜29	関東型	120分，40/50問	関東型	120分，40/50問	●論文（80分，1,000字）	
		事務（警察本部）								
栃木県	大学卒業程度	行政（早期枠）	4/2〜15	22〜29	SCOA（60分，120問）		なし		❷論文（90分，1,100字）	
		行政	6/16		関東型	120分，40/50問	関東型	120分，40/50問	●論文（90分，1,100字）	
		警察行政								
		小中学校事務		22〜32			なし			
群馬県	Ⅰ類	行政事務Ｂ	4/2〜15	22〜29	SPI3		なし		❷論文（90分，1,200字）	
		行政事務Ａ	6/16		関東型	120分，40/50問	関東型	120分，40/50問		
埼玉県	上級	一般行政	6/16	22〜30	関東型	120分，40/50問	関東型	120分，40/50問	❷論文（75分，900〜1,100字）	
	小・中学校事務上級	小・中学校事務					なし			
	警察事務上級	警察事務					関東型	120分，40/50問		
千葉県	上級	一般行政Ａ	6/16	22〜30	関東型	120分，40/50問	関東型	120分，40/50問	●論文（90分）	
		一般行政Ｂ		25〜35			なし		●論文（90分），自己アピールシート（120分）	
東京都	Ⅰ類Ｂ	行政（一般方式）	4/21	22〜29	独自	130分，40問	なし		●専門記述式（120分，10題中３題），論文（90分，1,000〜1,500字）	
		行政（新方式）			SPI3（70分）				●プレゼンテーション・シート作成（90分）	
	Ⅰ類Ａ	事務	5/12	24〜31	独自	130分，40問			●専門記述式（150分，５題中１題），論文（90分，1,000〜1,500字）	
神奈川県	Ⅰ種	行政	6/16	22〜30	関東型	120分，40/50問	その他	120分，40/80問	●論文（90分，1,200字）	
	公立小中学校等事務Ⅰ種	小中学校等事務Ⅰ種							●論文（60分，800字）	
	警察事務Ⅰ種	警察事務Ⅰ種								
	秋季Ⅰ種	行政	9/10〜10/21		SPI3		なし		❷論文	
山梨県	大学卒業程度	行政	6/16	22〜35	関東型	120分，40/50問	関東型	120分，40/50問	❷論文（90分）	
		警察行政								
		行政（アピール試験型）			SPI3（70分）		なし		●自己アピール試験（90分），❷論文（90分）	
長野県	大学卒業程度	行政Ｂ［SPI方式］	4/11〜17	22〜29	SPI3		なし		●自己アピール試験（WEB）	
		行政Ａ［一般方式］	6/16		関東型	120分，40/50問	関東型	120分，40/50問	●論文（90分，1,200字）	
	警察行政職員（大学卒業程度）	行政		22〜35					❷論文（90分，1,200字）	

| 面接, 適性検査等 | 5年度実施結果 |||||||||| |
	自治体	試験区分	申込者数	一次受験者数	一次合格者数	二次受験者数	二次合格者数	三次受験者数	最終合格者数 総数	女性の内数	最終倍率
❷個別面接2回, 集団討論, 適性検査	茨城県	事務（知事部局等A）	504	381	218	195	—	—	128	★	3.0
		事務（警察本部）	55	38	20	16	—	—	9	★	4.2
❶適性検査 ❷個別面接, 集団試験	栃木県	行政（特別枠）	539	474	84	81	—	—	42	★	11.3
❷個別面接, 集団試験, 適性検査		行政	361	225	136	121	—	—	64	★	3.5
		警察行政	30	16	7	6	—	—	6	★	2.7
		小中学校事務	98	56	33	30	—	—	11	★	5.1
❶性格検査 ❷個別面接2回（自己PRタイムを含む）, 適性検査	群馬県	行政事務B	257	224	80	63	—	—	28	★	8.0
❷個別面接, 適性検査 ❸個別面接（自己PRタイムを含む）		行政事務A	426	334	180	151	111	107	86	★	3.9
❷個別面接2回, 適性検査	埼玉県	一般行政	1,402	1,034	772	非公表	—	—	339	★	3.1
		小・中学校事務	150	106	87	非公表	—	—	25	★	4.2
❷個別面接, 適性検査		警察事務	182	126	73	非公表	—	—	30	★	4.2
❷個別面接, 適性検査	千葉県	一般行政A	879	635	301	232	—	—	175	★	3.6
❷個別面接（プレゼンテーション含む）, 適性検査		一般行政B	142	94	94	86	—	—	41	★	2.3
❷個別面接	東京都	行政（一般方式）	2,122	1,525	1,094	984	—	—	626	★	2.4
❷プレゼンテーション, 個別面接 ❸グループワーク, 個別面接		行政（新方式）	560	433	366	315	259	253	230	★	1.9
❷個別面接		事務（I類A）	608	288	120	104	—	—	51	★	5.6
❷個別面接2回, グループワーク, 適性検査	神奈川県	行政	1,009	616	577	374	—	—	195	★	3.2
❷個別面接, 適性検査		小中学校等事務I種	54	37	32	28	—	—	9	★	4.1
		警察事務I種	284	185	135	125	—	—	51	★	3.6
❶自己PR動画, ❷個別面接(プレゼンテーション含む), グループワーク		行政（秋季I種）	836	463	252	186	—	—	76	★	6.1
❷集団討論, 個別面接2回, 適性検査	山梨県	行政	296	251	124	115	—	—	77	★	3.3
		警察行政	30	26	17	16	—	—	10	★	2.6
		行政（アピール試験型）	0	0	0	0	—	—	0	★	—
❶性格検査 ❷個別面接2回, グループワーク, 適性検査	長野県	行政B［SPI方式］	522	376	177	135	—	—	65	43	5.8
		行政B［SPI方式］【秋季チャンス】	243	118	23	16	—	—	4	3	29.5
❶資格加算, ❷個別面接2回, グループワーク, 適性検査		行政A［一般方式］	245	178	124	112	—	—	59	22	3.0
❶資格加点 ❷口述試験, 適性検査		行政（警察行政職員）	150	64	22	18	—	—	8	5	8.0

PART
7
地方公務員ガイダンス

自治体	試験の種類	試験区分	一次試験日	年齢要件	6年度試験概要 一次 教養等 出題タイプ	教養等 時間・問題数	専門（択一式）出題タイプ	専門（択一式）時間・問題数	記述式，論文等	
新潟県	大学卒業程度（先行実施枠）	一般行政	4/21	22～30	SPI3（70分）		なし		❶自己PRシート	
	大学卒業程度	一般行政	6/16		関東型	120分，40/50問	関東型	120分，40/50問	❷論文（75分，1,000字）	
		警察行政								
岐阜県	大学卒程度	行政Ⅱ［SPI方式］	4/2～18	22～39	SPI3（35分）		なし		❷論文（60分）	
		行政Ⅰ	6/16	22～29	全国型	150分，50問	全国型	120分，40問	❶論文（60分）	
		警察行政								
	市町村立小中学校等事務職員（大学卒程度）	市町村立小中学校等事務職員								
静岡県	大学卒業程度	行政Ⅰ	6/16	22～30	関東型	120分，40/50問	関東型	120分，40/55問	❶論文（90分）	
		行政Ⅱ		22～35	総合能力試験①（90分，30問）		総合能力試験②（30分，10問）			
		小中学校事務		22～30	関東型	120分，40/50問	関東型	120分，40/55問		
		警察行政								
愛知県	第1回職員	行政Ⅰ	5/19	22～29	その他	120分，40問	その他	120分，40問	❷論文（90分，800字）	
		行政Ⅱ					なし		❶論文（120分，1,000字）	
	第1回警察職員	行政Ⅰ					その他	120分，40問	❷論文（90分）	
		行政Ⅱ					なし		❶論文（120分）	
三重県	A試験	一般行政分野（行政Ⅰ）	6/16	22～29	中部・北陸型	150分，50問	中部・北陸型	120分，40/50問	❷論文（90分）	
富山県	上級	総合行政	6/16	22～35	中部・北陸型	120分，40/50問	中部・北陸型	120分，40/50問	❷論文（60分）	
		警察事務								
石川県	大学卒程度	行政	6/16	22～29	中部・北陸型	150分，50問	中部・北陸型	120分，40/50問	❶論文（70分，800字）	
福井県	Ⅰ種（アピール枠（行政））	行政	4/9～23	22～34	SPI3		なし		❶アピールシート選考，❷論文（70分）	
	Ⅰ種	行政	6/16		中部・北陸型	150分，50問	中部・北陸型	120分，40/60問	❷論文（70分）	
		警察行政								
滋賀県	上級	行政（アピール試験型）	6/2	22～26	SPI3（70分）		なし		❶アピールシート（記述式）（60分，1,000字）❷論文（90分）	
		行政（専門試験型）	6/16	22～34	全国型	120分，40/47問	全国型	120分，40/50問	❷論文（90分）	
		警察事務								

面接，適性検査等	自治体	試験区分	申込者数	一次受験者数	一次合格者数	二次受験者数	二次合格者数	三次受験者数	最終合格者数 総数	最終合格者数 女性の内数	最終倍率
❷個別面接2回（1回目はプレゼンテーションを含む），集団討論	新潟県	一般行政	285	213	172	154	—	—	80	35	2.7
❷個別面接2回，集団討論，適性検査		警察行政	12	10	3	3	—	—	1	1	10.0
❶性格検査 ❷個別面接（プレゼンテーション含む），集団討論，適性検査	岐阜県	行政Ⅱ	665	576	105	62	—	—	20	未集計	28.8
		行政Ⅰ	441	226	153	136	—	—	71	未集計	3.2
❷個別面接，集団討論，適性検査		警察行政	75	42	26	23	—	—	14	未集計	3.0
		市町村立小中学校等事務職員	25	20	14	13	—	—	3	未集計	6.7
❷個別面接2回，集団討論，適性検査	静岡県	行政Ⅰ	374	285	197	168	—	—	94	★	3.0
		行政Ⅱ	255	168	88	81	—	—	36	★	4.7
❷個別面接，集団討論，適性検査		小中学校事務	24	21	18	18	—	—	5	★	4.2
		警察行政	74	52	37	34	—	—	22	★	2.4
❷面接，適性試験	愛知県	行政Ⅰ	1,489	1,225	579	非公表	—	—	207	110	5.9
❷面接，集団討論，適性試験		行政Ⅱ	586	406	180	非公表	—	—	36	17	11.3
❷面接，適性試験		行政Ⅰ（警察職員）	85	62	34	非公表	—	—	9	6	6.9
❷面接，集団討論，適性試験		行政Ⅱ（警察職員）	105	82	35	非公表	—	—	10	10	8.2
❷個別面接，適性検査	三重県	一般行政分野（行政Ⅰ）	360	253	110	102	—	—	71	★	3.6
❷個別面接2回，集団討論，適性検査	富山県	総合行政	254	195	119	非公表	—	—	79	非公表	2.5
		警察事務	26	18	8	非公表	—	—	3	非公表	6.0
❶適性検査 ❷個別面接，集団討論	石川県	行政	217	168	100	92	—	—	73	40	2.3
❶性格検査，❷個別面接，適性検査，外国語資格加点	福井県	行政	181	148	92	88	—	—	58	☆34	2.6
❶適性検査Ⅰ ❷個別面接，集団討論，適性検査Ⅱ，外国語資格加点		警察行政	63	41	22	17	—	—	12	☆9	3.4
❶個別面接（自己アピールを含む） ❷個別面接，集団討論，適性検査	滋賀県	行政（アピール試験型）	183	150	30	27	—	—	20	11	7.5
❶個別面接 ❷個別面接，集団討論，適性検査		行政（専門試験型）	322	237	132	127	—	—	75	27	3.2
		警察事務	47	32	10	10	—	—	5	2	6.4

自治体	試験の種類	試験区分	一次試験日	年齢要件	6年度試験概要 一次 教養等 出題タイプ	時間・問題数	専門（択一式）出題タイプ	時間・問題数	記述式，論文等	
京都府	職員（一類）	行政A	6/16	22～30	その他	120分，40/55問	90分，40問 ※総合政策，法律，経済から1科目を選択。出題タイプは，総合政策は全国型，法律は法律専門，経済は経済専門。		●論文（90分）	
		行政A（10月）		23～31						
		行政B		22～30	SPI3（70分）		なし		●自己アピール試験（90分），論文（90分）	
	公立学校職員	学校事務職員A	9/29	26（上限）◇	120分，45/50問		なし		●作文（60分）	
	警察事務職員	警察事務職員A								
大阪府	大学卒程度	行政	4/12～25	22～25	SPI3（テストセンター）		なし		❷見識（論文），法律（択一式，20問），情報（記述式）から選択（60分）	
		警察行政		22～29						
兵庫県	事務系職種（大卒程度・早期SPI枠）	総合事務職	4/13～26		SPI3		なし		●アピールシート	
	事務系職種（大卒程度・通常枠）	総合事務職	6/16	22～27	全国型	150分，45/55問	その他	120分，40/80問	●論文（60分，800字）	
		警察事務職								
		教育事務職								
		小中学校事務職								
奈良県	Ⅰ種（行政分野A）	総合職	4/14		SPI3（70分）		なし		●小論文（60分，700字）	
	Ⅰ種（行政分野B）	総合職（行政）	6/16	22～30	全国型	105分，35/50問	全国型	90分，30/55問	●論文（75分，800字）	
		警察行政職（警察行政）								
和歌山県	Ⅰ種	一般行政職（早期募集枠）	4/3～14	22～29	SCOA（60分，120問）		なし		❷論文（90分，1,200字）	
		一般行政職	6/16				※法律，経済，総合A，総合Bから1科目選択。法律，経済は120分，40問，総合A，総合Bは120分，40/60問。出題タイプは，法律は法律専門，経済は経済専門，総合A，総合Bはその他。		●論文（90分，1,200字）	
		学校事務職		22～35						
		警察事務職								
鳥取県	大学卒業程度	事務（キャリア総合コース）	5/12		SPI3（70分）		なし		●アピールシート（90分）	
		事務（一般コース）	6/16	22～35	全国型	150分，50問	全国型	120分，40問	●論文（60分）	
		事務（総合分野コース）					なし		●エントリーシート（120分），論文（60分）	
		警察行政							●論文（60分）	
島根県	大学卒業程度	行政B（面接重視型）	4/14	22～29	SPI3（70分）		なし		●自己アピールシート（90分）	
		行政A	6/16		全国型	150分，50問	全国型	120分，40問	●論文（90分）	
		警察事務		22～32				90分，20/55問		

面接，適性検査等	自治体	試験区分	申込者数	一次受験者数	一次合格者数	二次受験者数	二次合格者数	三次受験者数	最終合格者数 総数	最終合格者数 女性の内数	最終倍率
❶集団面接，適性検査 ❷個別面接	京都府	行政A	487	316	176	170	—	—	141	76	2.2
		行政A（10月）	43	22	8	7	—	—	2	1	11.0
❶アピール型個別面接，適性検査 ❷個別面接		行政B	109	50	15	15	—	—	4	0	12.5
❶集団面接 ❷個別面接，適性検査		学校事務職員A	95	46	25	22	—	—	10	7	4.6
		警察事務職員A	121	65	16	15	—	—	4	3	16.3
❷個別面接 ❸個別面接，グループワーク	大阪府	行政	1,687	1,032	552	312	222	201	169	★	6.1
❷個別面接，適性検査 ❸個別面接，グループワーク		警察行政	346	206	132	106	58	54	33	★	6.2
❷個別面接，適性検査	兵庫県	一般事務職	683	458	382	326	164	155	110	57	4.2
［一次面接試験］個別面接，適性検査 ［最終面接試験］個別面接		警察事務職	78	47	28	26	12	12	8	7	5.9
		教育事務職	106	78	63	58	47	47	36	24	2.2
		小中学校事務職	42	29	18	17	15	13	11	8	2.6
❶性格検査，グループワーク，集団面接　❷個別面接2回	奈良県	総合職（行政）（行政アピール型）	308	294	57	50	—	—	25	14	11.8
❶集団面接，適性検査 ❷個別面接，グループワーク		総合職（行政）	301	222	175	164	—	—	118	58	1.9
		警察行政職（警察行政）	18	15	7	5	—	—	3	2	5.0
❶適性検査 ❷個別面接2回（2回目はプレゼンテーションを含む）	和歌山県	一般行政職（特別枠）	15	14	14	13	—	—	5	☆4	2.8
❶適性検査 ❷個別面接2回		一般行政職（通常枠）	285	223	180	156	—	—	70	☆33	3.2
❶適性検査 ❷個別面接		警察事務職	19	15	10	10	—	—	3	☆2	5.0
❶適性検査 ❷個別面接2回，集団討論	鳥取県	事務（キャリア総合コース）	194	136	60	56	—	—	33	☆20	4.1
		事務（一般コース）	110	83	56	52	—	—	31	☆16	2.7
		事務（総合分野コース）	44	27	25	25	—	—	12	☆7	2.3
❶適性検査 ❷個別面接		警察行政	15	10	6	6	—	—	1	☆1	10.0
❶性格検査 ❷個別面接①（プレゼンテーション含む），個別面接②，集団討論	島根県	行政B	278	220	64	62	—	—	40	★	5.5
❶性格検査 ❷個別面接，集団討論		行政A	118	57	49	48	—	—	28	★	2.0
❶性格検査 ❷個別面接		警察事務	24	17	15	15	—	—	9	★	1.9

5年度実施結果

PART 7 地方公務員ガイダンス

| | | | | | 6年度試験概要 | | | | |
自治体	試験の種類	試験区分	一次試験日	年齢要件	一次 教養等 出題タイプ	教養等 時間・問題数	専門（択一式）出題タイプ	専門 時間・問題数	記述式，論文等
岡山県	県職員A（アピール型）	行政	4/21	22～26	SPI3（70分，70問）		なし		❶アピールシート（90分，3題，各600字）
	県職員A	行政	6/16	22～30	全国型	150分，50問	全国型	120分，40問	なし
	警察行政職員A	警察行政職員A					なし		❶論文（90分，1,200字）
広島県	大学卒業程度	行政（一般事務A）	6/16	22～29	全国型	150分，45/55問	120分 ※行政，法律，経済から選択。出題タイプは，行政は全国型，法律は法律専門，経済は経済専門。		❶論文（90分，800字）
		行政（小中学校事務）							
		行政（警察事務）							
		行政（一般事務B）		22～26	SPI3（70分）		なし		❶アピールシート（60分），論文（90分，800字）
山口県	大学卒業程度（やまぐち型）	行政	4/1～12	22～29	SPI3		なし		❷論文（60分，1,000字）
		警察行政							
	大学卒業程度	行政	6/16		全国型	150分，50問	全国型	120分，40問	❷論文（60分，1,000字）
		警察行政							
徳島県	大学卒業程度	行政事務	6/16	22～36	全国型	150分，50問	その他	135分，45/95問	❷論文（90分，1,000字）
		学校事務					全国型	120分，40問	
		警察事務							
香川県	大学卒業程度	一般行政事務A	6/16	22～29	全国型	150分，50問	全国型	120分，40問	❶論文（90分）
		学校事務							
		警察行政事務							
		一般行政事務B			SCOA（60分，120問）		なし		
愛媛県	上級	行政事務〔アピール型〕	4/1～15	22～34	SCOA		なし		❶自己アピール（受付期間内に登録）❷作文（60分）
		行政事務	6/16		全国型	150分，50問	全国型	120分，40問	❷作文（60分）
		学校事務							
		警察事務							
高知県	大学卒業程度	行政（チャレンジ型）	4/14	22～34	SPI3（70分，70問）		なし		❶アピールシート ❷論文
		行政	6/16	22～29	全国型	150分，50問	全国型	120分，40問	❷論文
		警察事務							
		教育事務							
福岡県	Ⅰ類	行政	6/16	22～29	全国型	150分，50問	全国型	120分，40問	❷論文
		教育行政							
		警察行政							

面接，適性検査等	自治体	試験区分	申込者数	一次受験者数	一次合格者数	二次受験者数	二次合格者数	三次受験者数	最終合格者数 総数	女性の内数	最終倍率
❶適性検査 ❷グループワーク，個別面接2回	岡山県	行政（アピール型）	225	170	49	39	—	—	16	☆13	10.6
❶適性検査 ❷第一次個別面接，第二次個別面接（自己PRを含む）		行政	386	288	183	159	—	—	82	☆46	3.5
❶適性検査 ❷集団面接，個別面接		警察行政職員A	106	57	32	30	—	—	8	☆8	7.1
❷個別面接2回	広島県	行政（一般事務A）	459	362	253	224	—	—	117	65	3.1
		行政（小中学校事務）	20	15	9	9	—	—	7	5	2.1
		行政（警察事務）	33	29	14	14	—	—	7	6	4.1
❷個別面接2回（2回目はプレゼンテーション含む）※いずれもオンライン ❸個別面接		行政（一般事務B）	108	74	50	41	37	37	22	16	3.4
❶性格検査 ❷個別面接，集団討論	山口県	行政（チャレンジ型）	261	215	62	58	—	—	25	非公表	8.6
		警察行政（チャレンジ型）	59	44	10	10	—	—	5	非公表	8.8
❷個別面接，集団討論		行政	217	148	95	85	—	—	45	非公表	3.3
		警察行政	25	14	10	10	—	—	6	非公表	2.3
❷プレゼンテーション，個別面接，適性検査	徳島県	行政事務	359	299	119	104	—	—	79	★	3.8
		学校事務	48	40	12	11	—	—	8	★	5.0
		警察事務	55	45	15	15	—	—	13	★	3.5
❷個別面接，集団討論，適性検査	香川県	一般行政事務A	281	222	98	88	—	—	65	★	3.4
		学校事務	28	25	13	12	—	—	9	★	2.8
		警察行政事務	30	25	14	12	—	—	7	★	3.6
		一般行政事務B	53	44	16	10	—	—	5	★	8.8
❶性格検査，特定資格等加点 ❷個別面接，集団面接，集団討論，適性検査	愛媛県	行政事務（アピール型）	140	105	35	25	—	—	16	10	6.6
❷個別面接，集団討論，適性検査		行政事務	307	204	129	96	—	—	55	23	3.7
		学校事務	85	66	45	40	—	—	18	9	3.7
		警察事務	114	74	24	21	—	—	16	11	4.6
❷個別面接2回，集団討論，適性検査	高知県	（チャレンジ型）行政	81	49	21	19	—	—	2	☆1	24.5
		行政（第一志望） （第二志望）	195 34	157 27	86	82	—	—	46	☆27	3.0
		警察事務（第一志望） （第二志望）	17 50	13 42	12	11	—	—	5	☆2	
		教育事務（第一志望） （第二志望）	27 114	20 52	30	24	—	—	12	☆6	
❷個別面接，適性検査	福岡県	行政	734	474	80	70	—	—	45	★	10.5
		教育行政	115	94	48	46	—	—	23	★	4.1
		警察行政	97	65	33	30	—	—	13	★	5.0

PART

7

地方公務員ガイダンス

自治体	試験の種類	試験区分	一次試験日	年齢要件	教養等 出題タイプ	教養等 時間・問題数	専門（択一式）出題タイプ	専門（択一式）時間・問題数	記述式，論文等
	6年度試験概要				**一次**				
佐賀県	特別枠	行政	4/1〜11	22〜25	教養試験 (60分，120問)		なし		❶書類選考（アピールシートを申込時に提出）❸論文（90分）
		教育行政							
	大学卒業程度	行政	6/16	22〜29	全国型	150分，50問	全国型	120分，40問	❶論文（90分）
		教育行政							
		警察行政							
長崎県	大学卒業程度	行政B	4/1〜16	22〜29	SPI3		なし		❷論文(90分，1,200字)
		教育事務B							
		行政A	6/16		全国型	150分，50問	全国型	120分，40問	❷論文(90分，1,200字)
		教育事務A							
		交通局事務A							
		警察事務A							
熊本県	大学卒業程度	行政	6/16	22〜35	全国型	150分，40/50問	その他	120分，40/80問	❶論文（90分）
		警察行政							
		教育行政							
大分県	上級	（先行実施枠）行政	4/1〜10	22〜25	SCOA（60分，120問)		なし		❷論文（80分，1,000字)
		行政	6/16	22〜29	全国型	150分，50問	全国型	120分，40問	❷論文（80分，1,000字)
		教育事務							
		警察事務							
宮崎県	大学卒業程度	一般行政特別枠	4/5〜22	22〜29	C-GABplus（基礎能力検査，40分)		なし		❷論文（90分）
		一般行政	6/16		全国型	150分，50問	全国型	120分，40問	❶論文（90分）
		警察行政							
鹿児島県	大学卒業程度	行政（先行実施枠）	4/14	22〜29	SPI3（70分，70問)		なし		❶エントリーシート（一次試験時に提出)，PR論文（60分，800字)
		行政（40問必須解答型）	6/16	22〜29	全国型	150分，50問	全国型	120分，40問	❶エントリーシート（一次試験時に提出)❷論文（90分，1,000字)
		行政（選択解答型）					その他	120分，40/80問	
		警察事務					全国型	120分，40問	
沖縄県	上級	行政	6/16	22〜35	全国型	150分，50問	全国型	120分，40問	❷論文（120分，1,000字)
		警察事務							

面接，適性検査等	自治体	試験区分	申込者数	一次受験者数	一次合格者数	二次受験者数	二次合格者数	三次受験者数	最終合格者数 総数	最終合格者数 女性の内数	最終倍率
❶語学資格保有者への加点 ❷個別面接 ❸個別面接	佐賀県	行政（特別枠）	368	342	126	109	58	非公表	29	★	11.8
		教育行政（特別枠）	44	41	13	13	8	非公表	3	★	13.7
❶語学資格保有者への加点 ❷個別面接2回		行政	224	150	40	35	—	—	20	★	7.5
		教育行政	39	30	12	11	—	—	6	★	5.0
		警察事務	19	13	6	4	—	—	3	★	4.3
❶性格検査 ❷個別面接，グループワーク，適性検査	長崎県	行政B（SPI方式）	242	204	94	77	—	—	42	☆29	4.9
		教育事務B（SPI方式）	34	27	14	13	—	—	8	☆6	3.4
❷個別面接，グループワーク，適性検査		行政A	179	151	88	72	—	—	55	☆22	2.7
		教育事務A	50	48	24	23	—	—	16	☆8	3.0
		交通局事務A	1	0	0	0	—	—	0	☆0	—
		警察事務A	15	9	6	4	—	—	3	☆2	3.0
❶資格加点 ❷個別面接 ❸個別面接，集団討論	熊本県	行政	408	307	233	214	110	109	91	非公表	3.4
		警察行政	31	21	9	8	5	5	3	非公表	7.0
❷個別面接 ❸個別面接，集団討論		教育行政	56	40	24	24	22	22	19	非公表	2.1
❷個別面接2回，適性検査	大分県	（先行実施枠）行政	322	297	120	119	—	—	40	☆23	7.4
❷個別面接2回，適性検査		行政	297	218	96	83	—	—	32	☆13	6.8
		教育事務	52	41	25	24	—	—	16	☆9	2.6
		警察事務	29	22	12	10	—	—	5	☆3	4.4
❶性格検査 ❷個別面接2回	宮崎県	一般行政特別枠	280	200	93	82	—	—	31	★	6.5
❶適性検査 ❷個別面接2回		一般行政	200	156	125	107	—	—	67	★	2.3
❶適性検査 ❷個別面接2回，適性検査		警察行政	26	18	10	10	—	—	6	★	3.0
❷個別面接2回，適性検査	鹿児島県	行政（特別枠）	266	213	101	94	—	—	44	23	4.8
❷個別面接2回，適性検査		行政（40問必須解答型と選択解答型の合計）	377	306	113	103	—	—	61	31	5.0
❷個別面接，適性検査		警察事務	20	16	13	12	—	—	6	3	2.7
❷個別面接，集団討論，適性検査	沖縄県	行政	850	709	170	150	—	—	108	☆51	6.6
		警察事務	82	66	4	4	—	—	2	☆2	33.0

PART 7 地方公務員ガイダンス

自治体	試験の種類	試験区分	一次試験日	年齢要件	一次 教養等 出題タイプ	一次 教養等 時間・問題数	一次 専門（択一式）出題タイプ	一次 専門（択一式）時間・問題数	記述式，論文等	
					6年度試験概要					
札幌市	大学の部	一般事務（行政コース）	6/16	29（上限）◇	筆記試験（120分，教養系20問，専門系20/45問）				なし	
		学校事務								
仙台市	大学卒程度	事務	6/16	22〜35	全国型	120分，40/45問	全国型	120分，40/56問	❷論文（120分，1,200字）	
さいたま市	大学卒業程度	行政事務A	6/16	22〜30	全国型	120分，40/50問	全国型	120分，40/50問	❷論文（60分，1,000字）	
		学校事務					なし			
		行政事務B（4月採用）			SPI3（70分）					
千葉市	上級	事務（行政A）	6/16	22〜28	全国型	150分，45/55問	全国型	120分，40/50問	❷論文（60分，800字）	
		事務（行政B）		22〜60	60分，60問		なし		❷自己PR論文（60分，800字）	
特別区	Ⅰ類	事務（一般事務）	4/21	22〜31	独自	120分，40/48問	独自	90分，40/55問	❶論文（80分，1,000〜1,500字）	
横浜市	大学卒程度	事務【春実施枠】	3/19〜4/2	22〜30	SPI3（35分）		なし		なし	
	大学卒程度等	事務	6/16	22〜30	その他	150分，50問	なし		❶論文（60分，750字）	
		学校事務								
川崎市	大学卒程度	行政事務	6/16	22〜29	総合筆記試験（180分，60問）				❷小論文（80分，1,000〜1,200字）	
		学校事務								
相模原市	大学卒業程度	行政	6/16	22〜35	その他	90分，30問	なし		❷論述試験（60分，700字）	
		学校事務							なし	
新潟市	大学卒業程度	一般行政B	4/1〜15	22〜28	SPI3		なし		❸論文（60分，1,200字）	
		一般行政A	6/16		全国型	120分，40問	全国型	120分，40問		
静岡市	大学卒程度	事務A	6/16	22〜30	全国型	150分，55問	なし		❷事務処理能力試験	
		事務B			なし		全国型	150分，55問		
		小中学校事務			全国型	150分，55問	なし			
浜松市	第Ⅰ類行政職員	事務（行政B）	6/16	29（上限）◇	SPI3		なし		❸小論文（60分）	
		事務（行政A）			90分，30問		120分，40問			
		事務（学校事務）								
名古屋市	春実施試験 第1類	事務（行政〈教養型〉）	4/21	22〜30	その他	120分，40問	なし		❶論文（60分）	
		事務（行政〈プレゼンテーション型〉）			基礎能力試験（60分，60問）				なし	
	春実施試験 第1類	事務（行政）			その他	120分，40問	その他	120分，40問	❶論文（60分）	
	夏実施試験 第1類	学校事務	6/16		全国型	150分，50問	なし			

面接，適性検査等	自治体	試験区分	5年度実施結果						最終合格者数		最終倍率
			申込者数	一次受験者数	一次合格者数	二次受験者数	二次合格者数	三次受験者数	総数	女性の内数	
❶個別面談 ❷個別面接	札幌市	一般事務（行政コース）	1,072	807	279	273	—	—	188	★	4.3
		学校事務	58	43	25	25	—	—	13	★	3.3
❷個別面接，集団面接，適性検査	仙台市	事務	617	505	106	102	—	—	79	★	6.4
❷個別面接，集団面接（グループディスカッションを含む），適性検査	さいたま市	行政事務A	882	645	391	295	—	—	182	★	3.5
		学校事務	62	42	37	29	—	—	16	★	2.6
		行政事務B	272	206	113	79	—	—	32	★	6.4
❶個別面談 ❷個別面接，適性検査	千葉市	事務（行政A）	506	420	194	186	—	—	112	★	3.8
❶集団討論 ❷個別面接，適性検査，語学加算		事務（行政B）	179	134	29	28	—	—	11	★	12.2
❷個別面接	特別区	事務	8,541	7,668	5,955	4,595	—	—	3,013	★	2.5
❶性格検査，❷Myストーリープレゼンテーション，❸面接	横浜市	事務（特別実施枠）【SPI方式】	1,453	1,340	302	257	129	118	57	★	23.5
❷個別面接 ❸個別面接		事務	1,829	1,451	593	544	362	330	180	★	8.1
❷個別面接		学校事務	93	76	38	36	—	—	13	★	5.8
❶個別面談 ❷個別面接	川崎市	行政事務	1,130	784	348	328	—	—	193	☆102	4.1
		学校事務	55	35	21	21	—	—	12	☆9	2.9
❷グループワーク，事務適性検査 ❸個別面接	相模原市	行政	568	445	273	258	121	113	71(13)	☆32(5)	6.3
❶個別面談，事務適性検査 ❷個別面接		学校事務	53	43	10	10	—	—	5(1)	☆3(1)	8.6
❶性格検査，❷個別面接，❸個別面接，適性検査	新潟市	一般行政B	46	38	24	24	16	15	9	★	4.2
❷個別面接 ❸個別面接（2回），適性検査		一般行政A	231	178	120	111	78	70	47	★	3.8
❶グループワーク ❷適性検査，個別面接2回	静岡市	事務A	482	385	137	128	—	—	89	★	4.3
		事務B	40	24	9	7	—	—	6	★	4.0
❶グループワーク ❷個別面接		小中学校事務	23	18	13	12	—	—	6	★	3.0
❶性格検査，個別面接 ❷個別面接	浜松市	事務（行政B）	220	146	77	70	41	31	26	未集計	5.6
❶性格検査，個別面接 ❷個別面接		事務（行政A）	211	136	105	103	65	56	49	未集計	2.8
		事務（学校事務）	14	8	4	4	2	2	2	未集計	4.0
❷個別面接①，個別面接②	名古屋市	事務（行政〈教養型〉）	1,121	899	413	非公表	—	—	98	★	9.2
❷個別面接①，個別面接②（プレゼンテーション）		事務（行政〈プレゼンテーション型〉）	257	203	153	非公表	—	—	33	★	6.2
❷個別面接①，個別面接②		事務（行政）	1,735	1,473	562	非公表	—	—	146	★	10.1
❷個別面接		学校事務	216	126	28	非公表	—	—	13	★	9.7

PART 7 地方公務員ガイダンス

					6年度試験概要				
					一次				
					教養等		専門（択一式）		
自治体	試験の種類	試験区分	一次試験日	年齢要件	出題タイプ	時間・問題数	出題タイプ	時間・問題数	記述式，論文等
京都市	上級〈京都方式〉	一般事務職（行政）	4/4〜17	22〜30	SPI3（35分）		なし		❶課題作文（60分）
	上級Ⅰ	一般事務職（行政〈一般方式〉）	6/16	22〜30	その他	90分，30問	全国型	90分，30/40問	❶作文（40分，600字）
	上級Ⅱ（大学院生）	一般事務職（行政）		30（上限）◇			なし		
大阪市	事務行政（22-25）（論文〈行政〉）		6/16	22〜25	SPI3（70分）		なし		❶論文（90分）
	事務行政（22-25）（択一式〈法律〉）						法律（90分，25/30問）		なし
堺　市	大学卒程度	事務	5/26	22〜25	SPI3（70分，70問）		なし		❷論文（60分，800字）
神戸市	大学卒【適性検査方式】	総合事務	4/11〜21	24（上限）◇	SPI3（35分）		なし		なし
	大学卒【基礎的能力・専門試験方式】	総合事務	6/16	24（上限）◇	基礎的能力試験（150分，40/45問）		80分，25問※22分野（各5問）中5分野選択		❸論文
		交通事務							
岡山市	大学卒業程度	事務一般枠A	6/16	22〜30	その他	120分，40問	全国型	90分，40問	❷エントリーシート
		事務一般枠B			SPI3（70分，70問）		なし		
広島市	Ⅰ種	行政事務（SPI枠）	4/3〜11	29（上限）	SPI3（35分）		なし		❷小論文（60分，1,000字）
		行政事務（一般枠）(法律)	6/16		全国型	150分，45/55問	法律専門	120分，40問	❶小論文（60分，1,000字）
		行政事務（一般枠）(経済)					経済専門		
		行政事務（一般枠）(行政)					全国型		
北九州市	上級（先行枠）	一般事務員（行政〈プレゼン〉）	4/1〜15	22〜40	SPI3		なし		❸課題分析・提案シート作成（60分）
	上級（通常枠）	一般事務員（行政Ⅰ〈専門択一〉）	6/16	22〜30	全国型	150分，50問	全国型	120分，40問	❶論述（60分）
		一般事務員（行政Ⅰ〈小論文〉）					なし		❶小論文（60分，800字），論述（60分）
	上級（秋季枠）	一般事務員（行政〈プレゼン〉）	9/6〜19	22〜40	SPI3		なし		❸課題分析・提案シート作成（60分）
福岡市	上級	行政事務（行政〈特別枠〉）	4/1〜14	22〜29	SPI3		なし		❷論文（60分，600字）
		行政事務（行政〈一般〉）	6/16		全国型	150分，50問	全国型	120分，40問	❶論文（75分，1,000字）
熊本市	大学卒業程度（早期枠）	事務職	4/1〜18	22〜32	基礎的な能力試験（60分）		なし		なし
	大学卒業程度	事務職	6/16		全国型	150分	全国型	120分	❶論文（90分）
		学校事務職							
警視庁	警察行政職員Ⅰ類	事務	4/21	22〜29	独自	130分，40問	なし		❶専門記述式（120分，10題中3題），論文（90分，1,000〜1,500字）
東京消防庁	職員Ⅰ類	事務							❶専門記述式（60分，10題中3題），論文（90分，1,000〜1,500字）

面接，適性検査等	自治体	試験区分	申込者数	一次受験者数	一次合格者数	二次受験者数	二次合格者数	三次受験者数	最終合格者数 総数	最終合格者数 女性の内数	最終倍率
❶性格検査，個別面接（WEB）❷個別面接 ❸個別面接	京都市	一般事務職（行政）〈京都方式〉	756	691	204	非公表	94	非公表	69	非公表	10.0
❶個別面接（WEB）❷個別面接 ❸個別面接		一般事務職（行政）〈一般方式〉	361	296	194	非公表	111	非公表	86	非公表	3.4
❶プレゼンテーション面接 ❷個別面接 ❸個別面接		一般事務職（行政）〈大学院生〉	18	16	11	非公表	6	非公表	3	非公表	5.3
❷個別面接	大阪市	事務行政（22-25）	2,216	1,129	387	352	—	—	260	未集計	4.3
性格検査 ❷個別面接，❸個別面接	堺市	事務	1,146	893	528	256	181	168	99	★	9.0
❶性格検査，❷個別面接（WEB），エントリーシート，❸個別面接，グループワーク	神戸市	総合事務（通年募集枠）	378	363	73	非公表	34	非公表	11	★	33.0
❶適性検査（性格検査）❷個別面接（WEB）❸個別面接，グループワーク		総合事務（一括募集枠）	300	226	156	非公表	93	非公表	45	★	5.0
		交通事務（一括募集枠）	4	4	3	非公表	2	非公表	0	★	
❶適性検査 ❷個別面接，集団活動 ❸個別面接	岡山市	事務一般枠A	269	179	130	122	102	96	62	未集計	2.9
		事務一般枠B	183	136	39	31	20	19	11	未集計	12.4
❷個別面接 ❸個別面接，集団討論	広島市	行政事務（法律・経済・行政）	514	362	293	280	194	188	110	★	3.3
❶性格検査，❷個別面接 ❸プレゼン・個別面接	北九州市	一般事務員（行政Ⅰ〈プレゼン〉）（先行枠）	257	242	90	76	39	29	25	非公表	9.7
❶個別面接 ❷個別面接，性格検査（WEB）		一般事務員（行政Ⅰ〈専門択一〉）	241	159	60	59	—	—	42	非公表	3.8
		一般事務員（行政Ⅰ〈小論文〉）	126	89	27	27	—	—	21	非公表	4.2
❷個別面接 ❸プレゼン・個別面接		一般事務員（行政Ⅰ〈プレゼン〉）（秋季枠）	66	54	25	21	7	7	4	非公表	13.5
❶性格検査，個別面接（WEB，自主的アピールを含む）❷個別面接（論文の説明を含む），適性検査	福岡市	行政事務（行政〈特別枠〉）定期採用	687	639	111	99	—	—	51	★	12.5
❶個別面接 ❷個別面接，適性検査		行政事務（行政〈一般〉）	786	511	108	100	—	—	65	★	7.9
適性検査，❷個別面接（2回）											
❶適性検査，資格加点 ❷個別面接2回，集団討論	熊本市	事務職	438	277	126	非公表	—	—	63	非公表	4.4
		学校事務職	27	17	9	非公表	—	—	5	非公表	3.4
❷個別面接，適性検査	警視庁	事務	非公表	450	128	非公表	—	—	49	非公表	9.2
❶適性検査 ❷個別面接	東京消防庁	事務	93	41	38	38	—	—	13	非公表	3.2

PART 7

地方公務員ガイダンス

市 役 所 上 級 試 験

ここでは政令指定都市を除く市役所の試験概要をまとめる（政令指定都市は前述のとおり地方上級に分類しているので，146～148ページを参照のこと）。

全国の市役所数は，政令指定都市を除いても800近くあり，試験の内容は千差万別である（ただし，後述するように多くの市が試験を実施する統一試験日がある）。試験内容については，たとえば一次試験だけを見ても「教養試験・専門試験を実施する市」「教養試験のみを実施する市」「教養試験に代えて民間企業等の就職試験で課されることが多いSPI3（総合能力試験）やSCOA（総合適性検査）を実施する市」などがある。また，日程によって試験内容が異なる市も見られる。事務系試験の詳細（前年度の情報）を，早めにチェックしておこう。

試験の種類とレベル

市役所試験のレベルは，地方上級に準ずるものから高卒程度のものまである。

上級（大卒程度），中級（短大卒程度）といった試験区分を設けている試験では，それぞれ大卒程度，短大卒程度の能力を問う試験が行われる。一方，試験区分のない場合や，初級（高卒程度）という名称で大卒者から高卒者までを対象とする試験を実施する場合，一次の択一式は教養試験のみで，高卒程度の問題が出題される。

募集職種と実施状況

募集職種は地方上級に準じており，事務系以外に土木，建築，電気などの技術系や保育士，栄養士，看護師などの資格免許職の区分がある。いずれの職種も欠員補充が基本だ。

なお，全国のすべての市が毎年採用試験を行っているとは限らない。ある年に突然採用試験が休止されたり，逆に数年ぶりに実施されたりすることもある。また，試験を複数回実施する市も増えている。一次試験日が大幅に変更されたり，試験制度が変わったりすることも多い。

志望する市については，こまめに情報を確認しよう。ホームページや広報紙は要チェックだ。

試験の概要

試験構成は市によってさまざまで，ひとくくりにするのは難しいが，特徴的な点に絞って説明しておこう。

●一次試験日

例年，早い市では４月下旬に試験を実施しており，遅い場合は10～11月頃，あるいは翌年の１～２月に実施する市もある。

全国的に見ると，①６月中～下旬，②７月中旬，③９月中～下旬に実施するところが多い。受験ジャーナル編集部ではそれぞれをＡ日程，Ｂ日程，Ｃ日程と呼んでいる（後述する通常の教養試験，専門試験を課す場合）。

市役所試験では，県内のほとんどの市が同日実施という場合や近隣の市町村が共同で一次試験を実施しているケースもある。なお，一次試験の実施日はおおむね前年度までと同時期ということが多いが，突然変更されたり，追加や臨時の募集が行われたりすることもある。試験情報には十分注意してほしい。

●受験資格

受験資格は主に年齢によるが，年齢要件の上限は比較的高めで，30歳以上という市も珍しくない。

また，なかには学歴要件や住所要件を設けているところもある。住所要件とは「○○市に居住する者または採用後市内に居住可能な者」というものである。

●受験申込み

申込みは郵送や持参，インターネットによって行われるが，受付期間が短いケースも多い。また，持参以外の申込みを受け付けない市もある。そういった市においては，申込時に簡単な面接が行われることもある。

申込時に，受験申込書のほかにエントリーシートや自己推薦（紹介）書，履歴書などの提出を求めたり，申込用紙に志望動機や自己PRの記入欄を設けているところも多い。エントリーシートや自己推薦（紹介）書などは，書類審査として評価をされるケースもあるが，基本的には面接時の資料として使われている。

●試験種目

《教養試験》

主に一次試験で課される。日本人事試験研究センター提供の試験で，「Standard」「Logical」に加え，６年度からは「職務基礎力試験（BEST）」を加えた合計３タイプが実施される。「Standard」「Logical」は，レベルによっ

てⅠとⅡがあり，大卒の試験ではⅠが，大卒・高卒といっ
た区分が設けられていない市ではⅡが課されることが多い。

Standard（標準タイプ）

試験時間は120分，出題数は40問で，五肢択一式。知
識分野（時事，社会・人文，自然に関する一般知識）と
知能分野（文章理解，判断・数的推理，資料解釈に関す
る能力）から各20問出題される。「古文」「哲学，文
学，芸術等」「国語（漢字の読み，ことわざ等）」は出題
されない。

Logical（知能重視タイプ）

試験時間は120分，出題数は40問で，五肢択一式。知
能分野27問，知識分野13問と，知能分野のウエートが
大きい。また，知識分野では自然科学の出題がない。
「Standard」と同様に，「古文」「哲学，文学，芸術等」
「国語（漢字の読み，ことわざ等）」は出題されない。

職務基礎力試験（BEST）

令和5年度まで提供されていた「Light」に代わり，6
年度から導入された。民間企業志望者や社会人経験者で
も受験しやすい試験とされ，「職務能力試験（BEST-A）」
と「職務適応性検査（BEST-P）」の2つのテストによ
り構成されている。

「職務能力試験（BEST-A）」は「Light」の出題形式を
ベースに開発されており，60分・60問で，四肢択一式。
論理的に思考する力，文章を正確に理解する力，統計等
の資料を分析する力，国内外の社会情勢への理解等を確
認するための基礎的な内容が出題される。

一方，「職務適応性検査（BEST-P）」は，20分・150項
目という形式で，ストレス耐性などが測定される。

詳細は，63ページを参照してほしい。

《専門試験》

120分・40問の「必須解答タイプ」が一般的だが，
「科目選択タイプ」を課す市もある。

「科目選択タイプ」は，憲法，行政法，民法，経済理
論，経済政策・経済事情，財政学・金融論，社会政策
（社会福祉や社会保険などの社会保障と雇用），政治学・
行政学，国際関係，社会学・教育学の10分野（1分野
5問・計50問）から，任意の6分野（90分・30問）ま
たは8分野（120分・40問）を選択するものである。
「必須解答タイプ」と共通の問題が出題されることが多い。

《SPI，SCOA》

従来型の教養・専門試験に代わり，一次または二次で
実施される。詳しくは，63ページを参照。

《論（作）文》

一次または二次試験において，800〜1,200字で，60

〜120分で実施されることが多い。

《事務適性検査》

一次または二次試験で実施されることが多い。教養試
験が高卒程度の場合によく課されている。「10分，100
問，3形式」の事務適性検査のほか，事務能力検査
（SCOA-C），事務職適性検査（TAPOC）などもある。

「10分，100問，3形式」の事務適性検査は，文書の記
入や清書，照合，転記，データの集計，分類・整理など
の事務作業を，注意深く正確に素早く処理する能力を測
るものである。3形式を1セットとする「スパイラル方
式」で出題される。「正答数−（誤答数＋飛ばした数）」
が得点となるので，正確かつ順番に解く必要がある。

《適性検査（性格検査）》

二次試験で実施されることが多い。ほとんどが一般的
な性格検査であり，特別な準備は不要である。ただし，
受験案内では「適性検査」となっていても，SPI3（総合
能力試験）やSCOA（総合適性検査）など，民間企業で
使われる検査と同様のものが課される場合もある。

《人物試験》

主に二次試験以降において，個別面接，集団面接，集
団討論（グループディスカッション），グループワー
ク，プレゼンテーション（面接）などが課される。

個別面接は一次と二次，二次と三次のように，複数回
実施する市もある。また，動画面接や録画面接を実施す
るところも増えている。

《その他》

以下のような試験（検査）が課されるケースもある。

●書類審査（書類選考）

申込時に提出したエントリーシート等を一次試験種目
の一つとしたり，書類審査の通過者のみ筆記試験を受験
できるとする市もある。

●ケーススタディ試験

与えられた状況設定（ケース）に対して，問題点や原
因，解決策を解答する記述式試験で，現状把握能力，問
題解決力，論理的思考力が評価される。

●教養記述式（短答式）

漢字や時事・常識等に関する教養試験。基礎的な学力
が試される。

●体力検査

事務系で体力検査を行っている市は全体の1割以下で
ある（消防官や保育士などではもっと多い）。二次試験
で実施されることが多く，握力，反復横跳び，1分間腕
立て伏せ，1分間腹筋，立ち幅跳び，立位体前屈，持久
走などが課される。

PART

7

地方公務員ガイダンス

.

.

.

.

消防官試験

消防官は，自治体により消防士，消防吏員，消防職員などと呼ばれる。

消防業務を統括するのは市町村に設置される消防本部であるため，採用試験は，基本的に市町村単位で実施される。ただし，小規模な市町村では複数の自治体が共同で一部事務組合や広域連合を組織して消防本部を置く場合が多く，採用試験も共同で実施される。

例外的な存在が東京消防庁で，島しょ地域と多摩地区の稲城市を除いた東京都のほぼ全域をカバーしている。

職務内容は消火活動，救助活動，救急活動，防火指導などで，自治体によっては消防士と救急救命士とを分けて募集する場合がある。

●受験資格

試験区分は，大卒程度と高卒程度に分かれる場合が多い。職務の性質上，男女別に実施される場合がある。

年齢要件は，一般行政系と同等か，やや年齢上限が高いことが多いが，低い場合もある。

また，視力，聴力等について下のような身体要件（基準）が課されるところも多い。

そのほか，「市内に在住」「1時間以内に通勤が可能」といった住所要件を設けているところもある。

身体基準の例（名古屋市）

矯正視力	両眼0.7以上かつ一眼それぞれ0.3以上
基本色の識別	赤色，青色および黄色の色彩の識別ができること
聴力	左右とも正常であること
その他	消防官としての職務遂行に支障のないこと

※名古屋市の一例。個々の自治体については各自でチェックすること。

●試験種目

試験の構成は，教養試験，論（作）文試験，適性試験，体力検査・身体検査，面接試験が一般的であるが，一部の自治体では専門試験も課される。

《教養試験》

政令指定都市の教養試験は，大部分が同日に一次試験が実施される一般行政系と共通である（146～167ページを参照してほしい）。出題は一般知識・一般知能分野から40～45問程度，時間は120分が平均的であるが，50問，150分という形式も見られる。

市町村の場合も，一般行政系と共通と考えてよい。

なお，東京消防庁については，6年度より，消防官専門系・Ⅰ類にSPI3が導入された（専門系では一次で教養試験を廃止しSPI3を導入。Ⅰ類では1回目の一次で教養試験とSPI3のいずれかを選択できるようになった）。

《論（作）文試験・面接試験》

論（作）文は試験時間60～120分，字数は800～1,200字程度という形式が一般的である。面接試験は個別面接が中心だが，集団討論などが課される場合もある。

《適性検査》

適性検査は全体の半数程度の市で実施されており，クレペリン検査，Y-G検査などの性格検査である場合がほとんどである。また，消防職員としての適応性を機器運用技能等の面から見る，「消防適性検査」を課す自治体もある。

《体力検査・身体検査》

消防官試験では，体力検査を課されることが多い。検査項目は，握力，長座体前屈，反復横跳び，上体起こし，20mシャトルランなど。

身体検査は，定められた基準を満たしているかがチェックされる。二次試験以降に行われる場合が多い。

消防官試験 オススメ本はこれだ！

**消防官試験
早わかりブック[年度版]**

資格試験研究会編
実務教育出版　1,540円

消防官試験の情報をひとまとめに紹介するガイドブック。採用試験のポイントが素早くつかめる。

**大卒・高卒消防官
教養試験
過去問350[年度版]**

資格試験研究会編
実務教育出版　2,420円

近年の大卒・高卒程度の過去問を収録。すべての消防本部の教養試験に対応しているので，併願対策に有効だ。

全772市 事務系試験データ

事務系試験早見表の見方

　172ページからの表は受験案内・各市役所へのアンケート・受験者からの情報をもとに，全772市（政令指定都市を除く）の5年度大卒程度試験事務系（一般行政系）職種の試験概要をまとめたものである。各市において，大卒事務系の代表的な区分の概要を掲載した。区分を設けていない市については，大卒（見込）者が受験可能な試験を取り上げた。過去の情報は細字，不明の項目は空欄とした（6年2月15日現在）。

　試験構成は，当初予定を変更して実施している場合もあるため，受験案内の記載と一致しないことがある。適性検査（性格検査），資格加点，体力検査，身体検査，健康診断等は省略した。7年度試験については，日程・試験構成ともに変更される可能性があるので，必ず受験案内で確認してほしい。表の見方は以下のとおり。

	❶	❷	❸	❹	❺ 試験構成		❻		❼	❽	備
市役所名	5年度一次試験日	申込開始日	申込締切日	年齢上限	教養等	専門	事務適性検査	論（作）文	面接	集討・GW	考
北海道											
函館市	7/9または6/26〜7/9	5/25	6/7	29	①SCOA-A	×	×	×	②③	×	
小樽市	5/18〜6/7	4/24	5/12	40	①SPI3	×	×	×	③	②	10月採用，8〜9月試験もあり

❶ 5年度一次試験日

● 原則として，最初に実施される試験の日程を記載。日程が複数ある場合は，「7/9 または 6/26 〜 7/9」のように記載。感染症・天候不良等の影響で日程が変更された場合は，「7/9 → 7/30」のように記載。
● 書類選考，書類審査，エントリーシート審査などはすべて「書類選考」と記載。録画面接，録画動画面接，録画選考，動画選考などは，すべて「録画面接」と記載。

❷ 申込開始日，申込締切日

● 郵送，インターネット，持参を問わず，開始日は最も早い日程，締切日は最も遅い日程を記載。
● 郵送の場合は，消印有効日または必着日を記載。

❸ 年齢上限

● 6年4月1日現在（大学院修了者の年齢上限を別途定めているところもある）。

❹ 教養等，専門

● 教養試験は，次のように記載。
S-Ⅰ，S-Ⅱ：
　Standard〈標準タイプ〉（120分，40問）
L-Ⅰ，L-Ⅱ：
　Logical〈知能重視タイプ〉（120分，40問）
Light：〈基礎力タイプ〉（75分，60問）
　→6年度からBEST（60分，60問）に変更
※Ⅰ・Ⅱは問題のレベルを表す。上記以外は，判明している範囲で時間，出題数を記載。

● 通常の教養試験に代えた試験・検査等を実施している場合は，次のように記載（時間，出題数は会場受検の場合の例）。実施されているが，試験の詳細が不明な場合は備考欄に記載。
SPI3：SPI3の基礎能力検査
SCOA-A：SCOAの基礎能力検査（60分，120問）
● 専門試験は，判明している範囲で時間，出題数を記載。30/50問は50問中30問選択解答。

❺ 試験構成（教養等，専門を含む）

● ①〜⑤：それぞれ一次〜五次試験で実施。
● ×：実施なし。
● 空欄：詳細不明。

❻ 事務適性検査

●「10分，100問，3形式」の事務適性検査をさす。事務能力検査（SCOA-C），事務職適性検査（TAPOC）など，それ以外の形式の検査の場合は備考欄に記載。
　※「適性検査」という名称であっても，「一般性格診断検査」「職場適応性検査」「パーソナリティ検査（SCOA-B）」「SPI3（性格検査）」などの，いわゆる「性格検査」は掲載していない。

❼ 面接

● 個別面接，集団面接をさす。

❽ 集討・GW

● 集団討論，グループワークをさす。

PART ❼ 地方公務員ガイダンス

市役所名	一次試験日 5年度	申込開始日	申込締切日	年齢上限	教養等	専門	事務適性検査	論作文	面接	集討・GW	備考
北海道											
函館市	7/9または6/26～7/9	5/25	6/7	29	①SCOA-A	×	×	×	②③	×	
小樽市	5/18～6/7	4/24	5/12	40	①SPI3	×	×	×	③	②	10月採用，8～9月試験もあり
旭川市	5/8～26，書類選考	3/27	4/10	30	②SPI3	×	×	×	①③	×	
室蘭市	書類選考	4/3	4/21	35	×	×	×	×	③	×	②WEBプレゼンテーション。9月募集の試験もあり
釧路市	5/28または5/15～28，6/2～5	4/12	5/10	30	①SPI3	×	×	×	①②	×	9月試験もあり
帯広市	5/13または5/2～22	4/5	4/19	29	①※	×	×	×	②③	③	※総合適性検査。9月試験もあり
北見市	6/24または6/16～7/11	5/26	6/15	30	①SPI3	×	×	×	②	×	8月採用もあり
夕張市	7/30	6/16	7/12	30	①S-Ⅱ	×	×	×	②	×	9月試験，11月試験もあり
岩見沢市	7/9	6/1	6/14	27	①L-Ⅰ	×	×	×	②③	×	9月試験もあり
網走市	6/24または6/9～23，6/24	5/8	6/2	30	①SCOA-A	×	×	①	①②	×	9月試験，12月試験もあり
留萌市	4/11～5/8，書類選考	4/3	4/26	35	①SPI3	×	×	×	②③	×	
苫小牧市	6/25または6/3～25，7/下	4/24	5/12	29	①SPI3	×	×	×	②	②	10月採用もあり
稚内市	7/23または7/10～24	6/21	7/7	29	①SPI3	×	×	×	②	×	1月試験もあり
美唄市	9/17	8/1	8/24	44	①S-Ⅰ	×	×	①	②	×	8月採用，1月試験もあり
芦別市	9/17	7/19	8/25	27	①S-Ⅰ	×	×	①	②	×	7月採用，10月採用，12月試験もあり
江別市	8/1～21	7/3	7/14	29	①SPI3	×	×	×	②	×	
赤平市	7/30	6/1	6/28	35	①L-Ⅰ	×	×	×	②	×	9月試験もあり
紋別市	8/20	7/10	8/10	28	①SCOA-A	×	×	①	①②	×	10月採用，12月試験もあり
士別市	9/17または9/4～15	7/13	8/23	25	①SPI3	×	×	②	②	×	12月試験もあり
名寄市	5/21または5/2～21	4/3	4/26	29	①SPI3	×	×	×	②	×	9月，12月試験もあり
三笠市	9/17	7/18	8/23	26	①S-Ⅰ	×	×	①	②	②	9月採用，10月試験，11月試験，1月試験，2月試験もあり
根室市	7/8または6/27～7/9，書類選考	5/26	6/23	35	①※	×	×	①	②	②	※総合適性試験。9月試験，11月試験，1月試験もあり
千歳市	6/7～21	5/8	5/26	27	①SCOA-A	×	×	×	②③	②	
滝川市	7/9		6/14	26	①L-Ⅰ	×	×	①	②③	②	7月，10月採用もあり
砂川市	10/15	9/1	9/21	25	①L-Ⅰ	×	②	×	②	×	2月試験もあり
歌志内市	10/15	8/22	9/21	39	①	×	①	×	②	×	6月，11月，4月採用(SPI3)，1月試験(SPI3)もあり
深川市	7/9	5/8	6/9	32	①S-Ⅰ	×	×	①	②	②	9月試験もあり
富良野市	9/3	8/1	8/23	26	①S-Ⅰ	×	×	×	②	×	
登別市	6/17またはテストセンター	4/3	4/27	30	①SPI3	×	×	×	②	×	12月試験もあり
恵庭市	5/29～6/16	5/1	5/19	29	①SPI3	×	×	×	③	②	1月試験もあり
伊達市	7/9，7/25～29	6/1	6/15	34	①L-Ⅰ	×	×	×	②	×	①WEB面談。9月試験もあり
北広島市	6/1～29，7/25～29，録画面接	4/12	5/11	※	①SPI3	×	×	×	①②	×	※大学・大学院等をR5年度中に卒業(修了)見込者(R3以降卒を含む)
石狩市	書類選考	5/25	6/8	35	②SCOA-A	×	×	×	③	×	
北斗市	7/9	5/2	6/9	30	①L-Ⅰ	×	①	①	②	×	
青森県											
青森市	6/18	5/8	6/2	29	①S-Ⅰ	①120分，40問	×	②	②	×	
弘前市	6/18	5/10	5/31	29	①S-Ⅰ	①120分，40問	①	②	②	×	9月試験もあり
八戸市	6/18	5/8	5/26	※	①S-Ⅰ	①120分，40問	×	②	②	②	※大学をH29年3月以降に卒業，またはR6年3月に卒業見込者
黒石市	6/11	4/19	5/26	29	①SPI3	×	×	×	②③	×	12月試験もあり
五所川原市	4/18～5/12	3/1	4/14	29	①SPI3	×	×	×	②③	×	
十和田市	6/25	5/10	6/5	30	①S-Ⅰ	①120分，40問	①	②	②	②	10月試験もあり
三沢市	9/17，16～18	7/18	8/15	29	①120分，40問	×	①	②	①②	×	
むつ市	6/30～7/7，書類選考	6/1	6/23	30	①SPI3	×	×	×	②	②	
つがる市	6/18	4/13	5/15	29	①S-Ⅰ	①120分，40問	②	②	②	×	9月試験もあり
平川市	9/16～10/1	7/14	9/4	29	①SCOA-A	×	×	②	②	×	①SCOA-C

市役所名	5年度一次試験日	申込開始日	申込締切日	年齢上限	教養等	専門	事務適性検査	論作文	面接	集討・GW	備考
岩手県											
盛岡市	6/18	5/15	5/31	29	①S-Ⅰ	×	×	①	②	×	
宮古市	7/9	6/1	6/16	31	①Light	×	①	×	①②	×	9月試験もあり
大船渡市	4/22〜5/14	3/1	4/16	30	①SPI3	×	×	×	②③	×	9月試験もあり
花巻市	7/3〜18	6/1	6/22	35	①SPI3	×	×	×	②③	×	
北上市	4/19〜5/19	3/1	4/16	30	①SPI3	×	×	②	②③	×	9月試験，1月試験もあり
久慈市	7/9	5/16	6/5	35	①S-Ⅱ	×	×	①	②	×	
遠野市	7/9	5/2	6/15	30	①S-Ⅱ	×	×	①	②	②	9月試験もあり
一関市	4/19〜5/18	2/20	4/12	30	①SPI3	×	×	×	②③	×	9月試験もあり
陸前高田市	5/28または5/15〜28	4/5	4/28	35	①SCOA-A	×	×	×	②	×	9月試験，1月試験もあり
釜石市	9/1〜17	7/31	8/18	35	①SPI3	×	×	×	②	×	1月試験もあり
二戸市	9/17	7/3	8/18	35	①S-Ⅱ	×	①	①	②	・	6月試験（Light），1月試験もあり
八幡平市	7/9		6/9	31	①S-Ⅰ	×	×	×	①	×	9月試験（教養試験〈S-Ⅱ〉もあり）
奥州市	7/9	5/22	6/12	27	①L-Ⅱ	×	×	×	②	×	9月試験，1月試験もあり
滝沢市	9/17	7/10	8/9	32	①S-Ⅱ	×	×	×	③	②	①自己紹介票の記入（30分）
宮城県											
石巻市	7/9	5/23	6/12	29	①S-Ⅰ	①120分，40問	×	①	②	×	
塩竈市	4/1〜30，5/下〜6/上	3/1	4/15	29	①SPI3	×	×	①	①②	×	
気仙沼市	4/4〜26	4/1	4/21	30	①SPI3	×	×	×	②③	③	7月，9月試験（教養試験）もあり
白石市	5/18〜6/15	5/11	6/5	35	①SPI3	×	×	②	②	②	10月採用（9月試験）もあり
名取市	7/9	5/22	6/8	29	①S-Ⅰ	①120分，40問	×	①	②	×	10月採用もあり
角田市	5/8〜6/9	5/1	6/2	29	①SPI3	×	×	②	③	②	10〜11月試験もあり
多賀城市	7/9，8/中	5/10	6/8	29	①S-Ⅰ	①120分，40問	①	×	①②	②	
岩沼市	7/9	5/1	6/8	29	①S-Ⅰ	×	×	②	②	×	
登米市	7/9	5/12	6/8	29	①S-Ⅰ	×	×	①	②③	×	9月試験（教養試験〈S-Ⅱ〉）もあり
栗原市	7/9	5/9	6/8	35	①S-Ⅰ	×	×	②	②	×	②プレゼンテーション。9月試験（教養試験〈S-Ⅱ〉）もあり
東松島市	7/9	6/1	6/19	27	①S-Ⅰ	×	×	②	②	×	
大崎市	7/9	5/8	6/6	30	①S-Ⅰ	①90〜120分，40問	×	②	②	×	
富谷市	7/9	5/1	6/8	29	①S-Ⅰ	①120分，40問	×	×	①	×	
秋田県											
秋田市	6/18	5/15	5/26	29	①S-Ⅰ	①120分，40問	×	②	②③	×	
能代市	5/10〜6/9	4/6	5/5	30	①SPI3	×	×	②	②	②	9月試験もあり
横手市	6/24	5/1	5/19	27	①S-Ⅰ	×	②	①	①②	・	行政A（教養試験なし），行政B-2（東京会場）もあり
大館市	4/18〜5/23	3/1	4/26	30	①SPI3	×	×	③	②③	×	
男鹿市	5/12〜6/2	3/1	5/8	30	①SPI3	×	×	×	②③	×	2月試験もあり
湯沢市	7/9	5/1	5/31	34	①S-Ⅰ	×	×	×	②	×	
鹿角市	7/1〜28	6/1	6/30	30	①SCOA-A	×	×	②	②	×	9月試験もあり
由利本荘市	6/11	4/15	5/19	29	①S-Ⅰ	×	×	②	②	×	12月試験もあり
潟上市	7/9	5/25	6/20	29	①L-Ⅰ	×	×	②	②	×	
大仙市	5/11〜6/7，録画面接	3/1	5/8	27	①SPI3	×	×	×	①②③	×	11月〜12月試験もあり
北秋田市	5/19〜6/23	5/19	6/16	29	①SPI3	×	×	②	②	②	12月試験（小論文）もあり
にかほ市	5/1〜6/9	4/6	5/25	29	①SPI3	×	×	②	②	×	
仙北市	7/9	5/1	6/9	34	①L-Ⅰ	×	×	②	②	×	
山形県											
山形市	6/18	5/8	6/1	34	①S-Ⅰ	①120分，40問	×	②	②	×	
米沢市	6/18	5/9	6/6	34	①SPI3	×	×	×	①	①	1月試験もあり

PART 7

地方公務員ガイダンス

市役所名	5年度一次試験日	申込開始日	申込締切日	年齢上限	教養等	専門	事務適性検査	論作文	面接	集討・GW	備考
鶴岡市	6/20～7/3	6/1	6/13	34	①※	×	×	×	②	×	※基礎能力試験(60分)。②プレゼンテーション面接
酒田市	7/9	5/29	6/21	34	①S-Ⅰ	①120分, 40問	×	×	②	×	行政B区分(専門試験なし)，1月試験もあり
新庄市	7/9	5/9	6/9	30	①S-Ⅰ	①120分	×	②	②	×	
寒河江市	9/17, 6～20	7/5	8/3	30	①L-Ⅰ	①120分, 40問	×	②	②	②	
上山市	9/17	7/3	8/2	29	①L-Ⅰ	×	×	×	②	×	1月試験(SPI3)もあり
村山市	9/17	7/3	8/4	34	①L-Ⅰ	①120分, 40問	×	②	①②	×	初級行政2もあり
長井市	6/25	5/8	6/9	35	①SPI3	×	×	×	②	②	1月試験もあり
天童市	6/18	5/15	6/5	31	①SCOA-A	×	×	①	②	×	①SCOA-C。10月採用もあり
東根市	9/17	7/3	8/4	28	①L-Ⅰ	①120分, 40問	×	②	②	②	初級試験(教養試験〈L-Ⅱ〉)もあり
尾花沢市	9/17	7/3	7/31	34	①S-Ⅱ	×	①	②	②	②	
南陽市	6/18	5/16	6/6	25	①SPI3	×	×	×	①	×	
福島県											
福島市	6/18	4/28	5/26	30	①S-Ⅰ	①120分, 40問	×	②	②	②	一般行政B(SPI試験コース)もあり
会津若松市	6/18	5/1	6/5	32	①S-Ⅰ	×	×	②	②③	②	SPI試験コース，12月試験もあり
郡山市	4/19～5/14	4/3	5/1	35	①SPI3	×	×	×	②③	②	6月試験(教養試験〈S-Ⅰ〉)もあり
いわき市	6/18	4/6	5/31	30	①S-Ⅰ	①120分, 40問	×	×	②	×	SPIコースもあり
白河市	6/18	5/2	5/26	34	①S-Ⅰ	①120分, 40問	×	②	②	②	10月採用もあり
須賀川市	6/18	5/1	5/31	29	①S-Ⅰ	①120分, 40問	×	①	②	②	
喜多方市	6/18	4/27	5/26		①S-Ⅰ	①120分, 40問	×	②	②	②	
相馬市	6/18	5/1	6/5	35	①L-Ⅰ	①120分, 40問	×	②	②	②	
二本松市	9/17	8/1	8/18	29	①S-Ⅱ	×	×	②	②	×	
田村市	6/4	4/17	5/12	35	①SPI3	×	×	×	②③	②	12月試験もあり
南相馬市	6/18	5/12	6/2	30	①SPI3	×	×	×	②③	③	
伊達市	6/18	5/8	5/26	35	①S-Ⅰ	①120分, 40問	×	②	②	②	10月試験もあり
本宮市	6/18	5/1	5/26	30	①S-Ⅰ	×	×	②	②	②	
茨城県											
水戸市	9/4～19	7/18	8/6	30	①SCOA-A	×	×	×	②③	②	
日立市	9/16～25, 録画面接	7/10	8/10	30	①SCOA-A	×	×	②	②③	×	
土浦市	9/8～20	8/15	8/28	30	×	×	×	×	②③	×	①情報分析基礎力検査(50分)。6月試験(10月採用)もあり
古河市	9/17	7/3	7/31	27	①S-Ⅰ	×	×	①	②③	×	一般事務B(既卒者〈L-Ⅰ〉)，1月試験もあり
石岡市	6/4	4/17	5/19	35	①S-Ⅰ	×	×	①	①②	×	②自己PR試験。10月採用(Light)もあり
結城市	9/17	7/3	8/4	39	①S-Ⅱ	×	①	②	②	×	
龍ケ崎市	7/9	6/1	6/15	29	①SPI3	×	×	×	②	×	
下妻市	9/17	7/10	8/16	34	①L-Ⅱ	×	①	②	②	②	1月試験もあり
常総市	9/17	7/18	8/14	35	①Light	×	×	×	③	×	②自己PRプレゼンテーション
常陸太田市	9/17	7/3	8/10	29	①L-Ⅰ※	×	×	②	②	②	※SCOA-A(テストセンター)もあり
高萩市	9/17	8/4	8/18	35	①S-Ⅰ※	×	×	①	②	×	※Lightとの選択制。②ストレス耐性テスト
北茨城市	9/17	8/3	8/17	30	①S-Ⅰ	×	①	②	②	×	①漢字試験。②ストレス耐性テスト
笠間市	8/4～22	7/1	7/20	27	①SCOA-A	×	×	×	②③	②	①SCOA-C
取手市	書類選考	7/1	8/10	30	②SCOA-A	×	×	②	③	③	②SCOA-C
牛久市	7/9	6/1	6/16	29	①L-Ⅰ	①120分, 40問	×	×	②③	×	②自己PRシート。9月試験，1月試験もあり
つくば市	5/17～31	4/25	5/9	59	①SPI3	×	×	②	②③	×	
ひたちなか市	9/17, 18	7/31	8/18	30	①S-Ⅰ	×	×	×	①②③	②	SPI3区分もあり
鹿嶋市	7/9	5/18	6/15	28	①S-Ⅰ	×	×	②	②③	×	
潮来市	9/17	7/24	8/25	35	①S-Ⅰ	×	×	①	②③	②	②基礎能力診断テスト(20分)
守谷市	8/22～29	7/10	7/27	29	×	×	×	×	②③	②	事前にエントリーシートによる審査あり。①SCOA-C。10月採用(TAPOC)もあり

市役所名	5年度一次試験日	申込開始日	申込締切日	年齢上限	試験構成 教養等	専門	事務適性検査	論(作)文	面接	集討・GW	備考
常陸大宮市	8/30～9/13	7/3	7/28	30	①SCOA-A	×	×	×	②	②	
那珂市	9/17	7/10	8/18	30	①Light	×	①	①	②③	②	
筑西市	7/1～20	6/1	6/15	26	①SCOA-A	×	×	×	②③	×	①SCOA-C。12月試験もあり
坂東市	9/17	7/18	8/17	35	①120分，40問	×	②	①	②	×	2月試験もあり
稲敷市	9/3	6/22	7/31	35	①SPI3	×	×	×	②	×	
かすみがうら市	9/17	7/1	7/31	34	①L-Ⅱ	×	②	①	③	×	
桜川市	6/9～18	5/1	5/31	30	①SCOA-A	×	×	②③	②	③	12月試験もあり
神栖市	6/24～7/9	6/1	6/16	30	①SCOA-A	×	×	②	②	②	③プレゼンテーション試験
行方市	6/18～7/1	5/1	5/31	30	①SCOA-A	×	×	②	②	×	9月試験もあり
鉾田市	7/9	5/1	5/31	30	①S-Ⅰ	×	×	①	②	×	10月試験もあり
つくばみらい市	9/17, 録画面接	7/25	8/25	50	①SPI3	×	×	×	②③	×	4月試験(8月採用)もあり
小美玉市	7/3～7	5/8	5/31	29	①SPI3	×	②	②	②	×	②プレゼンテーション。10月試験もあり
栃木県											
宇都宮市	4/28～5/17, 書類選考	4/3	4/26	29	①	×	×	②	②③	×	
足利市	9/17	8/17	8/23	29	①L-Ⅱ	×	×	①	②③	×	①申込時面接
栃木市	9/17	8/1	8/25	29	①S-Ⅱ	×	×	×	②③	×	
佐野市	9/17	8/7	8/15	35	①S-Ⅱ	×	×	②	②	×	
鹿沼市	7/8, 9	5/25	6/12	40	①Light	×	×	×	①②	×	
日光市	6/18	5/1	5/23	32	①SPI3	×	×	×	②	②	9月試験(教養試験)もあり
小山市	9/17	7/10	8/10	29	①L-Ⅱ	×	×	②	②③	×	
真岡市	9/17	6/28	8/4	29	①S-Ⅰ	×	×	②	②	×	
大田原市	9/17	7/1	7/31	30	①S-Ⅱ	×	×	②	②	②	
矢板市	9/17	7/7	8/16	30	①Light	×	×	②	①②	×	11月試験もあり
那須塩原市	9/17	7/1	7/31	31	①S-Ⅰ	×	×	②	②	×	
さくら市	9/17	7/1	8/10	40	①Light	×	×	×	②③	×	①エントリーシート
那須烏山市	9/17	7/1	8/10	29	①S-Ⅱ	×	×	①	①②	②	②プレゼンテーション。11月試験(基礎能力検査)もあり
下野市	9/17	7/3	8/10	30	①L-Ⅱ	×	×	②	②	×	
群馬県											
前橋市	6/11	5/10	5/19	29	①	×	×	×	②③	×	
高崎市	6/11	5/15	5/19	29	①60分	×	×	①	②③	×	
桐生市	7/9	6/1	6/16	29	①S-Ⅰ	×	×	×	②③	×	4月試験(7月採用)もあり
伊勢崎市	6/18	5/1	5/19	28	①S-Ⅰ	×	①	×	②③	×	事務1B試験(SPI3)もあり
太田市	6/18	5/15	6/1	30	①L-Ⅰ	×	×	×	③④	×	
沼田市	9/3または17	7/3	8/25	39	①L-Ⅰ	×	×	×	②③	×	一次試験日は選択制。8月試験(10月採用)もあり
館林市	7/上	6/1	6/19	29	①SCOA-A	×	×	②	②③	×	
渋川市	9/17	7/14	8/4	30	①SPI3	×	×	①	②③	×	6月試験(10月採用)もあり
藤岡市	9/17	7/19	8/4	30	①S-Ⅰ	×	×	×	②	×	
富岡市	9/17	7/20	8/4	30	①L-Ⅰ	×	×	×	②	×	
安中市	9/17	7/18	8/1	30	①	×	×	①	③	②	
みどり市	7/9	6/1	6/23	29	①S-Ⅰ	×	①	①	②③	×	
埼玉県											
川越市	8/6, 20, 9/17	7/3	7/19	30	①S-Ⅰ	①120分，40問※	×	①	①②	②	※A区分(専門試験なし)，C区分(SPI3-GAT試験)，6月試験(10月採用)もあり
熊谷市	9/17	7/18	8/4	30	①L-Ⅰ	×	×	①	②③	×	②SPI3
川口市	5/12～19, 6/4	3/13	4/12	31	①120分	×	×	×	①②	×	11月試験もあり
行田市	6/18	4/17	5/26	26	①SPI3	×	×	①	②	②	9月試験，12月試験もあり
秩父市	9/17	7/24	8/10	27	①120分	×	×	①	①②	×	

PART 7 地方公務員ガイダンス

市役所名	5年度 一次試験日	申込開始日	申込締切日	年齢上限	教養等	専門	事務適性検査	論作文	面接	集討・GW	備考
					試験構成						備考
所沢市	4/29, 録画面接	3/1	3/24	25	②SPI3	×	×	×	③④	×	①エントリーシート作成。9月試験(教養試験), 12月試験もあり
飯能市	8/9～12	6/16	7/24	30	②SPI3	×	×	×	①③④	×	5月試験(9月採用)もあり
加須市	9/17	7/18	8/4	31	①120分	×	×	①	②	×	
本庄市	8/2～31	7/4	7/24	30	①SCOA-A	×	×	②	②③	×	
東松山市	9/17	7/18	8/4	30	①S-I	×	×	②	②	×	6月試験(SPI3)もあり
春日部市	6/4	4/5	5/17	25	①S-I	×	×	×	②③	×	10月試験もあり
狭山市	8/9～13, 9/17	7/4	7/26	28	①S-I※	×	①	×	①②	×	※教養試験とSPI3の選択制
羽生市	9/17	7/3	8/16	30	①S-I	×	×	①	②③	×	1月試験もあり
鴻巣市	9/17	7/14	8/9	28	①S-I	×	×	①	③	②	7月試験(10月採用〈SCOA-A〉), 1月試験もあり
深谷市	9/17	6/26	7/31	30	①S-I	×	×	①	③	②	
上尾市	8/16～19	7/3	7/28	27	②L-Ⅱ	×	×	①	①③	③	12月試験(基礎能力検査)もあり
草加市	6/11, 12～25	4/20	5/10	28	①SPI3	×	×	①	②③	×	9月試験, 1月試験もあり
越谷市	6/22～7/10	5/9	5/23	25	①SCOA-A	×	×	×	②③	×	①SCOA-C
蕨市	1/14	12/12	1/9	25	①SCOA-A	×	×	①	②	×	
戸田市	8/25～9/4	7/3	7/24	30	×	×	×	×	②③	×	①適性検査(110分)
入間市	7/9, 書類選考, 録画面接	5/26	6/4	27	①SPI3	×	×	×	②	×	9月試験(Light)もあり
朝霞市	9/17	7/13	8/10	28	①S-I	×	①	×	②③	②	6月試験(9月採用〈既卒者〉)もあり
志木市	9/17	7/21	8/10	30	①S-I※	×	×	①	②	②	※教養試験とSPI3の選択制。5月試験(8月採用)もあり
和光市	9/17	8/1	8/21	32	①S-I	×	×	×	③	×	6月試験(10月採用〈SPI3〉), B方式試験(SPI3)もあり
新座市	9/17	8/1	8/17	30	①SPI3	×	×	×	③	②	
桶川市	9/17, 21～26	7/3	8/7	27	①S-I	×	×	①	①②③	×	1月試験もあり
久喜市	8/16～18, 21, 22	7/10	7/20	30	②120分	×	×	②	①③	×	
北本市	9/17	8/1	8/21	28	①S-I	×	×	①	②③	×	7月試験(10月採用〈既卒者〉), 1月試験もあり
八潮市	9/17	7/10	8/10	29	①S-I※	×	×	×	②	×	※教養試験とSPI3の選択制。6月試験(9月採用〈既卒者〉), 1月試験もあり
富士見市	6/18, 書類選考	5/9	5/31	25	①SPI3	×	×	×	②③	×	9月試験(教養試験), 12月試験もあり
三郷市	6/18	4/24	5/12	27	①S-I	×	×	×	②③	×	
蓮田市	9/17	8/1	8/24	26	①S-I	×	×	①	②	×	
坂戸市	6/10, 11, 18	5/1	5/15	28	①SPI3	×	×	②	①②③	×	9月試験(教養試験〈S-I〉)もあり
幸手市	9/17	7/25	8/15	30	①S-I	×	×	×	②	×	
鶴ヶ島市	9/17	7/24	8/10	28	①S-I※	×	×	×	②③	②	※教養試験とSPI3の選択制
日高市	9/17, 18, 23, 24	7/18	8/6	29	①SPI3	×	×	×	①②	×	12月試験もあり
吉川市	7/9, 書類選考	5/15	6/14	28	①S-I	×	×	×	②③	③	1月試験もあり
ふじみ野市	8/1～4, 7～13	6/30	7/19	30	②S-I※	×	×	②	①③	③	※教養試験とSPI3の選択制
白岡市	9/17	7/10	8/8	30	①S-I	×	×	①	②	×	
千葉県											
銚子市	9/15～30	8/1	8/31	35	①SPI3	×	①	×	②③	×	5月試験(10月採用), 9月試験(教養試験〈L-I〉)もあり
市川市	6/18	4/28	6/6	28	①SPI3	×	×	×	②③	②	
船橋市	6/18	5/1	5/25	30	①S-I	①120分, 40問	×	×	②③	②	②SCOA-C。一般行政B(SCOA-A)もあり
館山市	7/9	5/17	5/31	35	①S-I	×	×	①	②③	×	②プレゼンテーション
木更津市	7/9, 8/中	5/17	5/31	30	①S-I	×	×	×	②	①	②プレゼンテーション面接。9月試験もあり
松戸市	6/18	5/15	5/31	30	①S-I	①	×	×	②③	×	10月採用, 9月試験(初級)もあり
野田市	9/17	7/24	8/7	35	①S-I	×	×	×	②③	×	7月試験(10月採用), 12月試験もあり
茂原市	9/11～18	7/18	8/4	35	①SCOA-A	×	×	×	②③	×	
成田市	7/9	5/17	5/31	30	①L-I	①90分, 30/50問	×	×	②③	×	専門試験なし区分もあり
佐倉市	7/9	5/17	5/31	30	①L-I	①90分, 30/50問	×	×	②③	③	5月試験(先行実施枠〈②SPI3〉)もあり
東金市	9/17	7/24	8/7	30	①S-I	×	×	×	③	②	1月試験もあり

市役所名	5年度一次試験日	申込開始日	申込締切日	年齢上限	試験構成 教養等	専門	事務適性検査	論(作)文	面接	集討・GW	備考
旭市	9/17	7/24	8/7	35	①L-I	×	①	×	③	②	
習志野市	9/6〜24	7/14	8/9	30	①SCOA-A	×	×	×	②③	×	①SCOA-C
柏市	書類選考	5/1	5/19	26	②S-I	②120分, 40問	×	×	③④	×	①エントリーシート提出。B区分(SPI3)、8月試験(SCOA-A)もあり
勝浦市	10/16	8/30	9/13	30	①S-I	×	×	①	②	×	5年度事務系試験実施なし
市原市	6/18	4/28	6/7	30	①S-I	①120分, 40問	×	×	②③	×	B(SCOA-A)もあり。9月試験もあり
流山市	6/18	5/8	5/31	35	①S-I	①120分, 40問	×	×	②③	×	
八千代市	7/9	5/15	6/12	30	①S-I	×	×	×	③	②	SPI3 Style試験もあり
我孫子市	6/25	4/24	5/15	35	①60分	×	×	×	②③	×	
鴨川市	9/17	7/24	8/7	35	①Light	×	×	×	①	②	
鎌ケ谷市	7/9	5/17	5/31	35	①S-I	①120分, 40問	×	×	②③	×	
君津市	6/25	5/8	5/26	29	①SCOA-A	×	×	①	②③	②	①SCOA-C。③プレゼンテーション
富津市	7/9	5/8	5/26	35	①L-I	①120分, 40問	×	×	①	②	①SCOA-C。9月、1月試験もあり
浦安市	6/18	5/15	6/1	28	①SCOA-A	×	×	①	①	②	B区分(10月採用)もあり
四街道市	7/9	5/17	5/31	35	①L-I	①90分, 30/50問	×	×	②③	②	専門試験なし区分もあり
袖ケ浦市	7/9, 書類選考	5/17	5/31	35	①S-I	×	×	×	②③※	×	①エントリーシート, SPI3。※プレゼンテーションを含む。9月試験もあり
八街市	7/9	5/17	5/31	35	①L-I	①90分, 30/50問	×	×	×	②	
印西市	7/9	5/17	5/31	30	①L-I	①90分, 30/50問	×	×	②③	×	②SCOA-C。専門試験なし区分、8月試験(専門試験なし)もあり
白井市	7/9	5/17	5/31	35	①L-I	①90分, 30/50問	×	×	③	×	
富里市	7/9	5/17	5/31	35	①L-I	①90分, 30/50問	×	×	×	×	専門試験なし区分もあり
南房総市	9/17	7/24	8/7	35	①Light	×	×	①	②③	×	②TAPOC。1月試験もあり
匝瑳市	9/17	7/24	8/7	35	①L-I	×	①	②	①	×	7月試験(10月採用〈SPI3〉)もあり
香取市	7/9	5/17	5/31	30	①S-I	①120分, 40問	×	×	②	×	
山武市	9/17	7/24	8/7	30	①S-I	×	×	×	②③	×	
いすみ市	9/17	7/24	8/7	30	①S-I	×	①	①	②	×	
大網白里市	9/17	7/24	8/7	30	①S-I	×	×	×	②③	×	1月試験もあり
東京都											
八王子市	5/19〜22, 書類選考	5/1	5/15	31	①30分, 21問	×	×	③	②③	②	10月採用, 12月試験もあり
立川市	8/11〜27		7/31	26	①SCOA-A	×	×	×	②③④	×	①SCOA-C
武蔵野市	4/30または4/24〜5/1※	3/15	4/7	30	①S-I※	×	×	②	③④	②	※WEB試験方式(GAB)もあり
三鷹市	4/30	4/4	4/14	27	①S-I	①120分, 40問	×	×	②③	×	②エントリーシート審査。B方式(SCOA-A+SCOA-C)もあり。2月試験もあり
青梅市	9/2〜13	8/1	8/18	28	①SCOA-A	×	×	②	②③	×	一次前に書類選考あり。①SCOA-C。5月試験(8月採用)もあり
府中市	8/20〜9/3	8/1	8/14	30	①SPI3	×	×	×	②③④	×	③TAPOC
昭島市	5/25〜6/7	4/27	5/11	27	①SCOA-A	×	×	×	②③④	×	①SCOA-C。10月採用, 9月試験もあり
調布市	5/26〜6/4	4/7	4/23	29	①SPI3	×	×	×	③④	×	
町田市	6/18	5/22	5/30	30	①SPI3	×	×	③	②③	×	③GAB
小金井市	7/13〜27	5/25	6/23	27	①※	×	×	②	③④	×	※事務能力診断検査(50分)。②自己PR審査
小平市	8/23〜9/18, 書類選考	8/3	8/20	29	①SCOA-A	×	×	×	②③	×	②TAPOC。4〜5月試験(7月採用)、7〜8月試験(10月採用)もあり
日野市	5/10〜23	3/1	4/23	25	×	×	×	×	②③④	×	一次前に書類選考, 動画選考あり。①知的能力試験(40分)
東村山市	6/18	5/2	5/31	29	①S-I	×	①	①	②③	×	③個別面接はプレゼンテーションを含む
国分寺市	5/中〜下	4/1	4/26	40	①SPI3	×	×	×	②③	×	一次前に書類選考あり
国立市	8/8〜15, 10〜16		8/3	26	×	×	×	×	②③	×	①知的能力総合(40〜60分)
福生市	8/13〜19	7/1	7/17	29	×	×	×	×	②③④	×	①基礎能力検査(35分)。6月試験(10月採用)、3月試験(7月採用)もあり
狛江市	5/9〜21	4/13	4/30	31	①SPI3	×	×	×	②③	×	10月採用。11〜12月試験もあり
東大和市	6/1〜20		5/12	25	①SCOA-A	×	×	×	②③	×	10月採用もあり
清瀬市	書類選考	6/15	7/3	26	×	×	×	×	③	×	②プレゼンテーション試験
東久留米市	9/中〜下	8/1	8/28	29	①SPI3	×	×	×	②	×	

PART 7 地方公務員ガイダンス

市役所名	5年度一次試験日	申込開始日	申込締切日	年齢上限	教養等	専門	事務適性検査	論作文	面接	集討・GW	備考
武蔵村山市	9/17		8/18	30	①S-Ⅰ	×	①	①	②③	×	6月試験（10月採用）もあり
多摩市	書類選考	6/22	6/30	30	②SCOA-A	×	×	×	③④	③	
稲城市	書類選考	7/26	8/21	26	②SCOA-A	×	×	×	③④	×	②SCOA-C。5月試験（10月採用）もあり
羽村市	10/15	8/10	9/15	39	①Light	×	×	②	②③	②	5月試験（8月採用）もあり
あきる野市	9/17		8/4	30	①L-Ⅰ	×	×	①	②③	×	
西東京市	6/22～7/3	5/19	6/20	29	①SPI3	×	×	×	②③④	②③	
神奈川県											
横須賀市	書類選考	4/11	5/12	29	①SPI3	×	×	×	①②③	×	4月試験（7月採用）もあり
平塚市	書類選考	3/17	4/12	27	③※	×	×	×	④⑤	②	※適性検査。10月採用もあり
鎌倉市	6/18	5/1	5/19	27	×	×	×	×	②③	×	①知的能力の測定と適性検査。②本人確認テスト。B試験もあり
藤沢市	録画面接	3/1	3/16	※	①SPI3	×	×	×	③	②	※R6年3月に大学または大学院を卒業・修了見込者
小田原市	4/5～7, 録画面接	3/10	3/27	28	×	×	×	×	①②③	③	①能力適性検査。10月採用，9月試験（1月採用）もあり
茅ヶ崎市	書類選考	4/7	5/8	27	×	×	×	×	②③④	×	10月採用，11月～12月受付分試験もあり
逗子市	9/22～10/2	9/5	9/19	27	×	×	×	×	③④	②	①能力・適性検査。1月試験もあり
三浦市	9/17	8/1	8/14	35	①Light	×	×	×	②③	×	5月試験（8月採用）もあり
秦野市	6/10～14, 7/9	5/15	5/31	35	①30分	×	×	①	①③	②	
厚木市	5/29～6/4	4/17	5/7	30	①※	×	×	×	②③④	×	※C-GAB plus。10月試験もあり
大和市	6/18	5/1	5/30	42	①60分, 92問	×	×	×	②③	×	10月採用，9月試験もあり
伊勢原市	6/3～11	5/1	5/15	30	②L-Ⅰ	×	②	×	①③	×	4月試験（7月採用），11月試験もあり
海老名市	6/18	5/1	5/16	32	①120分	×	①	×	②③④	×	9月試験もあり
座間市	7/29～8/1	6/15	7/3	29	②※	×	×	×	①③	①	※総合適性検査（60分）。10月採用もあり
南足柄市	7/9	4/3	5/19	30	①Light	×	①	①	②③	×	1月試験もあり
綾瀬市	7/3～6, 7/7～16	6/8	6/15	30	①SCOA-A	×	×	×	①②③	×	①SCOA-C
山梨県											
甲府市	9/17	7/20	8/14	28	①S-Ⅰ	×	①	×	②	②	②面接は2回実施
富士吉田市	9/17, 書類選考	8/1	8/14	28	①S-Ⅰ	×	×	②	②③	×	
都留市	6/18	4/3	5/12	29	①SPI3	×	×	②	②③	×	9月試験もあり
山梨市	8/27	7/1	7/21	30	①SPI3	×	×	×	②	×	②テーマ面接
大月市	9/17	7/31	8/16	30	①S-Ⅰ	×	×	②	②	×	
韮崎市	9/17	7/11	8/3	30	①S-Ⅰ	①120分, 40問	×	①	③	②	
南アルプス市	9/17	7/18	8/2	32	①S-Ⅰ	①120分, 40問	①	②	②	×	
北杜市	7/9	5/2	5/26	36	①S-Ⅰ	①120分, 40問	×	②	②	②	10月試験，1月試験もあり
甲斐市	9/17	7/31	8/14	25	①S-Ⅰ	①120分, 40問	×	×	②③	②	③プレゼンテーション
笛吹市	5/15～21	4/3	4/20	35	①SCOA-A	×	×	②	③	②	①SCOA-C。12月試験もあり
上野原市	9/3	7/24	8/9	29	①※	×	×	③	②③	×	※能力検査（70分）
甲州市	9/17, 書類選考	7/25	8/18	33	①SPI3	×	×	②	②③	×	①エントリーシート
中央市	9/17	7/14	8/4	35	①S-Ⅰ	×	①	②	②	×	②プレゼンテーション
長野県											
長野市	6/18	5/12	5/31	26	①SCOA-A	①120分	①	①	②③	×	4月試験（チャレンジ枠〈テストセンター方式〉）もあり
松本市	6/18	5/23	6/6	26	①Light	①120分, 40問	×	×	②※③	×	※②動画面接も実施。B，C（小論文試験枠）試験，12月（小論文試験枠）試験もあり
上田市	7/9	5/8	6/8	28	①SCOA-A	①120分, 40問	×	②※	③	×	※ケース記述式
岡谷市	7/9, 書類選考	5/15	6/16	30	①S-Ⅰ	×	×	×	②③④	×	①エントリーシート。書類選考（7月，4月採用）もあり
飯田市	6/3～9, 録画面接	4/28	5/24	34	①SPI3	×	×	×	②③	×	
諏訪市	7/9	5/15	6/14	35	①S-Ⅰ	×	×	×	③	②	11月試験もあり
須坂市	6/18	5/1	5/18	34	①S-Ⅰ	×	①	①	②③	③	10月試験もあり
小諸市	7/15	6/1	6/30	30	①S-Ⅰ	①120分, 40問	×	①	②③	×	9月試験（初級），12月試験もあり

市役所名	5年度一次試験日	申込開始日	申込締切日	年齢上限	試験構成 教養等	専門	事務適性検査	論(作)文	面接	集討・GW	備考
伊那市	6/18または6/11~23	5/1	5/19	26	①SCOA-A	×	×	②	②③	×	①SCOA-C
駒ヶ根市	7/8	5/25	6/26	30	①SPI3	×	×	①	②③	②	
中野市	7/9	6/5	6/16	30	①L-Ⅰ	①120分, 40問	×	①	②③	×	
大町市	6/25	5/8	6/9	30	①S-Ⅰ	①120分, 40問	①	①	②	×	②プレゼンテーション。9月試験(初級)、11月試験(初級)もあり
飯山市	6/18	4/24	5/25	29	①S-Ⅰ	①120分		①	②	×	10月試験もあり
茅野市	7/9	5/15	6/16	30	①SPI3	×	×	論	②③	×	10月採用, 1月試験もあり
塩尻市	4/16	3/1	4/7	30	①L-Ⅰ	×	×	①	②③	×	申込時に録画面談あり。行政C(SPI試験枠)もあり
佐久市	6/25	5/19	6/9	32	①S-Ⅰ	×	×	①	③④	②	B区分(移住定住)もあり
千曲市	6/18		6/8	29	①S-Ⅰ	①120分, 40問	①	①	②	×	
東御市	7/9	5/22	6/12	26	①L-Ⅱ	×	×	①	②③	×	4月試験(7月採用)、10月採用, 9月試験(初級)もあり
安曇野市	6/18	5/29	6/8	35	①S-Ⅰ	①120分, 40問	×	②	②③	×	
新潟県											
長岡市	6/4	4/7	5/8	27	①S-Ⅰ	×	×	①	②③	×	
三条市	5/12~18, 録画面接	4/1	5/8	35	①SPI3	×	×	×	②③	②	
柏崎市	6/4	4/6	5/19	24	①S-Ⅰ	×	×	×	②③	×	事前課題あり
新発田市	4/1~5/18	3/1	4/18	28	①SPI3	×	×	③	②③	×	
小千谷市	6/4	4/1	5/7	35	①SCOA-A	×	×	②	②③	×	①1分間スピーチ。10月試験(中級)もあり
加茂市	5/28	4/1	5/1	35	①Light	×	①	①	②③	×	
十日町市	7/9	5/9	6/9	29	①S-Ⅰ	×	×	×	②③	×	9月試験もあり
見附市	6/25または6/19~25		6/12	35	①S-Ⅰ	×	×	×	②③	×	SPI3試験方式もあり
村上市	7/9	5/15	6/9	29	①S-Ⅰ	①120分	①	×	②※	×	※WEBでのAI面接もあり
燕市	5/12~23	4/5	5/8	27	①SPI3	×	×	×	②③	×	①自己アピールシート試験
糸魚川市	7/8, 9	4/25	6/2	31	①S-Ⅰ	×	×	①	①②	×	②自己PR(1分)。9月試験もあり
妙高市	7/9	5/15	6/14	29	①L-Ⅰ	×	×	①	②	×	
五泉市	6/18	4/25	5/19	28	①S-Ⅰ	×	×	①	②	×	
上越市	6/18	5/8	5/31	29	①60分, 120問	×	×	※	②	①	※申込時提出。面接の補助資料として活用
阿賀野市	7/9	6/1	6/13	29	①L-Ⅰ	①120分, 40問	×	×	②	×	1月試験もあり
佐渡市	7/9	5/10	6/8	30	①S-Ⅰ	×	①	①	②	×	9月試験(高校卒業程度)もあり
魚沼市	6/12~18	5/10	5/31	29	①SPI3	×	×	×	②③	×	二次前に自己PR動画提出あり。1月試験もあり
南魚沼市	7/9	5/15	6/8	32	①L-Ⅰ	①120分, 40問	×	×	②	×	一般行政Ⅱ(高等学校卒業程度)もあり
胎内市	7/9	5/15	6/9	40	①L-Ⅰ	①120分, 40問	×	×	②	×	9月試験(高校卒業程度)もあり
岐阜県											
岐阜市	6/18	5/1	5/25	29	①S-Ⅰ	①120分, 40問	×	②	②	②	10月試験もあり
大垣市	7/9	6/1	6/16	27	①S-Ⅰ	①120分, 40問	×	③	③	×	
高山市	6/18	4/24	5/26	29	①S-Ⅰ	×	①	×	②	×	10月採用もあり
多治見市	7/9	5/22	6/16	25	①※	×	×	①	②③	×	※基礎能力検査
関市	7/9	5/12	6/11	30	①S-Ⅰ	×	①	①	②	×	
中津川市	7/9	6/1	6/16	39	①SCOA-A	×	×	×	②③	×	11月試験もあり
美濃市	7/9	5/15	6/15	28	①L-Ⅰ	×	①	①	②③	×	9月試験, 12月試験もあり
瑞浪市	7/9	5/15	6/16	30	①※	×	×	×	①②	×	※事務能力試験。①動画試験
羽島市	7/9	5/22	6/23	27	①SCOA-A	×	×	×	②③	②	①SCOA-C。9月試験もあり
恵那市	7/9	6/1	6/23	35	①SCOA-A	×	×	×	②③	②	1月試験もあり
美濃加茂市	4/25~5/8	4/1	4/14	26	①※	×	×	×	②③	②	※SPI3またはSCOAを選択。6月試験もあり
土岐市	7/9	6/1	6/16	27	①	×	①	②	②③	×	
各務原市	7/9	6/1	6/19	29	①S-Ⅰ	×	×	×	②③	②	①事務処理能力試験(60分)
可児市	6/19~23	4/24	5/26	26	×	×	②	×	①②③	×	9月試験, 1月試験もあり

市役所名	5年度一次試験日	申込開始日	申込締切日	年齢上限	試験構成 教養等	専門	事務適性検査	論(作)文	面接	集討・GW	備考
山県市	5/21	4/3	4/28	29	①L-I	×	①	②	③	②	10月試験もあり
瑞穂市	7/15	6/1	6/23	30	①S-I	×	①	②	②③	×	
飛騨市	6/5～7/10	5/30	6/26	29	①SPI3	×	×	×	②	×	11月試験もあり
本巣市	7/9	5/8	6/2	28	①S-I	×	①	②	②	×	10月試験もあり
郡上市	7/9	4/24	5/26	44	①S-I	×	①	②	②	②	9月試験, 12月試験もあり
下呂市	7/9	5/26	6/19	30	①SCOA-A	×	×	②	①※②	×	※筆記面接。高校卒程度試験、11月試験、2月試験もあり
海津市	7/9	5/1	5/31	39	①SCOA-A	×	×	×	②	②	10月採用、9月試験（高卒程度）もあり
静岡県											
沼津市	5/8～21	4/7	4/21	30	①SCOA-A	×	×	×	②③	×	
熱海市	7/3～9	5/31	6/14	28	①SCOA-A	×	×	③	②③	×	①SCOA-C。12月試験もあり
三島市	7/9または6/26～7/9	5/19	6/2	30	①SCOA-A	×	×	×	②③	×	①SCOA-C
富士宮市	7/9	6/2	6/16	28	①S-I	×	×	①	②③	×	4月試験（4月先行実施枠〈SCOA〉）もあり
伊東市	7/9	6/1	6/16	30	①SPI3	×	×	×	③	②	
島田市	7/9	5/17	6/18	30	③SPI3	×	×	×	②③	×	
富士市	7/9	6/2	6/16	30	①S-I	×	①	①	②③	×	③プレゼンテーション。4～5月試験（チャレンジ枠）もあり
磐田市	書類選考, 5月中	3/1	4/21	25	①SPI3	×	×	②	③④	②	
焼津市	7/9	5/15	6/16	28	①S-I	×	①	×	②③	×	
掛川市	6/15～25	4/27	5/26	27	①SPI3	×	×	②※	③	②	※二次試験日まで
藤枝市	7/9	5/22	6/9	30	①S-I	×	×	×	②③	×	
御殿場市	7/9	5/17	6/12	35	①S-I	×	×	×	②	×	
袋井市	6/18	4/26	6/2	25	①S-I	×	×	①	×	②	4月試験（チャレンジ枠〈SPI採用〉）もあり
下田市	7/9	5/31	6/21	32	①SPI3	×	×	×	②	×	②事務能力検査。12月試験もあり
裾野市	6/4または5/13～6/4	4/24	5/12	28	①SPI3	×	×	×	②③	×	
湖西市	3/15～5/8	3/11	4/28	30	①SPI3	×	×	×	②③	②	9～11月試験, 12～1月試験もあり
伊豆市	6/25	5/15	6/2	29	①SPI3	×	×	×	②③	②	
御前崎市	6/18	4/11	5/12	29	①SPI3	×	×	①	②	②	8月試験もあり
菊川市	6/24, 25	5/8	6/2	29	①SPI3	×	×	②	①②③	×	10月試験もあり
伊豆の国市	6/1～14	5/1	5/31	28	①SCOA-A	×	×	×	②③	×	
牧之原市	7/15	5/22	6/16	27	①SPI3	×	×	①	②③	×	
愛知県											
豊橋市	4/16, 4/17～5/9	3/1	3/31	30	①L-II	×	×	×	①②③	②	SPIコース, 秋実施試験もあり
岡崎市	録画面接	3/17	3/31	27	②SPI3	×	×	×	①②③※	×	※③自己PR試験。教養コース試験もあり
一宮市	7/9または6/26～7/9	5/26	6/15	28	①※	×	②	②	②③	・	※教養試験とSPI3の選択制
瀬戸市	書類選考	4/3	4/28	27	③SPI3	×	×	×	②③	×	①自己PR書。③3分間自己PR、職種別試験
半田市	7/9, 6～9	6/6	6/12	27	①120分, 40問	×	×	×	①②③	②	4月試験（HR試験）もあり
春日井市	4/23	3/27	4/5	30	①L-II	×	①	×	②	×	9月試験もあり
豊川市	7/9, 3～14, 書類選考	5/8	6/3	28	①	×	×	②	①②	②	SPI方式試験もあり
津島市	録画面接	4/3	4/27	29	②SPI3	×	×	×	②③	②	③プレゼンテーション
碧南市	5/27, 28	4/17	5/10	30	①SPI3	×	×	①	①③	②	
刈谷市	5/8～19	4/3	4/17	26	②S-I	×	×	×	①③	③	②TAPOC。10月採用、自己PR型試験もあり
豊田市	4/5～21	3/13	3/27	27	①SPI3	×	×	×	②③	③	
安城市	書類選考, 録画面接	5/12	5/25	30	②S-I	×	×	×	①③	②	自己PR方式もあり
西尾市	5/11～17	3/24	4/13	30	②L-I	×	②	×	①③	×	一次前にエントリーシート選考、動画選考あり。SPIコース試験もあり
蒲郡市	7/9, 書類選考	6/1	6/16	30	①	×	×	①	②	×	SPI方式, 12月試験もあり
犬山市	7/9, 10～14	6/1	6/15	27	①L-I	×	①	×	①②	×	
常滑市	7/9	6/1	6/16	28	①Light	×	×	×	③	②	10月試験もあり

市役所名	一次試験日 5年年度	申込開始日	申込締切日	年齢上限	教養等	専門	事務適性検査	論・作文	面接	集討・GW	備考
江南市	6/18	5/1	5/31	27	①SPI3	×	×	×	①②	×	
小牧市	6/25	5/22	6/2	29	①L-Ⅰ	×	×	×	②③	×	10月試験もあり
稲沢市	7/9	6/5	6/15	27	①S-Ⅰ	×	×	③	③	②	10月採用もあり
新城市	6/13, 14	5/15	5/24	28	②SCOA-A	×	×	②	②③	×	①自己PR試験。5月試験（SPI方式）もあり
東海市	4/21～5/7	4/1	4/14	25	①※	×	×	×	②③	×	※知的能力，学力および事務能力試験
大府市	5/13～26	3/31	4/14	27	①※	×	×	②	②	②	※知的能力，事務処理能力。10月，1月，4月採用。7月試験（1月，4月採用）。1月試験もあり
知多市	7/9	6/1	6/19	30	①L-Ⅰ	×	×	①	②③	×	5月試験（10月採用，自己推薦〈SPI3〉），11月試験もあり
知立市	7/9, 14, 15, 19, 20	6/1	6/9	28	①Light	×	①	×	①②	×	一次前に書類選考，録画面接あり。10月試験もあり
尾張旭市	6/11	3/31	5/15	26	①SCOA-A	×	×	×	②③	×	
高浜市	7/8, 9	5/22	6/7	35	①Light	×	×	②	①②	×	一次前に書類選考あり。②自己PR。10月試験もあり
岩倉市	7/9		6/21	30	①SPI3	×	×	②	②③	②	②自己PR
豊明市	5/23～6/4	4/27	5/19	30	①SPI3	×	×	③	②③	×	
日進市	書類選考, 録画面接	4/4	4/24	27	②S-Ⅰ	×	②	×	④	③	SPI方式もあり
田原市	7/9	5/22	6/12	28	①S-Ⅰ	×	×	×	②③	×	5月試験（総合能力試験）もあり
愛西市	7/9	5/8	5/26	25	①Light	×	×	①	②③	×	11月試験もあり
清須市	7/9	6/1	6/15	28	①S-Ⅰ	×	×	①	②③	×	11月試験もあり
北名古屋市	7/9	5/15	5/31	30	①L-Ⅰ	×	×	①	②③	×	一般B区分（総合適性検査），12月試験もあり
弥富市	9/17	7/18	8/4	26	①S-Ⅰ	×	①	②	②	×	
みよし市	録画面接	3/1	4/7	53	②SPI3	×	×	④	③④	④	
あま市	6/上中, 7/9	5/15	5/29	28	①※	×	×	×	×	①	※総合適性検査。1月試験もあり
長久手市	6/18		5/19	25	①※	×	×	×	×	②	※教養試験またはSPI3を選択。②プレゼンテーション
三重県											
津市	6/18	5/1	6/2	35	①S-Ⅱ	×	①	×	②③	②③	②ケース記述試験。9月試験もあり
四日市市	6/18	5/18	6/4	29	①S-Ⅱ	×	③	③	②③	×	②録画面接。9月試験もあり
伊勢市	6/25	5/29	6/14	34	①S-Ⅱ	×	①	×	②③	③	9月試験もあり
松阪市	5/10～28, 書類選考	4/10	5/7	35	①※	×	②	②	②	②	※基礎能力検査。8～9月試験もあり
桑名市	5/18～21	4/10	4/23	34	②SPI3	×	×	×	③	①	
鈴鹿市	6/18	5/15	6/6	30	①S-Ⅰ	×	①	×	②③	②	9月試験もあり
名張市	7/9, 15, 16, 17	5/22	6/9	29	①Light	×	×	②	①②	②	
尾鷲市	9/17	7/7	8/4	35	①Light	×	①	①	①	②	
亀山市	9/17	8/1	8/31	30	×	×	×	①	①	②	1月試験もあり
鳥羽市	9/17	7/1	8/23	35	①S-Ⅱ	×	①	①	②③	②	
熊野市	7/29	6/19	7/19	29	①Light	×	①	①	②③	②	9月試験もあり
いなべ市	6/18	4/17	5/26	29	①S-Ⅱ	×	①	①	②③	×	
志摩市	6/11	5/1	5/29	29	①L-Ⅱ	×	①	×	②③	②	9月試験，1月試験もあり
伊賀市	6/7～22	5/14	5/31	29	①SPI3	×	×	×	②③	×	
富山県											
富山市	6/18, 7/中下	4/21	5/31	30	①S-Ⅰ	①120分, 40問	×	①	①②	×	
高岡市	6/18	5/23	6/7	30	①120分, 40問	①120分, 40問	×	①	②	×	9月試験もあり
魚津市	6/18	5/1	5/31	35	①L-Ⅰ	×	×	①	②	×	
氷見市	6/25	5/17	6/5	30	①S-Ⅰ	×	×	①	②	×	②プレゼンテーション。12月試験もあり
滑川市	6/25	5/2	5/25	30	①S-Ⅰ	×	×	①	②	×	
黒部市	6/18	5/8	5/22	35	①S-Ⅰ	×	×	①	①②	×	10月試験，2月試験もあり
砺波市	7/9	5/1	6/29	35	①SCOA-A	×	×	×	②		
小矢部市	7/9	5/8	6/16	30	①SCOA-A	①120分, 40問	×	①	②	×	1月試験もあり
南砺市	7/9	4/25	6/9	34	①S-Ⅰ	①	×	×	②③	②③	

市役所名	一次試験日 5年度	申込開始日	申込締切日	年齢上限	教養等	専門	事務適性検査	論作文	面接	集討・GW	備考
射水市	6/18, 7/下～8/上	5/10	5/31	32	①※	×	×	①	①②	×	※①基礎能力検査（60分），事務能力検査（50分）
石川県											
金沢市	6/18	5/9	5/31	29	①S-Ⅰ	①120分	×	①	②	×	②プレゼンテーション動画。特別枠試験（専門試験なし）もあり
七尾市	6/18	5/10	6/1	30	①S-Ⅰ	×	×	①	①	×	
小松市	6/18	5/1	5/31	29	①S-Ⅰ	×	×	①	②	×	
輪島市	9/17		7/31	30	①L-Ⅰ	×	×	①	②	×	
珠洲市	9/17	6/19	8/17	30	①	×	×	①	②	×	1月試験もあり
加賀市	6/18	5/11	6/9	29	①SPI3	×	×	①	②	×	
羽咋市	8/20	6/27	7/21	30	①	×	×	①	②	②	
かほく市	9/17	7/1	8/14	29	①S-Ⅱ	×	×	①	②※	×	※質疑応答形式。1月試験もあり
白山市	6/18	5/12	6/1	35	①L-Ⅰ	×	×	①	②	×	10月試験もあり
能美市	6/18	5/8	5/25	30	①60分	×	×	①	②	×	9月試験もあり
野々市市	6/18	5/8	5/26	29	①	×	×	①	②	×	
福井県											
福井市	6/18	5/9	5/23	35	①L-Ⅰ	①120分，40問	×	①	②	②	
敦賀市	7/23	6/9	6/30	30	①S-Ⅰ	×	①	×	②	②	
小浜市	7/15, 16	6/1	6/30	44	②SCOA-A	×	×	×	①②	②	①自己PRシート
大野市	5/21	4/3	4/27	30	①SPI3	×	×	①	②	×	②プレゼンテーション。9月試験（高校卒業程度）もあり
勝山市	6/18	5/1	5/31	34	①S-Ⅰ	×	×	①	②	×	10月試験もあり
鯖江市	6/18	5/15	5/31	35	①60分	×	×	①	②	②	①事務能力検査（50分）
あわら市	7/9	5/15	6/16	30	①L-Ⅰ	×	×	①	②	②	10月試験もあり
越前市	6/11または6/1～11または6/1～10，書類選考	5/15	6/2	40	①SPI3	×	×	×	②③	×	
坂井市	6/18	5/1	5/24	30	①S-Ⅰ	×	×	×	②	×	
滋賀県											
大津市	7/15	5/26	6/25	28	①SPI3	×	×	×	②③④	③	
彦根市	7/9	5/24	6/16	30	①※	×	×	②	①③	②	※教養試験またはSPI3を選択
長浜市	7/9	5/1	6/16	27	①※	×	×	①	②③	×	※教養試験またはSPI3を選択
近江八幡市	7/9	5/15	6/16	26	①Light	×	×	③	②③	②	10月試験もあり
草津市	7/9	6/2	6/20	25	①S-Ⅰ※	×	×	×	②③	②	※教養試験またはSPI3を選択。1月試験もあり
守山市	4/29～5/10, 6/上	4/4	4/23	24	①	×	×	×	①②③	×	一般枠，一般・市内在住枠，10月試験もあり
栗東市	6/24, 25	5/15	6/14	32	②SPI3	×	×	×	①③	×	5月試験（7月採用），1月試験もあり
甲賀市	7/9	5/10	6/23	25	①SPI3	×	×	×	②③	②	11月試験，1月試験もあり
野洲市	7/9	5/30	6/16	29	①※	×	×	×	②③	②	※教養試験またはSPI3を選択。12月試験もあり
湖南市	7/9	6/1	6/20	30	①S-Ⅰ	×	×	×	①②③	②	①面接シート。9月，11月試験もあり
高島市	6/2～30, 7/7	6/1	6/22	40	①SCOA-A	×	×	①	②③	×	①SCOA-C。②課題解決力試験（約60分）。③プレゼンテーション。12月試験もあり
東近江市	7/9	5/15	6/14	27	①S-Ⅰ	×	×	③	③	②	12月試験もあり
米原市	6/19～30, 録画面接	5/24	6/15	35	①SCOA-A	×	×	×	②③	②	10月採用，10月試験もあり
京都府											
福知山市	5/28	4/1	5/8	34	②S-Ⅰ※	×	×	③	③	①③	※教養試験またはSPI3を選択。8月試験，1月試験もあり
舞鶴市	6/25	5/1	6/14	40	①SPI3	×	×	×	②③	②	12月試験もあり
綾部市	7/9	5/26	6/16	28	①L-Ⅰ	×	①	②	②③	×	9月試験，1月試験もあり
宇治市	5/21	4/10	4/28	30	①S-Ⅱ	×	×	①	②③	×	
宮津市	7/16	5/19	6/26	45	①S-Ⅱ※	×	×	×	②③	×	※教養試験またはSPI3を選択。①自己アピール試験。10月試験もあり
亀岡市	8/19, 20	7/1	7/23	35	②※	×	×	②	①②③	×	※教養試験またはSPI3を選択
城陽市	6/30～7/9	6/1	6/18	31	×	×	×	×	②③④	×	①情報分析基礎力検査
向日市	4/24～5/8, 書類選考	3/29	4/14	25	①SPI3	×	×	×	②③	×	11月～12月試験もあり

市役所名	5年度一次試験日	申込開始日	申込締切日	年齢上限	教養等	専門	事務適性検査	論(作)文	面接	集討・GW	備考
長岡京市	9/17	8/14	8/20	25	①SPI3	×	×	①	③	②	
八幡市	9/17	7/3	7/24	27	①S-Ⅱ	×	×	①	②③	×	
京田辺市	7/9	6/1	6/15	27	①	×	×	×	②③	×	②記述試験(与えられた設問について〈面接の資料として使用〉)
京丹後市	6/17	4/25	5/31	30	②SPI3	×	×	×	①③	×	9月試験，1月試験もあり
南丹市	6/10，11	4/14	5/9	27	②SCOA-A	×	×	×	①③	×	②SCOA-C。9月試験もあり
木津川市	4/15	3/1	3/20	27	①SPI3	×	×	②	②③	×	7月試験(教養試験)，1月試験もあり
大阪府											
岸和田市	5/14	4/17	5/9	35	②	×	×	×	①③	②	①記述式試験
豊中市	6/9～19	5/18	6/2	39	①SPI3	×	×	③	②③④	④	
池田市	10/4～23	8/15	9/5	30	×	×	×	×	①②	×	一次前に書類選考あり。②基礎能力・実務試験。10月採用もあり
吹田市	6/10～25	5/1	5/31	25	①SPI3	×	×	×	③	×	事務(26-30)試験，9月試験もあり
泉大津市	6/18	5/19	6/6	25	①L-Ⅰ	×	×	②	③	②	エントリー動画。③プレゼンテーション。9月試験もあり
高槻市	6/17～7/2	5/19	6/9	30	①SCOA-A	×	×	×	②③④	③	①SCOA-C。11月試験もあり
貝塚市	9/8～17	8/1	8/31	30	①SPI3	×	×	×	③	②	
守口市	録画面接	7/10	7/21	30	②SCOA-A	×	×	×	②③	×	②SCOA-C
枚方市	録画面接	7/6	7/19	59	×	×	×	③	②③	②	大学卒試験もあり
茨木市	6/5～18	5/23	6/12	30	①SPI3	×	×	②	②③	×	③事務適性検査
八尾市	9/16，17	8/18	9/8	24	②SCOA-A	×	×	×	①②③	×	
泉佐野市	10/14～29，11/18	9/4	10/6	28	①※	×	×	②	①③	×	※基礎能力検査。②事務能力検査。7月試験(10月採用)もあり
富田林市	9/15～25	8/14	9/4	40	①※	×	×	×	①③	×	※総合適性検査(60分)。6～7月試験(10月採用)もあり
寝屋川市	6/15，16，18	5/26	6/12	32	×	×	×	×	①③	×	②ディベート，11月試験もあり
河内長野市	7/20～8/1	6/23	7/9	35	①SPI3	×	×	×	③④	②	5月試験(10月採用)，1月試験もあり
松原市	9/17	8/8	9/8	29	①	×	×	×	②③	×	
大東市	9/23～10/1	8/25	9/4	30	①SCOA-A	×	×	×	②③	×	一次前にエントリー動画選考あり。12月試験もあり
和泉市	9/17	8/21	9/5	25	①SCOA-A	×	×	×	②③	②	
箕面市	5/19～29	4/19	5/12	31	①SPI3	×	×	×	③④	②	9月試験もあり
柏原市	録画面接	4/12	5/11	30	②SCOA-A	×	×	×	③④	③	8～9月試験(1月採用)もあり
羽曳野市	5/14	3/10	3/28	30	①120分，50問	×	×	③	③	②	
門真市	録画面接		5/15	25	②※	×	×	×	③	×	※事務能力検査
摂津市	5/26～6/4，書類選考	5/1	5/21	35	②※	×	×	②	②③④	×	①エントリーシート，総合適性テスト。※総合適性検査。10月試験もあり
高石市	9/9～18	8/7	9/5	30	①SCOA-A	×	×	×	②③	②	
藤井寺市	9/1～11	7/11	7/31	30	①※	×	×	×	②③	③	一次前に録画面接あり。※総合適性検査(基礎能力)(60分)
東大阪市	6/18～30，録画面接	5/24	6/14	24	①SCOA-A	×	×	×	②③	③	②SCOA-C
泉南市	7/1～11，22，23	6/1	6/20	25	①SCOA-A	×	×	×	①②	②	一次前に書類選考あり
四條畷市	録画面接	8/18	9/6	44	×	×	×	×	②③	×	5月試験(8月採用)，1月試験もあり
交野市	録画面接	8/22	9/14	29	②SCOA-A	×	×	×	③	②	区分B，6月試験(10月採用)もあり
大阪狭山市	6/4～14	5/8	5/26	26	①SCOA-A	×	×	×	②③	×	一次前に書類選考あり。①SCOA-C
阪南市	7/14，7/25～8/13	6/20	7/5	25	①SCOA-A	×	×	×	①②③	×	B区分もあり
兵庫県											
姫路市	6/18	5/22	6/2	25	①S-Ⅰ	①120分	×	②	②③	×	10月採用，7月試験(専門試験なし)，9月試験(専門試験なし)もあり
尼崎市	6/21～7/10	6/1	6/15	35	①SPI3	×	×	×	②③	③	10月採用もあり
明石市	6/16～19	4/10	5/17	28	②※	×※	×	×	①②③	②※	①エントリー課題。※基礎能力試験＋集団討論または公務員専門試験を選択。10月試験もあり
西宮市	7/9	5/25	6/15	28	①SPI3	×	×	②	②	×	A-2(教養・専門試験)区分もあり
洲本市	9/17	7/18	8/17	27	①120分	①120分	×	③	②	×	1月試験もあり
芦屋市	6/17～30	6/1	6/15	28	①SCOA-A	×	×	×	③④	×	①SCOA-C。②面談試験
伊丹市	7/9または6/22～7/5，6/23～7/10		6/15	25	①S-Ⅰ※	①120分，40問※	×	②	②③	×	※教養試験＋専門試験またはC-GAB plusを選択

PART 7 地方公務員ガイダンス

市役所名	一次試験日 5年度	申込開始日	申込締切日	年齢上限	試験構成 教養等	専門	事務適性検査	論(作)文	面接	集討・GW	備考
相生市	7/9, 10	6/1	6/13	30	①120分	×	×	①	①②	②	1月試験もあり
豊岡市	7/9または6/21~7/8	5/25	6/12	30	①SPI3	×	②	②	②③	×	新卒枠試験もあり
加古川市	6/14~27, 7/8~17	5/26	6/7	27	①※	×	×	×	①②③	×	※事務能力。②ケーススタディシート。11月~12月試験もあり
赤穂市	7/9, 10	5/24	6/16	30	①S-Ⅱ	×	①	②	①②	×	
西脇市	書類選考	5/8	6/9	24	②SPI3	×	×	×	②	②	7月採用、新卒・既卒試験(9/25~10/13受付)もあり
宝塚市	7/9	6/1	6/16	29	①S-Ⅰ※	①90分, 30/50問※	×	×	②③	×	※教養試験＋専門試験または能力検査を選択
三木市	7/9	6/1	6/19	24	①S-Ⅱ	×	①	×	②③	×	
高砂市	6/8~21, 7/5~7	5/22	6/5	27	①SCOA-A	×	×	②	①②③	×	
川西市	6/19~7/6	6/6	6/30	27	①SCOA-A	×	×	×	②③	×	①SCOA-C。②エントリーシート提出
小野市	6/24	5/29	6/12	24	①S-Ⅱ	×	×	③	②③	×	
三田市	6/29~7/5	6/1	6/15	45	①SPI3	×	×	②	②③	②	事前選考(ヒアリングシート, 録画面接)あり
加西市	6/4または5/22~6/4	4/17	5/16	27	①SPI3※	×	×	×	③	②	※①SPI3とS-ⅠとSCOA-Aの選択制
丹波篠山市	9/1~16または9/17	7/18	8/15	28	①SPI3	×	×	×	②	×	
養父市	9/17	7/14	8/23	30	①120分	×	×	×	②	×	
丹波市	9/17	6/30	8/24	25	①S-Ⅱ	①90分, 30/50問	×	①	②	×	10月試験もあり
南あわじ市	9/17	7/1	8/17	30	①L-Ⅱ	×	①	×	②③	×	
朝来市	7/9	5/25	6/15	25	①Light	×	×	①	②	×	②プレゼンテーション試験。SPI試験もあり
淡路市	9/17	7/10	8/10	25	①SPI3	×	×	×	②③	×	
宍粟市	9/17	7/14	8/4	28	①S-Ⅱ	×	①	×	②③	×	
加東市	6/9~22	5/12	6/1	24	①SPI3	×	×	×	②③	③	4~5月試験(7月採用), 9月試験もあり
たつの市	7/9, 10	6/5	6/19	27	①S-Ⅰ	①120分, 40問	①	①	①②	×	専門試験なし試験もあり
奈良県											
奈良市	~5/14, 書類選考, 録画面接	4/3	4/13	27	①SPI3	×	×	×	②③	×	
大和高田市	9/17	8/1	8/14	35	①Light	×	×	×	②③	×	1月試験もあり
大和郡山市	5/9~22	4/18	5/2	28	①SCOA-A	×	×	×	②③	×	①SCOA-C。1月試験もあり
天理市	7/12~25	6/27	7/10	27	①SCOA-A	×	×	×	②③	②	①SCOA-C。10月採用もあり
橿原市	5/29~6/11	5/10	5/23	29	①SCOA-A	×	×	×	③	②	
桜井市	8/28~9/10	8/1	8/18	25	①SCOA-A	×	×	×	②③	②	①SCOA-C
五條市	6/3~11	5/9	5/23	29	①SCOA-A	×	×	×	①	×	
御所市	9/16~10/1	8/25	9/7	29	①SCOA-A	×	×	×	②③	②	1月試験もあり
生駒市	4/4~16, 書類選考	3/1	3/21	27	①SPI3	×	×	×	②③	×	
香芝市	7/1~14	6/1	6/28	26	①SCOA-A	×	×	×	②③	×	
葛城市	9/15~10/1	8/25	9/11	29	①※	×	×	②	③	②	※基礎能力試験。①事務能力試験。5月試験(9月採用)もあり
宇陀市	9/20~10/10	9/7	9/22	27	①SCOA-A	×	×	②	③	②	4月試験(8月採用), 12月試験もあり
和歌山県											
和歌山市	6/18	4/28	5/22	35	①120分	①120分	×	②	②	×	2型試験(専門試験なし)もあり
海南市	9/17	8/1	8/23	34	①Light	×	×	×	②③	×	2月試験もあり
橋本市	8/上	7/1	7/23	39	①SPI3	×	×	×	②③	×	一次前にエントリーシート選考あり
有田市	6/18または6/3~18	5/1	5/19	29	①SPI3	×	×	×	②③	×	
御坊市	9/17	8/1	8/14	35	①120分	×	①	①	②③	②	2月試験もあり
田辺市	9/17	8/1	8/21	35	①S-Ⅰ	×	①	①	②	×	
新宮市	9/17	7/31	8/16	30	①S-Ⅰ	×	①	①	②	×	1月試験もあり
紀の川市	6/9~26	5/17	5/30	29	①SCOA-A	×	×	×	②③	×	
岩出市	7/9	6/1	6/12	27	①L-Ⅰ	①120分, 40問	×	①	②	×	11月試験もあり
鳥取県											
鳥取市	6/18	5/8	5/31	29	①S-Ⅰ	×	①	②	②	×	②自己アピール審査

市役所名	5年度一次試験日	申込開始日	申込締切日	年齢上限	試験構成 教養等	専門	事務適性検査	論(作)文	面接	集討・GW	備考
米子市	6/1～18	4/28	5/19	29	①SPI3	×	×	②	②③	②	4～5月試験（9月採用），10～11月試験もあり
倉吉市	7/9	5/26	6/16	32	①Light	×	①	②	②	×	10月採用，10月試験，1月試験もあり
境港市	9/17		8/31	30	①S-Ⅱ	×	×	①	②	②	
島根県											
松江市	6/18, 7/15～17	4/26	5/15	26	①S-Ⅰ	×	×	①	①②	×	
浜田市	6/18	4/28	5/20	26	①S-Ⅱ	×	①	①	②	②	9月試験もあり
出雲市	6/18	4/20	5/16	33	①S-Ⅰ	×	×	①	①②	×	
益田市	8/6	7/3	7/26	28	①S-Ⅰ	×	①	①	②	×	10月採用，2月試験もあり
大田市	6/18	4/20	5/22	35	①S-Ⅰ	×	①	①	②	×	9月試験，1月試験もあり
安来市	6/18	4/17	5/19	29	①S-Ⅰ	×	①	①	②	×	9月試験（高校卒業程度）もあり
江津市	7/9	6/12	6/27	30	①	×	①	②	②	×	9月試験，1月試験もあり
雲南市	6/18	5/2	6/2	34	①S-Ⅰ	×	①	①	②	×	
岡山県											
倉敷市	6/18	4/21	5/31	29	①120分	①120分	×	×	②③	②	10月採用，B区分（教養試験・専門試験なし）もあり
津山市	7/9	5/22	6/15	28	①S-Ⅱ	×	①	①	②	×	
玉野市	8/27	6/1	7/21	30	①Light	×	×	×	②③	②	
笠岡市	6/18	5/8	5/26	32	①Light	×	×	×	②	×	②プレゼンテーション。9月試験もあり
井原市	7/9	5/15	6/14	30	①Light	×	②	②③	②③	③	9月試験，1月試験もあり
総社市	7/9	5/29	6/12	30	①S-Ⅰ	×	①	×	②③	×	③プレゼンテーション討論，1月試験もあり
高梁市	6/18, 25		6/6	27	①120分	×	①	①	②	×	1月試験もあり
新見市	7/9	5/19	6/16	35	①S-Ⅰ	×	①	①	②	×	1月試験もあり
備前市	7/9	5/22	6/12	32	①Light	×	×	③	②③	×	①文書完成試験（10分）。③基本質問試験
瀬戸内市	7/9	5/25	6/15	60	①120分	×	①	①	②③	×	
赤磐市	7/9, 書類選考	5/17	6/15	30	①L-Ⅰ	×	①	×	②③	②	
真庭市	7/9	5/15	6/9	40	①S-Ⅰ	×	×	②	②③	②	①事務能力検査（40分）。9月試験もあり
美作市	7/9	5/22	6/14	27	①S-Ⅰ	×	×	③	②③	②	②プレゼンテーション面接。9月試験もあり
浅口市	6/18	4/20	5/30	30	①S-Ⅰ	×	×	①	②③	②	9月試験，1月試験もあり
広島県											
呉市	6/18	5/9	6/6	39	①	①120分	×	×	②③	②	10月試験もあり
竹原市	9/17または9/8～17	8/4	8/31	30	①SCOA-A	×	×	×	②	×	5月試験（教養試験）（8月採用），11月採用もあり
三原市	7/9	6/1	6/15	27	①S-Ⅰ	×	①	②	②③	③	5月試験（8月採用）もあり
尾道市	6/25	5/12	5/31	30	①SPI3	×	×	①	①②	×	
福山市	6/17, 18	5/1	5/25	33	①L-Ⅰ	①120分, 40問	×	②	①②	×	1種B区分（SPI3）もあり
府中市	9/16, 17	8/1	8/25	29	①Light	×	×	①	①②	×	
三次市	9/17	7/10	9/1	29	①※	×	×	②	②③	※	※総合適性検査（60分）。①エントリーシート（60分）
庄原市	8/20	6/28	7/25	30	①S-Ⅱ	×	①	②	②③	×	1月採用，10月試験もあり
大竹市	9/17	7/28	8/23	30	①S-Ⅱ	×	×	③	②③	②	1月試験もあり
東広島市	9/17, 書類選考	7/13	8/16	35	①L-Ⅰ	×	×	①	②③	②	
廿日市市	6/18	4/28	5/21	30	①S-Ⅰ	×	×	①	②③	②	③プレゼンテーション。SPI区分もあり
安芸高田市	7/16	6/1	6/30	27	①SCOA-A	×	×	×	①	×	①SCOA-C
江田島市	9/17	7/1	8/15	29	①※	×	×	①	①	②	※社会人基礎試験。1月試験もあり
山口県											
下関市	7/9→7/30	6/1	6/13	28	①L-Ⅰ	①120分, 40問	×	②	①	×	
宇部市	7/22	5/1	6/18	27	①S-Ⅰ	①120分, 40問	×	×	②	×	
山口市	7/9	5/15	6/9	29	①S-Ⅰ	①120分, 40問	×	③	②③	②	6月試験（SCOA-A，エントリーシート）もあり
萩市	7/9	6/1	6/14	27	①S-Ⅰ	×	①	①	①②	×	1月試験もあり

市役所名	5年度一次試験日	申込開始日	申込締切日	年齢上限	教養等	専門	事務適性検査	論(作)文	面接	集討・GW	備考
防府市	6/18	5/1	6/12	34	①SPI3	×	×	③	②③	×	10月採用。7月試験(B方式(教養試験・専門試験))、9月試験(C方式)あり
下松市	7/9	5/1	6/2	24	①S-I	×	×	③	③	②	
岩国市	7/9	5/15	6/15	29	①S-I	①90分	×	③	②③	×	②TAPOC。6月試験もあり
光市	7/9	5/9	6/9	29	①L-Ⅱ	①120分, 40/50問	①	②	②③	×	9月試験(SPI3)、11月試験もあり
長門市	7/9	5/19	6/9	27	①S-I	①120分	×	①	②	②	11月試験(SPI3)もあり
柳井市	7/9	5/1	6/8	29	①S-I	①120分, 40問	×	①	②	×	
美祢市	7/9→9/17	5/24	6/14	29	①S-I	①120分, 40/50問	①	②	③	②	11月試験もあり
周南市	7/9	5/8	6/16	27	①S-I	①90分, 30/50問	×	②	②③	②	5月試験(SPI3〈先行日程〉)、1月試験もあり
山陽小野田市	7/9	5/1	6/9	28	①SCOA-A	×	×	②	②③	×	①SCOA-C
徳島県											
徳島市	9/17, 録画面接	8/3	8/23	30	①SCOA-A	×	×	×	②③	②	②ロールプレイング試験
鳴門市	9/17	8/1	8/22	30	①S-I	①120分	②	②	②③	×	③プレゼンテーション試験
小松島市	5/12～6/23	5/5	6/9	35	①SPI3	×	×	②	②③	②	③プレゼンテーション
阿南市	5/16～6/20	4/12	5/12	30	①SCOA-A	×	×	×	③	×	②文章要約試験、プレゼンテーション試験
吉野川市	9/17	7/18	8/18	29	①S-I	①120分, 40問	×	②	②	②	B方式試験(SCOA-A)もあり
阿波市	9/17	8/1	8/28	30	①S-I	①120分, 40問	×	②	②	×	②プレゼンテーション試験
美馬市	9/17	7/13	8/10	35	①SCOA-A	×	×	②	②③	×	①SCOA-C。4月試験(早期選考枠)もあり
三好市	9/17	7/12	8/10	45	①Light	×	①	×	②	×	
香川県											
高松市	6/18	5/18	6/1	32	①S-I	①120分, 40問	×	×	②③	②	
丸亀市	6/18	5/22	6/5	29	①S-I	①	①	①	③	②	
坂出市	6/18	5/1	5/20	29	①	①	×	×	②	×	9月試験もあり
善通寺市	7/30	6/5	6/23	35	①S-I	①120分, 40問	×	×	②③	×	
観音寺市	7/9	6/1	6/14	34	①S-I	×	×	①	②	×	
さぬき市	6/18	5/15	6/2	29	①S-I	①120分, 40問	×	×	②	②	
東かがわ市	6/18, 録画面接	5/15	6/2	29	①S-I	①120分, 40問	×	×	②	×	
三豊市	9/17	8/14	8/25	59	×	×	×	①	②③	×	
愛媛県											
松山市	6/4	4/14	5/12	33	①S-I	①120分, 40問	①	×	②③	②	
今治市	7/9	6/1	6/16	29	①S-I	①120分, 40問	×	×	②③	②	4月～5月試験(SPI3)、10月～11月試験もあり
宇和島市	6/19～7/2, 7/9, 8～9	5/26	6/16	30	①S-I	×	×	×	①②	×	行政事務B(SPI3)、4月～5月、12月試験もあり
八幡浜市	7/9, 書類選考	5/19	6/14	33	①S-I	①120分, 40問	×	×	②	×	12月試験もあり
新居浜市	7/9	5/29	6/17	29	①S-I	①90分, 30/50問	×	②	②③	②	5月試験(早期選考枠)、一般事務B区分(基礎能力試験)もあり
西条市	7/9	5/2	5/22	35	①S-I	①120分, 40問	×	×	②	×	一般事務職B区分(SPI3)もあり
大洲市	7/9	5/19	6/21	33	①L-I	①90分, 30/50問	①	①	②	②	事務職Ⅱ(総合適性検査枠)もあり
伊予市	9/17	7/24	8/10	30	①Light	×	×	②	①②③	×	①SCOA-C
四国中央市	7/9	5/8	6/9	29	①S-I	×	×	×	②	×	①PRシート作成
西予市	7/9	5/8	6/9	30	①L-I	×	×	①	②	×	11月試験もあり
東温市	7/9	5/18	6/7	29	①L-I	①	×	×	②	②	
高知県											
高知市	6/18, 録画面接	5/9	5/25	29	①	×	②	②	②③	②	8～9月試験(大学等新卒者(3年以内)限定)、10月～11月試験もあり
室戸市	9/11～19	8/1	8/31	30	×	×	×	×	②③	×	①基礎能力検査、情報分析基礎力検査。②課題解決力検査。6月試験(9月試験)もあり
安芸市	7/16	6/1	6/30	30	①※	×	×	×	②	×	※基礎能力検査(60分)、事務力検査(50分)。①情報分析基礎力検査(42分)。9月、1月試験もあり
南国市	9/15～21, 録画面接	8/17	9/11	29	②60分, 120問	×	×	④	③④	×	5～6月試験、1～2月試験もあり
土佐市	9/5～19	7/24	8/25	35	①SCOA-A	×	×	②	②	×	①SCOA-C。1月試験もあり
須崎市	9/17	7/31	8/18	34	①S-Ⅱ	×	①	×	②		

市役所名	5年度一次試験日	申込開始日	申込締切日	年齢上限	教養等	専門	事務適性検査	論(作)文	面接	集討・GW	備考
宿毛市	10/15	8/21	9/22	34	①Light	×	①				1月試験もあり
土佐清水市	10/15	9/1	9/22	34	①120分, 40問	×	①	②	②	×	1月試験もあり
四万十市	8/27	7/28	8/16	29	①SCOA-A	×	×	③	③	②	①事務能力検査(50分)
香南市	8/26～9/18	8/1	8/21	30	①SCOA-A	×	×	×	②③	×	①SCOA-C。4月(7月採用)，1月試験もあり
香美市	8/10～16	7/10	7/31	29	②S-Ⅱ	×	×	③	④	③	①情報分析力試験(42分)。7月(10月採用)，1月試験もあり
福岡県											
大牟田市	9/2～16	7/25	8/29	29	×	×	×	③	②③	③	①事務能力検査。4月試験(8月採用)もあり
久留米市	6/18，7/3～6	5/23	6/9	35	①120分	①120分	×	×	①②	×	①事務能力試験(50分)。事務職B(論文)もあり
直方市	6/1～27		6/23	30	①SPI3	×	×	②	②③	×	9～10月試験，12～1月試験もあり
飯塚市	9/17	7/19	8/17	28	①S-Ⅰ	×	①	②	②③	×	
田川市	10/15	8/4	9/12	27	①S-Ⅱ	×	①	②	②	②	
柳川市	9/17	7/14	8/14	29	①60分	×	×	①	②	×	①事務能力診断検査(45分)
八女市	7/10～23，書類選考	5/19	6/20	29	①SCOA-A	×	×	×	②③	×	①SCOA-C
筑後市	9/17，録画面接	7/20	8/21	35	①SCOA-A	×	×	×	②③	×	①SCOA-C。5月試験もあり
大川市	9/17	7/14	8/14	30	①L-Ⅰ	×	×	①	②	×	B区分(SPI3)もあり
行橋市	9/17	7/15	8/15	27	①L-Ⅰ	①120分，40問	×	×	③	②	1～2月試験(SCOA-A)もあり
豊前市	9/11～26	7/31	8/31	29	①※	×	×	②	②	×	※基礎能力検査(60分)
中間市	9/16～30	7/24	8/25	37	①SCOA-A	×	×	×	②	②	①SCOA-C
小郡市	9/17	7/15	8/15	39	①L-Ⅱ	×	①	②	②③	②	
筑紫野市	7/9	5/2	6/7	27	①S-Ⅰ	×	×	①	②③	×	
春日市	4/7～25	3/13	4/2	31	①SPI3	×	×	④	②③④	×	
大野城市	6/11	5/12	5/29	30	①S-Ⅰ	×	①	②	②③	×	
宗像市	書類選考，録画面接	3/15	4/9	25	②※	×	×	×	③④	③	①ヒアリングシート。※基礎能力試験。9～10月試験もあり
太宰府市	6/2～7/2，書類選考	6/2	6/23	27	①SPI3	×	×	×	②③	×	10月試験もあり
古賀市	書類選考，録画面接	4/24	5/25	31	②SPI3	×	×	×	③④	③	
福津市	4/26～5/24	3/29	4/19	26	①SPI3	×	×	×	③	②	10月採用，8～9月試験もあり
うきは市	録画面接	7/3	7/24	25	②SCOA-A	×	×	④	③④	×	②SCOA-C。③ケーススタディ試験
宮若市	9/17	7/18	8/15	30	①S-Ⅱ	×	×	②	③	②	
嘉麻市	9/5～20	8/1	8/25	26	①SCOA-A	×	×	×	②③	×	①SCOA-C
朝倉市	9/17	7/14	8/18	30	①Light	×	①	②	②	×	
みやま市	9/17	7/14	8/18	29	①L-Ⅰ	×	×	①	②	×	
糸島市	8/12～9/11	7/14	8/4	35	①SPI3	×	×	×	②④	①	
那珂川市	9/16	8/3	8/31	30	③SPI3	×	×	×	②	①	6月試験(10月採用)もあり
佐賀県											
佐賀市	8/16～31	7/7	7/31	35	①SCOA-A	×	×	②	②③	×	
唐津市	9/17	7/24	8/22	34	①S-Ⅰ	×	×	②	③	×	②書類選考，録画面接
鳥栖市	9/16～30	8/10	8/31	29	①60分	×	×	②	②③	×	②事務能力検査(50分)。1月試験もあり
多久市	9/9～18	8/1	8/18	30	①SCOA-A	×	×	②	②	②	①事務能力試験(60分)，エントリーシート審査。12月試験もあり
伊万里市	7/9	6/1	6/20	35	①S-Ⅱ	×	×	③	②③	×	10月試験もあり
武雄市	書類選考	7/31	8/18	30	②※	×	×	×	③	③	※基礎能力検査
鹿島市	9/17	7/20	8/22	30	①S-Ⅰ	×	×	②	②③	×	
小城市	9/17	7/10	8/15	35	①S-Ⅱ	×	×	②	②	②	②SCOA-C
嬉野市	9/17	7/10	8/15	27	①Light	×	×	②	②	×	5月試験(7月採用)，7月試験(10月採用)もあり。①事務能力診断検査
神埼市	9/17	7/10	8/15	27	①S-Ⅱ	×	×	②	②	×	
長崎県											
長崎市	5/28または5/16～30		5/2	26	①S-Ⅰ※	×	×	×	②③	×	※教養試験またはSPI3を選択。12月試験もあり

市役所名	5年度一次試験日	申込開始日	申込締切日	年齢上限	試験構成 教養等	専門	事務適性検査	論作文	面接	集討・GW	備考
佐世保市	6/18	5/1	5/31	30	①60分, 120問	×	×	①	②	×	4月試験(先行実施枠)もあり
島原市	7/8, 9	5/8	6/9	39	①S-Ⅰ	①120分, 40問	×	①	①②	×	9月試験, 12月試験もあり
諫早市	6/18	4/21	5/19	30	①SPI3	×	×	①	②	②	①論述試験
大村市	9/17または9/15~24	7/20	8/21	29	①※	×	×	②	③	×	※基礎能力検査。②録画面接
平戸市	7/9	5/15	6/9	30	①S-Ⅰ	①120分, 40問	×	①	②	×	高校卒程度一般事務試験, 9月試験もあり
松浦市	9/17	8/1	8/18	29	①S-Ⅰ	①120分, 40問	①	①	②	×	1月試験もあり
対馬市	9/17	7/7	8/17	30	①S-Ⅰ	①120分, 40問	×	①	②	×	高校卒業程度一般事務試験, 1月試験もあり
壱岐市	7/9	5/11	6/9	29	①120分	①120分	×	②	②	×	9月試験もあり
五島市	7/9	5/12	6/9	29	①S-Ⅰ	①90分, 30/50問	×	②	①	×	9月試験, 1月試験もあり
西海市	7/9	5/10	6/9	29	①S-Ⅰ	①120分, 40問	×	②	②	×	9月試験, 1月試験もあり
雲仙市	9/17	7/3	8/18	31	①S-Ⅰ	×	×	②	②		
南島原市	7/9	5/8	6/9	30	①S-Ⅰ	①120分, 40問	×	②	①	×	9月試験, 1月試験もあり
熊本県											
八代市	5/28または5/20~6/4	4/1	4/28	33	①SCOA-A	×	×	×	②	②	
人吉市	7/8	6/1	6/21	27	①SPI3	×	×	①	②	②	
荒尾市	9/16~10/1	7/24	8/25	35	①SCOA-A	×	×	②	③	②	①SCOA-C
水俣市	9/17	7/24	8/18	33	①L-Ⅰ	×	①	②	②	×	
玉名市	書類選考, 録画面接	4/14	5/14	30	②SPI3	×	×		③④	④	
山鹿市	9/17	8/1	8/10	30	①S-Ⅰ	①120分, 40問	×		②	②	×
菊池市	9/17→10/16	7/24	8/10	32	①L-Ⅰ	×	①	②	②③	×	1月試験もあり
宇土市	6/18	4/24	5/19	29	①L-Ⅰ	×	①	②	②	②	②プレゼンテーション試験
上天草市	7/9	5/12	6/2	35	①SCOA-A	×	×	×	×	×	①SCOA-C。②プレゼンテーション試験。12月試験もあり
宇城市	5/13~6/4	4/3	4/28	28	①※	×	×	②	②③	×	※基礎能力検査(60分)。①独自試験(60分)。1月試験もあり
阿蘇市	9/17	7/24	8/10		①S-Ⅱ	×	×	②	②	×	12月試験もあり
天草市	7/9	5/1	6/2	35	①S-Ⅰ		①	×	②	②	
合志市	9/17	7/24	8/10	32	①S-Ⅰ	①120分, 40問	×	①	②③	×	1月試験もあり
大分県											
大分市	5/8~28	4/1	4/26	27	①SCOA-A	②120分, 40問	×	×	②③	×	10月試験もあり
別府市	9/25~10/15, 10/8, 9, 14	8/21	9/11	30	①SCOA-A	×	×		①②③	×	①SCOA-C。②SPI3
中津市	~9/19	8/1	8/29	29	①SCOA-A	×	×	②	③	②	6月試験, 1月試験もあり
日田市	7/30または7/24~31	6/5	7/3	35	①SCOA-A	×	×	②	②③	②	②SCOA-C。③プレゼンテーション。大学新卒者試験もあり
佐伯市	9/17	8/1	8/31	29	①SPI3	×	×	②	②		
臼杵市	9/上, 録画面接	7/28	8/21	27	①※	×		②	①②	②	※①総合適性検査(基礎能力, 事務能力)。7月採用もあり
津久見市	9/17または9/4~17	8/1	8/25	28	①SCOA-A	×	×	②	②	×	1月試験もあり
竹田市	9/8~24	8/8	9/5	37	①SCOA-A	×	×	②	③	②	①SCOA-C。4月~5月試験(7月採用), 12月試験, 1月試験もあり
豊後高田市	10/15または10/14~26	8/1	9/15	32	①SCOA-A	×	×	②	②	×	
杵築市	10/15	8/16	9/5	29	①	×	×	①	②③	×	
宇佐市	10/15	8/15	9/15	27	①SCOA-A	×	×	①	②③	×	
豊後大野市	9/29~10/9	8/23	9/22	25	①SCOA-A	×	×	②	②	×	①SCOA-C。1月試験もあり
由布市	9/1~10	7/24	8/18	27	①SCOA-A	×	×	②	②③	②	
国東市	10/8または9/25~10/8	8/1	8/31	29	①SCOA-A	×	×	②	②	×	1月試験もあり
宮崎県											
宮崎市	6/18, 録画面接	3/3	4/14	28	①S-Ⅰ	×	×	①	②③	②	4月実施(基礎能力検査)もあり
都城市	5/1~28	4/10	4/21	26	①SPI3	×	×	×	③	×	②録画面接
延岡市	6/17~7/9	6/1	6/14	30	①※	×	×		②	×	※総合能力試験
日南市	6/1~23	4/28	5/19	30	①SPI3	×	×	×	③	②	10月試験もあり

市役所名	5年度一次試験日	申込開始日	申込締切日	年齢上限	試験構成 教養等	専門	事務適性検査	論(作)文	面接	集討・GW	備考
小林市	9/17	7/20	8/10	35	①	×	×	②	②	②	
日向市	9/30〜10/15, 録画面接	9/7	9/28	35	①SCOA-A	×	×	×	②	②	②TAPOC。5月試験もあり
串間市	10/15	8/16	9/15	34	①Light	×	×	②	②	×	面接は2回実施
西都市	7/9	5/2	6/2	30	①120分	×	×	②	②	×	
えびの市	9/17	7/5	8/18	28	①	×	①	②	②	×	1月試験もあり
鹿児島県											
鹿児島市	7/9	5/15	6/2	29	①	①	×	×	②	②	
鹿屋市	7/9	5/12	6/12	29	①S-Ⅰ	×	×	×	②③	×	③プレゼンテーション
枕崎市	9/17	7/5	8/17	35	①Light	×	×	①	②	②	1月試験もあり
阿久根市	9/17	7/3	8/14	29	①L-Ⅱ	×	①	①	②	×	面接は2回実施。1月試験もあり
出水市	7/9	6/1	6/16	26	①SCOA-A	×	×	②	①②	×	①SCOA-C
指宿市	7/9	6/1	6/14	29	①Light	×	×	①	②	×	面接は2回実施
西之表市	9/17	7/3	8/10	35	①	×	×	①	②	×	12月試験もあり
垂水市	9/17	7/10	8/16	33	①120分	×	×	①	②	×	
薩摩川内市	9/17	7/12	8/10	27	①L-Ⅱ	×	×	①	②	×	
日置市	9/17	7/19	8/7	28	①Light	×	×	①	②③	×	
曽於市	9/17	7/13	8/18	32	①Light	×	×	①	②	×	
霧島市	7/9	5/15	6/2	30	①S-Ⅱ	×	×	×	②	②	9月試験もあり
いちき串木野市	5/28	4/20	5/15	29	①SCOA-A	×	×	×	②	②	①SCOA-C。9月試験もあり
南さつま市	9/17	7/11	8/16	29	①S-Ⅰ	×	①	①	②	×	1月試験もあり
志布志市	7/9	5/15	6/16	30	①S-Ⅱ	×	×	①	②	×	
奄美市	9/16または9/16〜24	7/14	8/31	30	①SCOA-A	×	×	×	②③	②	②エントリーシート
南九州市	9/17	7/3	8/16	35	①Light	×	×	①	②	②	
伊佐市	9/17	7/18	8/18	30	①S-Ⅱ	×	×	①	②	×	
姶良市	7/9, 書類選考	5/15	6/9	28	①Light	×	①	×	①②	×	9月試験もあり
沖縄県											
那覇市	9/17	7/19	8/18	29	①S-Ⅰ	①120分、40問	×	×	②	②	②ケース記述試験
宜野湾市	9/17	7/31	8/16	36	①L-Ⅰ	①120分、40問	②	②	②	×	②プレゼンテーション
石垣市	9/17	7/21	8/4	40	①L-Ⅰ	①120分、40/50問	×	②	②	×	
浦添市	9/17	7/28	8/21	29	①S-Ⅰ	①120分、40問	×	×	②	×	面接は2回実施
名護市	9/17	7/3	7/17	29	①L-Ⅰ	①120分、40問	×	×	②	×	②プレゼンテーション
糸満市	9/17	7/28	8/14	30	①L-Ⅰ	①120分	×	②	②	②	
沖縄市	9/17	7/24	8/6	29	①L-Ⅰ	①120分、40問	×	×	②	×	②ケース記述試験。面接は2回実施
豊見城市	9/17	7/26	8/13	29	①S-Ⅰ	①120分、40問	×	×	③	×	②ケース記述試験
うるま市	9/17	7/10	7/24	29	①L-Ⅰ	×	×	×	②③	×	②ケース記述試験(60分)
宮古島市	9/17	7/6	7/14	35	①S-Ⅰ	×	×	②	③	×	
南城市	9/17	8/1	8/18	30	①S-Ⅰ	①90分、30/50問	×	②	②③	×	

PART
7
地方公務員ガイダンス

警察官試験

警察官試験は，都道府県（東京都の場合は警視庁）ごとに行われる地方公務員試験である。大卒程度と高卒程度に分かれており，それぞれ「警察官A」「警察官B」という区分で募集するのが一般的である（ただし，埼玉県では，短大卒程度の「Ⅱ類」の募集を行っている）。

男性と女性を分けて募集しているところがほとんどであるが，警察官（女性）では大卒・高卒の区分のない自治体も見受けられる。一般の警察官試験のほかに，語学力や柔・剣道の指導力，情報処理技能といった特殊な能力を活かした職務につく警察官の採用試験も行われている。近年は，社会人経験のある人を対象とした区分の新設も増えている。

●受験資格

大卒程度と高卒程度の採用試験を分けて実施しているところでは，大卒程度の試験は高卒者は受験不可のところが多い。年齢上限は，都道府県ごとに異なる。

●一次試験日

自治体によってまちまちだが，早いところでは4月下旬から始まる。全体としては，5月中旬と7月中旬に一次試験日が集中しており，その後も9月中旬にややまとまって，いくつかの自治体が採用試験を実施している。

1年間に2回以上採用試験を実施するところも多い。

●共同試験

警察官試験（男性）には「共同試験」という特殊な試験制度がある。これは各道県が警視庁など大都市圏の都府県と協力して採用試験を実施し，受験者は志望都道府県をその中から選択して併願できるという制度である。

ただし，「志望できるのは第二志望までで，かつ受験地を第二志望にはできない」といった条件が付いているケースがほとんどである。

●試験種目

教養試験，論（作）文試験，適性検査，面接試験，体力検査などが課される。

《教養試験》

一次試験日が同じ自治体では共通の問題が出題されている。出題科目は多くの公務員試験と同様で，教養試験は，一般知識分野と一般知能分野がほぼ同数で，計50

問出題されるという形式が多い（科目別出題数は，35ページに掲載）。全体的に地方上級よりも易しい内容となっている。なお，自治体によっては，教養試験に代えてSPI3やSCOAを実施する区分を設けているところもある。

《論（作）文試験》

ほぼすべての都道府県で課されている。制限時間は60～120分，字数は800～1,200字程度。警察官としての心構えや犯罪に対する意見などを問うものが多い。

《適性検査》

性格検査，適性試験の名称で課される場合もある。内容としては，クレペリン検査やＹ－Ｇ式性格検査などが一般的だが，そのほかの検査を課すところもある。

《面接（口述）試験》

すべての自治体で個別面接が課される。主に二次試験において実施されるが，複数回実施したり，集団面接や集団討論を併せて実施するところもある。警察官の面接試験は独特の傾向があるので，特徴を踏まえてしっかり準備しておきたい。『元面接官が教える！ホントの警察官面接対策』（実務教育出版）などがオススメだ。

《その他》

柔・剣道実技を課す自治体もある。また，自治体によっては一次試験で柔・剣道や語学，情報処理等の資格取得者に一定点を加算する「資格加点」が導入されている。

警察官試験 オススメ本はこれだ！

**警察官試験
早わかりブック[年度版]**

資格試験研究会編
実務教育出版　　1,540円

警察官試験の情報をひとまとめに紹介するガイドブック。採用試験のポイントが素早くつかめる。

**大卒警察官
教養試験
過去問350[年度版]**

資格試験研究会編
実務教育出版　　2,420円

警察官試験では，過去の出題と似通った問題が出題される傾向がある。本書を使った問題演習が有効だ。

社会人が受験できる地方公務員試験

社会人が公務員になるには，主に以下のような2つのルートが考えられる。

① 一般枠（新卒枠）の大卒程度試験

② 社会人経験者試験

①については，受験資格（年齢要件）がポイントとなる。近年，年齢上限を引き上げる試験が目立っており，地方上級，市役所，警察官などで30歳を超えていても受験できる試験が多い。一方，②については，民間企業で働いた経験や実績などを考慮した選考が行われる。試験内容は，教養試験・専門試験のウエートが低い，あるいは専門試験が課されない場合が多く，論文試験，面接試験が重要視される。以下では，②の社会人経験者試験について，概要と対策のポイントを解説する。

●一次試験日・受験資格

一次試験日は，大卒程度一般枠の試験と同一の自治体と，別日程の自治体がある。

受験資格は，職務経験の年数を指定している試験が大半である。「職務経験が5年以上の者」とする試験が多いが，その場合でも「1社で連続して5年以上」「直近の7年中5年以上」などの条件が付いていることがある。

●試験種目

「教養試験」「論文試験」「面接試験」が試験種目の中心で，専門試験が課されることは少ない。

《教養試験》

教養試験の内容は一般枠の試験と同等かやや易しいレベルである。出題数が多いのは一般知能分野である。教養試験ではなく，一般知能分野のウエートがより大きい「基礎能力試験」が実施される場合もある。社会人経験者の基礎能力試験の場合は，さらに知識問題を減らし，時事問題のウエートを大きくする傾向が強い。

対策としては，出題レベルに合わせて一般枠の試験向け（大卒程度用もしくは高卒程度用）の教材を使えばよい。出題数が多い一般知能分野で得点を伸ばしたい。

なお，近年は，教養試験に代えて，SPI3やSCOAを課す自治体も多い。また，市役所では「社会人基礎試験」を課すところが増えてきたが，6年度より，「社会人基礎試験」に代えて「職務基礎力試験（BEST）」が導入される（63・169ページ参照）。

《論文試験》

ほとんどの試験で課される。社会人経験者の論文試験では，一般枠の大卒程度試験でも課される「一般課題論文」のほかに「職務経験論文（経験小論文）」がある。

①一般課題論文

行政課題，社会問題に関するものが多い。文章表現力や論理性のほか，公務員としてふさわしい問題意識，認識の有無についても判断される。ポイントは経験者としての問題意識・認識である。

②職務経験論文

民間企業等での職務経験の内容・実績などについて記述する。取り上げる職務経験は，大きなプロジェクトに携わったなど，特別なものでなくてもよい。「○○を成し遂げた」という実績があり，「公務員になったら××という点で貢献できる」と示すことが大切だ。

《面接試験》

面接試験では，志望動機，前職を辞める／辞めた理由，これまでにやってきた仕事の内容，また，それをどのように今後に活かしたいかなどは必ず聞かれる。転職理由においては，前職の悪い点を挙げるのは避けること。ポジティブな志望動機を前面に出すほうが印象が良い。重要なのは，なぜその自治体を志望するのか，これまでの経験によって何を得たか，その経験を今後の公務の現場にどう活かしたいかを明確に伝えることである。

社会人経験者試験 オススメ本はこれだ！

社会人が受けられる公務員試験早わかりブック[年度版]

資格試験研究会編
実務教育出版　　1,650円

20代後半以降の社会人が受けられる試験の情報をひとまとめに紹介するガイドブック。

公務員試験職務基礎力試験BEST早わかり予想問題集[年度版]

資格試験研究会編
実務教育出版　　1,760円

「職務基礎力試験（BEST）」対策の唯一の問題集！

PART
7
地方公務員ガイダンス

編集部より

「公務員に興味はあるけど，試験勉強は大変そうだから，無理しなくてもいいかな…」

　そんなことを考えている人はちょっと待って！　実は公務員をめざすなら今がチャンスなのです。

　全般的に近年は公務員試験の倍率は低下しており，本気でめざす人にとって，競争はそれほど厳しくはありません。地方自治体では民間企業志望者にも応募してもらおうと，受験しやすい内容に試験を改めたり，「人物重視」の採用をアピールする新区分を設けたりするところも増えています。正確で十分な情報を入手し，効率的に準備を進めれば必ず合格できます。

　公務員は国民や地域住民の生活を支えるというやりがいにあふれた仕事であるとともに，ワークライフバランスを実現しやすい職業の代表でもあります。本誌『学習スタートブック』は，公務員をめざす人がまず知っておかなければならない情報を満載してお届けします。

　公務員試験の情報誌「受験ジャーナル」は，皆さんの職業選択のお手伝いをしたいと願っています。年間6冊の定期号に加え，特別企画・別冊の刊行も予定しています。詳しくは本誌目次裏の「年間発行予定」をご覧ください。

公務員試験情報をお寄せください！

　編集部では，本試験の情報を募集しています。大卒程度の公務員試験を受験された方は，ぜひ，出題内容などについて情報をお寄せください。情報内容の程度により，謝礼（粗品）を進呈いたします。

※問題が公開されている（持ち帰りができる）試験の情報は不要です。情報をお寄せいただいても謝礼はお送りできませんので，ご注意ください。

　詳細は，小社ホームページをご覧ください。

小社ホームページのご案内
https://www.jitsumu.co.jp/

　公務員ガイドや試験情報案内などのほか，通信講座，書籍紹介の各コーナーからなるホームページ。『受験ジャーナル』のバックナンバーも紹介しています。

　このほかX（旧 Twitter）もやってます！　「受験ジャーナル編集部」で検索してください。

受験ジャーナル特別企画1
学習スタートブック　7年度試験対応

2024年6月15日　初版第1刷発行
第50巻8号　通巻第675号　増刊

編集人／加藤幸彦
　【編集】川辺知里／田村初穂／笹原奈津子
　　　　　谷本優子
発行人／淺井　亨
発行所／株式会社　実務教育出版
　　　　〒163-8671　東京都新宿区新宿1-1-12
印刷・製本／図書印刷株式会社

編集協力／100mm design ／明昌堂
表紙デザイン／KOGUMA OFFICE（鳴田小夜子）
表紙イラスト／森優

問合せ先
●編集（記事内容について）
E-mail　juken-j@jitsumu.co.jp
FAX.03-5369-2237
TEL.03-3355-1813
※原則として，メール，FAXでお願いします。

●販売（当社出版物について）
TEL.03-3355-1951
※万一，落丁，乱丁などの不良品がございましたら，上記までお問い合わせください。

実務教育出版の通信講座　2025 年度試験対応

公務員
通信講座

●申込受付期間●　2024年3月15日〜2025年3月31日　※Ⓡ以外

通信講座の
お申し込みは
インターネットで！

LINE LINE公式アカウント 「実務教育出版 公務員」
公務員試験に関する情報を配信中！ お友だち追加をお願いします♪

「公務員合格講座」の特徴

68年の伝統と実績

実務教育出版は、68年間におよび公務員試験の問題集・参考書・情報誌の発行や模擬試験の実施、全国の大学・専門学校などと連携した教室運営などの指導を行っています。その積み重ねをもとに作られた、確かな教材と個人学習を支える指導システムが「公務員合格講座」です。公務員として活躍する数多くの先輩たちも活用した伝統ある「公務員合格講座」です。

時間を有効活用

「公務員合格講座」なら、時間と場所に制約がある通学制のスクールとは違い、生活スタイルに合わせて、限られた時間を有効に活用できます。通勤時間や通学時間、授業の空き時間、会社の休憩時間など、今まで利用していなかったスキマ時間を有効に活用できる学習ツールです。

取り組みやすい教材

「公務員合格講座」の教材は、まずテキストで、テーマ別に整理された頻出事項を理解し、次にワークで、テキストと連動した問題を解くことで、解法のテクニックを確実に身につけていきます。初めて学ぶ科目も、基礎知識から詳しく丁寧に解説しているので、スムーズに理解することができます。

実戦力がつく学習システム

「公務員合格講座」では、習得した知識が実戦で役立つ「合格力」になるよう、数多くの演習問題で重要事項を何度も繰り返し学習できるシステムになっています。特に、eラーニング[Jトレプラス]は、実戦力養成のカギになる豊富な演習問題の中から学習進度に合わせ、テーマや難易度をチョイスしながら学習できるので、効率的に「解ける力」が身につきます。

eラーニング
Jトレ+
[Jトレプラス]

豊富な試験情報

公務員試験を攻略するには、まず公務員試験のことをよく知ることが必要不可欠です。受講生専用の[Jトレプラス]では、各試験の概要一覧や出題内訳など、試験の全体像を把握でき、ベストな学習プランが立てられます。また、実務教育出版の情報収集力を結集し、最新試験情報や学習対策コンテンツなどを随時アップ！ さらに直前期には、最新の時事を詳しく解説した「直前対策ブック」もお届けします。

※KCMのみ

親切丁寧なサポート体制

受験に関する疑問や、学習の進め方や学科内容についての質問には、専門の指導スタッフが一人ひとりに親身になって丁寧にお答えします。模擬試験や添削課題では、客観的な視点からアドバイスをします。そして、受講生専用サイトやメルマガでの受講生限定の情報提供など、あらゆるサポートシステムであなたの学習を強力にバックアップしていきます。

受講生専用サイト

受講生専用サイトでは、公務員試験ガイドや最新の試験情報など公務員合格に必要な情報を利用しやすくまとめていますので、ぜひご活用ください。また、お問い合わせフォームからは、質問や書籍の割引購入などの手続きができるので、各種サービスを安心してご利用いただけます。

※サイトのデザインは変更する場合があります

受講生専用メルマガも配信中！！

志望職種別　講座対応表

各コースの教材構成をご確認ください。下の表で志望する試験区分に対応したコースを確認しましょう。

	教材構成			
	教養試験対策	専門試験対策	論文対策	面接対策
K 大卒程度 公務員総合コース［教養＋専門行政系］	●	●行政系	●	●
C 大卒程度 公務員総合コース［教養のみ］	●		●	●
L 大卒程度 公務員択一攻略セット［教養＋専門行政系］	●	●行政系		
D 大卒程度 公務員択一攻略セット［教養のみ］	●			
M 経験者採用試験コース	●		●	●
N 経験者採用試験［論文・面接試験対策］コース			●	●
R 市役所教養トレーニングセット［大卒程度］	●		●	●

	試験名［試験区分］		対応コース
国家公務員試験	国家一般職［大卒程度］	行政	教養＊3＋専門対策 → **K** **L**
		技術系区分	教養＊3対策 → **C** **D**
	国家専門職［大卒程度］	国税専門A（法文系）／財務専門官	教養＊3＋専門対策 → **K** **L** ＊4
		皇宮護衛官［大卒］／法務省専門職員（人間科学）／国税専門B（理工・デジタル系）／食品衛生監視員／労働基準監督官／航空管制官／海上保安官／外務省専門職員	教養＊3対策 → **C** **D**
	国家特別職［大卒程度］	防衛省 専門職員／裁判所 総合職・一般職［大卒］／国会図書館 総合職・一般職［大卒］／衆議院 総合職［大卒］・一般職［大卒］／参議院 総合職	教養＊3対策 → **C** **D**
	国立大学法人等職員		教養対策 → **C** **D**
地方公務員試験	都道府県 特別区（東京23区）政令指定都市＊2 市役所［大卒程度］	事務（教養＋専門）	教養＋専門対策 → **K** **L**
		事務（教養のみ）	教養対策 → **C** **D** **R**
		技術系区分、獣医師 薬剤師 保健師など資格免許職	教養対策 → **C** **D** **R**
		経験者	教養＋論文＋面接対策 → **M** 論文＋面接対策 → **N**
	都道府県 政令指定都市＊2 市役所［短大卒程度］	事務（教養＋専門）	教養＋専門対策 → **K** **L**
		事務（教養のみ）	教養対策 → **C** **D**
	警察官	大卒程度	教養＋論文対策 → ＊5
	消防官（士）	大卒程度	教養＋論文対策 → ＊5

＊1 地方公務員試験の場合、自治体によっては試験の内容が対応表と異なる場合があります。
＊2 政令指定都市…札幌市、仙台市、さいたま市、千葉市、横浜市、川崎市、相模原市、新潟市、静岡市、浜松市、名古屋市、京都市、大阪市、堺市、神戸市、岡山市、広島市、北九州市、福岡市、熊本市。
＊3 国家公務員試験では、教養試験のことを基礎能力試験としている場合があります。
＊4 国税専門A（法文系）、財務専門官は **K**「大卒程度 公務員総合コース［教養＋専門行政系］」、**L**「大卒程度 公務員択一攻略セット［教養＋専門行政系］」に「新スーパー過去問ゼミ 会計学」（有料）をプラスすると試験対策ができます（ただし、商法は対応しません）。
＊5 警察官・消防官の教養＋論文対策は、「警察官 スーパー過去問セット［大卒程度］」「消防官 スーパー過去問セット［大卒程度］」をご利用ください（巻末広告参照）。

大卒程度 公務員総合コース
［教養＋専門行政系］

膨大な出題範囲の合格ポイントを的確にマスター！

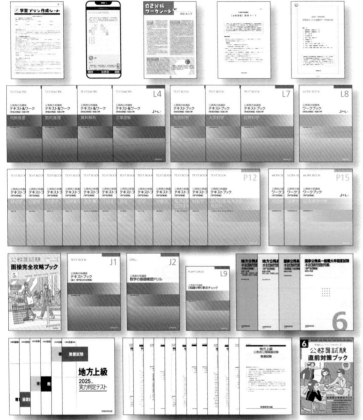

※表紙デザインは変更する場合があります

教材一覧

- ●受講ガイド（PDF）
- ●学習プラン作成シート
- ●テキスト＆ワーク［教養試験編］知能分野（4冊）
  判断推理、数的推理、資料解釈、文章理解
- ●テキストブック［教養試験編］知識分野（3冊）
  社会科学［政治、法律、経済、社会］
  人文科学［日本史、世界史、地理、文学・芸術、思想］
  自然科学［数学、物理、化学、生物、地学］
- ●ワークブック［教養試験編］知識分野
- ●数学の基礎確認ドリル
- ●［知識分野］要点チェック
- ●テキストブック［専門試験編］（12冊）
  政治学、行政学、社会学、国際関係、法学・憲法、行政法、
  民法、刑法、労働法、経済原論（経済学）・国際経済学、財政学、
  経済政策・経済学史・経営学
- ●ワークブック［専門試験編］（3冊）
  行政分野、法律分野、経済・商学分野
- ●テキストブック［論文・専門記述式試験編］
- ●6年度　面接完全攻略ブック
- ●実力判定テスト ★（試験別 各1回）
  地方上級［教養試験、専門試験、論文・専門記述式試験（添削2回）］
  国家一般職大卒［基礎能力試験、専門試験、論文試験（添削2回）］
  市役所上級［教養試験、専門試験、論・作文試験（添削2回）］
  ＊教養、専門は自己採点　＊論文・専門記述式・作文は計6回添削
- ●［添削課題］面接カード（2回）
- ●自己分析ワークシート
- ●［時事・事情対策］学習ポイント＆重要テーマのまとめ（PDF）
- ●公開模擬試験 ★（試験別 各1回）＊マークシート提出
  地方上級［教養試験、専門試験］
  国家一般職大卒［基礎能力試験、専門試験］
  市役所上級［教養試験、専門試験］
- ●本試験問題例集（試験別過去問1年分 全4冊）
  令和6年度 地方上級［教養試験編］★
  令和6年度 地方上級［専門試験編］★
  令和6年度 国家一般職大卒［基礎能力試験編］★
  令和6年度 国家一般職大卒［専門試験編］★
  ※平成27年度〜令和6年度分は、［Jトレプラス］に収録
- ●7年度　直前対策ブック★
- ●eラーニング［Jトレプラス］

★印の教材は、発行時期に合わせて送付（詳細は受講後にお知らせします）。

教養・専門・論文・面接まで対応

行政系の大卒程度公務員試験に出題されるすべての教養科目と専門科目、さらに、論文・面接対策教材までを揃え、最終合格するために必要な知識とノウハウをモレなく身につけることができます。また、汎用性の高い教材構成ですから、複数試験の併願対策もスムーズに行うことができます。

出題傾向に沿った効率学習が可能

出題範囲をすべて学ぼうとすると、どれだけ時間があっても足りません。本コースでは過去数十年にわたる過去問研究の成果から、公務員試験で狙われるポイントだけをピックアップ。要点解説と問題演習をバランスよく構成した学習プログラムにより初学者でも着実に合格力を身につけることができます。

受講対象	大卒程度 一般行政系・事務系の教養試験（基礎能力試験）および専門試験対策［都道府県、特別区（東京23区）、政令指定都市、市役所、国家一般職大卒など］	申込受付期間	2024年3月15日〜2025年3月31日
		学習期間のめやす	6か月　学習期間のめやすです。個人のスケジュールに合わせて、長くも短くも調整することが可能です。試験本番までの期間を考慮し、ご自分に合った学習計画を立ててください。
受講料	93,500円（本体85,000円＋税　教材費・指導費等を含む総額）※受講料は2024年4月1日現在のものです。	受講生有効期間	2026年10月31日まで

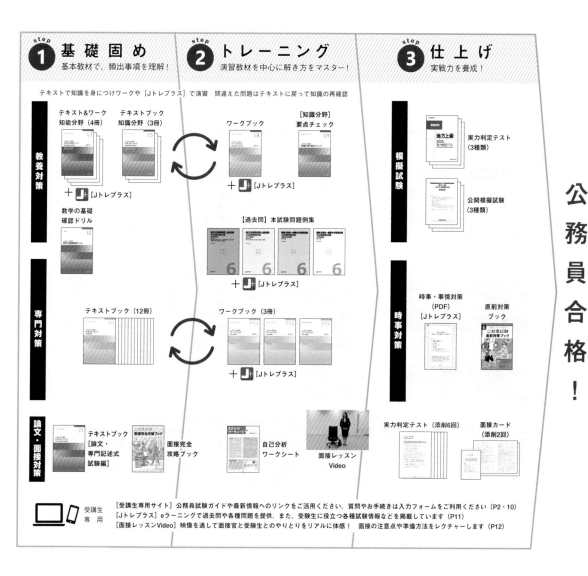

STEP 1 基礎固め
基本教材で、頻出事項を理解！

STEP 2 トレーニング
演習教材を中心に解き方をマスター！

STEP 3 仕上げ
実戦力を養成！

テキストで知識を身につけワークや［Jトレプラス］で演習　間違えた問題はテキストに戻って知識の再確認

教養対策

テキスト&ワーク
知能分野（4冊）

テキストブック
知識分野（3冊）

＋［Jトレプラス］

数学の基礎
確認ドリル

ワークブック

［知識分野］
要点チェック

＋［Jトレプラス］

【過去問】本試験問題例集

6　6　6　6

＋［Jトレプラス］

専門対策

テキストブック（12冊）

ワークブック（3冊）

＋［Jトレプラス］

論文・面接対策

テキストブック
［論文・
専門記述式
試験編］

面接完全
攻略ブック

自己分析
ワークシート

面接レッスン
Video

模擬試験

実力判定テスト
（3種類）

公開模擬試験
（3種類）

時事対策

時事・事情対策
（PDF）
［Jトレプラス］

直前対策
ブック

実力判定テスト（添削6回）

面接カード
（添削2回）

受講生
専用

［受講生専用サイト］公務員試験ガイドや最新情報へのリンクをご活用ください。質問やお手続きは入力フォームをご利用ください（P2・10）
［Jトレプラス］eラーニングで過去問や各種問題を提供。また、受験生に役立つ各種試験情報などを掲載しています（P11）
［面接レッスンVideo］映像を通して面接官と受験生とのやりとりをリアルに体感！　面接の注意点や準備方法をレクチャーします（P12）

公務員合格！

---

success voice!!

通信講座を使い時間を有効的に活用すれば念願の合格も夢ではありません

奥村 雄司 さん
龍谷大学卒業

京都市 上級Ⅰ 一般事務職 合格

　私は医療関係の仕事をしており平日にまとまった時間を確保することが難しかったため、いつでも自分のペースで勉強を進められる通信講座を勉強法としました。その中でも「Jトレプラス」など場所を選ばず勉強ができる点に惹かれ、実務教育出版の通信講座を選びました。

　勉強は試験前年の12月から始め、判断推理・数的推理・憲法などの出題数の多い科目から取り組みました。特に数的推理は私自身が文系であり数字に苦手意識があるため、問題演習に苦戦しましたが、「Jトレプラス」を活用し外出先でも問題と正解を見比べ、問題を見たあとに正解を結びつけられるイメージを繰り返し、解ける問題を増やしていきました。

　ある程度基礎知識が身についたあとは、過去問集や本試験問題例集を活用し、実際に試験で解答する問題を常にイメージしながら問題演習を繰り返しました。回答でミスした問題も放置せず基本問題であればあるほど復習を忘れずに日々解けない問題を減らしていくことを積み重ねていきました。

　私のように一度就職活動中の公務員試験に失敗したとしても、通信講座を使い時間を有効的に活用すれば念願の合格も夢ではありません。試験直前も最後まであきらめず、落ちてしまったことがある方も、その経験を糧にぜひ頑張ってください。社会人から公務員へチャレンジされる全ての方を応援しています。

C 大卒程度 公務員総合コース
[教養のみ]

「教養」が得意になる、得点源にするための攻略コース！

受講対象	大卒程度 教養試験（基礎能力試験）対策 [一般行政系（事務系）、技術系、資格免許職を問わず、都道府県、特別区（東京23区）、政令指定都市、市役所、国家一般職大卒など]	申込受付期間	2024年3月15日～2025年3月31日
		学習期間のめやす	**6か月** 学習期間のめやすです。個人のスケジュールに合わせて、長くも短くも調整することが可能です。試験本番までの期間を考慮し、ご自分に合った学習計画を立ててください。
受講料	**68,200円** （本体62,000円＋税 教材費・指導費等を含む総額） ※受講料は、2024年4月1日現在のものです。	受講生有効期間	2026年10月31日まで

※表紙デザインは変更する場合があります

教材一覧

- ●受講ガイド（PDF）
- ●学習プラン作成シート
- ●テキスト＆ワーク [教養試験編] 知能分野（4冊）
  判断推理、数的推理、資料解釈、文章理解
- ●テキストブック [教養試験編] 知識分野（3冊）
  社会科学 [政治、法律、経済、社会]
  人文科学 [日本史、世界史、地理、文学・芸術、思想]
  自然科学 [数学、物理、化学、生物、地学]
- ●ワークブック [教養試験編] 知識分野
- ●数学の基礎確認ドリル
- ●[知識分野] 要点チェック
- ●テキストブック [論文・専門記述式試験編]
- ●6年度 面接完全攻略ブック
- ●実力判定テスト ★（試験別 各1回）
  地方上級 [教養試験、論文試験（添削2回）]
  国家一般職大卒 [基礎能力試験、論文試験（添削2回）]
  市役所上級 [教養試験、論・作文試験（添削2回）]
  ＊教養は自己採点　＊論文・作文は計6回添削
- ●[添削課題] 面接カード（2回）
- ●自己分析ワークシート
- ●[時事・事情対策] 学習ポイント＆重要テーマのまとめ（PDF）
- ●公開模擬試験 ★（試験別 各1回）＊マークシート提出
  地方上級 [教養試験]
  国家一般職大卒 [基礎能力試験]
  市役所上級 [教養試験]
- ●本試験問題例集（試験別過去問1年分 全2冊）
  令和6年度 地方上級 [教養試験編] ★
  令和6年度 国家一般職大卒 [基礎能力試験編] ★
  ※平成27年度～令和6年度分は、[Jトレプラス] に収録
- ●7年度 直前対策ブック★
- ●eラーニング [Jトレプラス]

★印の教材は、発行時期に合わせて送付します（詳細は受講後にお知らせします）

success voice!!

「Jトレプラス」では「面接レッスンVideo」と、直前期に「動画で学ぶ時事対策」を利用しました

伊藤 拓生さん
信州大学卒業

長野県 技術系 合格

私が試験勉強を始めたのは大学院の修士1年の5月からでした。研究で忙しい中でも自分のペースで勉強ができることと、受講料が安価のため通信講座を選びました。

まずは判断推理と数的推理から始め、テキスト＆ワークで解法を確認しました。知識分野は得点になりそうな分野を選んでワークを繰り返し解き、頻出項目を覚えるようにしました。秋頃から市販の過去問を解き始め、実際の問題に慣れるようにしました。また直前期には「動画で学ぶ時事対策」を追加して利用しました。食事の時間などに、繰り返し視聴していました。

2次試験対策は、「Jトレプラス」の「面接レッスンVideo」と、大学のキャリアセンターの模擬面接を利用

し受け答えを改良していきました。

また、受講生専用サイトから質問ができることも大変助けになりました。私の周りには公務員試験を受けている人がほとんどいなかったため、試験の形式など気になったことを聞くことができてとてもよかったです。

公務員試験は対策に時間がかかるため、継続的に進めることが大切です。何にどれくらいの時間をかけるのか計画を立てながら、必要なことをコツコツと行っていくのが必要だと感じました。そして1次試験だけでなく、2次試験対策も早い段階から少しずつ始めていくのがよいと思います。またずっと勉強をしていると気が滅入ってくるので、定期的に気分転換するのがおすすめです。

大卒程度 公務員択一攻略セット

［教養＋専門行政系］

教養＋専門が効率よく攻略できる

受講対象	大卒程度 一般行政系・事務系の教養試験（基礎能力試験）および専門試験対策 ［都道府県、特別区（東京23区）、政令指定都市、市役所、国家一般職大卒など］
受講料	**62,700 円** （本体 57,000 円＋税　教材費・指導費等を含む総額） ※受講料は 2024 年 4 月 1 日現在のものです。
申込受付期間	**2024 年 3 月 15 日～ 2025 年 3 月 31 日**
学習期間のめやす	**6 か月**　学習期間のめやすです。個人のスケジュールに合わせて、長くも短くも調整することが可能です。試験本番までの期間を考慮し、ご自分に合った学習計画を立ててください。
受講生有効期間	2026 年 10 月 31 日まで

教材一覧

- ●受講ガイド（PDF）
- ●テキスト＆ワーク［教養試験編］知能分野（4 冊）
  判断推理、数的推理、資料解釈、文章理解
- ●テキストブック［教養試験編］知識分野（3 冊）
  社会科学［政治、法律、経済、社会］
  人文科学［日本史、世界史、地理、文学・芸術、思想］
  自然科学［数学、物理、化学、生物、地学］
- ●ワークブック［教養試験編］知識分野
- ●数学の基礎確認ドリル
- ●［知識分野］要点チェック
- ●テキストブック［専門試験編］（12 冊）
  政治学、行政学、社会学、国際関係、法学・憲法、行政法、
  民法、刑法、労働法、経済原論（経済学）・国際経済学、
  財政学・経済政策・経済学史・経営学
- ●ワークブック［専門試験編］（3 冊）
  行政分野、法律分野、経済・商学分野
- ●［時事・事情対策］学習ポイント＆重要テーマのまとめ（PDF）
- ●過去問　※平成27年度～令和6年度［J トレプラス］に収録
- ●e ラーニング［J トレプラス］

教材は **K** コースと同じもので、
面接・論文対策、模試がついていません。

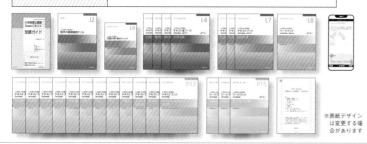

※表紙デザインは変更する場合があります

大卒程度 公務員択一攻略セット

［教養のみ］

教養のみ効率よく攻略できる

受講対象	大卒程度 教養試験（基礎能力試験）対策 ［一般行政系（事務系）、技術系、資格免許職を問わず、都道府県、政令指定都市、特別区（東京23区）、市役所など］
受講料	**46,200 円** （本体 42,000 円＋税　教材費・指導費等を含む総額） ※受講料は 2024 年 4 月 1 日現在のものです。
申込受付期間	**2024 年 3 月 15 日～ 2025 年 3 月 31 日**
学習期間のめやす	**6 か月**　学習期間のめやすです。個人のスケジュールに合わせて、長くも短くも調整することが可能です。試験本番までの期間を考慮し、ご自分に合った学習計画を立ててください。
受講生有効期間	2026 年 10 月 31 日まで

教材一覧

- ●受講ガイド（PDF）
- ●テキスト＆ワーク［教養試験編］知能分野（4 冊）
  判断推理、数的推理、資料解釈、文章理解
- ●テキストブック［教養試験編］知識分野（3 冊）
  社会科学［政治、法律、経済、社会］
  人文科学［日本史、世界史、地理、文学・芸術、思想］
  自然科学［数学、物理、化学、生物、地学］
- ●ワークブック［教養試験編］知識分野
- ●数学の基礎確認ドリル
- ●［知識分野］要点チェック
- ●［時事・事情対策］学習ポイント＆重要テーマのまとめ（PDF）
- ●過去問　※平成27年度～令和6年度　［J トレプラス］に収録
- ●e ラーニング［J トレプラス］

教材は **C** コースと同じもので、
面接・論文対策、模試がついていません。

※表紙デザインは変更する場合があります

M 経験者採用試験コース

職務経験を活かして公務員転職を狙う教養・論文・面接対策コース！

POINT

広範囲の教養試験を頻出事項に絞って効率的な対策が可能！

8回の添削で論文力をレベルアップ
面接は、本番を想定した準備が可能！
面接レッスン Video も活用しよう！

受講対象	民間企業等職務経験者・社会人採用試験対策
受講料	**79,200 円**（本体 72,000 円＋税　教材費・指導費等を含む総額）※受講料は、2024 年 4 月 1 日現在のものです。
申込受付期間	**2024 年 3 月 15 日〜 2025 年 3 月 31 日**
学習期間のめやす	**6 か月**　学習期間のめやすです。個人のスケジュールに合わせて、長くも短くも調整することが可能です。試験本番までの期間を考慮し、ご自分に合った学習計画を立ててください。
受講生有効期間	2026 年 10 月 31 日まで

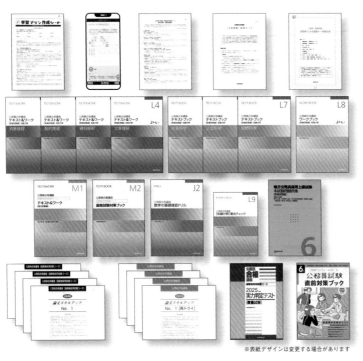

※表紙デザインは変更する場合があります

教材一覧

- ●受講ガイド（PDF）
- ●学習プラン作成シート
- ●論文試験・集団討論試験等 実際出題例
- ●テキスト＆ワーク［論文試験編］
- ●テキスト＆ワーク［教養試験編］知能分野（4 冊）
  判断推理、数的推理、資料解釈、文章理解
- ●テキストブック［教養試験編］知識分野（3 冊）
  社会科学［政治、法律、経済、社会］
  人文科学［日本史、世界史、地理、文学・芸術、思想］
  自然科学［数学、物理、化学、生物、地学］
- ●ワークブック［教養試験編］知識分野
- ●数学の基礎確認ドリル
- ●［知識分野］要点チェック
- ●面接試験対策ブック
- ●提出課題 1（全 4 回）
  ［添削課題］論文スキルアップ No.1（職務経験論文）
  ［添削課題］論文スキルアップ No.2、No.3、No.4（一般課題論文）
- ●提出課題 2（以下は初回答案提出後発送 全 4 回）
  再トライ用［添削課題］論文スキルアップ No.1（職務経験論文）
  再トライ用［添削課題］論文スキルアップ No.2、No.3、No.4（一般課題論文）
- ●実力判定テスト［教養試験］（1 回）※自己採点
- ●［添削課題］面接カード（2 回）
- ●［時事・事情対策］学習ポイント＆重要テーマのまとめ（PDF）
- ●本試験問題例集（試験別過去問 1 年分 全 1 冊）
  令和 6 年度 地方上級［教養試験編］★
  ※平成 27 年度〜令和 6 年度分は［J トレプラス］に収録
- ●7 年度 直前対策ブック★
- ●e ラーニング［J トレプラス］

★印の教材は、発行時期に合わせて送付します（詳細は受講後にお知らせします）。

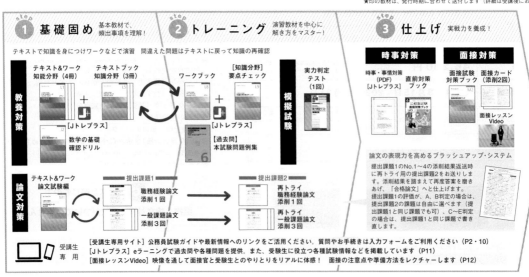

公務員合格！

step 1 基礎固め 基本教材で、頻出事項を理解！
step 2 トレーニング 演習教材を中心に解き方をマスター！
step 3 仕上げ 実戦力を養成！

テキストで知識を身につけワークなどで演習　間違えた問題はテキストに戻って知識の再確認

教養対策

テキスト＆ワーク
知能分野（4 冊）
＋
テキストブック
知識分野（3 冊）

［J トレプラス］
数学の基礎
確認ドリル

ワークブック
＋
［知識分野］
要点チェック

［J トレプラス］
【過去問】
本試験問題例集

模擬試験

実力判定
テスト
（1 回）

時事対策
時事・事情対策
（PDF）
［J トレプラス］
直前対策
ブック

面接対策
面接試験
対策ブック
面接カード
（添削 2 回）
面接レッスン
Video

論文対策

テキスト＆ワーク
論文試験編

提出課題 1
職務経験論文
添削 1 回
一般課題論文
添削 3 回

提出課題 2
再トライ
職務経験論文
添削 1 回
再トライ
一般課題論文
添削 3 回

論文の表現力を高めるブラッシュアップ・システム

提出課題 1 の No.1〜4 の添削結果返送時に再トライ用の提出課題 2 をお送りします。添削結果を踏まえて再度答案を磨きあげ、「合格論文」へと仕上げます。提出課題 1 の評価が、A、B 判定の場合は、提出課題 2 の課題は自由に選べます（提出課題 1 と同じ課題でも可）。C〜E 判定の場合は、提出課題 1 と同じ課題で書き直します。

受講生専用
［受講生専用サイト］公務員試験ガイドや最新情報へのリンクをご活用ください。質問やお手続きは入力フォームをご利用ください（P2・10）
［J トレプラス］e ラーニングで過去問や各種問題を提供。また、受講生に役立つ各種試験情報などを掲載しています（P11）
［面接レッスン Video］映像を通して面接官と受験生とのやりとりをリアルに体感！　面接の注意点や準備方法をレクチャーします（P12）

経験者採用試験
［論文・面接試験対策］コース

経験者採用試験の論文・面接対策に絞って攻略！

POINT

8回の添削指導で
論文力をレベルアップ！

面接試験は、回答例を参考に
本番を想定した準備が可能！
面接レッスン Video も活用しよう！

受講対象	民間企業等職務経験者・社会人採用試験対策
受講料	**39,600円** （本体 36,000 円＋税　教材費・指導費等を含む総額）※受講料は、2024 年 4 月 1 日現在のものです。
申込受付期間	**2024 年 3 月 15 日〜 2025 年 3 月 31 日**
学習期間のめやす	**4 か月**　学習期間のめやすです。個人のスケジュールに合わせて、長くも短くも調整することが可能です。試験本番までの期間を考慮し、ご自分に合った学習計画を立ててください。
受講生有効期間	2026 年 10 月 31 日まで

教材一覧

- ●受講のてびき
- ●論文試験・集団討論試験等 実際出題例
- ●テキスト＆ワーク［論文試験編］
- ●面接試験対策ブック
- ●提出課題1（全4回）
  - ［添削課題］論文スキルアップ No.1（職務経験論文）
  - ［添削課題］論文スキルアップ No.2、No.3、No.4（一般課題論文）
- ●提出課題2（以下は初回答案提出後発送 全4回）
  - 再トライ用［添削課題］論文スキルアップ No.1（職務経験論文）
  - 再トライ用［添削課題］論文スキルアップ No.2、No.3、No.4（一般課題論文）
- ●［添削課題］面接カード（2回）
- ●［時事・事情対策］学習ポイント&重要テーマのまとめ（PDF）
- ●eラーニング［Jトレプラス］

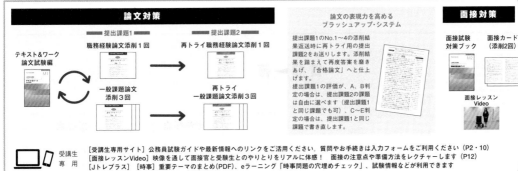

[受講生専用サイト] 公務員試験ガイドや最新情報へのリンクをご活用ください。質問やお手続きは入力フォームをご利用ください（P2・10）
[面接レッスンVideo] 映像を通して面接官と受験生とのやりとりをリアルに体感！　面接の注意点や準備方法をレクチャーします（P12）
[Jトレプラス] [時事] 重要テーマのまとめ（PDF）、eラーニング「時事問題の穴埋めチェック」、試験情報などが利用できます

※『経験者採用試験コース』と『経験者採用試験［論文・面接試験対策］コース』の論文・面接対策教材は同じものです。
　両方のコースを申し込む必要はありません。どちらか一方をご受講ください。

success voice!!

通信講座のテキスト、添削のおかげで効率よく公務員試験に必要な情報を身につけることができました

小川 慎司 さん
南山大学卒業

国家公務員中途採用者選考試験（就職氷河期世代）合格

私が大学生の頃はいわゆる就職氷河期で、初めから公務員試験の合格は困難と思い、公務員試験に挑戦しませんでした。そのことが大学卒業後20年気にかかっていましたが、現在の年齢でも公務員試験を受験できる機会を知り、挑戦しようと思いました。

通信講座を勉強方法として選んだ理由は、論文試験が苦手だったため、どこが悪いのかとのように書けばよいのかを、客観的にみてもらいたいと思ったからです。

添削は、案の定厳しい指摘をいただき、論文の基本的なことがわかっていないことを痛感しました。返却答案のコメントやテキストをみていくうちに、順を追って筋道立てて述べること、明確に根拠を示すことなど論文を書くポイントがわかってきました。すると

筆記試験に合格するようになりました。

面接は、面接試験対策ブックが役に立ちました。よくある質問の趣旨、意図が書いてあり、面接官の問いたいことはなにかという視点で考えて、対応することができるようになりました。

正職員として仕事をしながらの受験だったので、勉強時間をあまりとることができませんでしたが、通信講座のテキスト、添削のおかげで効率よく公務員試験に必要な情報を身につけることができました。

ちょうどクリスマスイブに合格通知書が届きました。そのときとても幸せな気持ちになりました。40歳代後半での受験で合格は無理ではないかと何度もくじけそうになりましたが、あきらめず挑戦してよかったです。

2024年度試験対応
R 市役所教養トレーニングセット
[大卒程度]

大卒程度の市役所試験を徹底攻略！

受講対象	大卒程度 市役所 教養試験対策 一般行政系（事務系）、技術系、資格免許職を問わず、大卒程度市役所	
受講料	**29,700 円**	（本体 27,000 円＋税　教材費・指導費等を含む総額） ※受講料は 2024 年 4 月 1 日現在のものです。
申込受付期間	**2023 年 8 月 1 日～ 2024 年 7 月 31 日**	
学習期間のめやす	**3 か月**	学習期間のめやすです。個人のスケジュールに合わせて、長くも短くも調整することが可能です。試験本番までの期間を考慮し、ご自分に合った学習計画を立ててください。
受講生有効期間	2025 年 10 月 31 日まで	

教材一覧
- ●受講ガイド（PDF）
- ●学習のモデルプラン
- ●テキスト＆ワーク［教養試験編］知能分野（4 冊）
  判断推理、数的推理、資料解釈、文章理解
- ●テキストブック［教養試験編］知識分野（3 冊）
  社会科学［政治、法律、経済、社会］
  人文科学［日本史、世界史、地理、文学・芸術、思想］
  自然科学［数学、物理、化学、生物、地学］
- ●ワークブック［教養試験編］知識分野
- ●数学の基礎確認ドリル
- ●［知識分野］要点チェック
- ●面接試験対策ブック
- ●実力判定テスト★　★教養は自己採点
  市役所上級［教養試験、論・作文試験（添削2回）］
- ●過去問（5 年分）
  ［J トレプラス］に収録　※令和元年度～5 年度
- ●e ラーニング［J トレプラス］

★印の教材は、発行時期に合わせて送付（詳細は受講後にお知らせします）

※表紙デザインは変更する場合があります

質問回答

学習上の疑問は、指導スタッフが解決！

マイペースで学習が進められる自宅学習ですが、疑問の解決に不安を感じる方も多いはず。でも「公務員合格講座」なら、学習途上で生じた疑問に、指導スタッフがわかりやすく丁寧に回答します。
手軽で便利な質問回答システムが、通信学習を強力にバックアップします！

質問の種類	学科質問 通信講座教材の内容についてわからないこと	一般質問 志望先や学習計画に関することなど
回数制限	**10 回まで無料** 11 回目以降は有料となります。 詳細は下記参照	**回数制限なし** 何度でも質問できます。
質問方法	受講生専用サイト　郵便　FAX 受講生専用サイト、郵便、FAX で受け付けます。	受講生専用サイト　電話　郵便　FAX 受講生専用サイト、電話、郵便、FAX で受け付けます。

受講生特典

受講後、実務教育出版の書籍を当社に
直接ご注文いただくとすべて 10％割引になります！！

公務員合格講座受講生の方は、当社へ直接ご注文いただく場合に限り、
実務教育出版発行の本すべてを 10％ OFF でご購入いただけます。
書籍の注文方法は、受講生専用サイトでお知らせします。

いつでもどこでも学べる学習環境を提供！

e ラーニング

[J トレプラス]

K C L D M R

時間や場所を選ばず学べます！

スマホで「いつでも・どこでも」学習できるツールを提供しています。本番形式の「五肢択一式」のほか、手軽な短答式で重要ポイントの確認・習得が効率的にできる「穴埋めチェック」や短時間でトライできる「ミニテスト」など、さまざまなシチュエーションで活用できるコンテンツをご用意しています。外出先などでも気軽に問題に触れることができ、習熟度がUPします。

Jトレプラスの活用法がご覧いただけます

ホーム	五肢択一式	穴埋めチェック	ミニテスト

スキマ時間で、問題を解く！　テキストで確認！

＼ 利用者の声 ／

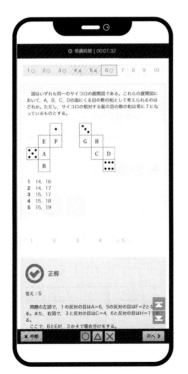

［Jトレプラス］をスマートフォンで利用し、ゲーム感覚で問題を解くことができたので、飽きることなく進められて良かったと思います。

ちょっとした合間に手軽に取り組める［Jトレプラス］でより多くの問題に触れるようにしていました。

通学時間に利用した［Jトレプラス］は時間が取りにくい理系学生にも強い味方となりました。

テキスト自体が初心者でもわかりやすい内容になっていたのでモチベーションを落とさず勉強が続けられました。

テキスト全冊をひととおり読み終えるのに苦労しましたが、一度読んでしまえば、再読するにも時間はかからず、読み返すほどに理解が深まり、やりがいを感じました。勉強は苦痛ではなかったです。

対応コースを記号で明記しています。

K …大卒程度公務員総合コース［教養＋専門行政系］　**C** …大卒程度公務員総合コース［教養のみ］　**L** …大卒程度公務員択一攻略セット［教養＋専門行政系］
D …大卒程度公務員択一攻略セット［教養のみ］　**M** …経験者採用試験コース　**N** …経験者採用試験［論文・面接試験対策］コース　**R** …市役所教養トレーニングセット

11

面接のポイントが動画や添削でわかる！

面接レッスン Video

K C M N R

面接試験をリアルに体感！

実際の面接試験がどのように行われるのか、自分のアピール点や志望動機をどう伝えたらよいのか？
面接レッスン Video では、映像を通して面接試験の緊張感や面接官とのやりとりを実感することができます。面接試験で大きなポイントとなる「第一印象」対策も、ベテラン指導者が実地で指南。対策が立てにくい集団討論やグループワークなども含め、準備方法や注意点をレクチャーしていきます。
また、動画内の面接官からの質問に対し声に出して回答し、その内容をさらにブラッシュアップする「実践編」では、「質問の意図」「回答の適切な長さ」などを理解し、本番をイメージしながらじっくり練習することができます。
[Jトレプラス]内で動画を配信していますので、何度も見て、自分なりの面接対策を進めましょう。

面接レッスン Video の紹介動画公開中！

面接レッスン Video の紹介動画を公開しています。
実務教育出版 web サイト各コースページからもご覧いただけます。

紹介動画を
ご覧いただけ
ます

（1）個人面接編
（2）集団討論編
（3）実践編
の3つを見ることができます！
※コースによって異なる場合があります。

実務教育出版

指導者 Profile

坪田まり子先生

有限会社コーディアル代表取締役、東京学芸大学特命教授、プロフェッショナル・キャリア・カウンセラー®。
自己分析、面接対策などの著書を多数執筆し、就職シーズンの講演実績多数。

森下一成先生

東京未来大学モチベーション行動科学部コミュニティ・デザイン研究室 教授。
特別区をはじめとする自治体と協働し、まちづくりの実践に学生を参画させながら、公務員や教員など、公共を担うキャリア開発に携わっている。

面接試験対策テキスト / 面接カード添削

K C M N

テキストと添削で自己アピール力を磨く！

面接試験対策テキストでは、面接試験の形式や評価のポイントを解説しています。テキストの「質問例＆回答のポイント」では、代表的な質問に対する回答のポイントをおさえ、事前に自分の言葉で的確な回答をまとめることができます。面接の基本を学習した後は「面接カード」による添削指導で、問題点を確認し、具体的な対策につなげます。2回分の提出用紙を、「1回目の添削結果を踏まえて2回目を提出」もしくは「2回目は1回目と異なる受験先用として提出」などニーズに応じて利用できます。

▲面接試験対策テキスト

▲面接カード・添削指導

K …大卒程度公務員総合コース[教養＋専門行政系]　**C** …大卒程度公務員総合コース[教養のみ]　**L** …大卒程度公務員択一攻略セット[教養＋専門行政系]
D …大卒程度公務員択一攻略セット[教養のみ]　**M** …経験者採用試験コース　**N** …経験者採用試験[論文・面接試験対策]コース　**R** …市役所教養トレーニングセット

お申し込み方法・受講料一覧

インターネット

実務教育出版ウェブサイトの「公務員合格講座 受講申込」ページへ進んでください。

- ●受講申込についての説明をよくお読みになり【申込フォーム】に必要事項を入力の上［送信］してください。
- ●【申込フォーム】送信後、当社から［確認メール］を自動送信しますので、必ずメールアドレスを入力してください。

■お支払方法

コンビニ・郵便局で支払う
教材と同送の「払込取扱票」でお支払いください。お支払い回数は「1回払い」のみです。

クレジットカードで支払う
インターネット上で決済できます。ご利用いただけるクレジットカードは、VISA、Master、JCB、AMEX です。お支払い回数は「1回払い」のみです。

※クレジット決済の詳細は、各カード会社にお問い合わせください。

■複数コース受講特典

コンビニ・郵便局で支払いの場合
以前、公務員合格講座の受講生だった方（現在受講中含む）、または今回複数コースを同時に申し込まれる場合は、受講料から3,000円を差し引いた金額を印字した「払込取扱票」をお送りします。
以前、受講生だった方は、以前の受講生番号を【申込フォーム】の該当欄に入力してください（ご本人様限定）。

クレジットカードで支払いの場合
以前、公務員合格講座の受講生だった方（現在受講中含む）、または今回複数コースを同時に申し込まれる場合は、後日当社より直接ご本人様宛に QUOカード3,000円分を進呈いたします。
以前、受講生だった方は、以前の受講生番号を【申込フォーム】の該当欄に入力してください（ご本人様限定）。

詳しくは、実務教育出版ウェブサイトをご覧ください。
「公務員合格講座 受講申込」　　https://www.jitsumu.co.jp/contact/

教材のお届け　あなたからのお申し込みデータにもとづき受講生登録が完了したら、教材の発送手配をいたします。

＊教材一式、受講生証などを発送します。　＊通常は当社受付日の翌日に発送します。
＊お申し込み内容に虚偽があった際は、教材の送付を中止させていただく場合があります。

受講料一覧 ［インターネットの場合］

コース記号	コース名	受講料	申込受付期間
K	大卒程度 公務員総合コース［教養＋専門行政系］	**93,500 円**（本体 85,000 円＋税）	2024年3月15日〜2025年3月31日
C	大卒程度 公務員総合コース［教養のみ］	**68,200 円**（本体 62,000 円＋税）	
L	大卒程度 公務員択一攻略セット［教養＋専門行政系］	**62,700 円**（本体 57,000 円＋税）	
D	大卒程度 公務員択一攻略セット［教養のみ］	**46,200 円**（本体 42,000 円＋税）	
M	経験者採用試験コース	**79,200 円**（本体 72,000 円＋税）	
N	経験者採用試験［論文・面接試験対策］コース	**39,600 円**（本体 36,000 円＋税）	
R	市役所教養トレーニングセット［大卒程度］	**29,700 円**（本体 27,000 円＋税）	2023年8月1日〜2024年7月31日

＊受講料には、教材費・指導費などが含まれております。　＊お支払い方法は、一括払いのみです。　＊受講料は、2024年4月1日現在の税込価格です。

［返品・解約について］

◇教材到着後、未使用の場合のみ2週間以内であれば、返品・解約ができます。

◇返品・解約される場合は、必ず事前に当社へ電話でご連絡ください（電話以外は不可）。
TEL：03-3355-1822（土日祝日を除く 9：00 〜 17：00）

◇返品・解約の際、お受け取りになった教材一式は、必ず実務教育出版あてにご返送ください。教材の返送料は、お客様のご負担となります。

◇2週間を過ぎてからの返品・解約はできません。また、2週間以内でも、お客様による折り目や書き込み、破損、汚れ、紛失等がある場合は、返品・解約ができませんのでご了承ください。

◇全国の取扱い店（大学生協・書店）にてお申し込みになった場合の返品・解約のご相談は、直接、生協窓口・書店へお願いいたします。

公務員受験生を応援するwebサイト

実務教育出版は、68年の伝統を誇る公務員受験指導のパイオニアとして、常に新しい合格メソッドと学習スタイルを提供しています。最新の公務員試験情報や詳しい公務員試験ガイド、国の機関から地方自治体までを網羅した官公庁リンク集、さらに、受験生のバイブル・実務教育出版の公務員受験ブックスや通信講座など役立つ学習ツールを紹介したオリジナルコンテンツも見逃せません。お気軽にご利用ください。

※サイトのデザインは変更する場合があります

公務員試験ガイド

【公務員試験ガイド】は、試験別に解説しています。試験区分・受験資格・試験日程・試験内容・各種データ、対応コースや関連書籍など、盛りだくさん！

あなたに合ったお仕事は？
公務員クイック検索！

【公務員クイック検索！】は、選択条件を設定するとあなたに合った公務員試験を検索することができます。

公務員合格講座に関するお問い合わせ　　　　実務教育出版 公務員指導部

「どのコースを選べばよいか」、「公務員合格講座のシステムのここがわからない」など、公務員合格講座についてご不明な点は、電話かwebのお問い合わせフォームよりお気軽にご質問ください。公務員指導部スタッフがわかりやすくご説明いたします。

 ☎ 03-3355-1822 （土日祝日を除く 9：00〜17：00）
電話

 https://www.jitsumu.co.jp/contact/inquiry/
web　　　　　　　　　　　　　　　　　　　　　　（お問い合わせフォーム）

実務教育出版　www.jitsumu.co.jp
〒163-8671　東京都新宿区新宿1-1-12 / TEL: 03-3355-1822 （土日祝日を除く 9：00〜17：00）

警察官・消防官 [大卒程度]
一次試験対策セット！

大卒程度の警察官・消防官の一次試験合格に必要な書籍、教材、模試をセット販売します。問題集をフル活用することで合格力を身につけることができます。模試は自己採点でいつでも実施することができ、論文試験は対策に欠かせない添削指導を受けることができます。

警察官 スーパー過去問セット [大卒程度]

教材一覧

● 大卒程度 警察官・消防官 スーパー過去問ゼミ [改訂第3版]
社会科学、人文科学、自然科学、判断推理、
数的推理、文章理解・資料解釈

● 数学の基礎確認ドリル

● [知識分野] 要点チェック

● 2025年度版 大卒警察官 教養試験 過去問350

● 警察官・消防官 [大卒程度] 公開模擬試験
＊問題、正答と解説（自己採点）、論文（添削付き）

セット価格	18,150円（税込）
申込受付期間	2023年10月25日〜

消防官 スーパー過去問セット [大卒程度]

教材一覧

● 大卒程度 警察官・消防官 スーパー過去問ゼミ [改訂第3版]
社会科学、人文科学、自然科学、判断推理、
数的推理、文章理解・資料解釈

● 数学の基礎確認ドリル

● [知識分野] 要点チェック

● 2025年度版 大卒・高卒消防官 教養試験 過去問350

● 警察官・消防官 [大卒程度] 公開模擬試験
＊問題、正答と解説（自己採点）、論文（添削付き）

セット価格	18,150円（税込）
申込受付期間	2024年1月12日〜

動画で学ぶ
【公務員合格】シリーズ

公務員試験対策のプロから学べる動画講義
お得な価格で受験生を応援します！

「独学」合格のための
受験生を応援！

Check Point

動画で学ぶ【公務員合格】シリーズは
厳選されたポイントを
何度も見直すことができ
「独学」合格のための
確かなスタートダッシュが可能です

教養 ＋ 専門パック
SPI(非言語)＋教養＋時事＋専門

これだけ揃って格安価格！

9,680円（税込）

◆動画時間：各90分

◆講義数：

SPI（非言語）2コマ	憲法 10コマ
数的推理 4コマ	民法 15コマ
判断推理 4コマ	行政法 12コマ
時事対策 3コマ	ミクロ経済学 6コマ
[2024年度]	マクロ経済学 6コマ

◆視聴可能期間：1年間

教養パック
SPI(非言語)＋教養＋時事

頻出テーマ攻略で得点確保！

5,940円（税込）

◆動画時間：各90分

◆講義数：

SPI（非言語）2コマ

数的推理 4コマ

判断推理 4コマ

時事対策 3コマ
[2024年度]

◆視聴可能期間：1年間

動画で学ぶ【公務員合格】時事対策 2024

2024年度試験 時事対策を徹底解説！

4,950円（税込）

◆動画時間：各90分
◆講義数：時事対策[2024年度] 3コマ
◆視聴可能期間：1年間

公務員受験 *BOOKS* のご案内

2024年4月現在

公務員受験BOOKSにはここに掲載している他にも、基礎固めから実戦演習まで役に立つ、さまざまな参考書や問題集をご用意しています。あなたの学習計画に適した書籍をぜひ、ご活用ください。

基礎レベルの過去問演習書！ 学習スタート期に最適！

公務員試験
地方上級・市役所・国家一般職など
集中講義！
文章理解の過去問
資格試験研究会編　饗庭 悟 編
講師力でスカッと解決！

定価：各1,650円

公務員試験
集中講義 シリーズ

数的推理の過去問
　　　　　　　資格試験研究会編／永野龍彦 執筆

判断推理の過去問
　　　　　　　資格試験研究会編／結城順平 執筆

文章理解の過去問
　　　　　　　資格試験研究会編／饗庭 悟 執筆

資料解釈の過去問
　　　　　　　資格試験研究会編／結城順平 執筆

図形・空間把握の過去問
　　　　　　　資格試験研究会編／永野龍彦 執筆

憲法の過去問
　　　　　　　資格試験研究会編／鶴田秀樹 執筆

行政法の過去問
　　　　　　　資格試験研究会編／吉田としひろ 執筆

民法Ⅰの過去問
　　　　　　　資格試験研究会編／鶴田秀樹 執筆

民法Ⅱの過去問
　　　　　　　資格試験研究会編／鶴田秀樹 執筆

政治学・行政学の過去問
　　　　　　　資格試験研究会編／近 裕一 執筆

国際関係の過去問
　　　　　　　資格試験研究会編／高瀬淳一 執筆

ミクロ経済学の過去問
　　　　　　　資格試験研究会編／村尾英俊 執筆

マクロ経済学の過去問
　　　　　　　資格試験研究会編／村尾英俊 執筆

Ⅰ

公務員受験BOOKS のご案内

2024年4月現在

各書籍の詳細については右記ウェブサイトをご覧ください。

クイズ感覚で問題演習ができる！

資格試験研究会編
定価：各1,430円

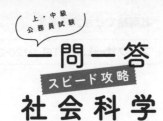

上・中級公務員試験
一問一答 スピード攻略
社会科学

上・中級公務員試験
一問一答 スピード攻略
人文科学

「正文化」で覚える画期的な問題集！

資格試験研究会編
定価：各1,430円

上・中級公務員試験
過去問ダイレクトナビ シリーズ

政治・経済	日本史	世界史
地理	物理・化学	生物・地学

一般知識分野を効率的に学習するための要点整理集！

資格試験研究会編
定価：各1,320円

上・中級公務員試験
新・光速マスター シリーズ

社会科学 [改訂第2版]	人文科学 [改訂第2版]	自然科学 [改訂第2版]
[政治／経済／社会]	[日本史／世界史／地理／思想／文学・芸術]	[物理／化学／生物／地学／数学]

公務員受験者必読の定番書籍です！

受験ジャーナル編集部編

受験ジャーナル増刊号

7年度試験対応　公務員試験	6年度　公務員試験
学習スタートブック ●定価：1,760円	**直前対策ブック** ●定価：1,870円
6年度試験対応 **公務員の仕事入門ブック** ●定価：1,760円	6年度　公務員試験 **面接完全攻略ブック** ●定価：1,870円
6年度 **国立大学法人等職員採用試験攻略ブック** ●定価：2,200円	6年度　公務員試験 **直前予想問題** ●定価：1,870円

公務員受験 BOOKS 取扱い書店一覧

公務員受験BOOKSは、掲載書店以外の書店・大学生協でも取扱っております。
書店で品切れの場合は、店頭での注文により、取り寄せることができます。

●北海道　紀伊國屋書店(札幌本店・厚別店)／MARUZEN&ジュンク堂書店札幌店／三省堂書店札幌店／コーチャンフォー(美しが丘店・ミュンヘン大橋店・新川通り店・釧路店・旭川店・北見店)／喜久屋書店小樽店／函館蔦屋書店／ジュンク堂書店旭川店／リラィアブルブックス運動公園通り店／くまざわ書店アリオ札幌店・江別 蔦屋書店

●青森県　ジュンク堂書店弘前中三店／宮脇書店青森本店／成田本店しんまち店

●秋田県　ジュンク堂書店秋田店／未来屋書店秋田店／宮脇書店秋田本店／スーパーブックス八橋店

●岩手県　さわや書店フェザン店／ジュンク堂書店盛岡店／エムズ エクスポ盛岡店／東山堂イオンモール盛岡店／MORIOKA TSUTAYA

●山形県　八文字屋(本店・北店・鶴岡店)／こまつ書店(寿町本店・堀川町店)／戸田書店(三川店・山形店)／TENDO八文字屋

●宮城県　八文字屋(泉店・セルバ店)／紀伊國屋書店仙台店／丸善書店仙台アエル店／あゆみBOOKS仙台一番町店／ヤマト屋書店(仙台三越店・東仙台店)／未来屋書店名取店／くまざわ書店エスパル仙台店／蔦屋書店イオンタウン泉大沢店

●福島県　岩瀬書店(福島駅西口店・富久山店)／鹿島ブックセンター／ヤマニ書房本店／みどり書房(イオンタウン店・桑野店・福島南店)／ジュンク堂書店郡山店／くまざわ書店(福島エスパル店・会津若松店)

●茨城県　ACADEMIAイーアスつくば店／コーチャンフォーつくば店／川又書店(県庁店・エクセル店)／WonderGOOつくば店／未来屋書店(水戸内原店・土浦店・つくば店)／蔦屋書店(ひたちなか店・龍ヶ崎店)／ブックエース茨木前店／くまざわ書店取手店／リブロトナリエキュート店

●栃木県　喜久屋書店宇都宮店／落合書店(イトーヨーカドー店・宝木店・トナリエ店)／うさぎや(自治医大店・栃木城内店)／くまざわ書店(宇都宮インターパーク店・宇都宮店)／TSUTAYA小山ロブレ店／ビッグワンTSUTAYA(佐野・さくら店)

●群馬県　戸田書店高崎店／ブックマンズアカデミー(高崎店・太田店)／喜久屋書店太田店／紀伊國屋書店前橋店／くまざわ書店高崎店／蔦屋書店前橋みなみモール店／未来屋書店高崎店

●埼玉県　須原屋(本店・コルソ店・武蔵浦和店・川口前川店)／三省堂書店大宮店／ジュンク堂書店大宮高島屋店／紀伊國屋書店(川越店・さいたま新都心店・浦和パルコ店)／東京旭屋書店(新越谷店・志木店・イオンモール浦和美園店)／ブックファーストルミネ川越店／ブックデポ書楽／くまざわ書店(アズセカンド店・宮原店)／蔦屋書店フォレオ菖蒲店／ACADEMIA菖蒲店／文教堂書店川口駅店／未来屋書店レイクタウン店／明文堂書店TSUTAYA戸田店／TSUTAYAレイクタウン／丸善書店桶川店／リブロ(ららぽーと富士見店・ラ ラガーデン春日部店)／ツタヤブックストアグランエミオ所沢

●千葉県　三省堂書店(千葉そごう店・カルチャーステーション千葉店)／東京旭屋書店船橋店／丸善書店津田沼店／堀江良文堂書店松戸店／くまざわ書店(松戸店・津田沼店・ペリエ千葉本店・柏高島屋店)／紀伊國屋書店(流山おおたかの森店・セブンパークアリオ柏店)／喜久屋書店(千葉ニュータウン店・松戸店)／未来屋書店イオン成田店／精文館書店(木更津店・市原五井店)／蔦屋書店(幕張新都心店・茂原店)／ジュンク堂書店(南船橋店・柏モディ店)／丸善ユニモちはら台店／ツタヤブックストアテラスモール松戸／有隣堂ニッケコルトンプラザ店

●神奈川県　有隣堂(横浜駅西口店・ルミネ横浜店・戸塚モディ店・本店・藤沢店・厚木店・たまプラーザテラス店・新百合ヶ丘エルミロード店・ミウィ橋本店・テラスモール湘南店・ららぽーと海老名店・ららぽーと湘南平塚店・キュービックプラザ新横浜店)／三省堂書店海老名店／文教堂書店(溝ノ口本店・横須賀MORE'S店)／八重洲B.C京急上大岡店／ブックファースト(青葉台店・ボーノ相模大野店)／紀伊國屋書店(横浜店・ららぽーと横浜店・武蔵小杉店)／丸善書店ラゾーナ川崎店／丸善日吉東急アベニュー店／ジュンク堂書店藤沢店／くまざわ書店(相模大野店・本厚木店・横須賀店)／ACADEMIAくまざわ書店橋本店／ACADEMIA港北店

●東京都　くまざわ書店(八王子店・錦糸町店・桜ヶ丘店・武蔵小金井北口店・調布店・アリオ北砂店)／丸善書店(丸の内本店・日本橋店・お茶の水店・多摩センター店)／オリオン書房(ノルテ店・イオンモールむさし村山店)／有隣堂(アトレ目黒店・アトレ恵比寿店・グランデュオ蒲田店)／久美堂本店／三省堂書店(神保町本店・池袋本店・有楽町店・成城店・東京ソラマチ・経堂店)／紀伊國屋書店(新宿本店・玉川高島屋店・国分寺店・小田急町田店・アリオ亀有店)／東京旭屋書店池袋店／書泉芳林堂書店高田馬場店／啓文堂書店(府中本店・多摩センター店・渋谷店)／文教堂書店(二子玉川店・赤羽店・市ヶ谷店)／ジュンク堂書店(池袋本店・吉祥寺店・大泉学園店・立川高島屋店)／ブックファースト(新宿店・アトレ大森店・レミィ五反田店・ルミネ北千住店・中野店)／コーチャンフォー若葉台店／喜久屋書店府中店

●新潟県　紀伊國屋書店新潟店／ジュンク堂書店新潟店／戸田書店長岡店／知遊堂(三条店・亀貝店・上越国府店)／蔦屋書店(新通店・新発田店)／未来屋書店新潟南店

●富山県　文苑堂(福田本店・富山豊田店・藤の木店)／BOOKSなかだ本店／喜久屋書店高岡店／紀伊國屋書店富山店／くまざわ書店富山マルート店

●石川県　うつのみや金沢香林坊店／金沢ビーンズ明文堂書店／明文堂書店TSUTAYA(野々市店・KOMATSU店)／未来屋書店杜の里店

●長野県　平安堂(新長野店・上田店・東和田店)／宮脇書店松本店／MARUZEN松本店

●福井県　紀伊國屋書店福井店／Super KaBoS(新二の宮店・大和田店・敦賀店)

●山梨県　朗月堂本店／ブックセンターよむよむフレスポ甲府東店／BOOKS KATOH都留店／くまざわ書店双葉店／未来屋書店甲府昭和店

●静岡県　谷島屋(新流通店・浜松本店・イオンモール浜松志都呂店・ららぽーと磐田店・マークイズ静岡店)／未来屋書店浜松市野店／マルサン書店仲見世店／戸田書店(江尻台店・藤枝東店)／MARUZEN&ジュンク堂書店新静岡店

●岐阜県　丸善書店岐阜店／カルコス(本店・穂積店)／未来屋書店各務原店／ACADEMIA大垣店／三省堂書店岐阜店／三洋堂書店アクロスプラザ恵那店

●三重県　宮脇書店四日市本店／本の王国文化センター前店／MARUZEN四日市店／コメリ書房鈴鹿店／TSUTAYAミタス伊勢店

●愛知県　三洋堂書店いりなか店／三省堂書店名古屋本店／星野書店近鉄パッセ店／精文館書店(本店・新豊田店)／ジュンク堂書店(名古屋店・名古屋栄店)／らくだ書店本店／MARUZEN名古屋本店・丸善書店(ヒルズウォーク徳重店・イオンタウン千種店)／未来屋書店(ナゴヤドーム店・大高店)／夢屋書店長久手店／TSUTAYA(春日井店・瀬戸店・ウィングタウン岡崎店・ららぽーと愛知東郷)／紀伊國屋書店(名古屋空港店・mozoワンダーシティ店)

●滋賀県　ジュンク堂書店滋賀草津店／ブックハウスひらがきAスクエア店／大垣書店フォレオ大津一里山店／喜久屋書店草津店／サンミュージック(ハイパーブックス彦根店・ハイパーブックスかがやき通り店)

●京都府　丸善京都本店／大垣書店(烏丸三条店・イオンモールKYOTO店・イオンモール京都桂川店・京都ヨドバシ店・イオンモール北大路店・京都本店・二条駅店)／未来屋書店高の原店

●奈良県　啓林堂書店奈良店／喜久屋書店(大和郡山店・橿原店)／三洋堂書店香芝店／ジュンク堂書店奈良店／WAY書店TSUTAYA天理店

●和歌山県　TSUTAYA WAY(ガーデンパーク和歌山店・岩出店・田辺東山店)／くまざわ書店和歌山ミオ店／宮脇書店ロイネット和歌山店／未来屋書店和歌山店

●兵庫県　喜久屋書店(北神戸店・須磨パティオ店)／ジュンク堂書店(三宮店・三宮駅前店・西宮店・姫路店・神戸住吉店・明石店)／紀伊國屋書店(加古川店・川西店)／ブックファースト阪急西宮ガーデンズ店／大垣書店神戸ハーバーランドumie店／未来屋書店伊丹店／紀伊國屋書店神戸御影店／旭屋書店ららぽーと甲子園店

●大阪府　旭屋書店なんばCity店／紀伊國屋書店(梅田本店・グランフロント大阪店・泉北店・堺北花田店・京橋店・高槻阪急店・天王寺ミオ店・アリオ鳳店)／ジュンク堂書店(大阪本店・天満橋店・近鉄あべのハルカス店・松坂屋高槻店)／喜久屋書店阿倍野店／田村書店千里中央店／大垣書店高槻店／MARUZEN&ジュンク堂書店梅田店／未来屋書店(大日店・りんくう泉南店・茨木店)／TSUTAYAららぽーとEXPOCITY／梅田蔦屋書店／丸善(八尾アリオ店・セブンパーク天美店)／水嶋書店くずはモール店／枚方蔦屋書店

●鳥取県　本の学校　今井ブックセンター／今井書店(湖山店・吉成店・錦町店)／宮脇書店鳥取店

●島根県　ブックセンタージャスト浜田店／今井書店(グループセンター店・学園通り店・出雲店・AERA店)／宮脇書店イオンモール出雲店

●岡山県　丸善(岡山シンフォニービル店・さんすて岡山店)／紀伊國屋書店(クレド岡山店・エブリィ津高店)／宮脇書店岡山本店／喜久屋書店倉敷店／TSUTAYA津島モール店／啓文社岡山本店／TSUTAYA BOOKSTORE岡山駅前

●広島県　紀伊國屋書店(広島店・ゆめタウン広島店・ゆめタウン廿日市店)／廣文館広島駅ビル店／フタバ図書(TERA広島府中店・東広島店・MEGA・アルティアルパーク北梅店・アルティ福山店)／啓文社ポートプラザ店／ジュンク堂書店広島駅前店／MARUZEN広島店／TSUTAYA(東広島店・フジグラン緑井店)／広島蔦屋書店／エディオン蔦屋家電

●山口県　文榮堂(本店・山大前店)／宮脇書店(宇部店・徳山店)／明屋書店(南岩国店・MEGA大内店・MEGA新下関店)／くまざわ書店下関店／幸太郎本舗TSUTAYA宇部店／紀伊國屋書店ゆめタウン下松店

●香川県　宮脇書店(本店・南本店・総本店・高松天満屋店・丸亀店)／紀伊國屋書店丸亀店／くまざわ書店高松店／丸善高松店

●徳島県　紀伊國屋書店(徳島店・ゆめタウン徳島店)／附家書店(松茂店・国府店)／宮脇書店徳島本店／BookCity平惣徳島店／未来屋書店徳島店

●愛媛県　明屋書店(中央通店・MEGA平田店・石井店)／ジュンク堂書店松山三越店／TSUTAYA(エミフルMASAKI店・BOOKSTORE 重信・フジグラン松山店)／紀伊國屋書店いよてつ高島屋店

●高知県　TSUTAYA中万々店／宮脇書店高須店／金高堂／金高堂朝倉ブックセンター／高知 蔦屋書店

●福岡県　ジュンク堂書店福岡店／紀伊國屋書店(福岡本店・ゆめタウン博多店・久留米店)／福岡金文堂福大店／ブックセンタークエスト(小倉本店・エマックス久留米店)／丸善書店博多店／喜久屋書店小倉店／フタバ図書(TERA福岡店・GIGA春日店)／くまざわ書店(小倉店・福岡西新店・ららぽーと福岡店)／蔦屋書店イオンモール筑紫野／黒木書店七隈店／未来屋書店(福津店・直方店)／六本松蔦屋書店／TSUTAYA和白店／ツタヤブックストアマークイズ福岡ももち店／積文館書店小大通り店／くまざわ書店佐賀店／紀伊國屋書店佐賀店／TSUTAYA鳥栖店

●佐賀県

●長崎県　紀伊國屋書店長崎店／メトロ書店本店／くまざわ書店佐世保店／ツタヤブックストアさせぼ五番街店／TSUTAYA長崎COCOWALK

●熊本県　金龍堂まるぶん店／紀伊國屋書店(熊本光の森店・熊本はません店・あらおシティモール店)／蔦屋書店(熊本三年坂店・嘉島店・小川町店)／明林堂書店(長嶺店・白山店)／メトロ書店熊本本店

●大分県　明林堂書店(別府本店・大分本店)／リブロ大分わさだ店／紀伊國屋書店アミュプラザおおいた店／くまざわ書店大分明野店

●宮崎県　田中書店妻ヶ丘本店／蔦屋書店宮崎高千穂通り店／くまざわ書店延岡ニューシティ店／未来屋書店イオンモール宮崎店／紀伊國屋書店アミュプラザみやざき店／ツタヤブックストア宮交シティ

●鹿児島県　ブックスミスミ(オプシア店・鹿屋店)／ジュンク堂書店鹿児島店／紀伊國屋書店鹿児島店／TSUTAYA BOOKSTORE 霧島

●沖縄県　宮脇書店(太陽書房宜野湾店・太陽書房美里店・南風原店・うるま店・イオン名護店・経塚シティ店)／TSUTAYA那覇新都心店／球陽堂書房(那覇メインプレイス店・西原店)／くまざわ書店那覇店／ジュンク堂書店那覇店／未来屋書店ライカム店／HMV&BOOKS OKINAWA

(2024年4月現在)